MAMAK GÜNLÜĞÜ 1980-1989

Fikret Doğan

NOTA BENE

NotaBene Yayınları

MAMAK GÜNLÜĞÜ
1980-1989

Fikret Doğan

Yayına Hazırlayan: Cemalettin Canlı
Editör: Yalçın Bürkev
Türkçe Düzelti: Ali Çit
Kapak Tasarımı: Erkal Tülek
Mizanpaj: Ulaş Akyol

Usta Ofset / Nurten Güven Sertifika No: 47612
Maltepe Mahallesi, Davutpaşa Cad. No:83.2.382 Zeytinburnu / İstanbul

1. Baskı
2023
İstanbul

ISBN : 978-605-260-390-1

www.notabene.com.tr • info@notabene.com.tr
facebook: @NotaBeneYayinlari • twitter: @NotaBeneY • instagram: @notabene.yayinlari

Rasimpaşa mah. Duatepe sok. 59/B, Yeldeğirmeni, Kadıköy / İstanbul
Tel: (216) 337 20 26 GSM: 533 680 51 59 Sertifika No: 18074

MAMAK GÜNLÜĞÜ
1980-1989

Fikret Doğan

NOTA BENE

Fikret Doğan

1962'de Ankara'da, Gülseren Mahallesinde doğdu, 17 yaşında doğduğu mahallede Devrimci Yolcularla tanıştı, saflarda yerini aldı. 18 yaşında, 21 Kasım 1980 günü, 204'ler operasyonu olarak bilinen geniş gözaltı furyasında Tuzluçayır Kartaltepe civarında gözaltına alındı. Ankara Ana Devrimci Yol davasında yargılandı, Mamak Askeri Cezaevinin hemen bütün kısımlarında 9 yılını geçirdi. Mamak'tan sonra sevk edildiği Ceyhan Cezaevi'nde de 1,5 yıl geçirdi. 1991 yılında şartlı salıverilme düzenlemesiyle çıktı, o gün bugündür dışarda. Şimdilerde Datça'da yaşıyor.

İçindekiler

Yayına Hazırlayanın Notu • *Cemalettin Canlı* 9
Sunuş: Mamak Zaman İçinde • *Mahmut Memduh Uyan* ... 11
Önsöz • *Fikret Doğan* 13

MAMAK GÜNLÜĞÜ
1980 Aralık – 1989 Ağustos

Öndeyiş 18
Yolda 19
Mamak'ta 22
Kafes 23
Kafeste Yürümeyi Öğrenmek 25
Mamak'ta İlk Yılbaşı 27
Sayım Mangası Geliyor 28
Kafesten İlk Çıkış 29
Koğuşta 30
Televizyonda Film Var 33
Nazari Ders Başlıyor 36
Mamak'ta İlk Gecenin Sabahında 37
Mamak Cezaevi 41
7 Aralık 1980, Milliyet 43
Bir Zaman A Blokta 44
Amelî Eğitim Rap Rap 47
Havalandır Ama Havalandırma 52
A Blokta 55
Üç Dakika Görüş 56
Yeni Gelen 58
Bir Gece Nöbetçisinin Macerası 61
Osman Amca ve A Bloka Veda 63
A Bloka Elveda 65
Selam C Blok 66
C Blokta Havalandırma 73
İlk Direnişimiz 77

Kısa Künyeyle Tezgaha Gelmek 79
Melamin Bardaklarda Çaylar Geldi, Birlikte İçsek 83
Sesler, Yüzler, İnsanlar 87
Hücreye Gidiş 88
C Blokta Görüş Günü 92
İlklerden Birincisi C2'de İlk Kitap 93
İlklerden İkincisi Emniyete İlk Gidiş 94
C Blokta Yemek Dağıtımı 98
Bir de Kadınlar Vardı 99
İlk Açlık Grevi Denememiz 100
Koğuş, Çiş ve Diğerleri 101
Mamak'ın Faşistleri 102
Tutuklu Asker İlişkileri 104
Erken Gelen 12 Eylül ya da 1980 Ağustos'u 107
1981 Mart'ında Mamak 110
Ortalıkta Garip Şeyler Oluyor, Yol Görünüyor 111
Bir Vakit B Blokta 114
Yeni Koğuşum 115
Yine Yol Göründü Bize 119
Yeni Koğuş Eski Tanıdıklar 122
Bizden Önceki Kavga 125
Uzaktan Uzaktan Selamın Gelir 126
Yine Bir Açlık Grevi Yine Bir Bozgun 129
Açlık Grevindeki Bozgunun Bedeli Ağır Oldu 133
Mapusta Sevdalık Çekmek 134
Ortam Yumuşar Dayak Sürer 137
Bir de Emret Komutanım Çıktı 141
1982 Biterken 143
Yeni İnsanlar Yeni Hikâyeler 145
Ekonomik Krizde Gizli İnsanî Kriz 149
İddianameler Yazıldı, Duruşmaya Çıkıyoruz 150
Mahkeme Denen Bir Yerde 154

Laz Hakim İşbaşında, Duruşmalar Başlıyor 157
İlginç Bir Diş Macerası 157
Kitaplar Geliyor 159
Mamak'tan ve Yemekten İnsan Manzaraları 161
Her İş Tamam İngilizce Gerek 162
Bayramlar ve İnsanlar 164
Bir Baş Belası Yılanlı Mahmut 164
Banyo Maceraları 166
Bizim Koğuş Dağılıyor, Yeni Yerler Yeni Yüzler 168
Aziz Emmi 170
Bağrıyanık 173
Öğretmen Abiye Tezgâh ve Kırılma 176
Koğuşun Keskini 178
Bu Arada Mahkemede Neler Oluyor 179
Tek Tip Elbise Dayatması 181
Yeni Bir Yıl Yeni Bir Hayat 183
Maviler İçinden Bir Utanç 188
Yeni Bir Döneme, Yeni Bir Başlangıca Doğru 191
Bir Sayım Hikâyesi 198
Dayaklı Sayımdan Açlık Grevine Doğru 204
42 Gün 209
Açlık Grevinden İnsan Manzaraları 214
Ölüm Orucuna Başlıyoruz 216
Açlık Grevi Bitse de Hikâye Sürer 219
Açlık Grevi Sonrası Dağılma ve Çöküş 223
A Blok Üçüncü Koğuş 226
B Blok Derler Bir Yer 228
Yine Yeniden A Blok'a Sürgün 230
Biz geldik…! Yeniden A Blok 232
Koğuş Yaşamında Sanat Manat 237
Tiyatro Bitti Film Çeviriyoruz 240
Tutuklu, Doktor, Kobay ve Geri Gelen Dayak 242

Koğuştan İnsan Manzaraları 244
Yol Bir Kere Daha Göründü 247
Zafer, Dostluk ve İngilizce 249
Zafer'in Düğünü 253
İtirafçılık Geliyor, Baskı Artıyor 255
İtirafçılık Dayatması 259
Urfa'dan Mustafa Amca Geldi 264
Mamak'a Televizyon Gelmiş 267
Avrupa'dan Heyet Gelecekmiş 271
Dostluklara ve Arkadaşlıklara Dair 275
Mektup Dağıtımı Büyük Bir Ayindir 278
Cezaevi, Kantin ve Diğerleri 283
Azmi Babanın Müteahhit ile İmtihanı 285
Mamak'a Gazetenin Gelmesi 291
Koğuşun İç İşleri 293
Siyasal Tarih Eğitimi ve Estetik Çalışması 294
Havalandırmada Bir Gün 296
Tecrit, Hücre, Tabutluk 300
Tecrit Kapandı Ama Saldırılar Devam etti 303
1987 Ocak Ayı: Faşistsiz Bir Dünyaya Merhaba 306
Yeni Koğuşta Eğitim 309
Yine, Yeniden Televizyon 310
Direnenler de Var Bu Havalarda 316
Didar Abla Ölürken
Benim Hüseyin Adında Bir Dostum Oluyor 321
Mamak Devrimci Yolculara Kalırken Hâl ve Gidiş 323
Toplu Tahliyeler Olurken 326
Koğuşumuzda Düğün Var 328
Bir Açık Görüş Heyecanı 332
Bizim Karar Verildi, Uzun Yol Göründü 333
Son Deyiş 334

Yayına Hazırlayanın Notu

Bu defter bir günlük değil, geriye dönüşler, hatırlamalar olsa da hatırat da değil. Defterin ne için yazıldığını Fikret Doğan önsözde anlatıyor.

Biz burada kısaca defter hakkında bilgi verip, kitap haline geliş macerasını anlatacağız.

Mimarlar Odasının çıkardığı defter/ajandalardan birisine, önsözde de belirtildiği üzere karınca duası gibi, büyüteç olmadan okunması hayli zor bir yazıyla yazılmış. El yazısı 170 sayfa. Defterin sonuna şu notu düşmüş Fikret Doğan: *"Not: Sürekli bir şekilde yazmaya çalıştım. Bütün günü yazarak harcadım. Haftalar boyu yazdım. Anımsamadığım, karıştırdığım şeyler olabilir. Yazım çok kötü oldu. okuyandan özür dilerim. Parmaklarım nasır tuttu. Fikret."*

Defteri kitaplaştırırken diline, üslubuna, kullanılan kelimelere olabildiği kadar sadık kalmaya çalıştık. Bazı cümleler daha rahat anlaşılabilmesi için bölündü, bazı noktalama işaretleri eklendi, bazıları çıkarıldı. Anlatılanların aynı zamanda bir dönem anlatısı olduğu da dikkate alınarak içerik olduğu gibi aktarıldı. Ekleme çıkarma yapılmadı. Yalnızca dönem anlatılarında bayan, kız, kız arkadaş gibi sözcüklerle anlatılan kadın devrimciler ve genel olarak kadınlar tamamen kadın sözcüğü ile ifade edildi.

Bugün aramızda olmayan insanları ve süreç açısından önemli noktaları dipnotlarla gösterme yoluna gittik.

Fotoğraf, gazete kupürü ve mektup gibi başka görsellerle zenginleştirilmeye çalışılan kitap için bizim de teşekkür edeceklerimiz var. Önce Mamak Askeri Cezaevinden acıyı bal ederek geçenlere, el yazısı defteri aktaranlara, okuyup düzelten Ali Çit'e, Mahmut Memduh Uyan'a, Hüseyin Cihan'a, Yaşar Kanbur'a, Mustafa Kapıkıran'a, Nebi Özcan'a, Nusret Doğan'a, Erdoğan Boz'a, Yalçın Bürkev'e, Aziz Hun'a, Faik Renas Canlı'ya, sorana, sual edene teşekkürler.

Cemalettin Canlı

Sunuş:
Mamak Zaman İçinde

Mamak Askeri Cezaevi için çok şey söylendi, anlatıldı. Birçok anı, değerlendirme içeren kitaplar yazıldı. Filmlere konu oldu. Eleştiri yapıldı, tartışma yürütüldü. Yaşananlar resimlerle, şiirlerle, türkülerle anlatılmaya çalışıldı. Daha da yazılmaya devam edecektir. Bütün bunlara rağmen Mamak'ta yaşananları anlatmak için ne yazılsa az, ne söylense eksik, ne üretilse yetersiz kalıyor.

Fikret Doğan'ın Mamak Askeri Cezaevi'ne girdiği ilk günden hüküm alıp Ceyhan Cezaevine sevk edildiği zamana kadar yaşadıklarını ve tanık olduklarını kaydettiği defter, bir yandan Mamak'a dair eksikliği tamamlarken, bir yandan da insana, insan kalma çabasına ve faşizme dair söylenecek yeni sözlere kapı açıyor. İçten, yalın bir dille, hor görmeden, düşmanlaştırmadan ama biraz kırgın, kırık... Uzun süren karanlıkta bir yürüyüş...

12 Eylül faşizminin ülkeyi tümüyle hapishaneye çevirmeye çalıştığı bir dönemde Mamak Askeri Cezaevi, Diyarbakır ve Metris Cezaeviyle birlikte anılıyordu. Faşizmin uygulamaları en açık biçimiyle gözaltı/sorgu/işkence merkezlerinde ve hapishanelerde görülüyordu. Daha lise çağında bu çemberden geçmek durumunda kalan Fikret Doğan, Mamak Cezaevi karanlığında insan kalmanın nasıl başarıldığını, insanlığı koruma çabasını, tüketilen

emeği, insanlara, topluma karşı her koşulda diri tutulmaya çalışılan sevgiyi bize anlatıyor.

Fikret Doğan'ın defterinden cezaevlerinin faşizmin cisimleşmiş halin olduğunu bir kez daha görüyoruz. Profesyonel işkenceciler bir yana, sıradan askerlerin birer işkenceciye dönüşünün acısını ve öfkesini de... İnsanın direncini kırmak, insanlığını yok etmek için nelerin icat edildiğini, nelerin yapılabildiğini okurken yaşıyoruz.

İşkenceye karşı insanın insanlığını korumak, yaralarını iyileştirmek, yaşama gücünü, umudunu sürdürmek için, en olumsuz koşularda bile nelere kadir olunduğunu, dayanışma içinde nelerin başarabileceğini hem gösteriyor, hem hatırlatıyor Fikret'in defteri. Özetle defter bize insanı düşünceleri, inançları, arkadaşlarıyla dayanışması, yaşama, topluma, insanlığa duyduğu sevgi, bağlılık ve umut yaşatır, diyor.

Fikret Doğan, kendisiyle, geçmişiyle barışık ve yalın bir dille bize bunları anlatıyor.

Cezaevinin uzun karanlık yıllarından sonra yaşama tutunabilmek, kendini yeniden üretmek kolay değil. Fikret, karanlık zamanların ardından yaşama tutunmayı başarmış, kendisiyle barışık, kendi boşluğunu dolduran ve doldurduğu boşluğu da hak eden güzel bir insan. Kapitalizmin en hoyrat dönemini yaşadığımız günümüzde Fikretlerin, dayanışmanın, direnç ve umudun çoğalması, başka bir yaşamın da vücut bulmaya başlaması anlamını taşıyacak.

İçinden geçtiğimiz yaşamlar ağırdı, şimdi yaşadığımız günler de çürütücü, yıkıcı ve hoyrat. Dayanışma, sevgi ve dirençle bu günleri de geride bırakacağız.

Fikret Doğanların çoğalması dileğiyle...

Mahmut Memduh Uyan

Önsöz

Bu defteri, öncelikle aileme, özellikle anne ve babama, kim olduğumu, neleri hayal edip, nelerin peşine düştüğümü ve bu uğurda ödediğim bedelden şikayetçi olmadığımı, aynı şeyleri aynı insanlarla yeniden yaşama fırsatım olsa gözümü kırpmadan o büyük maceraya yeniden atılacağımı anlatmak ve bir parça da olsa beni anlamalarını sağlamak için yazdım.

Yazmama neden olan ikinci temel güdü yaşadıklarımızın zaman içinde unutulmasından, zihnimizce istemli ya da istemsizce değiştirilmesinden korkmamdır. Yani yaşadıklarımızı ve kendimizi gelecek kuşaklara ve bizi sevenlere en yalın haliyle anlatma çabasıdır.

Aradan yıllar geçti. Mamak'ta yattığımız arkadaşlarla zaman zaman buluşup konuşur, birlikte zaman geçiririz. Bu buluşmalarda aklımızda kalanları konuşup, o günleri büyük bir özlemle andığımızı gördüm, yaşadım. Bugün her birimiz hayata kök salmış, çoğalmış, yurdun değişik yerlerinde değişik yaşamları sürdürsek de, birbirimizle olan sevgi bağımızın güçlendiğini, "Bizim arkadaşlar" dediğimizde akan suların durduğunu, bir kuru selamı getirenin götürenin büyük bir hatırla karşılandığını yaşadık, yaşıyoruz. Bizim arkadaşlar halen kirlenmemiş, kirletilememiş, siyasetin ve paranın yozlaştırmadığı insanlar, insan kalabilenler arasında. Ne iş yaparsak yapalım, neye sahip olursak olalım, bir türlü o büyük arkadaşlığın bir parçası olmanın verdiği tatmini, tadı yakalayamadık. İçten içe o dostluğu, o güveni, o değeri hep aradık.

60 yaşı devirirken geriye dönüp baktığımda, 17 yaşında başladığım bu yolcukla, ne kadar büyük bir şeyin bir parçası olmaya çabalamış ve bu büyük ruhsallığı yaşamış olduğumu gördüm. 17 yaşında hasbelkader tanıdığım bu güzel insanlarla büyük bir düşün peşinde koşmanın, inanmanın, güvenmenin bana, yaşamıma kattığı şey anlamdı, ruhsallıktı, bir büyük yolculuğun parçası olmaktı. Bu genç insanların dünyaya ve yaşamımıza kattığı en önemli şey başka bir dünyanın kurulabileceğine dair inançtı. O insanlar gittiler ve bizim içimizde hala o boşluk... Ne yaparsak yapalım dolmuyor. O anları tekrar yaşama özlemi dinmiyor.

Bu yolda tanıdığım hayatıma dokunan bütün insanları sevgiyle anıyor hiç birisini unutmamak için çabalıyorum. Arkadaşlardan gelen her selamı öpüp başımın üzerine koyuyorum.

Şimdi bu güzel yarım adada hayatımı sürdürdüğüm canımın parçası insanlar Canan, Çınar ve Güneş'e, bana hep yol gösteren Hüseyin'e, büyümesinde emeğim olan güzel genç adam Ulaş'a, iyi ki bu yollardan gelip geçmişim, iyi ki hayatlarına beni sokmuşlar dediğim Mahmut'a, Hayyam'a, Ertuğrul'a, Nebi'ye, Türker'e, Atilla'ya, Zafer'e, Hakan'a, bugün aramızda olmasa da hep benimle olan Nevzat'a... Derin bir sevgi ve sonsuz bir hasret...

Yitirdiklerimi, uzakta olanları büyük bir özlemle içimde yaşatıyorum. Yaptığım uzun bisiklet yolculuklarının sonunda, tırmandığım bütün dağların zirvelerinde, yaptığım yürüyüşlerin molalarında sırtımı dayadığım kadim zeytin ağaçlarında, yüzdüğüm denizlerde hep onlarla buluşuyorum. Beni ben yapan sizlere teşekkür ediyorum.

Bu defteri arkadaşlarla, dostlarla paylaştım zaman zaman. Hemen hepsi bu yazılanların kaybolmamasını, kitap olmasını istediler, teşvik ettiler. Ve asıl önemlisi, o günleri birlikte yaşadığımız, her görüş günü, yılmadan, yorulmadan, en az bizim kadar işkence, baskı görerek gelip bize destek veren, defterde yerleri olan analarımızı, babalarımızı ve arkadaşlarımızı birer birer yitirmeye başladık. O güzel insanların bana, hayatıma bıraktıkları güzel sedaları, şen kahkahaları, acıları ve dostlukları yitirmemek, hafızamdan silikleşmesini engellemek için kitap fikri bana da yakın geldi. Yaşlanıp giderken saklamam gereken bir hazine olarak gördüğüm bu defterin kitap olması için Hüseyin Cihan, Mahmut Uyan ve Cemalettin Canlı'dan yardım istedim. Tabi önce bugün benim bile okumakta zorlandığım karınca duası gibi defterin aktarılması gerekiyordu. Okuyup aktaran Demet Demiroğlu'na, Selime Canlı'ya Hasan Kuş'a, Türker Demiroğlu'na, hasılı defteri bir tırtıl gibi kozasından çıkarıp kelebek olmasını sağlayan herkese teşekkür ediyorum.

Yolunuz Datça'ya düşerse çay içip sohbet etmeye, evimize bekleriz.

Sağlıcakla...

Fikret Doğan

Ceyhan 31/12/1990–Datça, Aralık 2022

Artvin'in esmer çocuğu Temel Koç'a,

umuda ve dirence...

MAMAK GÜNLÜĞÜ

1980 Aralık – 1989 Ağustos

Öndeyiş

İnsanın yaşarken içinde yaşadığı olayları anlaması, kavraması, eksiklik taşıyor. Bir dostumun dizelerinde söylediği gibi;

"İnsan bugünü yaşar ancak yaşadığını yarın anlar."

Ben de üzerimde etkisi olan, bana bir şeyler katan olayları yazmak istiyorum. Şöyle dönüp on yıllık hapishane hayatıma baktığımda, hiç de küçümsenemeyecek şeyler yaşayıp öğrendiğimi kavrıyorum. Bu süreci bir Devrimci Yolcu olarak yaşamak benim için çok büyük bir şanstı. Çünkü bu çizgi benim kişiliğim ve karakterimde çok olumlu şeylerin açığa çıkmasında etkili oldu. Beni yoğurdu. Burada yazacaklarım sadece ve sadece kendi yaşamım ve olaylara kendi penceremden bir bakış. Hiçbir kimseyi yargılamak, tartışmak değil. Kendi katettiğim mesafenin eleştirisi ve özeleştirisi. On yıl aradan sonra yazıyorum. Unuttuğum, eksik anımsadığım her şey için özür dilerim. Yazıyı Mamak'a gelişim ile başlatmak istiyorum. Ondan önceki dönemde yaşadığım dünya ve olayları hep saygıyla anacağım ve ayrı bir yazı konusu olarak burada anlatmayacağım.

Yolda

Emniyetten bir ay sonra Mamak'a yollanmak üzere mavi bir otobüse –polis otobüsü– bindirildim. Otobüste otuza yakın insan vardı. İçlerinden bir iki tanesini tanıyordum. Onlar benim dava arkadaşlarımdı. Tanımadığım diğer insanlarla aynı idealler için mücadele ettiğimizi bilmeme rağmen, tıpkı bir yabancı gibi soğuk ve mesafeli bakıyorduk birbirimize. Otobüse biner binmez gözüme çarpan tanıdığım bir kadın arkadaşın, Belgüzar Karabulut'un yanına oturdum. Belgüzarların evinde kurulmuş bir karakola (tuzağa düşürülmüştüm) arkadaşımın evinde yakalanmıştım. Arkadaş (suçsuz yere) birçok işkenceye maruz kalmıştı. Hem de hiçbir yasa dışı ilişkisi olmamasına rağmen. Yani benimle kader ortaklığı yapmış, birçok işkenceye şahit olmuş bir insandı.

Otobüs kalkana kadar hiç konuşmadık. Zaten ne konuşacağımı da bilmiyordum. Yenilmiş, kırılmış bir hâldeydim. İşkencelerin fizikî yıpratması kadar, inandığım idealleri koruyamamanın, bir devrimci gibi davranamamanın ezikliğini bütün sinirlerimde, organlarımda hissediyor, hissettiklerimin baskısı altında eziliyordum. Çünkü uğruna mücadele ettiğim davayı korumaya ant içmişken işkencelere yenik düşmüştüm. Artık alnımda yaşamım boyunca taşıyacağım bir kara leke olmuştu. Bu lekenin silinmesi için, o yenilgi sürecinden bu kez zaferle geçmem gerekir ve onun da yolu pratiktir. İnsan kendisini her alanda aşmalı. Bu benim devrimcilik yaşamımda aldığım ilk yara. Bunu her zaman önümde bir engel olarak yaşıyacağımı biliyorum. Ama bir devrimci için emniyet yenilgisi bir bitiş değildir. İnsan zaafını aşabilir. Yeter ki eksikliğini, korkmadan, saklamadan tüm çıplaklığı ile ortaya koyup tartışabilsin. Vicdanıyla dürüstçe hesaplaşabilsin. İşte Mamak'a yaşadığım olayların yıkıntısıı, ezikliği ile geliyordum. Arkadaşlarımla birkaç cümlenin dışında konuşamadım. 'Nasılsın?' 'İyi misin?' 'Üzgünüm.' türünden şeylerdi.

Arkadaşım benim gerçek ismimi bilmiyordu. Çünkü o dönem sahte kimlik taşıyordum. Bir olayda faşistler ismimi vermişti. Polisçe aranıyordum. Bu yüzden sahte kimlik taşıyordum. Arkadaşım adımı bilmediği için bana hep kimlikteki isimle hitap ediyordu.

Mamak'a gitmek için yola çıktık. Ankara'nın soğuk günlerinden bir gündü. Yollarda insanlar tek tüktü, el ayak içeri çekilmiş, sokaklarda arabalar gelip geçiyordu. Bizler geçtiğimiz yola bakıyorduk. Dışkapı, Aydınlıkevler, Siteler mevkiinden geçmiştik. Siteler'in hemen bitiminde, çocukluğumun geçtiği mahallenin yanından geçiyorduk ki geçmişe, anılara daldım. Beynimde binlerce anı şerit gibi geçiyordu. Biliyordum ki oraları bir daha asla göremeyecektim. Çünkü işkencede cinayet işlediğimi kabul etmiştim ve en iyi ihtimalle idam alacağımı düşünüyordum. Artık özgürlük; sokaklar, caddeler, şehir, güzelim Ankara bana çok uzaktı. Ben bunları düşünürken otobüs Muhabere Okulu yokuşunu tırmanmaya başladı. Sağ taraf Muhabere Okuluydu, sol taraf ise bomboş arazi. Ortaokula giderken oralara çok sık giderdik arkadaşlarla. Oraya çiftlik derdik. Bir pınar vardı, zaman zaman Çingeneler çadır kurardı. Bizler mahallede Kadir, Ayhan, Temel, Nusret ve Şeref amca ve mahallemizin birçok genci futbol maçları yapardık. Anılar, anılar... İnsan beyni ne kadar hızlı çalışıyor bazen. Çünkü biliyor ki bir daha top oynayamayacak. O arkadaşlarımı bir daha asla göremeyecektim.

25 kişiyi öldüren 204 Dev-Yol yöneticisi ve militanı yakalandı

● Örgütün giriştiği eylemlerde 30 kişiyi de yaraladığı, 29 ev ve işyeri bombaladığı, 7 silahlı gasp ve soygun sonunda toplam 1 milyon 611 bin lira para topladığı ortaya çıkarıldı

● Üst düzey yöneticileri

● Arşiv köyde bulundu

● 40 kanallı telsiz

650 mark bir miktar Suudi Arabistan riyali, 275 bin lira değerinde tahsil edilememiş çek, 400 bin liralık tahvil ele geçirilmiştir.

● 12 Mart döneminin isimleri

Dev-Yol adlı illegal örgütünün

cisi iken AYOD yönetim kurulu üyeliğine getirilmiş. AYOD'un kapatılmasından sonra kurulan ADYOD içinde çalışmıştır.

Dev-Yol'un örgütlenme sorumlusu Ali Alfatlı ise THKP-C davasına yakalanamadığı için sokulamamış, ancak adı davanın iddianamesinde yer almıştır. Alfatlı, 12 Mart döneminde olduğu gibi şimdi de yakalanamamıştır.

DEV-YOL Örgütü elemanları toplu halde (üstte) ve örgütün çeşitli yerlerde sakladığı silahlar arasında ele geçirilen dürbünlü suikast tüfeği....

12 Ocak 1981, Milliyet, 204'ler operasyonu haberleri

Mamak'ta

Mamak nizamiye kapısından girdik. Adli müşavirliğin önünde durduk. On on beş dakika sonra otobüs tekrar hareket etti. Artık bilmediğimiz bir mekâna doğru gidiyorduk. Otobüs kara bir binanın dış kapısının önünde durdu. Etrafı tel örgü ve duvarlarla çevriliydi. Otobüsten indik. Ellerimizdeki küçük eşyalarla birlikte sıra olduk yan yana. Binanın girişinde giriş çıkışı denetleyen küçük bir oda vardı. Camı açan subay elindeki listeden bazı isimler okudu. O isimler henüz aramızda yoktu. O an anladım ki emniyetten bizim geleceğimizden haberleri vardı. Listeden kimin gelip gelmediğini kontrol ediyorlardı. İsimlerimiz tek tek okundu ve sayıldık. Artık polisler bizi Mamak'taki görevlilere teslim etmişlerdi. Giriş kapısı kocaman iki demir kapıydı. Demirler parmaklıklıydı. Kapı önünde de eli tomsonlu askerler bekliyordu. Avluya bütün arkadaşlar girince iki sıra asker dizilmiş gideceğimiz yöne doğru koridor oluşturmuşlardı. Hemen biraz ötede bir bina daha vardı. Daha önce yatan arkadaşlar o binanın B blok olduğunu fısıldadı çevreye. Evet, orası B bloktu, cezaevi yaşamımda iki buçuk yılımı geçireceğim yerdi.

Bizi karşılayan kişilerin arasında sivil kişiler de vardı. Onlar sivil gardiyanlarmış. Bizi kantinin önündeki boş alana 'U' şeklinde dizdiler. Ceplerimizdeki her şeyi boşaltmamızı istediler. Paralar, tarak, mendil, cüzdan, kalem, kemer, çakmak, sigara... Evet cebimizden çıkarttığımız her şeyi ayakucuna koyduk. Gardiyanlar gürültülü bir şekilde koşuyorlar, kendi aralarında bir şeylere gülüyorlardı. Çok hoyrat ve ilkel, kaba davranışlı, kaba görünüşlüydü tümü de. Onların gerisinde duran sayamadığım, çok fazla yeşil elbiseli asker vardı. Hepsi de bizi ilgili, meraklı inceliyor, süzüyorlardı. Belki de 'yeni'leri tanımaya, kendi aralarında yorum yapmaya çalışıyorlardı. Kemerlerimizi, kalemlerimizi, cüzdanlarımızı, çakmaklarımızı, taraklarımızı, insanlığa, dışarıya ait nelerimiz varsa aldılar. Sanırım aynı davranışlar kadınlara da uygulandı. Bizim otobüste üç tane kadın vardı. Arama işlemi bitince bizi kafese soktular. Artık içeride 'yeraltı kanunları' geçerliydi.

Kafes

Kafes öyle bir yer ki oradan yüzlerce, binlerce insan gelip geçmiş. Aslında kafes iki tür insanın acılarıyla doludur. Bir, içerde acı çeken, bilen, insan; iki, acı veren, fakat bilmeyen insan. İki tür insanın gelecekteki yaşamına damgasını vuracaktı kafes. Her iki insanın da ruhuna, bilincine yaralar açacaktı kafes... Kafesi bulana, kurana lanet okuyacaktı insanlık. Kafes insanın insanlığını bırakıp hayvanlaştığı, hayvanlaştırılmaya çalışıldığı yerdi.

Kafes denilen yerden milletvekili, subay, işçi, memur, köylü, Kürt, Laz her türlü insan geçmiş ki bunların bir bölümü gazetelere yansıdı.

Kafes birçok öykünün nesnesini oluşturdu. Kafes kafesliğinden utandı. Kafesin yaşamımızdaki etkilerini ileride yeri geldikçe anlatacağım. Kafes, A blokta özel bir tarihtir. Nelere şahit olmamıştır ki.

Şimdi kafesi betimlemeye çalışayım: Kafes, griye boyanmış bir sunta ile ikiye bölünmüş, etrafı demir çubuktan oluşan, ağla çevrilmiş, kare biçiminde bir yer. Demirlerin on cm büyüklüğünde karelerden oluşmuş aralıkları var. Kapısı da demir ve parmaklıklı. Yani kafesten her yer görülür, her yer açıktır. Her iki bölümün de ayrı birer kapısı vardır. Diğer bölüm de bizim olduğumuz bölüm gibiymiş. Geçen zaman zarfında anladım.

Kafese itile kakıla sokulduk. Ben kantinin önündeki yerde idim. Hemen yanımızda kadın arkadaşlar vardı. Onların köşeye gitmeleri istendi, bize de bir ses 'safta toplan' diye gürledi. Biz kafestekiler böğürmenin ne olduğunu anlamamıştık ki yeni bir ses bizi ayağa kaldırdı. 'Kalkın lan', 'sıraya geçin lan...' Hepimiz bizden istenilenin ne olduğunu anladık. Fakat öylesine zoruma gidiyordu ki birinin 'lan' diye bağırması. Ama 'lan' etiketi Mamak'ta son bir yılım hariç hep yakamızdaydı. Bize 'lan' denmemesini isterdik, yanıt çok basitti: 'Uzat elini lan.' Ellerimi on santimlik karelerden oluşan demir boşluktan uzattım, asker vurdu, vurdu, vurdu! 'Çek lan!', 'Öbürünü uzat lan!'. Onu da uzattım vurdu, vurdu, vurdu! 'Çek lan.' dedi, gitmeye kalkıyordum ki 'Sağ ol de lan.' dedi. Şaşırmıştım. Hem dayak yemiştim hem de beni dövene 'sağ ol' diyecektim. Tekrar ellerimi uzattım, dayak yedim ve 'sağ ol' dedikten sonra diğerlerinin yanına yollandım.

Daha sonra sıraları doğru yapmamız için bağıra çağıra bir şeyler anlattı. Bu arada birkaç arkadaşı daha dövdüler. Nihayet düzgün sıra oluşturmayı becermişlerdi. Kadınlar bu sıra içinde yoktu, sıra hep erkeklerden oluşuyordu. Askerlik yapıp yapmadığımızı soruyordu askerler. Hiç kimseden yanıt çıkmadı. Bir asker elindeki copu sallayarak, burada hepimizin askerliği öğreneceğini haykırdı ve bizlere uygun adım yürümemizi emretti. Patırtılar o kadar düzensizdi ki, asker küplere bindi ve herkesi tek tek yanına çağırdı, el uzattırdı ve copladı. Zaten bu manzara birçok şeyi bahane ederek sık sık tekrar edilecekti. Kadınların önünde dayak yemek, hakarete uğramak çok ağır bir eziyetti. Hele hele bir devrimcinin bunlara katlanması kabul edilecek bir şey değildi. Ama emniyeti ve hareketin genel teslimiyetini düşününce burada doğru devrimci bir tavır almayı beklemek tam bir hayal olacaktı çünkü emniyette teslim olan bir insanın, baskı ve işkencelere teslim olan bir insanın, baskı ve işkence noktasında yeniden bir direnişe geçmesi psikolojik ve fizikî olarak çok, çok zordu. İnsanlar zaten başları eğik gelmişlerdi Mamak'a. Mamak daha insanlar gözlerini bile açmadan tepelerine biniyor, ezmeye, yıldırmaya çalışıyordu. Kafes bu durumun ilk ve en önemli adımıydı.

Kafeste Yürümeyi Öğrenmek

Bize nasıl yürüyeceğimizi, nasıl kol sallayacağımızı anlattı, gösterdi askerler. Aynısını yapmamız için bizi dövdü, dövdü... O zamanlar merak ettiğim şey, başımızdaki insanın hiç değişip değişmediğiydi. Meğerse askerler her üç saatte bir değişiyorlarmış. Fakat ne gariptir ki her gelen, bir önceki gelen ile aynı tonda, aynı böğürtü ve bozuk Türkçeyle konuşuyor, köpürüyor, dövüyordu. Ya da bana öyle gelmişti...

Bizi 'eğitmeye' çalışan asker, eğitim yaptırırken bir kaçımızı çağırıp, 'Sen az bağırıyorsun, uzat elini.' diyerek dövüyordu. Bazı arkadaşlar, 'Hayır ben söylüyorum, yanılıyorsunuz.' diyorlardı ama karşısındaki dayak atmaya şartlanmıştı bir kere. Bazen kadın arkadaşlara da vuranlar çıktı. Ama genellikle kafeste bulunan erkekleri ezmeye çalıştılar.

Kafese geleli ne kadar oldu bilemiyorum. Yemek verdiler, yedik, sigara içmeye kalkanlar dayak yediler. Çünkü 'komutan' sigara için izin vermemişti. Sigara izni şöyle olacaktı.

– Sigara içmek serbest.

– 'Sağ ol komutanım', yanıtı geldikten sonra herkes içebilecekti.

Yemekten sonra el yıkamak ve tuvalet ihtiyacı için kafesin dışında bir yerlere götürüyorlardı. Buranın daha sonra askerlerin ve görevlilerin tuvaleti olduğunu öğrenecektim. Kafeste otururken 'yazıcı' denilen bir asker bütün arkadaşlara bir iki kâğıt getirip doldurmasını istedi. Bir müddet sonra tıraş ve fotoğraf faslı başladı. Bunlar başlı başına birer işkence aracıydı aslında. İnsanlar tek tek çağırılıyor, saçları tıraş ediliyor, fotoğrafı çekiliyordu. Yüz, burun, göz, boy, saç rengi tespit ediliyordu. Saçlarımı kestirmek için merdivenlerin olduğu bir yere girdim, berber saçlarımı kesmiyor yoluyordu âdeta. Gözlerim yaşardı, berbere söylediğimde ise elindeki makinesini kafama vurdu. Saç kestirme işkencesi bitmişti.

Sıra fotoğraf ve tariflere geldi. Onlar olurken de askerlerin sözlü tacizleri oluyordu. Evet, kayıt denilen şeyi yapmışlardı. Sağlık için revire götürmüşlerdi. Doktor, 'Görünürde yaran var mı?' diye sordu. Komikti suratının hâli, pis bir yılışıklıkla tıslayarak soruyordu. Ben işkenceden söz etmeye kalkmadım çünkü bir metre ötesinde, insanlar, gözünün önünde acımasızca dövülürken, eziyet edilirken sesini çıkarmayan doktora ne anlatılabilirdi ki. İşlemler bitince kafese sokuldum.

Öğle yemeği molası vermiştik, dinleniyorduk ve bir müddet sonra, koridordan çok boğuk, anlaşılmaz uğultular gelmeye başladı. Ne olduğunu bir türlü çıkaramıyor, etrafımdaki insanlardan öğrenmeye çalışıyordum. Konuşmak yasaktı bu yüzden kimsenin benim yüzümden dayak yemesini de istemiyordum. Kafamda, o sesin, uğultunun ne olduğunu çözmek için onlarca şey geçirdim fakat o sesi hiçbir şeye uyduramadım. Ses sanki yüzlerce yıl ötesinden, yerin altında kalmış insanların yakarışları gibiydi. Sanki bir filmde görmüştüm. Yüzlerce metre derinliklerdeki bir mağaradan, cüzamlıların ıstırap ve acı içindeki çığlıklarının yeryüzüne çıkarken aldığı biçime benziyordu. Ben kafamda o sesi ve sahibini düşünerek ürperirken, askerin bağırtısı ve kafesin demirine vurduğu copun sesi insanları kendisine getirmeye yetti. Kim bilir burada bulunan bu insanlar, o kısacık mola anında hayallerinde nerelere gittiler. Bu ağır işkence ortamının dışına çıkmak için neler düşlediler kim bilir?

Kafesteki insanlar, yenik, yorgun, işkence izleri taşıyan insanlardı, kafeste de emniyeti aratmayan fizikî ve manevî işkencelerle yıpranıyorlardı. İnsanlar şaşkındı, ürkekti. Emniyetin işkence kokan havasından kurtulmak umuduyla cezaevine gelmişlerdi. Fakat işkence yakamızı bırakmamıştı. Mamak'a geldiğimize sevinemiyor, böylesi bir yerde yılların nasıl geçeceğini düşünüyorduk. Ben hiç cezaevine girmemiştim. Fakat eğer kafes yıllarımı geçireceğim yer, yeni koğuşumsa oraya alışmanın bir yolu olmalıydı. Ama ben o an onu düşünemiyordum bile. Çok yorgundum. Yıpranmıştım.

Akşama doğru insanların bir kısmının ve kadın arkadaşların isimleri okundu. Kafesten çıktılar. Kafesin etrafında yeni yeni askerler peyda olmuştu. Subaylar yüksek sesle konuşup, birbirlerine teslim ettiler gidenleri. Kim bilir onları neler bekliyordu. Seviniyordum onlar adına, gidiyorlardı ve hiçbir yer buradan daha kötü olamazdı. Tedirgindim kendim için, ben burada tek mi kalacaktım, ne olacaktı? Bir süre sonra bir grup arkadaş daha çıktı gitti. Kafeste biz birkaç kişi kalmıştık. 'O insanlar diğer yerlere gidiyorlar.' dedi asker, 'Siz 'azılılar' A blokta kalacaksınız. Burası tehlikelilerin yeridir, yandınız.' Demek ki onlar gittiler, rahatlardır diye düşünemedim bile o an. Çünkü içinde bulunduğum yerin soğukluğu, betonu korkunç geliyordu. Ürküyordum. Üşüyordum. Evet, ne günde gelmiştim Mamak'a. Bendeki de ne şanstı hani.

Mamak'ta İlk Yılbaşı

Mamak'a 31 Aralık 1980 günü giriş yaptım. Yeni bir yıla girmek üzereydi dünya ve ben Mamak'a girişimin o güne denk gelmesine çok çok üzülüyordum. Çünkü bana aylar, aylar öncesi gördüğüm bir düşümü anımsattı. Bir arkadaşımla, yeni yılı birlikte geçirme planları yapmıştık. Neleri planlayıp neler yaşamıştım. Evet, eski yılı Mamak'ta uğurlamak, hele kafeste uğurlamak her kula nasip olacak bir piyango değildi doğrusu.

Askerler onca eziyetlerine rağmen, yeni yıl olduğu için çok şanslı olduğumu söyleyip durdular. Ne şanssa!

Yılbaşı gecesi son dayağı yedikten sonra oturmamız için izin verdi asker. Zaman bir hayli ilerlemiş, o uğultu madeninden bir tek ses gelmiyor. Sanki o filmdeki sahneyi anımsatır gibi akşam olunca ses kesilir, bir ölüm sessizliği sarardı her yeri. Aynen öyle oldu, hiçbir ses yoktu. Sağır ve ölgün bir yer olmuştu uğultu ocağı. Bir ara asker bizi ayağa kaldırdı, burnumuzu duvara dayattı. Çünkü bir ayak sesi daha vardı arkamızda. O ses bize bazı sorular soruyor, yanıt bekliyordu. Okuyup okumadığımızı, yaptığımız, çalıştığımız işleri soruyor, yanıt bekliyordu. Mesleklerimizi öğrenmek istiyordu. Belki onun da canı tek olmaktan sıkıldı, o ölüm sessizliğinden kurtulmak, can sıkıntısını gidermek için gelip konuşmak istemişti bizimle. Biz onun yüzünü görmedik, göremezdik. Çünkü sırtımız dönüktü, yüzümüz kafesi ikiye bölen gri suntaya bakıyordu. O kişi kafeste bir gün kalıp ertesi gün koğuşa yollanacağımızı söyledi. İşte bu bir müjde idi. Demek ki bu cehennem yerden kurtulacaktım. Ne kurtuluşmuş ileride görecektik.

Bize birer tane battaniye getirdiler. Betonun üzerine kıvrılıp yattık. Öyle yorgundum ki soğuk, beton vız gelirdi. Sabah, bağırtı ve postal sesleri ile uyanmadan önce, sanki belli aralıklarla bir grup asker kafesin oraya geliyor, bize bakıyor, konuşuyor, kaba şakalar yaparak koridorda yitip gidiyorlardı. Gidenler gelenler hep yeşildi, hep birbirine benziyordu. Uykumun bölünmesine için için kızıyordum. Gürültü iyice artmıştı, ortalık hareketli idi. Bizi erkenden uyandırdılar ve tahtaya dönük oturttular. Biz de bir süre öylece oturduk, daha sonra ikide bir ayağa kalkmak zorunda kaldık. Çünkü hızlı adımlarla birileri geliyor, yanımızdan geçiyordu. Onları göremiyordum çünkü yüzlerine bakmak yasaktı. Yalnızca ayak sesleri ve bir çift postaldı görebildiğim. O kişiler gelip geçtikçe kafes nöbetçisi 'dikkat' çekiyor ve 'Ellerini yanaştır, başparmağı bitiştir lan!' diye bağırıyordu. Bunun anlamını öğrenmiştim. Oturduğum yerden hızla kalkıp, hazır ola geçip, duvara, yani gri tahtaya dönmeliydim. Hazır ol vaziyette dakikalarca bekletildim. Asker unuttuğundan mı yoksa bana eziyet olsun diye mi bilemiyordum, bana otur demiyordu.

Sayım Mangası Geliyor

Bir grup asker geldi. Seslerinden oldukça kalabalık olduklarını anlamıştım. Onlara 'sayım mangası' deniyordu. Bu sayım mangasının ne işe yaradığını da ileride anlayacaktım. Oturup dururken bir zil çaldı. Bu zil askerlerin konuşmasını kesip sıra olmalarını sağladı. Askerler arka arkaya durdular ve ikinci bir zil çalınca, bir ses onlara 'rahat, hazır ol' dedi. Ardından 'bir, ki' diye bağırdı ve ortalığı çınlatan bir gürültü koptu. 'Üç, dört' diye yine herkes tek ses "üç, dört" dedi, yanıt yine gürdü. "Bir, ki", sanki bir tren gibi gürültülü ve sallantılı hareket etmeye başladı askerlerden oluşan sıra. Giderlerken o kadar yüksek sesle bağırıyor, ayakları ile o kadar sert vuruyorlardı ki beton zemin sarsılıyordu. Sanki postalları ile yerin canını çıkarmak istiyorlar, boğazlarını yırtarcasına bağırıyorlardı. Sesleri öyle gürdü ki kapalı mekânda zangır zangır ötüyordu. Bir dakika sonra ses maden ocağının dibinden gelir gibi yine bir uğultuya benzedi. Çok çok uzaklardaki bir dünyadan geliyordu ses. Ben yine o sesin ne olduğunu anlamak için kulak kabarttım. Arada bir düdük sesi, yine gür bir şekilde "bir, ki" sesi ve anlaşılmayan bir uğultu. Ağır, uzatıla uzatıla yayvan bir hâle gelmiş, ne anlama geldiğini anlayamadığım sözcüklerdi söylenenler. Zaman geçtikçe "bir, iki" sesleri yakınlaşıyordu, kapı sesleri, demirlerin birbirlerine çarparak çıkarttığı sesler, gürültüler yerlere vurulan postal sesleri... Çın çın ötüyordu kulaklarımda. Sonradan bunca kopan hengâmenin "sayım" olduğunu anlayacaktım. Sayımların çok özel bir yeri vardı Mamak'ta.

Kafesten İlk Çıkış

Yazıcı birkaç asker kafese geldi, isimlerimizi okuyup dışarı çıkmamızı istediler. Bir çırpıda toparlandık. Bu Allah'ın belası kafesten kurtulmanın sevincini duyuyordum içimde. Ona eş hissettiğim diğer bir duygu ise, nereye götürüldüğüm ve beni nelerin beklediğinin yarattığı heyecan, korku ve şaşkınlıktı. Yani karmakarışık bir ruh hâli içerisindeydim. Her şeye rağmen gideceğim yerin kafesten daha kötü olmayacağına emindim. Yazıcı önde, biz üç kişi arkasında ve bizim bir adım gerimizde askerler. O uğultu madenine doğru yola çıktık. Sanki bilinmeyen dehlizlerden, bilinmeyen bir dünyaya yolculuk yapıyorduk. İlk önce karşımıza tamamıyla karmaşık ve sanki uçsuz bucaksız bir labirentin girişi olan bir kapı çıktı. Asker kapıyı açtırdı. Bu gireceğimiz ilk kapıydı. Önümüzde daha çok açılacak kapı olduğunu, geçtikçe anlayacaktım. Koridorlar çok geniş değildi. Bir insan koridorun tam ortasında durup kollarını yanlara doğru açsa nerdeyse duvarlara değebilirdi. Maden ocağı dehlizi demek doğruydu. Çevremi tam olarak inceleyemiyordum ve bilmediğim bir yerdeydim. Koridor boyunca arkadaki askerler coplarıyla vuruyorlar, tekmeleyip sürekli laf atıyorlardı. Koridordaki bilinmeyen yolculuğumuz devam ediyordu.

Birden durduk ve içimizden birini ikna koğuşu denilen bir yerde, kapının önünde bıraktık. O kişi duvara dönük bekliyordu. Başına o kapıdaki askerler üşüştü. Bizler yeni bir kapıdan geçtik, bir kapı daha geçtik ve yeniden durduk. Ben üçüncü koğuşun kapısında bekletildim. Biraz ilerde bir başka arkadaşı bıraktılar ve kalanlar o bilinmeyen koridor âleminde bir kapıdan daha geçip yittiler. Artık onları göremiyordum. Ben kafamı duvara dayamış bekliyordum. Birdenbire çevremde bir iki asker belirdi, benimle uğraşmaya başladılar. O arada bir sivil görevli gelip dirseğiyle kaburgalarıma dürttü. "Niye geldin lan, suçun ne?" diye soruyor, bir yandan dirseği ile kaburgalarıma vururken bir yandan da kapıyı açmak için anahtarını arıyordu. Nihayet anahtarını bulmuştu fakat kapının kilitleri açılmakla bitmiyordu. Nihayet sürgüler çekildi, kapı ağır ağır açıldı ve beni tekme ile itekleyerek içeri atarken içeriye, "Kıdemli, adam geldi lan, sayıma kadar öğretin her şeyi." diye bağırıp duruyordu.

Koğuşta

Evet, artık koğuştaydım. İçerisi bana öyle garip geldi ki sanki iğne atsan yere düşmeyecek gibi kalabalık, sıcaktı. İnsanların hepsi bana bakıyorlar, uğultuyla konuşuyorlardı. Meraklı bir şekilde inceleniyordum. Söylenenleri anlamaya çalışıyordum fakat yine de tedirgindim. Kimdi bu kadar insan? Acaba bir tanıdık sima var mıydı? İki insan geldi yanıma, bana sağcı mı solcu mu olduğumu soruyordu. Birisi gerilerden o bizden, diye bağırıyordu. Ben zaten o ara Devrimci Yolcuyum dedim ve o iki kişiden birisi çekip gitti. Yaşamımın ilerleyen günlerinde o iki kişinin "kıdemli "ve "kıdemli yardımcısı" diye adlandırıldığını, birinin sağcı birinin solcu olduğunu bu işi sırayla yaptıklarını öğrenecektim. Koğuşa gelen her insana o iki kişi gidip neci olduğunu soruyor, kimden ise o alıp kendi arkadaşlarının yanına götürüyor, karnını doyuruyor ve ilgileniyordu. Her neyse. Ben solcuların olduğu ranzalara doğru gittim ve orada Gülseren Mahallesi'nden tanıdığım Bayram Hancı ve Çingen Yusuf'u gördüm. Bizim mahallenin devrimcilikten içeriye düşen ilk insanlarıydı. Onlar benim mahalle arkadaşlarımdı. Bu bilinmeyen ortamda bir tanıdık görmek çok çok önemliydi benim için. Bayram ve Yusuf ile konuşurken çevreye de gittikçe alışıyordum. Onlar beni sakinleştiriyor, olacak şeyleri anlatıyor, bir yandan da sorular soruyorlardı. Etrafıma bakmaya başlayınca tanıdık birkaç sima daha gördüm. Onlar da bana güler yüzle bakıyorlar, beni dinliyorlardı. Artık rahatlamaya başlamıştım. Arkadaşlarımın yanındaydım. Yiyecek bir şeyler getirdiler, onları yedim. Arkadaşlar, emniyette kimlerin olduğunu, nelerin yaşandığını, hareketimizin son durumunu merak ediyorlardı. Tanıdıkları kişilerin yakalanıp yakalanmadıklarını merak ediyor, isimler sayarak "O da orada mı?" diye soruyor, sorduğu kişi eğer yakalanmış ise "Vay be,' ya da 'Şimdi yandık, bize yol göründü." gibi laflar ediyorlardı. "Yol göründü" sözünün defalarca emniyete gidip, yeniden işkence görmek olduğunu, bizzat farklı zamanlarda üç kez giderek öğrenecektim.

Arkadaşlarla konuşurken, yaşanan yere ilişkin sorular sorup orayı anlamaya çalışıyordum. Bayram, koğuştaki yaşantı hakkında ilk elden öğrenilmesi gerekeni anlatıyordu. Sayımı, sayıma nasıl çıkacağımı, nerede duracağımı, "Marş oku." derlerse, yeni geldiğimi, en kısa zamanda öğreneceğimi söylemem gerektiğini anlatıp durdu. Çevremdeki insanlar meraklarını gidermem için bana bakıyor, bir şeyler anlatmamı bekliyorlardı. Kendi merakları giderilince hepsi gidecek ve insan kendine yol gösterecek birkaç kişiyle yalnız kalacaktı. Bu olayların cezaevi yaşamım boyunca şahidi olacaktım. Her yeni gelenin başına onlarca insan birikir, onun anlattıklarını dinler, sorular sorarlar, yanıtlar alırlar ve giderlerdi. Asıl olarak onunla ilgilenen, şartlara uyum göstermesi için hazırlayan yakın arkadaşları olurdu.

Bayram'la konuşuyorduk, eskilerden, mahalleden. Çünkü Bayram, çok önce içeri girmişti. Bayram'ın ailesi, eşi ve babasıyla sık sık görüşüp onunla ilgili konuşmamıza rağmen bir kez bile mektup yazamamanın utancını duydum içimde. O bizim arkadaşımızdı. Dava uğruna yatıyordu ve ben bir kere olsun onu aramamıştım. Ailesiyle ilgilendim, dışarıda işler yoğundu diye kendi kendimi ikna etmeye çalıştım ise de olmadı. Onun ilk geldiğimde gösterdiği sıcaklığı, gülüşü, dostluğu bana ilaç gibi geliyor, işkencede aldığım yaralara merhem oluyordu. Ne güzeldi dost bir yüz görmek, güvenmek, sevmek ve saygı duymak. Konuşmalarımız askerlerin bizi göremeyeceği "zula" tabir edilen yerde oluyordu. Çünkü gürültü yapmak yasaktı. Bayram'la söyleşilerimiz sık sık "Yeni gelen gelsin." sözüyle kesiliyordu. Bu sözü ilk duyduğumda Bayram, "Bak asker seni çağırıyor, elini kapının mazgalından uzatacaksın, o da eline cop vuracak, sakın elini çekme, korkma. Faşistler var biliyorsun." demişti. Evet, belki gerekli bir uyarıydı. Çünkü biz onunla aynı "yolun" yolcusuyduk ve birbirimizin kötü duruma düşmesini istemiyorduk. O uyarıları için minnettarım Bayram'a. Hiçbir zaman küçük düşürülmedim, düşmedim. Dayak karşısında korkmadım! İlk "Yeni gelen gelsin."den sonra Bayram'ın anlattıkları kafamda, kapıya gittim. Mazgal küçük bir delikti. Çelik kapı tamamen kaplı, sadece mazgal 20 santim genişliğinde ve 10 santim yüksekliğindeydi. Mazgal parmaklık gibi ortadan demir bir ızgarayla ikiye üçe bölünmüştü. O ızgaraların arasından elimi uzatmadan önce beni çağıranı görmek istemiştim. Mazgaldan dışarı bakmaya çalışıyordum ki kapıya öyle şiddetli bir şekilde cop ile vurdu ki demir kapı zın zın öttü. Asker gırtlağını yırtarcasına "Dışarı bakma lan!", "Kafanı kaldır lan!" diye bağırıyordu. Elimi çıkardım asker öylesine kızmıştı ki olanca gücüyle avuçlarıma vuruyordu. Parmaklarım, avuçlarım çok sıcaktı. Ellerim sanki pişiyordu. Müthiş bir acıydı. Kafeste zaten avuçlarıma yeterince cop yemiştim. Asker diğer avucuma da vurduktan sonra beni yolladı. Ardından koğuş kıdemlisini dövdü. Nedeni, benim dışarı bakmamam gerektiğini öğrenmememdi. Kıdemli demek, dayak demekti. O insanlar her şey için dayak yerlerdi. Askerlerle, idareyle ilişkiler kıdemliler aracılığıyla yürütülürdü. Dayağımı yedikten donra Bayram'ın yanına döndüm. Bayram ellerimi suya tutmamı öğütledi, "Acısını alır." dedi. Ellerimi musluğa tuttum gerçekten de ferahlamıştı. Bir an kusacağım sandım, midem bulanmıştı, dayaktan sanki canım çıkacaktı.

Televizyonda Film Var

Bayram'ın yanına gelip oturdum. Etrafımıza da birkaç arkadaş geldi. "Akşam televizyona gitmek isteyenleri yazıyorum, sizi de yazayım mı?" diye sordu. Ben daha ağzımı açmadan Bayram, "Beni de onu da yazın." dedi. Gelenler kendi havalarında gülerek gittiler. Bayram'ın da yüzünde bir gülümseme vardı. Gerçi Bayram her zaman güler yüzlü bir arkadaştı. Her neyse ben televizyona gitmeyi beklerken Bayram cezaevinde yaşantıyı anlatmaya devam etti.

Akşama doğru ortalıkta bir koşuşturma, bir telaş olduğunu seziyordum fakat bir anlam veremiyordum. Herkes bir şeyle uğraşıyordu. Ben Bayram'ın yanındaydım. Akşam televizyona gitmeyi, cezaevi yaşamına dair konuştuklarımızı ve kafesi düşünüyordum. "Sayım için hazır olun." diye bağırdı biri. Bayram bana nerede duracağımı gösterdi. Ben sayımdan sonra televizyon izlemeye gidilecek diye düşünüyordum ki o an kapı tekmelenmiş gibi gürültüyle açıldı. Birden bir bağırış, bir feryat koptu ki, ne olduğunu anlayamadan önümdeki insanlar yaydan fırlamış bir ok gibi hareket ettiler. Arkamdakiler ise sanki beni tepelemek ister gibi itip benim koşmamı sağlamaya çalışıyorlardı. O hâlimiz kovboy filmlerindeki kovboyların sığırları bir ağıldan boşaltırkenki naralarını, gürültülerini ve ineklerin, öküzlerin azgıncasına çıkışa koşmalarını andırıyordu. Hiçbir insani ses yoktu, hırlıyor, uluyor, korkuyorlardı. Sanki vahşi yaratıklar, mahlûklar gibi bağırıyorlardı. Ne dediklerini bir türlü anlayamıyordum. Günler geçtikçe o seslerin aslında psikolojik baskı olsun diye özellikle çıkarıldığını anlayacaktım. Bütün insanlar koşarak koridora çıkıyor, koridorda tutuklunun olduğu sıraya gelince çakılmış gibi duruyorlardı. Arkadan gelen bir öndekine tosluyordu. Koridorun bir yanında tutuklular, karşı yanında ise askerler sıralanmıştı ve askerlere bakmak kesinlikle yasaktı. Onlara bakmanın cezası dayak yemekti. Kafaları tavan ile duvarın birleştiği yere doğru dikmemiz isteniyordu ve bunu yapmamız için askerler yumruklarıyla yardımcı oluyorlardı. Bakışmaları durduran bir ses "hizaya bak", "ol", "olmadı" gibi bağırtılarla ortalığı çınlattı. Yan yana gelen tutuklular yanındaki arkadaşına sol dirseğini uzatıp, sağına doğru kafasını çeviriyordu ve "düş" komutu ile "pratt" diye bir ses çıkardı ayaklardan. Bunu sağlayan herkesin aynı anda ellerini yanlarına indirmesiydi. "Rahat, hazır ol" komutları çok canlı olmaz ise defalarca yapılırdı. Sayım onbaşısı çavuşa devreder, çavuş "baştan say" diye bağırırdı. Baştaki kişi bir diye bağırır, herkes sırayla rakamları söyler sondaki, "92, son komutanım." derdi. Eğer sayıda şaşırma olursa "Kes, kes lan!" emriyle durulur, yeniden komutla sayım başlardı. Genellikle yeni gelenler sayıyı şaşırırdı. Bunun iki nedeni vardı. Birincisi ortamın yarattığı korku havası ikincisi bilmediği bir şeyi ilk kez yapıyor olmasıydı ki korku havası eskileri bile şaşırtıyordu bazen. Bazen de dalgınlık şaşırtırdı insanı.

Sayım bittikten sonra her asker karşısındaki tutukluya bir şeyler sorardı. Sonradan onlara sorulan soruların bazı isimler olduğunu öğrendim. "İstiklal marşımızın bestecisi kim? İstiklal marşının yedinci kıtasını oku." der, tutuklu sorulara yanıt verir, denilen kıtayı okurdu. Ortalık tam bir pazar yeriydi sanki. Pazarda her pazarcı kendi malını beğendirmek için bağırır ve bir an gelir kimin kime ne dediği anlaşılmaz ya, aynen öyle, sayımda da öyle olur. Her asker, karşısındaki tutukluya kafasına göre soruyor, başka şeyler de söylemesini istiyordu. Bana sorduklarında Bayram'ın öğrettiği gibi "yeni geldim, öğreneceğim "dedim. Yine de çeneme bir "destekli yumruk" yemekten kurtulamadım. Bağırtı, çağırtı içinde cop sesleri de duyuluyordu. Yine birilerine işkence yapıyorlardı. Sayımlarda cop atmak bir alışkanlıktı. Bu benim ilk sayımımdı. Sayımlar hapis hayatım boyunca hep bela olmuştur bana. Sayımlar ilk başta gelişigüzel, dağınık olurken yıllar geçtikçe ve mücadele edildikçe bir sisteme binecekti. Onlara ileride değinirim. Gelelim bizim ilk sayımımızın bitimine. Sayım çavuşu komut verdi, "Sağa dön, sola dön." bizler de döndük ve koşar adım koğuşa girmeye başladık. Sayımda bulunan subaylar sanki uzaylıymışız gibi öyle taş gibi durmuş, işkenceye nezaret ediyorlardı. İçeriye girer girmez kapı büyük bir çarpma ile kapandı. Kıdemli arkadaşlar, "Sayım dördüncü koğuşta, sessiz olalım." dedi. Mazgal kapalıydı. Diğerleri de aynı bizlerin yaşadığı olaylar yaşıyordu, içeride konuşmalar, gülüşmeler fısıltıyla oluyordu. Sanki o korku tünelinden az önce geçmemiş gibiydiler. Sopa yiyenler ellerini suya tutuyor, kendisine vuran askerler hakkında konuşuyor, sanki başka başka yerlerde, değişik bir maceralar yaşamışlar gibi sayımda neler olduğunu anlatıyorlardı birbirlerine!

Ben Bayram'a, "Televizyon..." diyecek oldum, yanıt vermedi. Diğer arkadaşlar geldi, benimle biraz kafa bulduktan sonra, televizyon beklentimin de sonu geldi. "Az önce bir film çevirdik, izlemedin mi?" deyip gülüyordu içlerinden biri. Evet, ilk tezgâhımı da yemiş oluyordum. İlk sayımı gerçekten hiç unutamadım. O uğultu madeninin kaynağının bu sayımlar olduğunu anlamış oldum böylece. O bağırtı ve sesler insanı korkunç derecede etkiliyordu.

Bir süre sonra koğuşların sayımları da bitti. Biz sırtımız kapıya dönük duruyorduk. Mazgal açılıp nöbetçi askerin, "istirahat et" komutunu vermesini bekliyorduk. Eğer asker bizle uğraşmak isterse işimiz vardı. Bu konuda da sık sık tartışmalar olur ve dayak atılırdı. Her neyse, nöbetçi “İstirahat et.” dedi, biz de “Sağ ol.”dedik ve dağıldık.

Nazari Ders Başlıyor

Gelecek günlerde görecektim ki A Blokta “amelî” ve “nazari” olmak üzere iki tür eğitim programı uygulanıyordu. “Ameli ders” koğuşun içinde insanların yan yana sıraya dizilmesi ve kıdemlinin söylediği bir askerî marşı yüksek sesle tekrar ederek olduğu yerde saymaktı. Bunlar kırk dakika sürüyor, on dakika dinlenip yeniden kırk dakika yapılıyordu. Camların küçücük olduğu, normalinde 4-5 insanın yaşayacağı tek bir salonda 90-92 kişi tutuluyor ve orada “amelî” eğitim yaptırılıyordu. Bu eğitimin hem fiziksel hem de ruhsal yıpratmaya yönelik olduğu açıktı. “Nazari” derslerde kitap okunuyordu. Kitap okuma zamanlarında kapıdaki görevli askerle sık sık tartışma yaşanıyordu ve her tartışma kesinlikle tutuklunun dayak yemesi ile son buluyordu. Tutuklunun haklı olması diye bir şey söz konusu bile olamazdı.

Biraz dinlendikten sonra idarece çizilen program gereği, idarenin verdiği Atatürkçülük üzerine yazıların olduğu kitabın okunmasına başlandı. Kitap okunurken herkes “düzgün” bir şekilde, tutuklular ranzaların ucunda sırayla yan yana kaykılmadan oturup, dinlemek zorundaydı. Asker karşıdaki mazgaldan sık sık içeri bakar, dinlemeyen var mı, sıralar düzgün mü diye kontrol ederdi. Kendi kafasına göre insanlara kitabın son cümlesini sorar ve yanıtın doğru olup olmadığını kitabı okuyana sorardı. Okuyan da doğru der, asker ya çeker giderdi ya da ikisini de döverdi. Kitap okunurken yatanı yakalarsa kendince zafer kazanmış bir komutan edasıyla kıdemliyi de oturanı da yatanı da döverdi. Bir yandan kitap okunuyor, görünürdekiler ip gibi dizili dururken bir yandan da “zulalar da” sessiz sessiz, koyu, tatlı söyleşiler yapılıyordu. Tuvalet, mutfak bölümü zula olduğu için arada insanlar gizli gizli oturabiliyorlardı.

Akşam nazari dersin bitiminden sonra kapıda görevli asker yatmamız için, "Hazırlık serbest." derdi. Dikkatimi çeken şey, tutukluların hepsinin ayaklarını yıkaması, dişlerini fırçaladıktan sonra yataklarına gitmesiydi.

Yatmam için bana da yer ayarlanmıştı. Kişi başına bir yatak düşmüyordu, genelde iki kişi bir yatakta yatıyordu. Ben üst ranzada bir yerde yatmaya hazırlanıyordum. Arkadaşlar temiz çamaşırlar vermişti, banyo yapmıştım. Yatağıma çıktım yanımdaki insanla fısıltı hâlinde konuşuyordum. Asker yatmak serbest deyince yatmak zorundaydık. Zira saat on olduğu zaman herkes uyumak zorundaydı. Ayakta sadece birisi sağcı birisi solcu iki nöbetçi kalır, onlar dolaşır, tuvalete gelip gidenleri takip ederlerdi. Daha doğrusu tuvalete gitmek isteyenler için kapıdaki askere mazgaldan bağırır izin ister, giden döndüğünde de askere söylerlerdi.

Nöbetler ikişer saatti. Solcular ve sağcılar kendi arkadaşlarını kaldırırdı.

Nöbetleri kıdemli sırayla yazardı. Ben yeni olduğum için ilk günler böyle bir sorunla karşılaşmadım. Yatağa girdim biraz konuştum, uykum gelmişti, yattım.

Mamak'ta İlk Gecenin Sabahında

Sabah zil çalmıştı, saat tam altıydı. Hiç aksamazdı. Altıda mutlaka zil çalardı. Kalktım yatakta bir ıslaklık vardı, utandım, pijamalarım, çarşaf hep sidik olmuştu. Arkadaşlar üzülmememi söylediler. Emniyette buz gibi betonlarda, soğukta günlerce kalmak böbreklerimin bozulmasına yol açmıştı. Küçük tuvaletimi tutamamıştım. Çevremi rahatsız etmiştim. Moralim bozuldu. Arkadaşlar işi şamataya vurdular. Aşağıda yatanlar, "Yahu yüzümüzü yıkadın." deyip gülüyorlardı. Ben ise gerçekten çok mahcup olmuştum. Bayram, "Üzülme doktora çıkar, ilaç alır, iyileşirsin." diyordu. Benim yerimi üst kattan alta aldılar. Evet, Mamak'ta ilk gecemi geçirmiştim. Koğuş hayatımın ilk günüydü. Beni nelerin beklediğini günler geçtikçe, olayları yaşadıkça kavrayacaktım.

Sabahları tuvalet bölümü çok kalabalık oluyordu. 92 kişiye iki tane tuvalet olması kuyruklara neden oluyordu. Sabah herkes tuvalete gitme ihtiyacı duyuyor, yüzünü yıkamak istiyordu. Elbette o saatler stresli saatler oluyordu. Mırın kırın edebiliyorlardı insanlar birbirlerine. Bir yandan da tıraş olmaya çalışıyordu bazı arkadaşlar. Çünkü her gün tıraş olmak zorunluydu. Askerler tıraş kontrolü yapıyordu. İnsanları dövüyorlardı. Bunları hep geçen zaman içinde görecektim. Benim ilk zamanlar tıraşa pek ihtiyacım yoktu çünkü daha sakal ve bıyık çıkmıyordu. Yine de haftada bir kez tıraş olacaktım.

İlk sabah kahvaltı hazırlıkları başladı. Biz aynı davanın insanları aynı masada oturuyor, kahvaltımızı kendimiz hazırlıyorduk. Sağcılar, faşistler ise, ayrı bir masada tuvalet ya da mutfak bölümünde yemeklerini yiyorlardı. İlk kahvaltımda kâseler içinde reçel ve bir bardak süt vardı. Tabii ki de idarenin ekmek ve bulgur çorbası da... Kahvaltıya başlamadan önce çorbanın içeri alınması için dış görevli denilen insanlar kapıya çıkar, kapıyı gardiyan açar ve karavanayı verirlerdi.

Karavana alma, onu yıkama, mutfak ve tuvaletleri temizleme gibi işlere "dış görev" denirdi. Karavana alma işlemi tam bir curcunaydı. Her bloğun kendine özgü bir yöntemi vardı. Nöbetçiler çıkar, "tekmil" verir, karavanayı alırdı. Tabii ki sopa ayrılmaz bir nevale olurdu bu işlemde. Sağcılar ve solcular mevcutları kadar "dış görev" nöbeti tutar. Sağcılar otuz kişiyse on beş gün nöbet tutarlardı. İç görev ise solcuların kendi içlerinde uyguladıkları bir nöbet sistemiydi. Hastalar ve yaşlılar hariç, herkes nöbet tutmakla yükümlüydü. Bu kural bizim kendi kuralımızdı. İç nöbet işinde iki kişi olurdu.

İlk sabahımda yemek almak için çıkanlar solcuydu. Ben biraz merakla kapıya doğru yaklaştım. Ne olduğunu izlemeye çalışacaktım. İki kişi çıktı, "Üçüncü koğuş, 92 mevcut, karavana alabilir miyiz komutanım?" diye bağırdı. Asker sesi beğenmemiş olacak, –ki genelde beğenilmezdi– tekrar bağırttı arkadaşları. Yine beğenilmeyince arkadaşlarımız, "sabah çorbası dayağı" yediler. Yani insan gözlerini açar açmaz, karnı bile doymadan dayak yemek zorunda kalıyordu. Çorba içeri girer girmez kapıdaki çorbayı dağıtmakla görevli askerler ve subay kıdemliye, duayı yaptırmasını söylerdi. Genelde her şey için bir düzine asker gelirdi. Kıdemli duayı okur arkasından bizler tekrar ederdik. Dua şöyle idi:

Kıdemli "Tanrımıza hamdolsun/Ordu millet var olsun/Afiyet olsun." deyince hep birlikte "sağ ol" çekilirdi, ama subay duayı beğenmeyip tekrar ettirirdi. Bazen kendisi gider, kapıdaki askeri gözcü bırakır, duayı yüksek sesle okuyuncaya kadar tekrar ettirirlerdi. Sonuçta dua biterdi ama insanın bütün morali sıfıra inerdi. Gerçekten de ses, her duadan sonra azalırdı. Asker de bunun farkında olurdu genelde.

Yemek yenir, ortalık temizlenir, bulaşıkları yıkamak için o günki bulaşık nöbetçileri harekete geçerdi. Dış görevliler her tarafı pırıl pırıl temizlemek zorundaydı. Çünkü sayımda her taraf kontrol edilirdi. Bütün ranzaların altları ıslak bir bezle silinir, ortalık yıkanırdı. Sayıma gelen askerler, ranza altlarına bakar, bazen bir kibrit çöpü bulduklarını söylerler, nöbetçi ve kıdemlileri çağırırlar, "Bu ne lan" diye dövme gerekçelerini yaratırlardı. Dayak atmak için onlara bahane mi yoktu.

Bir keresinde sayım sırasında içeride sinek çok fazla diye nöbetçiler çağrılmış, "Bu ne lan!" denmişti. Her ne anlattılarsa fayda etmemiş nöbetçiler dövülmüştü. Sayım anında ortalıkta kalan herhangi bir şey mutlaka eziyet için, coplamak için gerekçe olabiliyordu.

Mamak'ta sayımlar genel olarak sabah ve akşam olmak üzere günde iki kere yapılıyordu. Ancak 12 Eylül'den bir süre sonra sırf eziyeti arttırmak için günde üç kez sayım alındığı oldu. Bu durum 5-6 ay kadar sürdü. Sayıma çok kalabalık bir asker grubu gelirdi.

Sayım ekibinin başında nöbetçi subay ve astsubay gelir, gardiyanlar kapıları açmak için hazır olurdu. Ayrıca yedek kuvvet olarak gaz bombası taşıyan bir grup asker de kapının dışında beklerdi. İlk zamanlar sayımlara kurt köpekleri getirmek âdettendi. Daha sonra kurt köpekleri operasyon ve açlık grevlerinde dayak atılacağı zamanlar getirilmeye başlandı.

Her sabah ve her akşam sayımlarda tekrarlanan seremoni şöyle olurdu. İlkin çavuş "rahat, hazır ol" yaptırır sonra onbaşıya bırakırdı. Onbaşı çavuşa teşekkür eder, sayımı başlatırdı. Komik olan birbirlerine teşekkür edecek kadar ordu kuralını işletenlerin aynı biçimde eziyet yapmalarıydı. Sayım çavuşu her zaman kısa bir nutuk atardı. Genelde tutukluyu aşağılar, tehdit eder ve nelere dikkat etmesi gerektiğini anlatırdı. "Yatak ve ranza altlarına hiçbir şey konulmayacak, diş macunu kapaklarından ve sabundan satranç taşı yapılmayacak, yataklar düzgün olacak. Anlaşıldı mı lan?" Komutana yanıt koğuştan gür bir sesle gelmeliydi, "Anlaşıldı komutanım." Çavuş subaydan olumlu işaret alamadıysa "anlaşılmamış" der, yeniden "anlaşıldı komutanım" diye bağırtırdı.

Sayım ekibi, tutukluyla gün boyu yüz göz olan bir ekipti. Askerler üç gruba ayrılmıştı. Yeşil bandaj takanlar "hava* mangası", kırmızı bandaj takanlar "sayım mangası", beyaz bandaj takanlar "güvenlik mangası"nı oluşuyordu. Bu mangaların hepsi birleşip sayımı yaparlardı. Sabah sayımının ardından yoğun bir gün başlardı. Sayımdan sonra havalandırmaya çıkacak olan koğuşlar hazırlanır diğerleri eğitim yaparlardı.

Havalandırma tamamen ayrı bir işkencedir. Havalandırmada kafaların yere eğik durması zorunlu, gökyüzüne, yukarıya bakmak yasaktır. İlk direnişler bu iki yasağa karşı başlamıştır.

A blokta iki tane havalandırma vardır. Biri büyük havalandırma, diğeri küçük havalandırma.

---

* Havalandırmaya çıkmaya havaya çıkma, havalandırma yapılan mekâna da hava denirdi.

Mamak Cezaevi

Aslında A bloğun yapısına yukarıdan kuş bakışı bakıldığında "H" harfine benzer. "H" harfinin boşlukları havalandırma alanlarını oluşturur. Çizgiler ise koridoru. Koğuşlar ise koridora yan yana dizilmişlerdi. "H"nin sol yanı tecritlerdir, tamı tamına elli iki hücre. Hücreler ön ve arka diye sıralanır. 1 Ön, 1 Arka; 2 Ön, 2 Arka; 3 Ön, 3 Arka olmak üzere üçe ayrılmıştır. Kapılar parmaklıklı olduğu için içerisi çok rahat denetlenirdi. Orada yatan insanların o baskı koşullarında ayakta kalmaları saygı duyulması gereken bir olgudur. Çünkü değil o şartlarda, çok lüks şartlarda bile öyle küçücük yerde yaşamak çok çok zor bir olaydır.

Cezaevinde en önemli yerlerden biri de zemin katta olan koğuşlardır. İki koğuş vardır ve "Zemin 1-2-3" ve "Zemin 4" diye adlandırılır. Buralar denetimden uzak koğuşlardır. Oraya "Çiftlik" denirdi ve sopa, dayak orada da yenirdi fakat asker denetimi yukarıdaki koğuşlara nazaran oldukça azdı.

Cezaevinde toplam dokuz koğuş, elli iki hücre vardı. Buralarda kapasitenin üzerinde insan yaşamaya zorunlu tutulmuştu. Normalinde o kadar insanın yaşaması mümkün değildir. Fakat o koşullarda doksan, doksan iki civarında insan yaşadı her koğuşta.

Koğuşların yapısı şöyle idi: Bir salon düşünelim ki salondan büyük olsun. Mutfak, tuvalet ve banyonun olduğu ek bir bölüm vardır. Oraların bütünü ise bir oda büyüklüğündedir. Salonun duvarları tahta ranzalarla çevrilidir. Ortada oldukça küçük, dar bir boşluk vardır. Kapı mazgalından, koğuşun bir köşesi hariç, her yeri görülür. Camları oldukça küçüktür ve havalandırmaya bakar. Genellikle, havalandırmada nöbet tutan asker demirlere tırmanır, içeriye bakar, dövecek adam arar. Yani havalandırma için yapılan camlar birer dayak makinesidir. Camların çok küçük olması içeriye yeteri kadar havanın girmesini engeller. Mutfak denilen bölümde iki tane dolap olur. O dolapta ekmekler, tabaklar ve kaşıklar durur. Sağcıların ve solcuların her şeyi ayrıdır. Mutfakta iki tane lavabo vardır. Tuvalet iki tanedir, hemen tuvaletin karşısında iki tane banyo odası vardır. Banyoların ve kabinlerin ölçüleri tuvalet ile aynıdır. Mutfak, tuvalet ve banyonun oluşturduğu yere geçmek için çok kısa bir koridor vardır. O koridor da zaten banyoların duvarlarından oluşur. Yani bir odanın içerisi kabinler şeklinde bölünmüştür. Tuvaletlerin, banyoların kapısı yoktur çünkü idare söküp almıştır. Genelde muşamba takılır.

Hemen hemen bütün koğuşlar aynı biçimdedir. Altıncı koğuş biraz daha küçük yapıdadır, bir de zemin koğuşların boyutları farklıdır. Zemin 1-2-3 adından da anlaşılacağı gibi üç bölümden oluşmuştur. Bir de "gaz odası" denilen yer vardır ki orada tutuklu bulunmaz, boştur. "Gaz odası" denilmesinin nedeni tuvalet ve lağım hattının oradan geçmesi ve koku yapmasıdır. Diğer iki bölümden biri sağcıların diğeri solcularındır. Faşistlerle yüz yüze kalınmayan tek yer zeminlerdir. Bu açıdan oldukça avantajlıdır.

A bloktaki görüş yeri koğuşlardan oldukça uzaktır. Görüşe gitmek için birkaç koridordan geçmek gerekir. Eğer yedinci koğuşta ya da zeminlerde isen, ta koridorun öbür ucundan, kapılar serisinin önünden geçmek gerekir. Biz üçüncü sırada olduğumuz için üç kapı geçiyorduk. İlk kapı, koğuşun koridoru beş numaralı kapı idi. Kapı açılıyor ve sola dönüyoruz. Genelde her kapıda bir asker vardır. Görüş yerine gidilen koridorda çay ocağı ve gardiyan odası vardır. O yolu bir kapı keser. Kapı açılınca meydana geliriz, o boşlukta iki tane hücre vardır. Birinin lambası yanmaz çünkü orası idam edilmek için bekleyenlerin kalması için yapılmıştır. Ki idama gidenler orada kalmışlardır. Meydandan sağa doğru dönünce yeni bir koridora girilir ve orası sondur. O koridoru kesen kapıları geçersen ileri doğru "3 Ön", arkaya doğru "1 Ön" vardır. Yani bu koridor "H" sol çizgisini oluşturan koridordur. Görüşe girmeden önce tutuklular "2 Ön" koridorda bekletilirler. Orada askerlerin sorduğu sorulara yanıt istenir. İstiklal Marşı okutulur.

7 Aralık 1980, Milliyet

"Rahat, hazır ol" yaptırılır. Tabii ki bunların ayrılmaz parçası dayak atılır ve görüşe girilir. Kabinler ilk yıllar tel örgüden oluşurdu. Daha sonra cam ve telefon yapıldı. Görüş kabinlerinin her birinde karşılıklı askerler bekler. Zaten girmeden önce bize ve görüşçülere nasıl davranılacağı açıklanır. Görüş yerinde, "siyaset konuşmak, yabancı dil konuşmak, cezaevine ilişkin konuşmak, el işareti yapmak," yasaktır. Tutuklu, "tören rahat" biçimde konuşmak zorundadır. Bu, ellerin arkada belde tutulması, ayakların da yarım boy açık tutulması şeklindeki askerî duruştur. Orada heykel gibi durmak çok zordu tabii ki. Görüş süresi çok kısa olduğu için –ilk zamanlar üç dakikaydı– "Nasılsın, merak etme, eşya geldi mi, para yattı mı?" ile süre biterdi. Ancak bu kadar sözcüğe yetiyordu.

İlk görüşümü de ileride anlatacağım.

Genelde cezaevinin içini tanımlamaya çalıştım. Cezaevinin iç yaşamını parçalı bir şekilde anlatmaya çalıştım. Kişilerin genel psikolojilerine, tavırlarına ve yaşamlarına ileride kısaca değineceğim. Şartlar ve kişilerin davranışları birbirine bağlıdır. Aslında, kişilerin içinde bulundukları psikolojik atmosferi, bütünüyle yakalamak zor. Çünkü olaylar karşısındaki reaksiyonlar kişiye göre çok değişiyor. Örneğin dayak ve sayımdan korkan kadar, korkmayan da vardı. Korktuğu hâlde yapılması gerekeni bilip yapan da vardı.

Yani kişilik çok özel bir alan. Bunu anlatmak için geneli tiplemek gerekecek. Ben bunu yapabilecek kapasitede değilim. Bu ancak bir romancının işi olmalı. Benim yazacaklarım bu anlamda kişilerce itiraz edilecek durumlardır. Bu itirazlara diyecek bir şeyim yok. Başta da vurgulamıştım. Ben kendi penceremden bakıyorum olaya, kişiye ve geçmişteki Fikret'e.

Bir Zaman A Blokta

Biraz önce kısaca anlatmaya çalışmıştım. Şimdi A blokta kaldığım 1981 Mart ayına kadarki dönemde yaşamımın programını yazmalıyım. Sabah 6'da zil çalar ve herkes kalkmak zorundadır, yataklar yapılır. Çorba alma seremonisi bitince, sayıma kadar "ameli" ders, yani yerinde "rap rap" yapılır. Nasıl yapıldığından söz etmiştim. "Amelî" ders sabah 40 dakika yapılır, 10 dakika dinlenilir, sonra 40 dakika daha yapılırdı. Bir süre sonra "nazari" ders denilen kitap okumaya geçilirdi.

Kitap okumak, genelde bir kişinin mazgala gidip dışarıya doğru gür bir sesle Atatürkçülük kitabından herhangi bir yeri okumasıdır. Bütün tutukluların zevkle okuduğu parça "Yetiştim paşam ver buyruğunu" şiiriydi. Her okuyan onunla istediği kişiyi güldürür, tartıştırırdı. Onu sonra yazacağım. Kitap okumanın en ilginç yanı, kitabı okuyanın sesini mazgaldan dışardaki askere duyurmak için okunmasıdır. Sözde bizi Atatürkçü yapmak için bu ders konmuş. Okunan hiçbir şey anlaşılmazdı, zaten anlaşılmaması için kitabı okuyanlar özel şekilde sözcükleri yuvarlarlardı. Kitap okurken "hava" nöbetçisi demirlere tırmanır, kitabı dinlemeyenleri yakalamaya çalışırdı...

Şimdi bir kitap okuma macerasını anlatayım.

"Nazari ders" denince insanlar ranzalarda bağdaş kurup otururlardı. Güya yaslanmak yasak, dimdik duracaksın. Ama insanlar o işin kolayını öğrenmişlerdi. Kendilerine zulalar yapıyorlardı. Zula bazen bir ceket oluyor. Askılar biraz öne çıkarılır. Bazen önde oturan bir insanın arkasına saklanılır, keyif yapılır, bazen de ranza ile duvarın arasındaki boşluğa girilirdi. Yani tespit edilen birkaç insanın dışında herkes dinlenmek için bu fırsatı iyi kullanırdı.

Okuma işi kıdemli olan isimlerimizin dizilişine göre olurdu, sırası gelen İstiklal Marşı'nı, Gençliğe Hitabe'yi, Orduya Mesaj'ı okurdu, tabii ki ezberden. Bazen de kitap okunurdu. Arada arkadaşın biri o meşhur şiiri okumaya başlardı. Şiirden şimdi anımsadığım şunlar:

"Denizli'nin eteklerinden
Baktığı yeri yalım yalım yakan
Efe Mehmet yetişti
Ver buyruğu Kemal Paşam
Yetiştim dedi.*"

Bu dizeleri koğuştaki istediğimiz arkadaşlara göre uyarlardık. Örneğin birine hitap etmek istersek bunu kullanırdık. Okuyan arkadaş solcu olduğu için solcuların isimlerini sıralamaya başladı. O kadar komik oluyordu ki... O çirkin ortamda böylesi bir şey insana moral oluyordu. Birinde arkadaş kendini o kadar kaptırmıştı ki, kendisi de gülüyordu. Asker bir maraza olduğunu anlamış olacaktı ki "Kes dayı," deyip kapıyı coplamaya başladı. Kıdemliyi çağırdı "Bu ne diyor be? Geçin sıra dayağına. 92 kişi var sayacağım ona göre." deyip eksik çıkmamasını istedi. Herkes teker teker gidip mazgaldan elini uzatıyor, dayağını yiyip geliyordu. Tabii dayak anında millet şamata yapıyor, yüksek sesle konuşup dersten yırtmış

---

* İlkokul öğrencilerinin 29 Ekim törenlerinde sahnelemesi için hazırlanmış olan Şahlanış Oratoryosu.

öğrenci mutluluğunu yaşıyordu. Asker dövüyor, dövüyordu. Kolu yoruldukça vuruşların şiddeti azalıyordu. Bir türlü sıra bitmiyordu. Nasıl bitsin ki? Bir kez dayak yiyen tekrar aynı sıraya geçiyordu. Arkadaşlar yaşlıların yerine de dayak yemek için öne geçiyordu. Yaşlı amca bu duruma itiraz ediyordu. Bir an geldi, asker dayaktan bıktı. Kıdemliye şöyle bağırdı: "Kıdemli bu koğuşun mevcudu yüzü geçti lan." Nihayet asker dayak atmaktan vazgeçmişti. Vakit ilerlemiş, asker mola almamız için istirahat vermişti. Bu sıra dayağı manzarası sık sık olurdu.

Kitap okurken yaşanan ilginç olaylardan biri de diğer koğuşla konuşmak istediğimiz zaman yaşanırdı. Bizim olduğumuz koridorda üç koğuş vardı ve koğuşlar arası konuşmaya müsaitti. Belli zaman diliminde iki koğuşta da okuma olurdu. Atatürk'ün Nutku okunurdu sık sık. Çünkü cezaevlerine okunsun diye telgraf çekilmişti o dönemler. Biz de savaş dönemi yaşıyorduk ya! Okuyan arkadaş espriye yan koğuştaki arkadaşının adıyla başlardı: "Fikret Bey'den Hüseyin Paşa'ya acil telgraf." Tabi mazgaldan o kadar yüksek sesle bağırılırdı ki yan mazgalda olan kişi rahatlıkla bu sesi duyardı. Nasıl duymasın. Kitap okumaya nezaret eden nöbetçi, "Koridorun ta öbür ucundan okuyup okumadığınızı anlamalıyım. Sesiniz koridorun en uzak yerinden duyulacak." derdi. İşte bu yüzden de yüksek sesle okunmayan her ders dayak demekti. Bu vesileyle istediğiniz arkadaşı mazgala çağırırdınız. Yalnız onu "paşa ya da bey" yapmalıydınız, yoksa mesajınız olmazdı. Bu türlü şakaları tecritte yatanlar daha sık yapıyorlarmış. Onlar o kadar ileri gitmişler ki yanındaki arkadaşıyla bu telgraflar ve "Yetiştin Paşam" şiiri ile dalga geçermiş. Bir gün asker durumu anlamış ve tecritte bulunan bütün tutuklulara dayak atmış.

Evet, işte Atatürkçülük derslerinin yarattığı ortamlar. Kurtuluş Savaşı'nı Doğan Avcıoğlu'ndan, tarih kitaplarından bilen yüzlerce insana zorla, hem de daha doğru dürüst Türkçe konuşamayan askerlerle tarih öğretmeye çalışıyorlardı. Sonuç: Kimse Atatürkçü olmadı. Çünkü oraya gelenler zaten belli bir görüşe sahip insanlardı. Cezaevinde kitap okuma işi yıllar sonra kaldırıldı.

Amelî Eğitim Rap Rap

Rap rapların yarattığı çok komik ve acı olayları anlatmak istiyorum. Ben yeni gelmenin acemiliği ile en önde dururdum. Bir de gürültü yapabilecek, sesi gür, birkaç solcu arkadaş mazgalın önünü kapatırlar. Rap rapı başlatan kıdemli ya da onun gösterdiği, marşı söyleten biri olurdu. Ben orada kalırken rap rapı Ahmet Yavuz isimli bir solcu ile şimdi ismini hatırlayamadığım çuval cinayetinden yargılanan bir yanki* yaptırırdı.

Rap rapta olduğumuz yerde sayarken şu marşı söylerdik:

"Piyadeyiz biz piyadeyiz biz/Yüce Dağlar aşarız/Anne baba terk ederiz/Vatan için koşarız/Allah Allah bu ne iştir/Anne evlat yetiştir/Düşmanların kafasını/Silahımla ezerim."

Rap rapı yaptıran "Bir, iki, üç, dört, sol, sağ, sol, sağ" diyerek yürüyüşü ve tempoyu ayarlardı. Marştaki piyade sözcüğü gelen askerin sınıfına göre değişirdi. Komando gelirse biz bu sefer "komandoyuz biz" diye başlamak zorunda olurduk. Askerler kendi sınıfının marşını okutmaktan çok hoşlanırdı. Kaldığım diğer bloklarda da –C Blok, B Blok– "tankçıyız biz" diye bir marş söylemiştik. Ee ne yaparsın, her askeri sınıf havasını atmalıydı.

Amelî eğitimin yani rap rapın daha zehir, daha ağır olması kapıdaki nöbetçinin pisliğine göre değişiyordu. Çok zaman devriye çavuşunun gıcıklığı bütün 40 dakikayı çekilmez bir işkenceye çevirirdi. Yani askerler, kafalarını bozan her şeyin acısını tutuklulardan çıkarırdı. Mektubu mu gelmedi, tutukluyu döver, söver, eğitimde ezmeye çalışırdı. Yanındaki devriye çavuşu ona tokat mı attı, ya da "üç pırpır astsubay" onu azarlayıp tekmeledi mi, yahut kendinden daha güçlü bir asker küfür mü etti, karnı mı acıktı, hasta mı oldu,

---

* Bu sözü o zaman faşist yerine kullanmışım. Öyle de kalsın istedim.

dişi mi ağrıyor, hepsinin acısını tutukludan çıkarabilirdi. Yani kendi yaşamının bütün sıkıntısını, kimseye emir verememenin, itilip kakılmanın, silik olmanın acısını hep o üç saatlik nöbeti boyunca "yetkili" olmanın gururu ile çıkarmaya çalışır, yaşamı zehreder, zaten çekilmez olan cezaevini bir cehenneme döndürürdü. Rap rapın anlamı buydu. Özellikle bizlerle muhatap olması için bu tip insanlar seçilirdi. Bazen böyle davranmayan askerler de çıkardı ama onlar da ya bozulmak zorundaydı ya da kendisi sopa yemek veya gitmek zorunda kalırdı. Yani cezaevi tarihinde iyi askerler de geldi geçti ve onların kişilikleri de bizle beraber ezilmeye çalışıldı.

Bazen asker, solcular ya da sağcılar tarafından kafalanır, rap rap daha çekilir hâle getirilirdi. Bu durumlarda kapının önüne uzun boylu 5-10 kişi dizilir, yüksek sesle rap rap yapar, marş söylerdi. Diğer insanlar tetikte oturur ya da çök vaziyette dinlerler, ilk işaretle, eğitim yapıyormuş gibi hazır olurlardı. Kapıdakiler ayaklarını vurmazdı, bir kısım insan ayakkabılarını yere vururdu ya da elinde bir terlik, ranzaya vururdu. Bu da rap rapın çekilir olanıydı.

Rap rap yaparken arka sıralarda kalanlar da kendi dilinde şamata yapar, gırgır geçerlerdi. Marşları kafamıza göre değiştirir, çarpıtır, muzırlıklar icat ederdik. Bu durum yankilerin pek hoşuna gitmezdi. Örneğin ön sıralar sol ayaklarını yere sert vururken arka sıradakiler sağ ayağını vururdu ve ortaya pata pata pata pata gibi ilginç olan ya da bize ilginç ve komik gelen bir ses çıkardı. Bu sesler tıpkı tren sesi gibi olurdu.

Bazen de marş okurken öndeki sıra bir dizenin sonuna geldiğinde arka sıradakiler dizeye baştan başlardık. Çok sesli bir koromuz olurdu. Belki de ilk kez bir ordu marşı ekolu (yankılı) bir şekilde okunuyordu. İnsanlar o cehennemde ancak bu tür şeylerle eğleniyorlardı.

Belki o cehennemde ayakta kalabilmenin tek yolu buydu. Gülmek, gülecek durumlar yaratmak, komik olaylar yaratmak, acının, yılgınlığın karşısında gülünecek şeyler bularak birlikte gülmek. İnsanlar bir tür direniş gösteriyordu. Yok edilmeye, sindirilmeye karşı o cehennemin komikliklerini bulup gülmek bir direnişti belki de. Bir kitapta okumuştum, Nazi kampında insanlar her türlü kurala uyuyorlardı. Yargılamaksızın her şeyi yapıyorlardı. Onlar için de yaşamak, onların kurallarına uymak direnmekti. Yani direniş, direnişin olduğu tarihsel mekâna ve somut duruma göre değişiyordu. Bizim yaşadığımız durumda direnmek işkencede isim vermemekti. Direniş dağlarda elde silah çatışmak, çatışarak ölmekti. Direniş baskılara karşı kendini yakmaktı. Direniş ölüm orucunda can vermekti. Direniş açlık grevleriydi. Direniş her türlü baskıya, teröre, yok etmeye karşı ben devrimciyim, ben insanım demekti. Direniş bir dosta gülücük göndermek, selam vermek, özünü korumaktı. Direnişin boyutları yaşanılan ortama göre esnetilmeli. Evet yapılması gereken özünü korumak, gitmemek, kaybolmamaktı. İşte biz o şartları öyle yaşadık. Bir gelenek öyle yaşar mıydı? Hayır ama ondan başkasını da yapamayabilirdik. Çünkü yenilmiş, yıpranmıştık ama ihanet etmedik. Belki de buydu direniş.

Rap rap yapılırken koğuşlar gizlice basılır, zulada yatanlar yakalanırdı. Şimdi bir çeşitleme yapalım.

Bir gün rap rap yapıyoruz. Kapıda bir asker belirdi, kantinciyi çağırdı. Tam kantin falan diyordu ki kapıyı gizlice açan gardiyan kenara çekilir çekilmez kapı tekme ile açıldı, yüzbaşı, astsubaylar ve askerler ellerinde coplarla içeri daldılar. Askerler içeri girerken bize "çök çök" diye bağırdılar. Askerler zulalarda yatanları, ranza altında uyuyanları, satranç oyunu oynayanları yakaladılar. Satrancı diş macunu kapaklarından, sabundan yapardık. Bize, "İstikamet küçük hava boşluğu!" diye bağırdı çavuş. Hava boşluğu asker doluydu, oraya gittik. Koridorlar asker doluydu. Yani bir baskınla yüz yüzeydik. Hava boşluğunda sıraya girdik. Hava çavuşu bize eğitim yaptırmaya başladı. Kapalı bir mekândı hava boşlukları, boş bir koridor düşünün, bir oda büyüklüğünde. Orada rap rap yapıyoruz, marş söylüyoruz. Askerler bizleri dövüyorlar, "Canlı lan," "çek dizleri,salla kolları lan," diye haykırıyorlar. Orada bir saate yakın eğitim yaptık, sopa yedik. Sonra yeni bir komutla koğuşlara doğru gittik. Yüzbaşı satrancın kimin olduğunu sordu, kimseden yanıt çıkmadı. Tekrar sordu, kimseden yanıt yoktu. "Eh, madem sahibi yok, el koyuyorum" dedi. Satranç sabundan yapılmıştı. Çok güzel oyma ve el işlemesi tekniği kullanılmış, çok güzel bir satrançtı.

Ucuz atlatmıştık ve buna seviniyorduk doğrusu. Yoksa bizi böyle kolay kolay bırakmazlardı. Şans işte. Bir başka gün yine rap rap yaparken devriye çavuşu mazgala geldi "çök çök" diye bağırdı. Çöktük güya açıkta adam yakalayacaktı. Yerler mi? Millet uyanık kenarda oturanlar hemen yere çöktüler, kapı açılmadıkça tehlike yoktu.

Bir gün yine eğitim yapıyoruz. Havaya bakan pencerelerin demirine hava nöbetçisi olan asker çıkmış içeriyi izliyor. Birden, "Sen, sen gelin elinizi uzatın." dedi. Kapıdaki nöbetçi kendisi yakalayamadı ya, için için kızdı. Sanki neden ona yakalandınız der gibi konuşuyordu. Yakalananlar dayaklarını pencereden el uzatarak yediler ve döndüler. Havadaki nöbetçi alıştı ya beş on dakika sonra geliyordu. Elini demire atar atmaz görevli işareti veriyordu. Ortada kimse yok millet hep birlikte dönüp ona bakıyor ve "camda ayı var" "camda ayı var" diyorlardı. Uyanık nöbetçi gizli baskınlarını birkaç kere daha yaptıysa da avcunu yaladı ve gidip diğer koğuşlara çattı. Başarılı olmuş olacak ki orada bir havalandırmadan cop sesleri geliyordu. Aslında rap rap ile ilgili yaşanan onlarca macera vardı onları yaşayanlar anlatsaydı daha çok kalırdı aklımda. On yıl aradan sonra yazınca en çarpıcı olanlar kalıyor insanın aklında. Ama çok daha ilginç şeyler yaşandığına eminim rap raplarda.

Her rap raptan sonra yirmi dakika mola verilirdi. Tabii bu durum askerin durumuna göre uzar ya da kısalır, gıcıklaşmalar olurdu. Mola alınca öyle rahat rahat oturamazsın. Su mu içmek istiyorsun, nöbetçiden izin alacaksın. Sigara mı içeceksin, izin isteyeceksin. Gazeteye mi bakacaksın izin isteyeceksin. Tuvalete mi gideceksin izin isteyeceksin. Yani içeride yapacağın her şey için izin almak zorundasın. Tabii bu onların kurallarıydı ve genelde geçerli oluyordu. Gizlice yasakları delmiyor da değildik. Mesela kaçak olarak tuvalete gider su içerdik, sigara içenler olurdu. Duman fazla olmasın diye de sigarayı sırayla içerlerdi. Askerin gelip gelmediğini mazgalın önünde duran birisi işaretle bildirirdi.

Yine rap rap yapmıştık, asker yaptığımız eğitimden memnun olmamıştı galiba hiçbir şey için izin vermedi. Millet homurdanıp durdu. İçeri gizli kaçanlar oldu ama bu çözüm değildi ki. Sıra ile gidip nöbetçiye bağırmaya başladık:

– Komutanım komutanım.

– Ne var lan?

– Komutanım su içebilir miyim?

– İç lan!

– Komutanım.

– Ne var lan?

– Suyumu içtim, yerime dönebilir miyim?

– Dön lan.

Sonra sıradaki kişi yanaşır,

– Komutanım.

– Ne var lan?

– Sigara içebilir miyim?

– İç lan.

–Sağol komutanım.

Sonra bir başkası yaklaşır,

– Komutanım.

– Ne var lan?

– Laklak okuyabilir miyim?

– O ne lan?

– (Alaycı bir tavırla) Gazete kumandan gazete.

– Okuyaman lan.

– Sağ ol kumandan.

Bu böyle sürüp gittikçe bir an geldi asker pes etti ve kapıdaki mazgaldan "her şey serbest lan" diye bağırdı. Millette hep birlikte "Sağ ol kumandan." diye bağırarak gırgıra aldı. İşte içeridekiler molalarda böyle bir yolla kapıdakine bir er olduğu hâlde savaş kazanmış bir kumandanmış gibi hitap edip dalga geçerek kendini koruyordu.

Havalandır Ama Havalandırma

Şimdi biraz da havalandırmadan söz etmek gerek. Havalandırma Mamak'ta bir işkence aracıydı. Her koğuş havaya çıkmak zorundaydı. Görüş günleri ve çamaşır yıkama günleri havaya çıkılmazdı. Hava, ilk aylar giriş çıkış dâhil bir saatti. Sonraki yıllar on beş, yirmi dakika, bazen de günlerce çıkarmama şeklinde devam etti. Son yıllarda ise A blokta günde iki kere bir buçuk saat oldu. Diğer bloklarda da durum yıllarca ortama göre değişti. Ama değişmeyen şey son yıl hariç Mamak'ta havalandırmanın da bir cehennem oluşuydu.

Kim istemez ki kümes gibi yerden mis gibi havaya çıkıp dolaşmayı. Başka cezaevlerinde havalandırma top oynanan, gezilen, konuşulan yerdi. Mamak'ta ise hava bir başka idi. Kimse havaya çıkmak istemezdi ama buna rağmen bizler hep havaya çıktık. Dayak, eziyet olsa da hiç kimse içeriye tıkılıp pis hava, karbondioksit solumak istemez. Bizler de işkence olsa da havaya çıkıp bir saat kurtuluyorduk.

Havaya çıkmak için "hazırlanın lan" diye bir ses mazgaldan içeri bağırdı. Birkaç dakika sonra kapı açıldı. En önde kıdemli, elindeki bir kâğıt parçasını uzattı ve kâğıtta yazılı olan şeyleri sözlü olarak tekrarladı. "Üçüncü koğuş 92 mevcutla hazırdır komutanım." dedi ve kapıdan koşarak çıktı. Diğer insanlar da onu takip etti. Kapıda bekleyen asker elindeki copla çıkan her insanın bacağına vuruyor, geçen insan sayısını tespit ediyordu. Havalandırmaya çıkan insanlar üçlü sıra oluşturuyordu genelde. Sağcılar bir sırada solcular diğer sırada oluyordu. Havalandırmanın duvarları boyunca askerler dizilmiş oluyordu. Çavuş gelir ve "ileri bak" deyince bir öndekinin omzuna doğru uzatılmış eller hep birden pat diye inerdi. Eğer çavuş beğenmezse tekrar yaptırırdı. Eğitim, 20 dakika koşma-yürümeyi, 20 dakika kültür fizik hareketlerini içeriyordu. 20 dakika da volta atıyorduk. Genelde ilk 20 dakikalar aksatılmazdı ama eğitimden sonra dinlenmeye ayrılan süreden çavuş kırpardı.

İlk 20 dakika yürüyerek marş söyleme boyunca insanlar çeşitli bahanelerle tek tek dövülürdü. Eğitimde dayak yiyen genelde devrimciler olurdu. Çavuş "neden sesin çıkmıyor, neden ayağını yukarı çekmiyorsun, neden kolunu omuzuna kadar kaldırmıyorsun," diyerek dayağın zeminini yaratırdı. Sağcılar genelde kuralları harfiyen yerine getirmeye çalışır, eğitimi bir askerden daha iyi yapardı ama yine de dayak yedikleri olurdu. İkinci 20 dakikada kültür fizik adı altında insanları ezmek için çeşitli hareketler yaptırılırdı. Bu hareketlerin numarası ve adı vardı.

"Bir numaralı hareket, eğilme ve uzanma." derdi çavuş. Tutuklular tekrar ederdi. Ses hep yüksek olmalıydı, yoksa tekrar ettirirdi.

"İki numaralı hareket, karın dövme." Çavuşlar genelde ceza olsun diye şınav çektirirdi koğuşa. Ayrıca ceza olsun diye "kaz yürüyüşü" denilen şekilde havalandırmada birkaç tur dolaştırırdı. Karşı gelenler sürekli dayak yerdi. Zaten çavuşlar belli kişilere taktıkları için, o kişiler eğitim boyunca sürekli dayak yerlerdi.

Şimdi birkaç tane hava macerası aktaracağım:

"Hava" denildi, hazırlandık çıktık. Çavuş eğitime başladı, askerler etrafımızda alıcı kuş gibi dolaşıyorlardı. Sıradan seçtiği birini, "Sen gel lan." diye copu ile işaret etti. Giden arkadaşımızla bir şeyler konuştu, ona çökmesini ve havalandırmada bir tur "kaz yürüyüşü" yapmasını söyledi. Arkadaş bir tur attı geldi, Sonra "ayı dansı" yapmasını istedi, arkadaş itiraz etti. Sonra asker, "Bana karşı mı geliyorsun lan!" diyerek onu hava boşluğuna çekip orada dövdü. Sonra arkadaş geldi, yine eskisi gibi eğitime devam etti. İnsanlar içlerinden birilerinin çekilip çekilip dövülmesine hem tepki duyuyorlar hem de ürküyorlardı.

Diğer bir havaya çıkışta kültür fizik hareketlerini yaptık. Çavuş "Türk sporu adına üç defa." dedi, "Sağ ol, sağ ol, sağ ol." dedik. Çavuş "Gülmek, konuşmak, sağa sola bakmak yasak, sigara içebilirsiniz." dedi. Biz tekrar, "Sağ ol komutanım." dedik ve çavuşun bize "dağılın". demesini bekledik. Çavuş bize "dağılın" dedi ve 20 dakikalık dinlenmeye başladık. Fakat bu dinlenme anında bile hiç rahat yoktu. Duvar diplerinde duran askerler sık sık "Gel lan buraya, niye cama baktın, aç elini." deyip insanları copluyorlardı. Ben de kaçamak yapıp ikinci koğuşun camına bakıyordum fakat insanlar dövülünce artık bakmak istemedim.

Havalandırmada her şey için izin almak zorundaydık. Aksi copla cezalandırılma anlamına geliyordu. Buna rağmen havalandırmada biz kendi dilimizde konuşuyorduk. Gelip geçerken, yan yana geldiğimiz anda, küçük bir tebessüm, laf ya da hızlı hızlı yürüme, birinin omzuna çarpma gibi hareketlerle havanın kendi dilinde konuşuyorduk. Yıllar geçtikçe havalandırmada bazı şeyler değişecekti. Son bir yıl top bile oynayıp kahkahalar attık. İlk zamanlarda o anları yaşayacağıma inanamazdım doğrusu.

1981'in ilk üç ayını A Blokta geçirdim. Daha sonra C Blokta yedi ay kaldım oradan da B Bloka götürüldüm. 1984 Nisan ayına kadar B Blokta, çeşitli koğuşlarda kaldım. Açlık grevi bitiminden sonra 25 kişilik bir kafile ile A Bloka tekrar getirildim. Oradan ayrıldığımız 1989'un Eylül ayına kadar A Blokun çeşitli koğuşlarında kaldım. Şimdi bu zaman içinde yaşadığım ilginç anları, kafamda kaldığı kadarıyla aktarmaya çalışacağım. Eksik ve yanlışlar için özür dilerim. Hafızayı beşer nisyan ile maluldür, derler. 10 yıl sonra oralara dönmek, tazeliği ile anımsamak zor. Zaman zaman Hüseyin'den yardım istiyorum. Ne de olsa o benden fazla yattı A Blokta.

A Blokta

A Blokta da ilk günlerimin nasıl geçtiğini pek net anımsamıyorum. Zaman çok hızlı geçiyordu, sürekli bir koşuşturma içindeydim. Emniyetten yeni gelmiştim. Üzerimde psikolojik ve fizikî bir bozukluk vardı. Kendimi toparlamamda çevrenin rolü büyük oldu. Birkaç gün içinde savcıya ve sorgu hakimine çıkarıldım. Ürküyordum. Ne yapacağımı bilemiyordum, savcıya çıkınca benimle aynı evde yakalanan kadın arkadaşla karşılaştım. Askerler bizi konuşturmak istemiyorlardı, yine de fırsatları değerlendirdik ve birkaç kelime konuştuk.

Savcının odasına ilk önce ben girdim. Savcıdan pek hoşlandığımı söyleyemem. Sanırım o da beni pek sevmemiş olacak ki gıcık gıcık haykırıyordu. Bana "Şu, şu suçları işlemişsin, doğru mu?" dedi. Ben de "Hayır ben öldürmedim, suçsuzum." dedim. "Peki ya bu ne, emniyette kabul etmişsin doğruyu söyle." diyerek kükredi. Ben "Emniyette işkence gördüm. Kimseyi öldürmedim fakat Devrimci Yolcuyum, silahlar bana aittir. Kadın arkadaş silahı bilmiyordu." deyince savcı yumuşadı. "Anlat yavrum kimleri tanırsın, neler yaptın?" diyerek babacan havalara büründü. Herhâlde beni yanlış anladı, "Ben bir şeyden pişmanlık duymuyorum, ben

Devrimci Yolcuyum, örgüt falan anlamam." deyince savcı bozuldu ve beni odasından yollarken, "Tekrar düşün evladım." dedi.

Bir gün sonra da mahkemeye yani sorgu hakimine çıkıp tutuklandım. Tutukluluğa itiraz et dedilerse de ben pek istemedim. Bu formalite ile mi uğraşacaktım. Zaten, "ayvayı yedim," diye düşünüyordum.

Kendimi biraz toparlayınca eve bir mektup yazdım. Mektup 1981'de yazılmıştı ve bir dosta, sevdiğim insana özeleştiri verir nitelikteydi. Yapmam gerekeni yapamadığım için güvenini sarstığım için özür diliyordum. Aslında benim gibilerin bu yola yakışmadığını belirtiyordum, emaneti koruyamamıştım. O mektuptan sonra kendi kendime çok düşünüp tartıştım. Bir yandan da sürekli sopa ile karşı karşıyaydım. Günler çok hızlı geçiyordu. Eğitim, hava, dayaklar... Günün hızını anlamak çok zordu... Gazetelere hiç bakamıyordum, yat vaktini iple çekiyordum. Çünkü gerçekten çok yorucu oluyordu günler. Dayak yemek, sürekli eğitim yapmak insanın canını çıkarıyordu.

Üç Dakika Görüş

Üçüncü koğuşta ilk görüşe gittiğimde karşımda annemi görmüştüm. Annemler uzun süre emniyette beni aramışlar. Sürekli "Burada yok." sözüyle kapı dışarı edilmişler. Bir arkadaşım anneme yakalandığımı, sahte kimlik taşıdığımı, yardımcı olmak isterlerse "Emin Yılmaz" adına para yiyecek giyecek yatırmalarını söylemiş. Fakat bir haber çıkmayınca kadıncağız kahrolmuş, tanıdık polislere, akrabalara başvurmuşlar, yine "burada yok" cevabı almışlar. Zavallıcık nereden haber alacaktı ki? DAL denilen işkencehaneye girmek, yardımcı olmak için çok zengin ve çok etkili biri olmak gerekirdi. DAL çok özel yapılmış bir işkencehaneydi. 12 Eylül ve DAL iç içeydi, DAL bir simgeydi. DAL aslında başlı başına yazılması gereken bir olgu. Annemler benim Mamak'ta olduğumu sanıyordu.

Annemin iki gözü iki çeşme, ağlıyordu. Öyle üzgün ve öyle içli ağlıyordu ki boğazıma sözcükler durdu. Yutkunamıyordum, konuşmak istiyor konuşamıyordum. Annem, ciğerim, ağlayarak eşya ve para yatırdığını, iyi olup olmadığımı soruyordu. "Çok zayıflamışsın oğlum." deyip ağlıyordu. Hepsi üç dakika ama sanki kocaman saatler olmuştu. Annemi öyle üzgün görmek, onun ağlaması, beni çok çok etkiledi. Gözlerim dolu doluydu ama bir damla dökülmediler, içime aktı gözyaşlarım. Belki yıllarca öğretilen, "erkekler ağlamaz" sözü ile yetiştirilmemdendi. Belki de beni her gün dövenlerin önünde ağlamak zayıflık belirtisi olur düşüncesiydi gözümün yaşını kurutan. Ağlamak isterdim... Ağlayacak bir yer olsun isterdim... Hıçkıra hıçkıra ağlamak isterdim... Yitirilen, kaybolan, yıkılan umutlara ağlamak isterdim... Çiğnenen onura, gurura ağlamak isterdim... Yiten bir kuşağa, yenilmiş Devrimci Yola ağlamak isterdim... Ağlamak isterdim Türkiye'ye...

Zil sesi beni kendime getirdi. Anneme cılız bir sesle "İyiyim, ağlama bir daha emi, canım anacığım." dedim ve çıkıp gittim.

Gerçekten de annem bir daha hiç ağlamadı, gözleri doldu, gözyaşları birikti fakat ağlamadı. Sonradan öğrendim ki dışarıda ağlar ağlar, gözyaşı kuruyunca görüşe girermiş. A Bloktaki ilk görüşüm öylesine duygusal bir atmosferde gerçekleşmişti ki koğuşta bile saatlerce etkisinden kurtulamamıştım.

Yeni Gelen

Üçüncü koğuşta yaşadığım ilginç olaylardan birisi de dışarıdan ismini sık sık duyduğum Cahit Akçam isimli arkadaşın bizim koğuşa verilmesidir. Cahit çok kısa bir süre kaldıktan sonra tecrite götürüldü. Cahit koğuşa geldiğinde bir iki tezgâhçı onun için bir senaryo hazırladılar. Millet yeni gelenin başına toplanmıştı. Kim gelirse gelsin ona "yeni gelen" denirdi, sanırım isimden daha kolay öğreniliyor diye. Yeni gelenin başında meraklılar toplanmış soru soruyor, ondan yanıtlar alıyorlar. Yeni gelen ürkek, heyecanlı, acıkmış, yemesi için önüne konan reçeli, peyniri, helvayı atıştırıyor. O arada bazı aç şahsiyetler de yeni gelenin helvasını tırtıklıyor. Zaten artanını da onlar yiyecek. Bu böyle olagelmiştir. Zaman zaman ben de yemişimdir ama ben tırtıklamadım hiçbir zaman. Her neyse sakalları uzamıştı yeni gelenin. Onu tıraş ederlerken bir yandan da ilk bilgileri verdiler. Her zaman olduğu gibi yeni gelenin ilk şaşkınlığından faydalanıp ona "tezgâh" kurulur, hoş geldin zarfı örgütlenir. Cahit'le ilgilenen biri bilgileri verirken ufak ufak da ağı kurar. İçeri bir subay veya asker girerse dikkat çekilir ve herkes ayağa kalkar, kafalar dikilir, sorduğu şeylere "Emredersin, yakında öğreneceğim." dersin… Falan, filan... Birkaç saniye sonra içeri iri kıyım biri girdi. Başında mavi bere, sırtında koyu mavi parka, kollarında kırmızı, beyaz, mavi şeritler... Bu gelenin kim olduğunu biz biliyoruz ama yeni gelene kim bilir nasıl görünüyor? Yeni gelen çakı gibi dikilmiş, kafa yukarıda, tavana bakıyor.

Subay görünümünde olan iri yarı kişi "Yeni gelen sen misin? Neden getirildin?" diye sordu. Yeni gelen "Evet, en kısa zamanda öğreneceğim, beni bildiri dağıtmaktan getirdiler." dedi. Zarf devam edecekti, fakat millet gülmeye başlayınca Cahit ortada bir tezgâh döndüğünü anladı, iş orada bitti. Bu tezgâhı hazırlayan bizden birileriydi. Subay rolü yapan ise TDKP davasından yargılanan Özden hoca adındaki arkadaştı.

Yeni bir olay: Yine dışarıda uzaktan gördüğüm fakat bir arkadaşımın çok değer verdiğini bildiğim İsmail Tayfun Üstün isimli arkadaş koğuşa gelmişti. Oldukça yıpranmış görünüyordu, yanımdaki yatağa geldi. Yani komşu olmuştuk onunla. Samimi ilişki kurmaya çalıştım. Ortak dostumuzdan söz ettik, onun yakalanıp yakalanmadığını sordum, "Yakalanmadı." deyince içim rahatlamıştı. Günler geçtikçe Tayfun koğuş yaşamına alıştı. Yemeği aynı masada yerdik. Sabahları herkese bir bardak süt ve helva verilirdi, bazen de bisküvi. Ben sütümü Tayfun'a verirdim. O yeni gelmişti ve psikolojik açlık çekiyordu. Ben de ilk zamanlar hiç doymadığımı düşünür, sürekli bir şeyler yemek isterdim. Bana da Partizan davasından yargılanan Kirve İlhami isimli arkadaş, torbasında biriktirdiği ekmek içlerinden bir parça çıkarıp verirdi. Onu da çok sevmiştim. Her neyse Tayfun sütü birkaç kez içti ve bana "Sen sütü sevmiyor musun?" diye sordu. Ben de "Yok, severim ama senin ihtiyacın var." dedim. O da bana, "Sen daha çok gençsin, yemelisin, sütünü kendin içmelisin." dedi ve bir daha sütümü almayacağını, başkasına da vermememi söyledi. Gerçekten de insanın o yorucu, yıpratıcı eğitimlere, işkenceye dayanabilmesi için karnı dolu olmalıydı, yani beslenmek zorunlu idi. En çok da şekerli şeyler alırdık. Çünkü sürekli eğitimden dolayı enerjiye gereksinim olurdu. Tayfun ile daha sonraki süreçte duruşmalarda her karşılaştığımızda "Fiko, sütünü başkasına veriyor musun?" der, öyle içten gülerdi ki aramızda özel bir bağ olmuştu.

Koğuştan ayrılırken bana, "Gazetelerde şu köşe yazılarını oku, gittiğin yerlerde günlük siyaseti izle, sen iyi bir insansın." demişti.

Tayfun'la aramızdaki bağın güçlenmesine neden olan olaylardan biri de belki şuydu: Tayfun geleli birkaç gün olmuştu. Ona eğitim yaptırmıyorduk. Sağcılarla yapılan bir anlaşma gereği gece nöbetçisi ve bulaşık görevlileri eğitimden muaf tutulacak, zulada yatması sağlanacaktı. Yankilerden dört kişi bizden de dört kişi eğitim yapmıyordu. Tabii bundan idarenin haberi yoktu. Bir gün solcu bir arkadaş Tayfun'a, "Eğitim yapacaksın, başkaları dinlenecek." dedi. Tayfun itiraz etti, tartışmaya başladılar. Hemen yanı başımda aynı yolun yolcusu olan, gerektiğinde hayatını ortaya koyan iki insanın tartışmasını izledim, çok üzülmüştüm. Gerçekten de Tayfun'un eğitim yapmasını istemiyordum ama yapacak tek bir şeyim yoktu, yine de Tayfun'un yapmaması gerektiğini söyledim. Fakat Tayfun zaten eğitime katılmıştı, dudaklarını ısırıyordu. Herhâlde bir dava arkadaşının kendisine böylesi basit bir şey yüzünden laf etmesi gururunu incitmişti. Tayfun dışarıda çok sayılan bir insandı. Onun o duruma düşmesi üzücü bir hadiseydi. Asıl üzücü olan ise o büyük ideal için yola çıkan insanların sudan bir şey için birbirini kıracak derecede söz sarf etmeleriydi. Zaten hapis hayatım boyunca büyük olan davanın küçük insanlarının, belki de bir zamanlar büyük insanlarının, küçücük şeyler için amansızca tartıştıklarını, kırıcı olduklarını hep görecektim, üzülecektim... Hapis hayatım boyunca böyle basit ve küçük şeyler ile yüz yüze kalmamak için çok çaba sarf ettim, yine de karşılaştım.

Yer üçüncü koğuş, Haşim Aydıncak isminde güler yüzlü, tatlı bir insan vardı. Haşim'i ilk kez DAL'da görmüştüm. Ben el yazısı ile ifade yazıyordum ve onu odaya soktular. Ona "asker" diyorlardı. Mamak'tan geri getirildiği için saçları çok kısaydı, beni gördü güldü. Ben de onu gördüm "Sakın korkma, iyi olmaya çalış." dedi Mamak'ı anlattı durdu. Daha sonra hiç karşılaşmamıştık Haşim'le, şimdi üçüncü koğuştaydık, o işkencehanedeki kadar tatlı gülümsüyordu. Haşim'in koltuğunun altı yırtılmıştı işkencede. Sürekli "Filistin tipi askıya" alındığı için öyle olmuştu. "Filistin askısı" çok korkunç bir işkence türüdür. Ben de "Filistin askısına" alındığımda kollarım eklemlerinden kopuyor sanmıştım. Polis, "Çok dayanamazsın." diyordu. Ne yazık ki haklıymış. Filistin askısında olduğum bir sırada kafamdan, şakağımdan elektrik veriliyordu. Beynim yok gibiydi, gözlerimde de sanki kaynak makinasının yarattığı garip bir ışık huzmesi oluşuyordu. O anda bir cinayeti kabul etmiştim, dayanamamıştım. İşkencecinin istediği olayı kabul ettim. Haşim'in koltuğunun yırtığına her pansuman yapılışında utanır ezilirdim, o direndi böyle oldu diye. Haşim böylesine yiğit biriydi ama ben onda gördüğüm duygusal yanı anlatacağım.

Haşim'in kardeşi de üçüncü koğuştaydı, yeni gelmişti. "Yeni gelenlerin" başına neler geliyordu, malum. Asker, Haşim'in kardeşini "Yeni gelen gelsin lan." diye çağırdı. Bayram'ın, Haşim'in kardeşine de bana anlattıklarını anlattığına eminim. Çocuk gitti mazgala, elleri zaten kafeste balon gibi şişirilmişti. Avucuna lasonil sürerken bile yüzü acı içinde kıvranıyordu. Geçmeden söyleyeyim, Lasonil sürekli dayak yiyenlerin ilacı olacaktı. Merhem yaraları iyileştirmeye çalışıyordu fakat gücü yetmezdi. Çünkü askerler aynı yerlere günde birkaç kez vururdu. Şişen yerler patlar, kanardı. Çocuk elini uzattı asker vurdu, vurdu, vurdu. O dayak yerken biz de müthiş bir sessizlik oldu. Haşim –sanki kendi yese öyle olmazdı– değişik bir acı içindeydi. Kardeşinin yüzü acıdan tamamen değişmişti, neredeyse acıdan ağlayacak, çığlık atacaktı. Haşim bunu hissetmiş olacak ki birden "Yeter çek elini." dedi ve kapıya saldırdı. Herkes şaşırmıştı, çocuk elini çekmişti. Haşim kardeşini mutfağa götürdü. Uzun süre yanında kaldı. O günü asla unutmadım. Haşim kendisi korkunç işkenceler görmüş biriydi ve ben, o gün çektiği kadar acı çekti mi acaba, diye çok sordum kendi kendime.

Bir Gece Nöbetçisinin Macerası

Gece nöbetçisi yazılmıştım. On-on iki nöbetiydi. İki saat boyunca nöbet tutan nöbetçiler hiçbir şey yemez, içmezdi, hiçbir yere yaslanamaz, hiç kimseyle konuşamazdı. Sürekli volta atmak zorundaydı nöbetçi. Gelen giden çavuşa, astsubaya tekmil verirdi. "On-on iki nöbetçisiyim, 92 mevcutla hiçbir vukuatım yoktur." Nöbetçi bunu söylerken mazgala bakamazdı.

Nöbet çizelgesinde nöbetçi, nöbetçinin altında koğuş kıdemlisi ve sabah sayımında subay imzalasın diye bir yer açılırdı. Nöbetçi, nöbet bitince imzalar, nöbeti devretmek için kapının önüne gidip kapıdaki nöbetçi askere tekmil verirdi. Nöbet devri de seremoniydi: On-on iki nöbetçileri bir yerde on iki-iki nöbetçileri tam karşılarında, birbirlerine yüzleri dönük dururlardı. Asker gelir onlara rahat hazır ol çeker, nöbeti biten şu tekerlemeyi söylerdi: "On-on iki nöbetçisiyim, nöbetimi vukuatsız olarak on iki-iki nöbetçisine devrediyorum." Nöbeti alan ise "On iki-iki nöbetimi vukuatsız teslim alıyorum." derdi. Kapıdaki asker eski nöbetçilere sözüm ona kıyak geçecek ya, "Lan beş dakika izin, birer sigara için, yatın lan." derdi. Aklınca büyük bir iyilik yaptığını düşünür keyifle gezerdi herhâlde.

Benim ilk nöbetimdi. On-on iki en belalı nöbet saatleridir. Nöbetçi asker gelir, "Lan nöbetçi, üç beş dakikada herkes yatacak yoksa yakarım seni lan." derdi. Bu üç beş Tekirdağlı olanların söyleyişiydi.

Artık işin yoksa asker ile dalaş dur. "Lan o tuvalete kaçan gelsin." "Yok komutanım tuvalete kimse gitmedi." "Yok yok gelsin." Artık iş inada biner. Hem komutan kıl yutar mı? Olmasa da yaratacaksın. "Lan ben yalan mı söylüyorum." "Yok komutanım yanlış gördünüz herhâlde." "Lan kapıyı açtırmayın, çağır gelsin erkekse, dövmeyeceğim." Tuvalette kimse yok diye inat ederiz. "Lan bak duman çıkıyor." "Komutanım o yatmadan önce sigara içenlerin dumanı, hâlâ çıkmamış." Böyle bir yere varamayacak "Uzatın lan elinizi." "Eh madem canın dayak atmak istedi, al da münasip bir yerine sok." der gibi mazgaldan hırsla elimizi çıkarırdık.

Gece nöbetinde ilk iş ortalığı idare etmek, her şey yasak olduğu için tuvalete gitmek için bile kapıdaki askerden izin alınacak.

Kural böyle fakat nöbetçiler mazgaldan koridoru gözler, eliyle geç işareti yapar yapmaz birkaçı koğuştan mutfağa kaçar. Mutfakta her zaman çok sessiz bir şekilde satranç oynayan ve sigara içen olur. Bazen yakalanınca da dayak yerdik.

Gece nöbetçileri iyi bir askere rastlarsa, nöbet süresinde bir yere oturup sigara içebilirdi. Ta ki devriyenin geldiği işaretini verene kadar. Zaten koridor çok ileride olmasa da binanın yapısından dolayı kapıların açıldığı duyulurdu.

İlk dönem A Blokta Denizli'den gelen piyadeler görev yapıyordu onların içinde solcu ve sağcı olan askerler vardı. Sağcılar genelde sağcı askerleri tanır onlarla konuşur, diğer koğuşlara haber yollarlardı. Aynı şeyi solcular da yapardı. Bazen sağcı asker bir solcuyu döverse solcu asker de sağcıyı döverdi. İlk dönem politize olan asker sayısı fazlaydı. Daha sonra mavi bereli denilen paraşütçü komando ekibi geldi.

Aklımda kaldığı kadarıyla A Blokta 1981 yılının üç ayı böyle geçti. Yukarıdaki örnekler gibi belki onlarca şey yaşandı fakat ben anımsayamıyorum. A Blok maceramı iki ilginç anı ile bitiriyorum.

Osman Amca ve A Bloka Veda

Osman amca isminde yaşlı halktan bir kişi vardı koğuşta. Osman amca Devrimci Yolculara yataklık yapmaktan gözaltına alınmıştı. Namazında, niyazında, orucunda olan bir insandı. Dışarıda kuru temizlemecilik işi yaparmış. Onu DAL'da görmüştüm. Osman amca emniyette polisler izin verdikçe namaz kılardı. O karanlık, işkence kokan yerde, sığınacak bir yer olarak Allah'a sıkı sıkıya tutunuyordu. Ta ki işkenceciler dokuz yaşındaki küçücük kızını getirip onu işkence tezgâhında soyuncaya kadar. Bir an geldi, Osman amca Allah'a ve işkencecilere isyan etti "Allah yok yok, olsa sizi yok etmesi gerekirdi, Allahsızlar imansızlar..." diye polislere bağırdı durdu.

Evet Osman amca Devrimci Yolcuların yanında olduğu için bunca acıya katlandı. İşkence ile karşılaştı. Bu "yol" neydi? Biliyor muydu sanmam ama Devrimci Yolcular ona güven vermiş, kişilikleriyle sevgi uyandırmıştı. O da onların inançlarına inandı, sevdi onları.

Osman amca çektiği onca acıya rağmen koğuşa geldiğinde yanına giden sağcı ve solcu kıdemlilere, "Ben Devrimci Yoldan geldim, onlarla kalacağım." dedi. Kaldığı günlerde namazını hep kıldı fakat bir gün olsun faşistlerin cemaatine girmedi. Onlarla aynı yerde namaz kılmadı. Osman amca saygın bir insandı. Yıllar sonra dahi kararı dinlemek için mahkemeye geldi, oradakileri selamladı. Osman amcayı bize bağlayan neydi? Osman amca Kurtuluşla Devrimci Yolun arasındaki farkı bilir miydi? Diğer sol örgütlerle farkımızı, ideolojik olarak bizi onlardan ayıran şeyleri bilir miydi de böylesine bağlıydı, bu kadar seviyordu Devrimci Yolcuları. Sanmam. Onu etkileyen ne halk savaşı ne öncü savaşı ne de suni denge tespitiydi. Onu etkileyen Devrimci Yolcuların temiz, dürüst, çalışkan, güvenilir, cesur oluşları, erdemli insanlar olmasıydı. Onu etkileyen o kokuşmuşluk içinde çıkarsızca yapılan işlerdi, mücadeleydi. Yani ona göre yeni bir insan tipiydi. Bu yeni insan tipi toplumu, düzeni reddeden, kendinde yeniyi taşıyan insan. Belki bugün de o yeni insan tipi ortaya konulmalı, yaşanılan onca acı deneyimi unutturacak, sosyalizmi devrimciliği cazip, saygın kılacak, kendinde kuracağı toplumun ışıltılarını gösteren tipi bulup çıkartmak gerekecek. Bu tip kendisinden başka insanların düşüncelerine saygılı, ben hep doğruyum hastalığına kapılmamış, demokrasiyi bilincine çıkarmış, kültürel olarak gelişmiş, dogmalara, kalıplara tutunmayan, yeniyi araştırmaya, yaratıcılığa sahip çıkacak kapasitede biri olmalı. Birey olarak gelişirken inançlı, kavgacı, dava adamı niteliği taşıyan davasıyla aynı boyutta büyük olmalı. "Mükemmel" bir şey değil bu. Kokuşmuşluğa, yozluğa ve yaşanan onca acı "sosyalizm" deneyine eleştirel bakışı kazanan her devrimcinin, her olgun insanın kazanacağı, içinde barındırdığı cevherlerdir bunlar. Yeter ki ortamını bulup serpilsin...

A Bloka Elveda

O gün, gün boyunca insanların isimleri anons edildi. İsimlerin bazılarını ben de tanıyordum fakat tamamını tanımam mümkün değildi. Arkadaşlar, içlerinde yankilerin de olduğunu söylüyordu. Listede bizim koğuştan da isimler okunmaya başlandı. İsmi okunanlar eşyalarını alıp hazır bekleyeceklerdi. Sanki Yunanistan'da, cunta döneminde "Haydari*" kampındaki tutuklular gibiydiler. Haydari kampında hemen hemen her gün tutukluların isimleri anons edilirmiş ve isimleri okunanlar kurşuna dizilirmiş. Bazen tam yemek anında okunurmuş ve ismi okunanların son yemekleri olduğu kafalarına kakılırmış. Yunan cuntası Yunanlıları böyle kesin bir şekilde yok etmeye kalkmış. Bizimkiler de vurduklarını vurdular, kalanların da ezip suyunu çıkarmaya çalışıyorlar. Her neyse bizim koğuşta ilk gün pek çok insan gitmek için hazırlandı. Onlarla tek tek kucaklaştık, koklaştık gözlerimiz de dolu dolu. Bir yandan seviniyoruz, "A Blok" cehenneminden gidiyorlar diye, bir yandan da üzülüyoruz, dost kaybediyoruz diye. O gün gidenler D Bloka gitmişler oldukça rahat bir bloktu.

İkinci gün yine isimler okundu. Sanki küçük çaplı bir piyango çıkıyordu ve kazanan talihli isimler sevindirilecekti. Benim ismim de okunduğunda sevindim, şaşırdım ve üzüldüm. Çünkü alışmıştım bu kahrolası yere, iyi arkadaşlar edinmiştim. Dostlarımla vedalaştım, gerçekten zor oldu onları o işkence ortamında bırakmak. Tayfun, gitmeden yanıma geldi "Sütünü iç tamam mı, gazetede köşe yazılarını takip et tamam mı." dedi. Onunla ve Bayram'la tekrar tekrar kucaklaştım. Yeni bir maceraya başlayacaktım. Kim bilir neleri, kimlerle yaşayacaktım. Kuşku ve merakla koğuşuma son bir kez baktım, küçük hava boşluğuna doğru yola çıktım.

---

* Haydari Kampı, Themos Kornaros'un romanı

Hava boşluğuna geldiğimde orada benim gibi ellerinde eşyalarıyla onlarca insanın beklediğini gördüm. Çevreye şöyle bir göz attım. Biraz ileride hiç de yabancı gelmeyen bir yüzle karşılaştım. Göz selamı verdik birbirimize. Onu anımsamıştım. Evet, dışarıda karşılaştığım sempatik bir insandı. Adı Fatih Mehmet Şahin, FMŞ yani. Cezaevi yaşamımda onunla çeşitli koğuşlarda tekrar tekrar karşılaşacaktım. Fatih, iyi niyetli, yardımsever, kalbinde kötülük olmayan, cesur, inançlı biridir, bulunduğu yere neşe veren bir insandır. Komik bir yürüyüş tarzı vardı. Yürürken bütün vücudu dağılacakmış gibi, sağa sola sallanırdı. Tıpkı eski model arabanın sürat yaptığındaki sallantısı gibi. Ne garip, o hava boşluğunda ilk aklıma gelen onun o komik yürüyüşü oldu. Onunla kaldığımız süre içerisinde ona ”dayı” diyecektim. O da bana hep “yeğenim” dedi. Gideceğimiz yerde tanıdık birinin olması beni belli ölçülerde rahatlattı. Aramalar yapıldı ve C Bloka gitmek için bizim gaz arabaları dediğimiz kapalı bir araba ile hareket ettik. Sarsıntılı bir yolculuktan sonra C Bloka geldik.

Selam C Blok

Arabadan indiğimizde çevre o kadar hoş göründü ki... İçeri gireli henüz üç ay olmasına rağmen dışarıyı, toprağı, boşluğu, duvarsız bir mekânı özlemiştim. Doya doya etrafıma bakmak istiyordum. Askerin copla iteklemesi sonucu hiçbir şeyin tadını çıkaramadım.

C Blok birbirinin aynı şekilde yapılmış beş ayrı binadan oluşmuştu. Mimarî açıdan binalar arasında hiçbir fark yoktu. C Blokun daha önce asker koğuşu olduğu söylenirdi hep. C Blok kendi içinde C, C1, C2, C3 ve C4 diye adlandırılmıştı. C’lerin hepsi, şekiller aynı olsa da kendine özgü bir bina, kendine özgü bir dünyayı oluştururdu.

Bina dıştan taş temeller üzerine yapılmış çiftlik ahırı gibi izlenim vermekteydi. Havadan U biçiminde görünür. Uzun yatay çizgi, iki koğuşu oluştururdu. Küçük dikey çizgiler ise iki ayrı koğuşu. Bunlar yatay çizgiye ek binalardı. Kendilerine ait kapıları vardı.

Küçük binalar kendi içinde üç küçücük odaya bölünmüştü. Küçük koğuşta tuvalet lavabo olmadığı için büyük koğuşla ortak kullanılırdı. C Blokların bahçeleri A Blok havalandırmasından farklıydı. A Blokun havalandırması dört duvarın çevirdiği bir zeminken C Blokun havalandırması topraktı ve ağaç, çiçek yetişmişti. İlk dikkatimi çeken ağaçların olmasıydı. C Blokun havalandırması hemen U biçimindeki yerin önündeki boşluktu. Yalnız bütün bina tel örgü ile çevrilmiş, tel örgülerin arası mayınlanmıştı. Bahçeye çıktığımızda etrafımızı çeviren duvarlar yoktu, tel örgüler vardı. Oradan her şeyi görebilirdik, şehri, gecekonduları... Bu büyük bir şans sayılırdı. Koğuşlarda demir yataklar vardı.

Her bloktan üç asker bahçede nöbet tutardı. O askerler eğitim yaptırırdı. C Blok, A Bloktan tamamen farklı bir atmosferde, farklı bir işleyişteydi. C Blok daha rahattı, ve insan daha az tedirgin oluyordu. Kasvetli koridorlar, gerilim dolu hava yoktu. Kısaca tanımlamaya çalıştığım C Blokun tam karşısında prefabrik binalar vardı ki oraya da D Blok deniyordu. Oradaki uygulamalar daha da rahattı. Orada da tutuklu insanlar vardı. Daha sonra kadın arkadaşlar "iki yıllık" denilen yerden D Bloka nakledildiler.

C Blokun bahçesine yeni gelenler toplandık. Bir tankçı üsteğmen bize buranın A Blok gibi olmadığını, burada rahat, uslu durursak bizin yararımıza olacağını söyledi. Sorun çıkaranları A Bloka geri göndereceklerini ekleyip tehdit etti. Diğer bloklarda da tutukluların hep A Blok öcüsüyle tehdit edildiğine şahit oldum. Kurallara uymayanlara A Blok cehennemine atılacakları sık sık vurgulanırdı. İlginç değil mi? Her dünyanın kendine ait cehennemi ve cenneti vardı. Ve bizlerden iyi kul olmamızı, yoksa A Blok cehenneminde kavrulacağımızı anlatıyordu iyi yürekli subaylar(!).

Bizi getiren subay vaazını verdikten sonra isimlerimizi sırayla okuyup, gelenleri kendi içinde tasnif etmeye başladı. O an FMŞ ile aynı yere düşmeyi bütün kalbimle dilemiştim. Ve onun ismiyle birlikte okundum. Bizim yeni evimiz C'lerden C2 denilen koğuştu.

Bizim isimlerimiz okunurken C Blok sakinleri karşımızda kalabalık bir grup oluşturmuşlar, tanıdıklarıyla işaretleşiyorlardı. Bu bile C Blokun daha rahat olduğu izlenimini veriyordu bana. A Blokta bu tür bir davranış göstermek sonu falakayla bitecek bir maceranın başlangıcı olurdu. Ayrı bir dünyaydı orası.

İsmi okunanlar C Blokun bahçesinden çıkıp diğer C bölümlerine dağıldılar. Biz C2'nin önüne gelmiştik. Orada da çok kalabalık insan grubu yeni gelenleri karşılamak için merakla, sabırsızlıkla bekliyordu. Sanırım bu merak ve sabırsızlık cezaevlerinde insanların hep yanı başında olacaktı. Dışarıdan kopuk olmanın ürettiği bir olgu muydu acaba?

C2 de tıpkı C gibi bahçesinde ağaçlara, çiçek yetiştirmek için toprak bir zemine sahipti. Tıpkı C gibi onun da etrafı tel örgülerle çevriliydi. Bahçesinde tıpkı C gibi üç asker geziniyordu. Yalnız diğer C'lerden farkı kapısının önünde ağır bir üç ayak makinelinin olmasıydı. Biz ona "uçaksavar" derdik. O makineli koğuşa doğru çevrili dururdu. Sonradan neden orada durduğunu anlayacaktım o makinelinin.

C2'ye girince yankiler kendi arkadaşlarını aldılar ve kendi alemlerine daldılar. Sanırım onlar da A Bloktaki arkadaşlarının haberlerini öğrenmeye çalışıyorlardı. Bizimle gelen solcular da kendi arkadaşlarının yanlarına çekildiler. Biz Devrimci Yolcular da bir araya geldik. Sarıldık, öpüştük, dostça söyleşiler kurduk. C Bloktakiler hep A Bloku sordular. Anlaşılan A Blok burada müthiş ilgi konusuydu. Bizler de yeterince tatmin edici olduk sanıyorum.

C2'de tanıdık simalardan Veli Erdoğan'la karşılaştık. Dışarıda hep efendi bir insan izlenimi bırakan biriydi bende. Onunla karşılaştığıma sevindim. Oldukça iyi arkadaş olduk. Veli dürüst, cesur bir arkadaştı. Ayrıca Çorumlu İsmail Tuzluçayırlı adında bir "halk adamı", çok sevimli bir ağabey ile karşılaştım. Beni öyle candan kucakladı ki anlatamam. Benim için "Cürümüm geldi, onu yanıma alacağım." deyip durdu. Gerçekten de çok temiz biriydi. Onu ilk kez DAL'da görmüştüm. Parmak izlerimi alıyorlardı, artık işlemler bitmek üzereydi. Bu arada içeriye çok gaddar görünüşlü, ela gözlü, saçlı sakallı, üzerinde haki parka olan birini daha tekmeleyerek soktular. Beni tanıyıp tanımadığını soruyorlardı. Tanışmıyorduk. Polis bana onun Tuzluçayır'ın militanı olduğunu söyleyince çok garibime gitti. Ben gerçekten böyle birini tanımıyordum ve orada da böyle bir insanın olduğunu sanmıyordum. Görünüşü tam bir katı devrimci gibiydi. Her neyse, parmak izlerimizi aldıktan sonra, elimizin mürekkeplerini silelim diye bizi eskiden duş olduğu belli olan işkencehaneye indirdiler. İlk kez orada konuştuk aslında İsmail abi ile. Bana "Gardaşım ne zaman götürürler bizi Mamak'a. Ben Çorumluyum, Tuzluçayır'da oturuyorum." demişti. Demek gerçekten orada oturuyordu. Fakat o militanımsı havaların altında bir "halk adamı" vardı. Çok zavallı bir hâle getirilene kadar işkence yapmışlar. Orada konuştuk, birbirimize moral verdik. Kanımız kaynadı, dostluğumuzun temeli oralardaydı ve birden birbirimize cürüm olmuştuk. Cürüm Mamak'ta aynı olaydan yargılanan insanların birbirine hitap şekliydi. Aslında suç ortaklığı anlamında kullanılan "cürüm" sözcüğü bizde "yakın", "yakın arkadaş" anlamına da gelirdi.

İsmail abi, çantalarımı taşımama, yeni yerime yerleşmeme yardımcı oldu. Sık sık bana "Eee, cürüm nasılsın?" diyor, gözümün içine bakıyordu.

Yeni yerim alt katta bir yerdi. Hemen yanı başımda çok genç bir arkadaş kalıyordu. Üst katta ise yaşlılar vardı. Yatak pencereye yakındı. Buranın pencereleri aynı ev pencereleri gibiydi. Yemek kurulu masalarda yenilirdi. Masaların ikisi yankilerin, üçü de solcularındı. Yani herkes kendi masasında yerdi. Yerler sabitti. Solcuların sayısı kabarık olduğu için kendi içlerinde masalara dönerli otururlardı.

Yeni yerime alışmam uzun sürmedi. Artık komşularımla ilişkilerimi genişletmeye karar verdim. İlk iş olarak üst kattaki ihtiyarlarla tanışıp konuşmaya başladım. Onlarla yakın olmamda İsmail abi de yardımcı oluyordu. Zamanla onlara gazete okuyup, yazılanlar hakkında konuşmaya başladık.

C Blokta eğitim vardı fakat A Bloktaki kadar katı değildi. İnsanlar yirmişer kişilik gruplar hâlinde bahçeye çıkıp 10-20 dakika eğitim yapıyor, sonra içeri giriyorlardı. Ardından yirmi kişilik yeni gruplar onu takip ediyordu. Grupları, kıdemliler listelerden oluşturuyordu. Bahçeye çıkan gruba asker de eğitim yaptırıyor, tutuklulardan biri de. Zamanla askerler marş söyleyip eğitim yaptırmayı tutukluların kendilerine bıraktılar.

Koğuşta yine yankiler vardı. Onların olmadığı yerler yan koğuşlardı. Aradaki küçük odacıkların birinde onlar kalır, diğerinde solcular kalırdı.

Ben C Bloka çok hızlı ısındım. Gerçekten de benim üzerimde, gelişmemde çok etkisi oldu. Çünkü benden yardım bekleyen, sorunlarını tartışmak, konuşmak isteyen onlarca yaşlı ve genç masum vardı. Onların sorunlarını dinlemek, çözüm yolları aramak, kendi sorunlarımı unutmama, onlarla uğraşmamama, belki de onları aşmama yardımcı olmuştu. Bir dostumun dışarıda sık sık vurguladığı gibi, "Hapiste kendi sorunlarınla uğraşıp boğulmayacaksın. Başkalarının sorunlarını çözmeye, aşmaya yardımcı olacaksın. Aslında bu yardım kendinedir." Onun bu sözü hep kulağımda küpe oldu. İşkence konusunda söylediklerini, önerilerini yapamadım ama o sözünü hep yaşama geçirdim. Ona minnettarım.

Günler geçiyordu. Bir gün yine yukarı ranzaya çıktım, yaşlı arkadaşlara gazete okuyacaktım. Fakat onların yanı başında yatan Ömer Akaslan isimli arkadaş biraz gıcıklık yaptı, bencilce davrandı. Ona çok bozulmuştum. Tartışmak konuşmak istedim fakat huysuz çocuk gibi davranıyor, aksi konuşuyordu. Ömer temiz yüzlü, genç, gözlerinden zekâ pırıltıları fışkıran sevimli bir yumurcak görünümündeydi. 12 Eylül'den biraz önce yakalanmıştı. Muhtemelen yakında çıkardı. Çok temiz ve terbiyeli eğitilmiş olduğu belliydi ve yüzüne taktığı aksilik maskesi sırıtıyordu. Bir gün yanına gittim. Üniversite hazırlık test sorularına yanıt veriyordu. Omuz başından bir iki sorunun yanıtını ondan önce fısıldadım. Şöyle yarım başını döndürerek memnuniyetsizliğini belirten bir bakış fırlattı, tekrar kitabına döndü. Ben anlamamış gibi yapıp sorulardan birini daha söyleyince "Arkadaşım, al sen çöz. Sonra bana verirsin ha. Ne dersin?" dedi. Bunları söylerken yüzü kızarıyordu aslında. Ben de "Ne gerek var tek başıma çözmeye. Gel birlikte çözelim, hem de eğleniriz, var mısın? Kim daha çok doğru yanıt verecek?" dedim. Önce durdu, sonra tamam dedi. Biz birlikte çözmeye, bu arada zaman zaman şakalaşmaya, gülmeye başladık. Gülünce daha da sevimli bir yumurcak oluyordu. Asıl Ömer'in yüzü arkadaştı. Ama nedense o sert, aksi olmayı tercih ediyordu. Sorular bittiğinde bir hayli ısınmıştık birbirimize. Benim açımdan sağlam bir dostluğun temelleri atılıyordu. Bunu anlıyordum. Zaman bunu doğruladı. Doğru yanıtları saydığımızda onun ezici bir üstünlük elde ettiğini unutmamalıyım. Çok zeki bir insandı. Ömer'le dostluğum o günden sonra gittikçe gelişti. Sanki yıllardır tanışan iki çocukluk arkadaşı olmuştuk. Havalandırmada, volta serbest olduğunda onunla konuşarak tartışarak gezinirdik.

Koğuş yaşamımız oldukça düzenliydi. Sabah altıda kalkıyorduk fakat A Bloktaki gibi zorla kaldırılmıyorduk. Kendi arkadaşlarımızın "Günaydın" sözleriyle gözlerimiz açılıyordu. Gözünü açıp, "Uyandım sabah ile/gözyaşımı sile sile." nakaratını bile söyleyen Laz arkadaşlarımız vardı.

Kahvaltı yapılır, sayım beklenirdi. Sayıma bahçede hazır olurduk. Bütün koğuşlar sıraya dizilir bahçe boydan boya insan zinciri olurdu. Koğuş mevcudu 200 civarındaydı. Sayım C Bloktan başlar sırayla gelirdi. Sayımda "Ey Türk Gençliği, Zaferlerle Mazisi ya da diğer adıyla Orduya Mesaj" okunurdu. A Blok sayımlarının havası hiç yoktu. Ne o gayrî insani sesler vardı ne koridorda atılan tekmeler ne de köpekler. Dayak C Blokta da vardı. Dayak Mamak'ın her santiminde vardı ama A Blok psikolojik olarak yok etmeye diğer yerlerden daha fazla önem veriyordu. Sayımda birkaç arkadaş sesiniz az çıktı gerekçesiyle uzak bir köşeye gönderildik. Sayım bitince tutuklular içeriye alındı. Bütün insanlar camlara çıkmış, kapı demirlerinin arasında bahçede olacakları bekliyorlardı. Bizi meydana getirdiler, ellerimize coplarla kıyasıya vurdular. Daha sonra birkaç asker hep birlikte baldırlarıma, bacaklarıma copla vurdu. Müthiş bir acı içindeydim. Sopa bitmiş sıra subayın vaazına gelmişti. Rahat davranmalıymışız, huzuru bozmamalıymışız. Yoksa A Bloka postalanırmışız. İçeri girdiğimizde bütün insanlar başımıza toplandı.

Dayak, C Bloktakilerin üstünde en az A Bloka gitme korkusu kadar sindirme aracıydı ve sık sık dayağa başvurulmuyordu. Fakat "İbret-i Müessire" yapılıyordu. Bu da bir çok insana söylenenleri sıkı sıkıya yaptırmaya yetiyordu. O günden sonra birçok arkadaş şu kanıda birleşti, "Burada cop psikolojisini kırmalıyız." Bunun yolu ise dayaktan korkmamaktı. Gerekirse bir grup gönüllü sık sık dayak yiyip dediklerini yapmayacak. Bu karardan sonra eğitimlere gönüllü olarak katılıp fazla bağırmadan marş, türkü söyledik. Abartılı el sallayıp, ayakları yere sert vurmadık. Yani yankilerle aramızdaki fark giderek belirginleşmeye başladı. Kimi insanlar bunu uygulamıyordu, onlara kızmıyorduk zaten. Önemli olan bir alışkanlık kazandırmaktı. Uzun süre eğitimde "ses az" diye sorun çıktı. Dayaklar yenildi, sonuçta dayak tehdidi artık etkisini yitirmişti. Bu konu bile başlı başına tartışma konusuydu.

Yenilmiş bir insan grubunun, işkencede teslim olmuş kalabalıkların, elbette dağınık yaşadığı bir ortamda, direnmesi, hele şiddetle bastırılacağı korkusunu yaşadığı, kişisel olarak kendine güvenini yitirdiği emniyet hücresinin korkusunu aşması çok zordu. Birbirine güven ve en önemlisi özgüven sarsılmıştı. Kazanmanın mutlaka bir yolu olmalıydı. Bunun ilk basamağının arkadaş sevgisi olduğunu düşünüyorum. İnsanların, emniyette işkence ile "BİZ"in parçalandığı, "tek" olmak gerektiğinin ve paçayı kurtarma mantığının işlendiği o ağır işkence ortamının psikolojisini aşması gerekirdi. Bunun yolu sevgiydi, saygıydı. İnsanlar bunu kendi içlerinde yeniden kurmalı, kırılan şeyleri tamir etmeliydi. Biz C Blokta kaldığımız yedi ay boyunca hep bunu önümüze koyduk. Dost olduk, kenetlendik. Kaybolan sevgiyi, güveni yeniden oluşturmaya çabaladık. Halktan insanların gözünde yiten itibarı kazanmak için örnek ilişkiler sunduk. İhtiyarlar, halktan insanlar Devrimci Yolculara küfür etmiyordu. Onları bizler getirtmiştik. Onların acı çekmesine neden olmuştuk. Fakat kurulan bağ yüzünden o ihtiyarların, halktan insanların hiçbiri bize mahkemelerde lanet okumadı. Bunu başaran C-2 koğuşundan arkadaşlara, Ertuğrul Ak'a, FMŞ'ye, Veli Erdoğana'a Ömer Akaslan'a, Nebi Özcan'a, Cuma Tepe'ye, Aydın Taşkın'a, Kemal Yüzgeç'e, İbrahim Aslan'a ve ismini anımsayamadıklarıma sevgi ve saygı duyuyordum.

C Blokta Havalandırma

Bahçede türkü söylemek ve onun eşliğinde spor yapmak çok güzel olurdu. Fakat Mamak'ta olmayacak bir şeydi. Yine de o işi biz zevkli şekle sokardık. Bizim kendi türkülerimiz vardı. "Leylim ley." gibi, "Çanakkale içinde aynalı çarşı." gibi. Ya da o güzel halk türküleri. Yankiler genellikle bizim o türküleri söyleyerek koşmamızdan rahatsız olurlar ve hemen bahçedeki nöbetçi askere ispiyon ederlerdi. Biz de özel olarak yankilerin olmadığı gönüllü sayısını bulur, bahçeyi şenlik alanına çevirirdik. Bunu bir örnekle anlatmak istiyorum.

On beş kadar solcu gönüllü spora çıktık. Yanımızda çok iyi türkü bilen bir arkadaş vardı. Açılışı "Leylim ley" ile yaptık. Öylesine güzel, öylesine coşkulu söylüyor ve koşuyorduk ki, içeride olanlar bile kapılara biriktiler. Ellerimizi çırpıyor, ayaklarımızı sertçe yere vuruyor, türkümüzü candan söylüyorduk. Sanki o an on beş kişi C2'de değil bir kampta, bir devrimci gerilla birliğinin elemanlarıydık. Kendimizi o atmosfere kaptırmışız. Askerler bile şaşırmıştı, bunlar hiç böyle canlı eğitim yapmazlardı diye düşünmüşlerdi herhâlde. Daha sonra faşistlerin gıcık kaptığı, içinde ne kadar köpek, it sözü geçen türkü varsa söyledik. Bizim o havamızdan rahatsız olan faşistler eğitimi durdurmak için askere ispiyon etmişler. Çavuş eğitimi durdurdu. İçimize beş tane yankiyi de yolladı. "Şimdi yeniden başlayabilirsiniz. Bunlar da size katılmak istiyor." dedi. Yankilerin gelmesi havayı bozdu. Hani sinek küçüktür ama mide bulandırır derler ya, işte o hesap. Yankiler aramıza girdi. Koşmaya başladık ama eski neşe yok. Yankilerin arkasında olan bir arkadaş çelme taktı ve yankinin biri yüzü kapak yere düştü. Sıra dağıldı ve kavga çıktı. Askerler müdahale etti ve kavgacıları ayırdı. Eğitim böylece sonu erdi.

Bir dönem sonra, bütün türküler yasaklandı. Çünkü her söylenen türkü kavga nedeni oluyordu. Yankiler her türküye karşı çıkıp sorun yaratıyorlardı. İdare bu işin önünü almak için bütün türkü ve marşları yasakladı. Sadece "Tin tin tini mini hanım." ve "Üsküdar'a gider iken aldı da bir yağmur"un serbest bırakıldığı ilan edildi. Güler misin, ağlar mısın? Bi düşün. Yirmi kadar erkek yürüyüş yapacak. Hem de bir zamanlar İstanbul beyefendilerinin kadın kovaladığı İstanbul sokaklarında onların salına salına gezişlerini anlatan parça eşliğinde. Birkaç deneme yaptı yankiler. Fakat pek tutmadı. Biz yine "Tin tin tini mini hanım"la faşistleri gıcık etmeyi başarıyorduk. Şöyle ki parçanın, "bahçelerde kereviz, biz kereviz sevmeyiz" sözlerinin olduğu yere gelince üst perdeden söyleyip, yanımızdaki yankiye bakış atıyor, onları deli ediyorduk. Sonuç tabi ki kavgayla bitiyordu.

Bahçede bir çok anım oldu. Ben onları seçerek ve dönemin özelliğini yansıtmaya çalışarak aktaracağım. Bizim bulunduğumuz C2 bölümünden Keçikıran'ın evleri görünüyor, çocukları ya da domates, patates diyen seyyar satıcıların seslerini duyabiliyorduk. Şehrin, gecekondunun özlemini artırırdı o sesler. C2'den bir zamanlar devrimcilik yaptığım yerler de görünürdü. Özellikle büyük bir bina çok net seçilirdi. O binanın duvarlarına az slogan yazmamıştık hani. O duvarda hep bizim sloganlarımız ve meşhur yumruklu yıldız bulunurdu. Cunta geldikten sonra da yazılıydı. Fakat biz içeri düşünce duvar bembeyaz, yazılmaya bekler hâlde kaldı. Evet, C2'den o duvara bakar eski günlere dalardım. O duvara bakmamdaki neden nostaljik takılmak değildi elbette. O duvara yazı yazılması benim için çok şeyin ifadesiydi. Ve ben her bahçeye çıkışımda, bu gece yazılmış mı diye her sabah o duvara bakardım. O duvar hep boş kaldı, ben hep umutla bekledim mutlaka yazacaklar diye, yazılmadı. Bir kişinin kafası bozulup yazabilirdi diyebilirsiniz. Ama o duvarı ve o çevreyi bilenler, o duvara hiç de bir kişinin yazı yazamayacağını da bilirler. Çünkü o duvara yazı yazmak o civara sahip olmaktır, o civardan ürkmemektir, ben varım demektir, ben savaşıyorum demektir. Ben hep bekledim C2'de kaldığım yedi ay boyunca fakat duvar apak kaldı.

Bahçe derin koyu sohbetlerin yapıldığı yerdi, bahçe oyunların oynandığı yerdi, bahçe voltaların atıldığı yerdi, bahçe yankilerle itişip kakışılan yerdi, bahçe dinlenmek, güneşlenmek demekti. Sabahları yağmur yağmışsa ortalığı mis gibi bir toprak kokusu alır, insanı kahrederdi. İnsan güneş doğmadan kalkıp bahçede şöyle beş dakika yürüse ciğerleri bayram ederdi. Bahçe çok özel bir yerdi.

Bahçede volta atıyoruz, kalabalıkta insan insana çarpıyor. Bunu değiştirelim diye düşündük şöyle bir karar aldık: Bir daire olalım, hem kimse kimseye çarpmaz hem de yolu uzatmış oluruz deyip oldukça geniş bir daire çizerek piyasa yapmaya başladık. Yankiler bunun bir şeyi protesto olduğunu düşünerek askere ispiyonladılar. Çavuş düzgün volta atmamızı istedi, anlattıksa da inadından vazgeçmedi. Biz de güzelim sabahı rezil etmek istemedik, dağıldık.

Koğuşlarda akşamlar bir başka olurdu. Gecekondu mahallesini karanlık kaplayınca, gecenin örtüsü Keçikıran'ı, Mamak'ı örtünce değişik bir hava solunurdu içeride.

Camdan baktığınızda yakınlardaki yıldızlar gibi gecekondunun sarımsı ışıkları görünür, öyle bir zaman gelir ki koyu karanlıkta parıldayan ateş böcekleri gibi kalır gecekondu ışıkları. İnsanı alıp götürür o daracık sokaklarına. Ne günlerimiz geçmişti, ne hayaller, ne heyecanlar, ne fırtınalar, ne çatışmalar yaşanmıştı o sokaklarda. Her bir cadde, her bir sokak anılarla doluydu. İnsan karanlığa dalıp o sokaklarda cirit atmak istiyordu, gece bastıkça özlem iyice depreşiyordu. İşte böylesine efkar yüklü olur içerde akşamlar. Hani Ozanın dediği gibi:

"Akşam erken iner mapushaneye,/Ejderha olsan kâr etmez,/İnceden içine dolan, alıp götüren hasrete."

Gerçekten ne güzel anlatmış üstat. Hep şiirler mi yansıtır duyguları derdim fakat hep de şiirleri öğrendim, ezberledim. Yine akşam olmuş, efkar çökmüştü köşeye bucağa. Akşam yemeğinden sonra bulaşık ve sayım işi biter, bir saat kitap okunur, meclisler kurulurdu. Karşı koğuştan yanık yanık bir hasret türküsü gelmeye başladı. Halktan insan çoktu C blok koğuşlarında. Yani bir evi, eşi, çocukları olan insanlardı. Onlar akşamları çok etkilenirlerdi. Sanırım iş dönüşü vakitleri canlanırdı gözlerinde. Özlem dolardı yürekleri... Türkü öylesine etkileyiciydi ki bütün insanları büyüleyici havası altına sokuyor, kendine çekiyordu. Yan koğuşlardan, karşı koğuştan insanlar türküye doğru çekiliyorlardı. Ben de kapıldım o büyüleyici atmosfere ve sürüklendim karşı koğuşa. İçerisi çok kalabalıktı, sigara dumanı korkunçtu, sanki insanlar sigara içerek dağıtmaya çalışıyorlardı efkarlarını. Türkü söyleyen arkadaşa baktım, sanki o türküyü söylerken burada değildi. Gözlerini kapatmış, kapılmış gitmişti hayallerin dünyasına. Yüzünde öyle tarifsiz bir şekil vardı ki görmek gerekir, anlatılamaz. Türkü bitti ve türkücü gözünü açtı. Etrafı insanlarla doluydu. Bütün ranzalara insanlar çömelmiş onu dinliyordu. Herkes ona baktı acaba başka türkü söyleyecek mi diye. O "Çok efkarlı oldu değil mi?" dedi ve "Kavak kavaktan uzundur" parçasını söylemeye başladı. Sesi çok güzeldi.

İlk Direnişimiz

İlk yaptığımız direniş gergin bir havada geçti. 31 Mayıs 1981 günü Nurhak'ta öldürülen devrimciler için saygı duruşu yapmak istedik. Bu öneriyi insanlar olumlu karşıladılar. Sabah kıdemlinin "Arkadaşlar çorba geldi." demesiyle başlayacak, "Arkadaşlar duaya" sözüyle bitirecektik. Bütün koğuşlarda böyle olacaktı. Sabah heyecanlıydık, ilk kez yarı açık bir biçimde böyle bir şey yapacaktık. Daha düne kadar bir çoğumuz dayaktan çekiniyorduk. Bu bizim için çok önemli bir aşamaydı. İçimizdeki insanların birçoğu zaten yaşlı ve halktan insanlardı, onların ezilmesini, dayak yemesini de istemiyorduk. O sabah bir sessizlik vardı, gerilim olduğu belli oluyordu. İnsanlar da oturdukları ranzada kıpır kıpırdı, başlarına geleceği merak ediyor olmalıydılar. Aynı duyguları içimde yaşadığım bir gerçektir. Kıdemli ayağa kalktı, "Arkadaşlar çorba geldi." dedi ve insanlar yataklarından indiler ve sessizce dikildiler. Yankiler korktular. Ranzalarına çakıldılar. Çıt çıkmıyordu. Birkaç patavatsız yanki yüksek sesle konuşmak istedi fakat diğerleri susmalarını sağladılar. Onlar da ne olup bittiğini, işin ucunun nereye varacağını merak ediyorlardı. Sonuçta büyük kavgalar çıkar, insanlar yaralanır diye durumu anlamaya çalışıyorlardı. Bizler camları ve kapı önünü tutmuştuk. Yankiler ispiyona kalkarsa dövecektik. O bir dakika amma uzunmuş yahu. Çok ağır işledi. Her an asker gelebilir, sorun çıkabilirdi. Bir dakika ağır geçti ama sonunda bitti. Arkadaşın "Arkadaşlar duaya." demesiyle tekrar canlılık başladı. Yankiler de inlerinden kafalarını çıkardılar, masalarına yavaşça oturdular. Diğer koğuşlarda da sorun çıkmamıştı fakat küçük koğuşların birinde yankinin biri pislik yapmıştı ki tartışma sesleri geldi. Ne olduğunu ispat edemiyordu. Çavuş ikisini de dövüp içeri soktu.

Gün yeni başlamıştı bizim için. Başka durumlar gelişebilirdi. İspiyonu önlemek için kapının yanında durduk, sayım geldi. Herkeste yankilerin bir dilekçe yazdıkları, büyük bir olasılıkla ispiyon yaptıkları fikri oluştu. Tartışmalar sonucunda "Madem dayak var. Yarın 1 Haziran, Cevahir'in ölüm yıldönümü, onu da analım, ikisinin dayağını da yeriz." düşüncesi insanlarca kabul edildi. Ertesi gün çok açık bir şekilde, yankilere de meydan okuyarak, saygı duruşu yaptık ve akıbetimizi beklemeye başladık. Sabah ona doğru bir yığın asker geldi. Makineli tüfeğin başına biri oturdu. Biz ürküyorduk doğrusu. Sonra insanlar bahçeye çıkarıldı ve tek tek tel örgünün dışına çıkarılıp binbaşının yanına götürülüp sorulara cevap vermesi istendi. Ben de gittim. Soru şuydu: "Bunları kimler yaptı." Bütün herkes gidip yanıt verdikten sonra bir grup insanın ismi okundu, diğerleri içeri alındı. Orada bulunanlar duvara döndürüldü ve baldırlara copla vurulmaya başlandı. Bir kısım insan bağırıp dayağın kesilmesini istediler. Acı içine düşmüştük. Arkadaşlarımızın bir kısmını daha içeri yolladılar, geriye on on beş kişilik bir grup kalmıştı. Onlara tekrar dayak atıldı ve gün boyu eğitim cezası verildi. Sürekli koşturuluyorduk bahçede. Sonra çavuş su istiyor, yerleri ıslatıyor oraya çöktürüyordu bizi. Bu eğitim öğlene kadar sürdü. Boğazımız, vücudumuz acı sızı içindeydi, yorgun ve açtık. Bizi eziyorlardı. Bütün insanların önünde dövüyorlardı ki onlar da böyle bir şeye kalkışmasınlar. Bir daha saygı duruşu olmasın. Öğleden sonra gelen yeni emirle eğitim durduruldu ve bizi koğuşa yolladılar. Bütün solcular bayram ediyordu, yine koğuştaydık, moralimiz de yerindeydi.

Yankiler büyük bir tedirginlik içindeydiler çünkü ispiyon yapmışlardı ve kavgadan korkuyorlardı. Fakat bizim şimdi kavga etmek pek işimize gelmezdi. Gerilimi azaltmaya çalıştık. Yankilerle her zaman kavga etmek için ortam vardı. Bir bakış, geçerken omzun çarpması, aynı yerde biraz fazla dikilmek, türkü söylemek kavganın patlaması için yetiyordu.

Bir gün ben Mustafa Kemal Öztürk ve ismini anımsayamadığım bir arkadaşla arada bekliyoruz, söyleşiyoruz. Saat gece on. Bölmeler arasındaki kapılar on birde kilitlenir, sabah altıda açılır. On birden sonra tuvalete gidemezsiniz çünkü tuvaletin kapısı kilitlenir. Biz kapının kilitlenmesine kadar ara bölmede dururduk, askerle ilişki kurmasınlar diye arayı yankilere bırakmak istemezdik. Bir an geldi ve bölme bütünüyle yankilerle doldu. Sadece biz üç solcu kalmışız. Biz durumun farkında değiliz, arkadaş şarkı söylüyor, biz de çömelmiş bir pozisyonda dinliyoruz. Birden etrafımızda kalabalık arttı ve dikkatimiz dağıldı. Yankinin biri pis pis bakıp ”Bu şarkıyı niye söylüyorsun.” dedi. Kavga çıkacağı belliydi. Kalabalıktan cesaret alıyordu. Yanımızdaki ismini anımsayamadığım arkadaş bana dönüp “Eceli gelen köpek cami duvarına işermiş, hiç duydun mu?” dedi. Sanki yanki ile ilgilenmiyormuş gibi hafifçe doğrulmaya başladı. Çökmüş olduğumuz için dezavantajlıydık. Bir de kalabalıktılar. Bizi dövecekleri açıktı. En ucuz nasıl yırtacaktık, ismini anımsayamadığım arkadaş daha doğrulmadan başımızda bizle konuşan yankiye yumruğu geçirdi. Ortalık birden karıştı. Başımıza üşüştüler, asker görmüş olacak ki düdük çaldı. Solcular kavganın olduğunu anlamış olacaklar ki hücum ettiler. Biz fazla hasar almadık. Yankinin birinin elini ısırmışız. Eh savunma aracı değil mi? Askerler geldi, koğuşu sıraya dizdi. Yankiler kavga edenleri gösterdi. Kendileri tanıktı güya. İki arkadaşımı seçip aldılar ve beni de tanık diye gösterdiler. Binbaşı sordu, sağcıların küfür edip saldırdığını söyleyince bizim tanıklık boşa gitti. O arkadaşların hücrede bir hafta geçirmesi beni çok üzmüştü, ben de gitmeliydim hücreye.

Kısa Künyeyle Tezgaha Gelmek

Koğuştan yan koğuşlara geçmek için bahçeyi geçmek gerekiyor. Bunun için de izin almanız gerekli. İzin için de kısa künye. Kısa künye şöyle oluyor: “Fikret Doğan, Ankara, geçebilir miyim komutanım?" Asker kafasını sallar, geç der, geçeriz. Tabi geçişler gün boyu olduğu için asker sürekli geç, geç, geç, der. Geçişler genelde yemek sonrası, öğlen ve yat öncesi olur. Her insan tuvalete gider, dişini fırçalar gelir, onlar da büyük koğuşlarda yapılabildiği için küçük koğuşlar sürekli gidip gelmek durumundadır. Bu yüzden asker tutukluları bekletir, toplu geçişler yapılır. Bu işi öyle dalgaya alıyorduk ki bir arkadaş bas bas bağırıyor: Kalkıyor, kalkıyor, Kızılay, Kızılay, yetiş abicim... Tamam araba doldu der ve askere kısa künyeyi verir, herkes geçerdi. Tabi o arada bir sürü de şamata olur. Ayrıca bazı muzır arkadaşlar aralarında anlaşır ve bir insanın adını kısa künye diye verirler, beş kişi arka arkaya aynı ismi söyler ki, altıncı muhtemelen aradan geçecek kişi olur. O özellikle ayarlanırdı. Diyelim ki; Birinci adam Fikret Doğan, Ankara, deyince asker geç der.

İkinci adam Fikret Doğan, Ankara, geçebilir miyim, yanıt geç.

Üçüncü adam Fikret Doğan, Ankara, geçebilir miyim, yanıt geç.

Dördüncü adam Fikret Doğan, Ankara, geçebilir miyim, yanıt geç.

Beşinci adam Fikret Doğan, Ankara, geçebilir miyim, yanıt geç geç geç lan, olur.

Askerin sabrı taşmak üzeredir, ortada bir numara olduğunu düşünür. Gerçek Fikret Doğan hiçbir şeyden habersiz işini bitirip geçmek ister. "Fikret Doğan, Ankara, geçebilir miyim komutanım." deyince asker patlar, "Geçemezsin lan, gel bakayım, sen kimle dalga geçiyorsun? Aç elini." Pat, pat, pat, copunu vurur asker. Fikret Doğan ise bir türlü gerçek Fikret olduğunu anlatamaz. Bu tezgâhı hazırlayanların keyfine ise diyecek yoktur.

Tezgâh ya da zarf hapishanenin belki de kendisiyle yaşıt bir olay bence. Tezgâh eskilerin avantajlarını kullanıp yenileri daha gözü açılmadan kandırmaları ve ondan zevk almalarıdır. Tezgâhı her insan, her arkadaş arkadaşına yapar. Yeter ki onur yaralayıcı şakalar olmasın.

Hapishanede ben tezgâha gelmem, bana zarf atamazlar diye havalanmayacaksın. Bu bir mütevazılık dersi değil. Bir an gelir ki çok iyi bildiğini sandığın ya da hiç bilmediğin bir alanda zarf atarlar. Ben zarf yutmam deyip herkesi karşına alırsan daha baştan kaybettin o işi. Burada yattığım çeşitli bloklardan en ilginç zarfları aklımda kaldığı kadarıyla anlatmaya çalışacağım.

C Blokta tezgahçıların en hızlılarından biri Ömer Akaslan'dı. Ömer'le çok yakın dost olmuştuk, her şeyimizi paylaşıyorduk. Konuşmaktan tartışmaktan zevk alırdık. Onun sevmediğim yanlarından biriydi tezgâhçılığı. "İnsanları kandırmaktan hoşlanıyor musun?" diye sorduğumda, yok dese de yeni gelenlerin ya da eskilerin komik duruma düşmesi onu mutlu ediyordu anlaşılan. Beni de mutlu eden tezgâhçının tezgâha düşürülmesiydi. Zarf atana zarf atmak ileride çokça karşılaştığım bir olaydı. Nihayet Ömer de tezgaha geldi.

Ömer yeni konuştuğu insanlarla piyanodan ya da futboldan konuşurdu. Sohbet öyle dallanır budaklanır ki karşıdaki, "Senin ailende piyanist mi var?" diye sorunca Ömer çok ters bir şekilde "Sana ne, karışma benim yaşamıma, zaten seninle konuşulmaz." diye azarlar, çeker gider. Karşısındaki nerede hata yaptığını düşünürken, Ömer'in zarfında yardımcı olan ikinci kişi; "Ne oldu?" der hiçbir şeyden haberi yok rollerinde. Çocuk yaşananları aktarınca ikinci kişi beklenen bombayı patlatır. "Ya onun bir ablası vardı. Piyano çalardı fakat bir kaza sonucu bilekleri kesildi." "Deme ya, çocuk niye köpürdü anladım." der ve Ömer'e acı olayı anımsattığı için özür dilemeye, gönlünü almaya gider, her gittiğinde de iyice bir fırça yer. Bunu bir doktor arkadaşa yapmıştı Ömer. Doktor işin zarf olduğunu anlayınca çok kötü bozulmuştu.

Ben ve Veli Erdoğan, Ömer'e bir tezgâh hazırladık, tezgâhı yutması için de çevreden yardım almak zorunda kaldık. Sözde ben kalbi delik biriyim ve yaşam sürem belli ama bunu benim dışımda bir kaçkişi biliyor. Ben Ömer'le sohbetlerde hep ölüm, hastalık temalarını işledim, bir devrimci için en acı şeyin yatakta ölmek olduğunu anlatıp kestim durdum. Ömer birkaç gün sonra bir gariplik seziyor ve beni en iyi tanıdığına inandığı Veli'ye soruyor "Bunun durumu nedir?" diye. Veli de hiç kimseye hatta bana bile söylememesi üzerine söz alıp yemi uzatıyor. Benim çok ağır hasta olduğumu, uzun yaşayamayacağımı anlatıyor. Ömer durumdan öyle etkilenmiş olacak ki bir süre sonra yanıma geldi, gözleri dolu dolu. "Ortak sen çok iyi bir insansın, senin yapacak çok işin var." gibi şeyler söylüyor. Boğazı düğümlendi ve ağlamaya başladı. Ben de bu durumdan çok etkilendim, "Ne oldu, niye ağlıyorsun" deyince "Sen hastaymışsın, uzun yaşamayacakmışsın öyle mi?" diye sordu. "Yok öyle bir şey." dediysem de zarfa geldiği için inanmıyor. Kendini kandırdığımı sanıyor. Baktım gerçekten çok üzülüyor, bunun bir zarf olduğunu söyledim, ağlamaya devam ediyor. "Peki neden hâlâ ağlıyorsun? " dedim, "Sevinçten." deyince gerçekten aramızdaki dostluğun çok çok iyi olduğunu anladım. Ömer'e "Bir daha kimseye zarf atma, söz mü?" dedim, kabul etti. Ben zarf attığını görmedim ama belki gizli gizli kandırıyordur, kim bilebilir ki?

C Blokun en meşhur tezgâhı, tahliye tezgâhıdır. Kapıdan askeri ayarlayabilirsen hukukî durumu elverişli her insanı, mesela ihtimali olanları tezgâha getirebilirsin. Tahliyesi geldiğini sanan arkadaş eşyalarını dağıtır, insanlarla vedalaşır, çıkmayı bekler. Vakit geçtikçe huzursuzlanır, sağda solda konuşur, millet onunla ilgilenmiyormuş gibi yapsa da göz ucuyla izler. Tahliyeci bekler, bekler, bekler, tahliye bir türlü gelmez. Bir yandan da zarfa geldiğini düşünür ama gönlü hep tahliyeden yana olduğu için, umut fakirin ekmeği hesabı bekler. Tabi gece 11 olur, kapı kilitlenir, tezgâhı yemek ve sindirmek çok zor olur. Bazen çok kırıcı olur bu tezgâh. Bunun en acı örneğini B Blok dokuzuncu koğuşta yaşadım. B Bloku anlatırken yazarım onu da.

Zaman içinde asker de gardiyan da zarfın içine girer, tezgâhta rol almaya başlar. Öylesine inandırıcı olur ki, yememek mümkün değildir. Öylesine ileri aşamalara varır zarf atmalar.

Melamin Bardaklarda Çaylar Geldi, Birlikte İçsek

C Blokta yatıp da çay tantanasını görmemek büyük bir eksikliktir bence. C Blokta çay bir törendir, C Blokta çay kraliçe gibi bir tahtta gelir, çay şenlik, çay sevinç, çay gürültü, çay kargaşa demektir. Çay beklenen şeydir.

C Blokta çayın yapıldığı yer oldukça uzaktır. Çay görevlisi olan arkadaşlarca liste yapılıp sabah sayımında verilir ve sabah, öğlen, akşam yemeklerden sonra çay beklenir. Çayı harç taşınan taht vardır ya, onun üzerine koyarlar. İki asker birer uçtan tutar, sanki pazar yerini gezen kraliçe gibi salına salına, etrafa göstere göstere getirirler. Tiryakiler zamanın yaklaştığını anlayınca kapıya gitmeye başlar, çayın gelişini ilk görüp muştulamak için gözlerini dört açarlar. Gözler C Blok serisinin kesiştiği köşededir. Yaklaşık 500 metre uzakta bir köşeden çıkıp gelecektir çay. Çayı ilk gören "Çay geliyor" diye bağırır ve ortalık birden çay geliyor sesiyle dolar. Ya da bana herkes çay geliyor dermiş gibi gelirdi. Neydi bu çayın kerameti? Beklenen gerçekten çaya hiç benzemeyen renkli su muydu, yoksa özlemlerin bir dışavurumu mu? Çay lafı ortaya atılınca akla mutlaka cam bir bardak gelir. Hani şu evde, kahvede, ocakta, dairede, parkta, her yerde görülen, kırılınca başımızı çevirip baktığımız, küçük ince belli bardağa olan özlem gelirdi. Ama çay gelince özlem mözlem derken en büyük bardağı alma mücadelesi verenler de olurdu. Bu bir paradoks muydu? İnsanın bir zaafı mı bunca tutkuya dönüşen? Sanmam... İnsanlar küçücük şeylerle mutlu oluyordu. İnsanların küçükleri de çay ve sigara... Ah bir de bencillik olmasa, ah bir de bize yakışmayan çay savaşı olmasa...

Çay gelir kapının önüne konur, asker "Çaycılar." diye içeriye bağırır. İki solcu, iki sağcı gider çayları içeri taşır, blok çaycısı çayları listeye göre sağcılara verir, onları yollar. Solcular da kendi içlerinde çay listesine göre dağılımı yapar, solcuların çayını ayrı bir çaycı dağıtır. Çay gelmeden melamin bardaklar dizilir, dolmayı bekler. Çaylar dolunca servis başlar, her insan iki bardak götürür, elbette en yakınına ya da gittiği yere. Bu biraz homurtuya yol açar, "Çaylar soğuk." denmeye başlar fakat bunu diyenler nedense zahmet edip dağıtmaya da kalkmazlar. Çaylar tepsilerde dağılırken –birkaç kez dağıttım– insanların bir parmak aşağıdaki çaya "Niye bu çay yarım." dedikleri olur. Gördüm, duydum, şahidim. Bir parça eksik çayı almaktansa taşmak üzere olanı seçmeye çalışan gördüm. Bunlar nahoş şeyler. Devrimciler yapar mı diyerek anlamsız bir tartışmaya girmeye gerek yok. Devrimciler de bu toplumun kimi pisliklerini üzerlerinde taşıyorlar. Bu düzenin eğitim, aile değerleri, devletin ideolojik aygıtlarıyla etkilenmiş yanları vardır. Devrim, devrimcilik bunları bir anda yok edemiyor. Edemediğini en azından ben gördüm. Amacım devrimcileri karalamak değil. Ben de devrimciyim fakat devrimcilerin de insan olduğunu, eksiklik ve zaaf gösterebileceğini söylüyorum. Bunu en çıplak hâlini de emniyet ve cezaevinde küçücük şeyleri izleyerek anladım.

Devrimciler de çayın sıcağını ve bir parça fazlasını almak için fırsatçı davrandı. Devrimciler de çayın fazlasını kapmak için fazla sırası oluşturdu. Bunlar utanç verici şeyler değil benim açımdan. Birey olarak eksik ve zaaflarımızın açığa çıkışı. Nasıl ki bir ekmeğin kızarmışını alıp diğerini karşıdaki arkadaşına bırakıyorsa, nasıl kaşığın biraz kötüsünü bırakıp daha iyisini alıyorsa, nasıl bir lokma fazla yemek için hızlı hızlı yiyorsa, nasıl ki her şeyin fazlasını almak için çaba harcıyorsa... Bunları örtmek, pisliğimizmiş gibi gömmek değil, bizim bir parçamız gibi, bir yüzümüz gibi üzmeden, reddetmeden, cesurca üstüne gitmek zorundayız. En azından ben öyle düşünüyorum. Bizler bu düzenin içinden çıkıp geldik. Güzel, onur duyulacak şeyler yaptık ama eksik ama fazla, biz kurmak istediğimiz ya da kitaplarda okuduğumuz dünyaya varacaksak, o dünyanın insanının özelliklerine sahip olmaya bugünden çaba harcamak zorundayız. Önce olgun, iyi, dürüst, saygı gösteren olmalıyız. Dava ancak iyi bir insan tipi, iyi insanlar zinciri, doğru bir çizgi ile zafere ulaşır.

Anımsamaktan hoşlandığım bir insandı Osman Bahadır. Kendisi 1970'li yıllarda THKO davasından tutuklanmış, ceza almış, 1974 affından indirim gelmiş, dokuz yıl yatınca tahliye olmuş. Osman abi çok olgun bir insandı. Yaşına uygun davranır, öyle konuşurdu. Devrimci Yolculara sempatiyle bakardı ama farklı bir görüşü savunuyordu. Osman abinin 70'lerden kalma eski tüfek olduğunu duyunca merakla yanına gidip tanıştım. Dost olmak için çaba harcadım. Oldukça olumlu bir diyalog kurduk, zaman zaman tartışıp konuşurduk. Bana uzun yatıp yatmayacağımı sorduğunda "Uzun hem de oldukça uzun..." demiştim, yanılmamışım sanırım. Bana kendi dokuz yıllık birikimi sonucunda kazandığı tecrübelerini aktardı. Bana, "İçlik giy, romatizmaya karşı korunmalısın, buralar beton, taş." derdi. Ben ona bakıp dokuz yıl sonra acaba böyle mi olacağım diye düşünürdüm. Sormuştum "Saçları içeride mi döktün?" diye, "Evet " dedi. Yandık diye düşündüm. Kendimi saçsız düşündüm, komik geldi gülümsedim. Bir keresinde Osman abiyi bir çavuş çağırdı, coplayacaktı. Ben, "Ne oldu, suçu ne, neden dövüyorsun?" diye sordum. O, içeriden laf atıldığını iddia etti. Bunu arkadaşın yapmadığını anlatmaya çalıştım, bir türlü kabul etmiyordu. O zaman "Utanmıyor musun yaşlı başlı adamı dövmeye. Onu döveceğine beni döv." dedim. Çavuş solculara iyi davranan biriydi. Neden böyle gıcıklık yaptı, anlayamadım. O da yaptığından pişman olmuştu. Gel gelelim vazgeçmesi aleyhine olur, ispiyon edilebilirdi. Bu yüzden hafif cop darbeleriyle işi savuşturduk. İçeri geri geldiğimde Osman abiyle masaya oturduk. "Bana bak Fikret, yaptığın iş hiç de hoş değil. Ben korkak biri değilim. 1970'te de şimdi tutuklandığımda da işkence gördüm. Coptan çekinmiyorum" dedi. Araya girdim, "Öyle düşünmüyorum zaten, senin çekineceğini bir an olsun aklıma getirmedim." dedim. Ve o sözüne devam etti. "Bir daha asla benim yerime sopa yemeyeceksin ama çok çok teşekkür ederim. Onur duydum seni tanımaktan, beni böylesine sevmen çok hoşuma gitti." dedi. Bir daha bu konuyu tartışmadık. Ona yaklaşmamın Mahir Çayan ve 70'lerdeki devrimcilere sempatim ve hayranlığımın bir sonucu olduğunu kabul ediyorum.

Burada anlatacağım kişi dolandırıcılık, silah satıcılığı ve en son mafya işlerine karışmış delikanlı davranışlı ama yaşlı bir insandı. Konuşurken ferfecir okuyan gözleri, sözcüklerindeki vurguyu güçlendirmek için ellerinin şekilden şekile girmesi ilk dikkat çeken yanıydı. Konuşmaları, anlattığı şeyler, dışarının gayrimeşru dedikoduları, uçları yetkili ağızlara kadar dayanan skandal ve sosyete dedikoduları, insanları onun etrafına toplamaya yetiyordu. Ama ben onun o söyleşilerini aktarmayacağım. O gittikten sonra da, o dönem C2'de yatan herkesin benimsediği bir davranışını anlatacağım.

Askerler buna takmış olacaklar ki sık sık dövüyorlar, eğitim yaptırıyorlar ve emir tekrarı yapmasını istiyorlar. Emir tekrarı karşı karşıya dizilen iki grubun birbirine emir vermesi biçiminde oluyor. Önce birinci gruptan biri ikinci grubun bir elemanına yüksek sesle "Adını söyle" diyor. İkinci grubun elemanı karşısındakine "Adımı söyleyeceğim" diyerek yanıt veriyor. Ya da A elemanı B elemanına "Atatürk ilkelerini say." diyor. B elemanı "Atatürk ilkelerini sayacağım" diyor ve bekliyor. Bu bir emir tekrarı. Hep bir ağızdan yapıldığında ortalık Pazar yeri gibi olurdu. Her neyse, bizim kaçakçıya asker emir tekrarı yaptırıyor. Tam yapamadığı her sefer için dövüyor, bütün insanlar onu izliyor, o da bunun farkında. Serde delikanlılık olduğu için mırın kırın edip, acz içine düşmüyor. Dayak yedikçe dikkatimizi çeken bir hareketi yapmaya başladı. Asker, yanındakileri dövmeye geçince o iki parmağını V biçiminde şakağına doğru kaldırıyor, asker görünce de anlamasın diye sakalını saçını kaşıyormuş gibi yapıyordu. Bu oradaki insanların çok tuttuğu bir olay oldu. En zor, en baskıcı ortamda bile iyi olduğumuz işaretini kaçakçı gibi V yaparak gösterirdik.

Sesler, Yüzler, İnsanlar

C2'de kaldığım süre içinde o kadar ilginç insan tipleri ile tanıştım, konuştum ki. Onların her biri toplumumuzun birer göstergesiydi. Onları usta bir romancı gibi yansıtmak ne yazık ki benim için imkânsız. C2'de kaldığım yedi ay boyunca onlarca insan gelip geçti. Bazen konuşamadan tanışamadan tahliye ettik onları. Tanışıp konuştuklarım ise giderken benden bir şeyler mutlaka aldılar. Sevgimi aldılar, sevgilerini bıraktılar. Gidenler hayatlarını kazanmak zorundaydı ve yaşam kavgası birçoğunun başında karabasan oldu.

C2'de kalan yaşlıların efkârlandığı, umarsız durumlara düştüğü anlar olurdu. Çorumlu İsmail'in karısı hastaydı ve kömür alamadığı için morali çok bozuktu. Sık sık Çorum türküleri söylettim ona,

"Şikayet olmasın da anam bak ne hâldeyim,/Geçiyor ömrümüz Ah u zardayım." ya da;

"Baban mahpus diye ağlama yavrum,/Ellerin önünde gezinme yavrum."

Çok dertli söylerdi. O insanları hapse atmakla kalmadılar, aynı zamanda ailelerini sefil ettiler. Aç, sevgisiz, kömürsüz bıraktılar.

Avukatı olmayan yaşlı bir amcanın için için üzüldüğünü görürdüm bazen. O da biz de çaresiz kalırdık. Bana "Evlat, bu Devrimci Yol'un hiç hakimi yok mu? Beni bıraksa." demişti. İnsan kahroluyordu o zaman. Devrimci Yol'u ne kadar büyütmüştü gözünde. Çareyi Devrimci Yol'da arıyordu. Peki biz çare bulamayınca neler düşündü acaba? Kim bilebilir ki? Bizim bütün amacımız bize kapılarını açtığı için bunca acıyı çeken bu insanların, yardım ettikleri için ne bize ne de kendilerine lanet etmesi, dışarı çıktığında, bizim bir arkadaşımızı gördüğünde selam vermesi, kapısını yüzümüze kapatmamasıydı. Bunun ne derece gerçekleştiğini zaman ve dışarıdaki insanlar görecektir.

C2'nin en ilginç tiplerinden bir tanesi de Yusuf Işık'tı*. TKP davasından getirilen insanlar arasında gelen bu güzel insanı C2'nin bahçesinde ilk gördüğümde, bir insanın görünüşüne bakıp konuşmamak gerektiğini öğrendim. Bu çok iri yarı insanın zaman içinde o kadar naif, kibar, zevkli ve entelektüel, aynı zamanda paylaşımcı, yardımsever ve direngen olduğunu anladım. Askerler karşısındaki zarif ama dirençli tavrı gülümsetirdi. Örneğin kısa künye verirken Yusuf Işık Paris geçebilir miyim?" der, asker "Geçemezsin lan" ya da kendini coplayıp "Yerine geç lan." diyen askere teşekkür ederdi. askerler bu davranış karşısında donup kalırdı. Bize yaşamından, anılarından söz ederdi, yaşamımızda güzel bir renkti.

Hücreye Gidiş

Bir sabah sayım esnasında on kişilik isim listesi okundu, ben ve Ömer de listedeydik. Hepsi Devrimci Yolcuydu, hepsi sevilen fedâkar insanlardı. C Blokun altında yeni yapılmış olan hücrelere atacaklardı. Başlarında subaylar, peşlerinde ve çevrelerinde askerler...

On kişi hücrelerin önüne indiğimizde Ömer, yazıcı çavuşa "Bizi aynı yere koyun." dedi. Yazıcıyı eskiden tanır mıydı, bilemiyorum ama konuşurdu ara sıra. Ömer'le bizleri ikişer ikişer hücrelere attılar. Hücreler yeni yapıldığı için nemli ve soğuktu. Çok küçük birer kabindi, briketlerden yapılmıştı ve sıva bile atılmamıştı. Hücrelerde ışık yok, tuvalet yok, tuvalet için bir teneke koymuşlar, hücrelerin kapıları parmaklık olduğu için soğuk içeri giriyor. Ayrıca asker denetleyebiliyor. Hüseyingazi Dağı'nın eteklerinde bir yer Mamak Cezaevi. Akşamları çok soğur havalar. Hücrenin kapısı yoktu, hücrelerin dış duvarını oluşturan koridorun camları da özellikle çıkarılmış olmalı. Allah'tan sıkı giyinmiştik. Benim üzerimde

* Eski Millî Savunma bakanlarından Hasan Esat Işık'ın oğlu. Hasan Esat Işık'ın, eski bir bakan olmasına rağmen torpil, ayrıcalık peşine düşmeden, diğer tutuklu aileleriyle birlikte Mamak Cezaevi kapılarında sırasını beklemesi, ailelerden kopmaması her zaman anılmayı hak eden bir davranış olacak.

denizci parkası vardı. Battaniye gibi. Çok sağlam ve sıcak tutar, hücreye gidenlere verirdim.

Bize eğitim cezası verildiğini söyledi astsubay. Askerler bizi uyutmayacak ve gece sabaha kadar eğitim yapacaktık. Eğitime başladık, yerimizde sayıyoruz. Hücre kapısının önünde ve yüksek sesle marş söylememiz isteniyor. Başımızda iki asker, sürekli nezaret ediyor. Biz yerimizde sallanmaya başladık, marşı da normal söyledik. Fakat askerler bizi dövdü, ellerimiz dayaktan şişti. Daha fazla dövemeyeceklerine karar verince C Bloktan tuzlu su istediler. Su geldi. Ellerimizi ovalamamızı istiyorlardı. Başta 1 numaralı hücrede bulunan Ertuğrul Ak ovalamayacağını sert bir dille söyledi. Asker "Ovala yoksa patlatana kadar döverim." dedi ama Ertuğrul kararlıydı, ellerini suya sokmadı. Bunu duyan yan hücreler de ellerini tuzlu suyla ovalamayı reddettiler. Asker çılgına döndü, neredeyse ellerimiz patlayacaktı, patlayınca da daha sonra dövemeyecekti, bunu hissediyor olmalıydı. Konuşma yolunu seçti. Aslında kendisinin de dövmek istemediğini fakat emir aldığını, eğitim yapmamız gerektiğini söyleyip durdu. Biz eğitim yaparız fakat dayak attırmayız dedik ve anlaştık. Sonraki nöbetçiler gelene kadar eğitim yaptık. Nöbet değişti, yeni nöbetçiler çok sessiz çocuklardı. Devriye çavuşu da Laz bir gençti. Gelip karşımızdaki duvara yaslandı, konuştuk, konuştuk, eğitim yapmadık, yaptırmadı. Ta ki subay gelene kadar. Gece yarısına doğru ne ağzımızı açacak hal ne de ayakta duracak güç... Uyku bastırmıştı hepimize. Askerlerle anlaştık, sırayla uyuyacaktık. Subay gelirse yeni istirahat verdiğini söyleyecekti. Öylece demire yapışık bekledim. Ömer yattı, onu kaldırmadım. Ben de zaten kapının önünde sızmışım. Sabah kalktık, hava çok soğuktu. Parkamız bile yetmiyordu, arkadaşlar yemek getirdi. Çay, peynir, zeytin ilaç gibi geldi. Biraz şakalaştık, gece yatamadıklarını, çok gürültü yaptığımızı, yöneticilere şikâyet edip apartmandan attıracaklarını söyleyip güldüler. Gerçekten uyumaları da mümkün değildi. İnsanın arkadaşları eziyet çekerken rahat edemeyeceği bir gerçekti. Onların işi bizimkilerden çok zordu. Hadi biz dayak yiyor, karşı çıkıyor, dalga geçiyorduk. Onların bizi acı çeker düşünüp üzülmeleri oldukça yıpratıcıydı.

Öğlene kadar rap rap... Karnımız toktu. Biraz ısınmak için de harekete ihtiyacımız vardı. Yerimizde sallandık durduk. Öğlen olunca arkadaşlar Mamak tatlısı getirmişlerdi. Mamak tatlısı çok meşhurdur. Özellikle görüş günleri yapılması bir gelenektir. Her gelenek gibi bu da ekonomik kriz yüzünden terk edildi. Adını verdik, tarifini vermesek olmaz. Mamak tatlısı elma, etimek, süt, şeker, çikolata, ama Mamak'ta çikolata ne gezer, yerine kakaolu bisküvi... Bir kabın içinde süt ve şeker karıştırılır, iyi bir şıra elde edilmeye çalışılır. Sonra etimekler içine atılır, sütü, şirayı emer, bir karışım olur. Bir tabakta elma rendelenir. Sonra tabağa bir kat etimek konur, üstüne rendelenmiş elma onun üstüne etimek kreması sürülür ve bir etimek daha konulur. Üstüne bir kat daha elma ve krema... Beş kat olacak. Tekrar etimek, tekrar iç malzemesi beşinci katta kakaolu bisküvi... Yenmeye hazırdır ama genellikle hemen gelsincilerle, hayır biraz beklesincilerin hararetli tartışmalarından sonra... Yanlarına çoğunluğu çeken taraf kazanır...

Yemek nereden çıktı, onu da ekleyeyim. C Blok sakinleri hücreye gelenlerin yemeklerini hazırlar, idare özel olarak yasaklamamışsa çay, süt, tatlı, helva, öğlenleri salata gibi ek gıda getirirlerdi. Tabi solcular solculara, sağcılar sağcılara. Kendi boğazından kesip hücre fonu oluşturmuşlardı.

Evet, öyle yemeğinde Mamak tatlısını görünce çok sevindik. Ömer de az obur değildir hani. Bir an dikkatimi bir şey çekti. Tatlıyı getiren arkadaşa "Siz de yiyorsunuz değil mi?" dedim, arkadaş kaçamak yanıtlarla geçiştirmeye kalkınca üsteledim. Yemediklerini, tatlının hücrede bulunanlara özel yapıldığını öğrendim. Ondan bir kaşık almasını ısrar ettim, almadı. Yukarıda kimse yemediğine göre ondan almasını beklemek yanlış olurdu. Arkadaşlarımız eziyet çekenlere ellerinden geldiğince bakacaklarına söz vermişler. C Blok hücreleri çok kötü bir yerdi. Orada sık kalan kadın arkadaşları düşününce tüylerim ürperiyor. Hem de günlerce haftalarca orada yaşamak zorunda bırakılıyorlardı. Kadınların o pis yerlerde sağlıklarından çok şeyler yitirecekleri çok açıktı.

Hücrelerde tuvalet için birer teneke verilmişti. İhtiyaçlarımızı ona yapacaktık ve sabahleyin sayımda arkadaşlarımız gelip dökeceklerdi. İnsan ilkin tepki duyuyor. Kemal Yüzgeç, "Ben bu tenekeye yapmam." demiş ve inat etmişti. İki gün olunca mide doluyor, boşaltım olmadığı için zorlanıyor. Yanındaki hücreler çok rahatlar. Battaniyeyi biri tutuyor, diğeri ihtiyacını gideriyor. Kemal, ikinci gün de geçip daha ne kadar kalınacağı belirsiz olunca, bir de mide, bağırsaklar zorlanınca mecbur kaldı tenekeyi kullanmaya. Tabi bütün bu olup bitenleri Kemal'in hücre arkadaşı, hücre dönüşü anlattı bize. Biz Kemal'e bol bol güldük. Belki başkasına komik gelmez, şu an yazarken ben bile neden çok güldüğümü anımsamıyorum. O şartların oluşturduğu bir durum.

Hücrede üçüncü günümüzdü. Akşam sayımı yapıldı ve subaylar geldi. Kapıları açtılar ve bizi çıkardılar. C2'ye, evimize doğru yola çıktık. Koğuşun haberi varmış, içeri girdiğimizde ortalık sevinçle dalgalandı. Özellikle bizim arkadaşlarımız coşku içindeydi. Masalar kurulmuştu, her şey vardı, bayram gibi neşeliydi meydan. İnsanın böyle karşılanacağını bilmesi, hücrenin ağır havasını dağıtıyor. Bizlerdeki yüksek moral yankileri ters orantıda etkiliyordu.

Birkaç gün sonra aynı kişiler bir eksikle tekrar hücreye alındı ve bizden düşünmemiz istendi. Eğitim yaptırılmıyordu. Tam yedi gün sonra çıkarıldık. Koğuşa geri geldiğimizde akşam insanlar tıpkı ilk seferki gibi karşıladılar. Bizleri sık sık hücreye almaları hayra alamet değildi. Herhâlde A Blok yolu görünüyordu. Ömer'i tekrar hücreye aldılar. On on beş gün kaldı.

C Blokta Görüş Günü

C bloklarda görüşler C2'nin, yani bizim koğuşun bitişiğindeki bir bahçede yapılıyor. Görüş yeri, etrafı tel örgülerle çevrili toprak zemin üzerine kurulmuş. C2'nin ve 3'ün dış duvarlarının ortasına elek gibi bir bölüm konulmuş. Kabin falan yok. Tıpkı Türk filmlerindeki gibi bütün görüşmeciler tel örgünün önüne geliyor. Tutuklular da karşılarına diziliyor, görüş yeri açık, gökyüzü altında. A Blokunkine hiç mi hiç benzemiyor. Tutuklular ayrı bir kapıdan getiriliyor. Görüş yeri tam bir curcuna. Çünkü yanınızdaki insan başka biriyle kendi sorununu konuşurken siz de kendi problemlerinizi karşınızdakine iletmek için yüksek sesle konuşmak zorundasınız. Yoksa zor anlaşılır.

Ziyaretçiler belediye otobüsleri ile gelirler. Tam da bizim koğuşun arka penceresinden görünen, eskiden askerlerin kaldığı binaların yanında otobüsten inerler. Biz orada camdan kimlerin geldiğini görürüz, işaretleşir konuşuruz. Ziyaretçiler getirdikleri şekeri, çikolatayı tel örgülerden bize fırlatabilirler. Annem, sık sık çikolata getirirdi.

Görüşe çıkacaklara askerler duyururlar, C Bloktan ziyarete çıkacaklar alınarak ziyaret yerine gidilir. Gidilirken asker "yürüyüş kararı" saydırır. Bu çok kötü ve insanı gıcık eden bir uygulamadır. Bu yüzden insanlar çok az ses çıkartır. Görüşün en çirkin uygulaması ise ziyarete giden tutukluların yan yana dizilip subayın işaretiyle andımızı okumasıdır. Yüksek sesle okunurken ziyaretçiler de tam karşıdan izler. "Türk'üm, doğruyum, çalışkanım, yasam, büyüklerimi saymaktır..." diye devam eder. İlkokullarda, müsamerelerde öğrencilere okutulan bir and. Hem ziyaretçiler hem de bizim üzerimizde etkisi çoktu ve bundan dolayı sürekli sorun çıkıyordu.

İnsanın bir zamanlar kartal olması gibi bir duygu. Yani siz insanların umudu olmuşsunuz, yüceltilmişsiniz, büyük görevler yüklenmişsiniz. Şimdi ailenizin, kardeşinizin, belki sevgilinizin, karınızın, çocuğunuzun, yani sizi devrimci olarak tanıyan, size hayranlık duyan, sizden etkilenmiş olan insanların önünde silinmeye çalışılan biri gibi, o büyüklüğün adamı değilmişsin gibi, hazır ola geçip, –ki geçip geçmememizde önemli değil– andı gözlerine baka baka söylemeniz çok şey yitirmenize neden olur. Bizleri öylesine yok etmek istiyorlar ki, bizi sevenlerin önünde küçük düşüren bu uygulamayı yapıyorlar. Söyleseniz de söylemeseniz de orada öyle beklemek hep acı verirdi.

Bir keresinde küçük kardeşim ziyaretime gelmişti. Ziyaret başlamadan andımız söylenmişti. Ziyaretin başlangıcında küçük kardeşim: "Abi bizim okuldaki gibi söylüyorsunuz." demişti. İnsan etkileniyor. Karşı çıkmak gerekirdi diye bir fikir ileri sürülebilir. Prensip olarak doğru ama onu hayata geçirecek insanlar, öne düşecek insanlar gerekir.

İlklerden Birincisi C2'de İlk Kitap

C2'de ilk kez duvardan roman alındığına tanık oldum. Hiçbir dergi, kitap alınmıyordu. Sadece günlük gazete. O da oldukça geç bir saatte verilirdi. Kitabın içeri alınmasında TKP davası sanıklarından Yusuf Işık'ın etkisi olmuş. Zaten ilk kitap da onlardan birine gelmiş. O arkadaşların kitapçılarından roman istemiştim. Bana üç kitap verdi. Sevgi Soysal'dan "Şafak", Sabahattin Ali'den "Kürk Mantolu Madonna", Puşkin'den "Yüzbaşının Kızı". Bu üç kitabı öylesine beğendim ki yıllar sonra dahi o kitapların anlattıklarını taptaze anımsıyorum. Kitap okumak güzel bir duygu. Benim dışarıda kitap okuma alışkanlığım pek yoktu. Ara ara tek tük kitaplar okurdum. Örneğin "Vietnam Kazanacak", "Direnme Savaşı", "Militana Notlar", "Devlet ve İhtilal" gibi kitapları okudum. Dışarıdaki bir arkadaşım kitap okumamı ister, bu yönde çaba harcardı. Sanırım şimdi kitap okumadan duramadığımı öğrense bayağı sevinir.

Evet, ilk kitap içeri alınınca arkası da gelmeye başladı ve zamanla serbest oldu. Yalnız yat saatinden, yani 22'den sonra kitap okumak yasaktı. Okuyan dayak yerdi. Hüseyingazi öyle bir yer ki kitap yakılmış eteklerinde, öyle bir yer ki kitap okuyan dayak yemiş, öyle bir yer ki okumayı bilmeyen, kitap okumak yasak demeyi büyük bir komutanlık saymış. Evet öyle bir yerdi Mamak...

İlklerden İkincisi Emniyete İlk Gidiş

1981 yılı Nisan ayında asker "Hazırlan." diye beni çağırdı. "Bütün eşyalarımı toplayayım mı?" diye sorunca "Eşyalar kalsın, sırtına iyi ve sağlam şeyler giy. Emniyete götürülecekler." yanıtını verdi. Oldukça ürkmüştüm çünkü emniyette işkence yapılmıştı. Onun etkilerinden hâlâ kurtulamamıştım. Yani yenilgi psikozu taşıyordum. Orada tekrar kötü duruma düşme korkusu bütün hücrelerimi etkiledi. 1981 yılında ve daha sonraki yıllarda bir çok insan yeniden emniyete götürüldü, ağır işkencelere maruz kaldı. İnsanlara cezaevinin yaptığı eziyet yetmiyormuş gibi bir de emniyete götürülme korkusu yaşatılıyordu. Emniyete tekrar götürülen birçok insan farklı suçlamalarla karşı karşıya kalıyordu ve birçok insan o suçlamayı işkence sonucu kabul ediyordu. Bizler geçmiş yenilgimizi gerçekten aşamadığımız, psikolojik olarak kazanamadığımız sürece, işkenceci karşısında yenik duracaktık. Yenilmiş insan kendini daha kendini toplamadan ezenin karşısına çıkarsa, oradan ikinci yenilgisini alması kaçınılmaz olur. Çünkü o işkenceci sizi tezgâhta parça parça etmiş, masaya yatırmış, bütün zaaflarınızı açığa çıkarmıştır. Nelerden korktuğunuzu, nelerin sizi daha fazla etkilediğini, hangi yönteme nasıl bir tepki gösterdiğinizi, zayıflık gösterdiğiniz anları öğrenmiş ve tanımıştır sizi. Ve sizi yenmenin emin havasını üzerinize kurar. Onunla simgeleşen her şey yeniden yeniden bir şerit gibi gelir geçer bellekten. Eski işkenceci ile karşılaşmak, eğer hazır değilseniz süreci kaybetmek demektir bence.

Üstümü sıkıca giyip C2'den çıkarıldıktan sonra kapıda bekleyen arabaya bindirilip kafese götürüldüm. Orada çıkış işlemleri tamamlandı ve polislere teslim edildim. Araba Renault markaydı. İçinde dört polis vardı. Şekilsiz bir tipteydiler, kaba saba konuşuyorlardı. Tıraşları uzamıştı. Belli ki yoğun geceler geçiriyorlardı. Kendi aralarındaki konuşmalarında da işlerinden söz ediyorlardı. Konuşurlarken ve gülerlerken kirli sarı dişleri çok iğrenç görünüyordu.

İçlerinden bir tanesi "Fikret nasılsın, Mamak iyi mi?" dediğinde, ben niçin götürüldüğümü anlamaya çalışıyordum. Kafamdan onlarca isim ve olay geçiriyor, olasılıkları sıralıyordum. Acaba kim yakalanmıştı? Neyle suçlanacaktım? Hafızamı yokluyor, tek tek olasılıkları düşünüyor, yanıtlar veriyordum.. Çünkü neden götürüldüğümü anlayamadıkça kaygım artıyordu. Birkaç olasılık üzerinde durup, onların sağlamasını yaptım. Belki polislerin sorularından bir şeyler öğrenebilirdim. Eğer neyle karşılaşacağımı bilirsem ona göre bir ifade ayarlamayı düşünüyordum. Polis, "Sende çok iş var. Bak bize söylemeyince arkadan patlıyor." dedi ve dürttü. Dürtmesi beni ortama geri döndürdü. Ben onların konuştuklarını duyuyordum ama beynim hep "neden", "kim" sorusunu çözmeye çalışıyordu. Beni neden götürdüklerini sordum, "Sen bilmiyor musun?" diyerek alaycı bir cevap verdi diğer polis. Birkaç dakika sonra Mamak kışlasının çıkışına gelmiştik. Arabayı kullanan polis indi ve giriş çıkışı denetleyen nöbetçi odasına doğru gitti. Oradaki subayla bir şeyler konuştuğu el hareketlerinden belli oluyordu. Oldukça samimi görünüyorlardı. Neden samimi olmayacaklardı ki. Günde değilse de haftada birkaç kez işkenceye adam getirip götürürken görüşüyorlardı. Aynı çarkın dişlileri olmak yeterli değil miydi samimi olmalarına. Tokalaştılar, polis elinde kimliklerle geriye döndü, arabaya bindi.

Mamak kışlasına kim girerse girsin kapıda kimliğini nöbetçi odasına bırakırdı.

Nizamiyeden çıktık, polisin biri gözlerime göz bağı denilen bir bez parçasını bağladı ve kafamı bacaklarımın arasına doğru sokmak için tepemden bastırdı. Ben zaten iki büklüm olmuştum. İnsan müsveddesi polisler, insan yüzünü çıkarıp cellat olmaya başlamışlardı. Sık sık dirseğiyle sırtıma vuruyordu. İçlerinden biri de ara ara dirseği ile boşluklarıma vuruyordu. Paniklemiştim, zaten onların istediği de buydu. Kendime hakim olamıyordum. Korkuyordum. Yol boyunca bir önceki emniyet süreci gözümde canlandı durdu.

Giderken Ankara'yı göremediğimi, çocukluğumun geçtiği mahalleden geçerken bile işkence çektiğimi düşündüm. Yollar karmakarışık geliyordu. Polisin biri "Nereye gidiyoruz biliyor musun?" dedi. Diğeri yanıt verdi "Tabi bilir bunlar. DAL'a gidiyoruz." Ben bir şey söylemedim. Evet DAL'a gittiğimizi biliyordum. Meşhur Derin Araştırma Laboratuvarına, yani emniyet binasının arkasındaki bir zamanlar spor salonu olan ek binaya, duşlukları işkencehane olan spor salonuna, garaj bozması binaya…

Gelmiştik. Garajın kapısı hiç unutmadığım bir gürültüyle açıldı. Araba devin ağzından karnına girdi. Arabadan indirildim, gözlerim bağlı olduğu için etrafı görmüyordum. Yoğun bir benzin kokusu, egzoz kokusu vardı.

İtekleyerek bir yere sokuldum. Küçük bir yerdi, yazıhane olduğunu anladım. Paramı, saatimi aldılar ve kayıt yaptılar. Dalgacı bir ses tonuyla "Misafirimizi odasına alabiliriz." deyip bir yere götürdüler. Geldiğimiz yeri tam olarak anlayamadım. Fakat daha önceki hücrelerin olduğu yere gitmemiştik. Bu demekti ki o garajın içinde yeni bir yer yapılmıştı. Asıl hücrelere gitmek için garajda hücrelerin olduğu yere geçen küçük bir kapıdan geçmek gerekiyordu.

Bir süre sonra polisler geldi. Daha önceki suçları savcılıkta kabul edip etmediğimi sordular. Ben de "Kabul etmedim. Niye edeyim ki, zorla kabul ettirdiniz." dedim. Aldığı yanıttan hoşlanmamış olacaktı ki tekmeledi ve çekti gitti. Bir süre çevreye kulak kesildim.

Çevremde başka insanlar olduğunu anladım. Onların da gözlerinin bağlı olduğuna emindim. Daha sonra birkaç kişinin daha Mamak'tan geldiğini anladım. Onlar da diğer bloklardan gelmişlerdi.

Polisler beni ve iki kişiyi daha garajdan, eski hücrelerin ve işkencehanelerin olduğu yere götürdüler. Çünkü küçük kapıdan başımızı eğerek ve bir basamak inerek geçmiştik. Bir hücrenin önünde durduk ve hücrenin sürgüsü büyük bir gürültüyle açıldı. Daha sonra bizim göz bağlarımızı açtılar. Etrafımızı görebiliyorduk. Gözlerim açılınca diğer getirilenlerin, aynı mahallede birlikte devrimcilik yaptığım arkadaşlar olduğunu anladım. Çevreme şöyle bir göz attım. Evet hiçbir şey değişmemiş. Tek eksik koridorlarda hiç insan olmaması. Bizim zamanımızda hınca hınç doluydu. Hatta hücrelerin üstünde bile insanlar olduğu söylenirdi. Ben eski işkencehaneyi incelerken polis, "Bu adam sizleri tanıdığını, kendisinin sorumlu olduğunu söylüyor." dedi, "Siz tanıyor musunuz onu?" Ben şöyle bir baktım. Gözümde onunla ilk karşılaştığımız yerler canlandı. Ben onu tanımadığımı söyledim. Diğer iki arkadaş tanıdıklarını fakat sorumlu olmadığını söyledi. Anlaşılan yüzleştirme için getirilmiştik. Çok basit bir işlemdi gerçekten. Savcının yapması gereken bir formaliteyi işkencehanede yaptırmak hukukun (!) ne anlama geldiğini göstermeye yetiyordu. Polisler tehdit ettiler, zorladılar. Fakat eski işkenceye başvurmadılar. Zaten gerek de yoktu. Basit bir işlemdi. Onun psikolojik etkisi bile yeterliydi. Onlar da işin küçüklüğünün farkındaydı. İşlemleri tamamladık, geri dönme hazırlığı başladı. Emniyette büyük bir huzursuzluk hissediyordum. Küçük bir başarı elde etmiştim. "Tanımıyorum" demiştim. Onlar işkenceye kalkmadılar ama işkencehanede oturmak, tehdit edilmek ve tekmelenmek, yenilmiş biri için yeterli oluyordu çoğu zaman. Ama ben yalan söyleyerek polisin istediğini yapmamıştım. O yenilgi alanından gitmek istiyordum. Onların dediği gibi olmasını istemiyordum. İlk karşı çıkış emniyetin havasına olmalıydı. Ben de minicik bir adım atmıştım. O korku havasına karşı çıkmıştım.

Huzursuzdum ama karşı çıkmaya başlamıştım. Emniyete götürülüşümün ikinci günü akşamı, Mamak'a geri getirildim. Doktor, "Yara bere var mı?" diye sordu. Sözüm ona kontrol etmiş oluyordu. Gerçekten yarayı, işkence izini kaydetmeye gücü yetmezdi. Emniyet dönüşü kafeste yeni gelen insanlarla karşılaştım. Onları dövüyorlardı. Biz eski olduğumuz için bir şey demediler. Gece C bloklar sorumlusu geldi ve beni koğuşuma götürdü.

Koğuşa geldiğimde arkadaşlar sevinçle karşıladılar. Neler olduğunu, kimler olduğunu sordular. Ben en başından bütün maceramı anlattım. Herkes konuşmadan alacağını almış ve dağılmıştı. Artık yatmalıydım. İnsan emniyette iken yerini özlüyor. Yatarken hep orayı, emniyette o an acı çeken insanları düşündüm.

C Blokta Yemek Dağıtımı

C Blok yemek dağıtım sistemi ilginçtir. C Blok karavanaları diğer bloklardaki gibi değildir. C Blokun her bölümünün büyük dev kazanları vardır. İki kişi ancak taşıyabilir. Diğerleri ise kova büyüklüğünde karavanalardır.

Yemekçiler iki sağcı iki solcu olmak üzere dört kişiden oluşur. Bir sağcı bir solcu kuru yemeği, diğer ikisi ise sulu yemeği dağıtır.

Yemekler her kişiye bazen de iki kişiye bir tabağa bir kepçe olur. Solcu masaya fazla olmasın diye sağcı yemekçi solcuyu takip eder. Az olmasın diye kendi masasının hakkını savunur. Aynı şey solcu yemekçiler için de geçerlidir. Kuru yemekte kepçeci solcu ise sulu yemekteki kepçeci sağcıdır.

Karavana büyük olduğu için iki kişi karavananın kulaklarından tutup masa masa gezdirirler. Yemekte sık sık sorun çıkar. Örnek bir olayı anlatmak istiyorum:

Bizim yemekçilerden biri Cuma Tepe* idi. Cuma zayıf, uzun boylu, yüzü çiçek bozuğu, aksi mi aksi, faşistlerle gıcıklaşmayı

* Cuma Tepe 6 Eylül 1993 günü aramızdan ayrıldı.

seven bir tipti. Onu yakından tanıyanlar severdi. Şakayı seven bir insanmış. Cuma kuru yemekte kepçecilik görevi yapıyordu. Bizim tabaklara yemeği koyduktan sonra yankilerin masasına geçti. Onların tabaklarına yemeklerini koyarken kepçeyi öyle sert bir şekilde vuruyor ki tabaklar sarsılıyor. Faşistler bu durumdan hoşnutsuz oluyor. Cuma hiç aldırmadan sanki faşistlerin kafalarına vurur gibi tabaklara yemeği koyuyor. Faşistin bir tanesi "Doğru dürüst yemek dağıt!" deyince kıyamet koptu. Cuma kepçeyi tabağa değil, faşistin kafaya indirdi ve tabi ortalık karıştı. Kavga çıktı. Askerler gelmeden kıdemliler olayı yatıştırdı. Asker "Ne oluyor içerde." diye sorunca kıdemliler bir şey yok yanıtını verdiler. Aslında, her iki tarafta toplu dayak yemek istemiyordu. İdare kavgayı bahane edip dövüyordu.

Bir de Kadınlar Vardı

Kadın arkadaşlar D Bloka getirilmişlerdi. Onları uzaktan görebiliyorduk. Onların bloklarının önü telle çevrili olduğu için hava saatlerinde el sallayabiliyorduk. Onlar zaman zaman çöpe çıkarlardı. Çöplerinin olduğu yer bize yakın bir yerdi. Oraya geldiklerinde net olarak yüzlerini görürdük. Her çöpe çıkışlarında küçücük kızların kocaman çöpleri nasıl taşıdığını merak ederdim. Aslında o küçücük kızlar birer büyük dev olduklarını yaşamlarıyla ispatladılar.

Kadın arkadaşların bahçelerinde bir hareketlilik vardı. Onları yan yana dizmişler. Belli ki bir şeyler konuşuyor subaylar onlarla. Etraflarında kadın polisler, askerler, konuşma bitmiş olacak ki onların hoparlöründen askeri marşlar çalıyor. Bir süre sonra kızları dövmeye başladılar. Herhalde onlardan da eğitim yapmaları istendi. Onları yapmadıkları için dövdüler. Yine de eğitim yapmadılar.

Bir gece, sayım için bahçede bekliyorduk. Birden gecenin karanlığını yırtan sesler, sloganlar gelmeye başladı, ardından silah sesleri... Kapılara vurulan tekmelerin sesi, başka bir şeyin çıkardığı sesler. Kadın arkadaşlara saldırmışlar. Onlar da barikat kurup slogan atmaya başlamış. Bizler hiçbir şey yapmadık, yapamadık. Çöktük sanki. Askerler ortalığın bu kadar sessiz olmasından ürktüler. Bizi içeri koğuşlara apar topar soktular, kapıları kilitlediler. Kadın arkadaşların çığlıkları hâlâ geliyordu. Birkaç arkadaşım dışında hiç kimse bir şeyler yapmayı önermemişti. Nedeni açıktı. Karşı çıkacak kadar bir direnci gösterebilecek insanlar değildik. Hazır değildik. Bunun göstergelerinden biri de aşağıda anlatacağım bir açlık grevi denemesidir.

İlk Açlık Grevi Denememiz

1981'in Temmuz ayıydı sanıyorum. Cezaevinde açlık grevi yapılacağı haberi duyuldu ve tartışmalar oldu. Ben ilk defa böyle bir tartışma yapıyordum. Açlık grevi denilen şeyin ne olduğunu, nasıl işlediğini bilmiyor, 12 Eylül öncesi yatmış arkadaşlardan bu konuda bir şeyler öğrenmek istiyordum. Grevin yemek yememek olduğu açıktı. Ama nasıl bir şey yapacaktık. Gerçekten biz yapabilir miydik, gelecek saldırıları göğüsleyebilir miydik? Asıl soru hazır mıydık? İnsanlar bu soruya kendi vicdanlarında cevap verecekse, ben hazır olduğumuzu sanmıyorum. Her gün eğitimde, sayımda ses çıkmıyor diye dayak yemek başka bir şey, orada açıktan bir tavır yok. Dayak yiyoruz fakat ses de çıkarmıyoruz. "Tavır alıyoruz." diyemiyoruz. Aradaki fark çok ince olmasına rağmen korkunç derecede açıklık vardır. İnsanlarımız kendilerine yeni yeni geliyorlar. Yenilgi bizi çok daha geriye götürebilir sanıyorum. Diğer bloklar da tartışmış olmalı.

Mamak'ta ilk açtık grevi başladı. Biz katılmadık. Greve Acilciler, Partizancılar katıldı. Sanıyorum diğer gruplar da katılmadı. Şu ya da bu nedenle açlık grevi idarece de şaşkınlıkla karşılandı. Mamak yönetimi de nasıl bir tavır alacağını bilmiyordu. Herhâlde insanlar açlıktan hemen ölecek diye düşündüler. Onlar da bizler de tecrübesizdik. Açlık grevcilerini A ve B blokta topladılar. Onlara ayrı bir koğuş verdiler. İdare hiç dövmedi, şiddet uygulamadı.

Beklenenlerin tersi gelişmeler oluyordu, saldırı beklerken yumuşama mı başlamıştı? İdare, geçen zaman içinde nasıl tavır alacağını düşünüp taşınmış, kendine bir yol çizmişti. Açlık grevi 28 gün sürdü, başarısız sonuçlandı. Pratik hiçbir kazanım olmadı. Sadece idare tecrübe kazanmış oldu. Tabi bu benim düşüncem. Bir Acilcinin yorumu şöyleydi; "Devrimci Yol ve diğer gruplar da katılsaydı kesin başarılı olurduk. Bizi yalnız bıraktınız, pasif davrandınız." 1981 açlık grevi kişi ve gruplara göre farklı yorumlanır. Ben kişisel olarak düşüncemi bir cümleyle özetlemiştim, "Saldırı olursa dayanamazdık, hazır değiliz."

Acilcilerin açlık grevi boyunca yemek yemek çok zoruma gitmişti. Bir kısım insanın uygulamaları protesto etmesi, aç kalması beni etkilemişti. Aynı şartlarda yaşadığımız hâlde yemek yemek güç bir durumdu.

Koğuş, Çiş ve Diğerleri

C2'nin ilginç olaylarından biri de "sidik kaseleri"dir. Gece 23'te koğuş kapıları kilitlenir. İnsanlar bütün ihtiyaçlarını bu saate kadar görmek zorundadır. Diş fırçalama, ayak yıkama, tuvalet ihtiyaçları, banyo gereksinimi, hep 23'te son bulur. İnsanlar kapılar kilitlenince koğuşlara çekilir. Eğer böbreklerinizden rahatsızsanız durumunuz hiç de parlak değildir. Küçük tuvaletinizi gideremezsiniz, kapıyı açmazlar. Peki gece sıkışanlar ne yapacak? İşte bu sorunun çözümünü C2 sakinleri şöyle buldu. Yoğurt kaseleri bu iş için ideal. Gece çok sıkışan kişi yoğurt kasesine oldurur ve doğruca kapının yanına bırakır. Her gün kalktığımızda birkaç kaseyi kapının yanında buluyorduk. Normalde kasenin sahipleri erkenden kalkıp, milletten önce emanetini almalıdır. Fakat her nedense kendi ürettiği şeye sahip çıkan çok az olurdu. Nedendir bilmem, ayıp mı, yoksa bu şeye dokunmak istememek mi? Niye yapıyorsun birader der insan öylelerine. Kaseler bekler, kıdemlinin çıkıp herkesin duyacağı bir tonda "Arkadaşlar bunlar kiminse alsın yoksa ekspertize yollarım ha." demesi milleti gülmekten kırar. Bazıları, "Kesin yankilerin," der, "baksana ne kadar pis kokuyor." Tabi bunlar işin karikatür tarafı. Ortada gerçek olan şey, gece 23'ten sonra sıkışan insanın ihtiyacını ancak bu yolla giderebileceğidir. Tabi sabah kıdemliyi bağırtmadan emanetini almak şartıyla. Bunun bir yolu daha var ama o yolu deneyeni duymadım. Koğuşun camını açıp, yallah dışarı, arka bahçeyi sulayacaksın, Vallahi sonuçta yakalanırsa ne olur bilemem. Bazı rahatsız arkadaşlar portatif wc'lerini yanlarında taşıyor zaten. Onlar kendi sorunlarını gürültüsüz çözüyor, ihtiyacını reçel tenekesine yapıyor, sabah da döküyor. Nedense ben gece hiç sıkışmadım. Yatmadan önce mutlaka tuvalete gitme alışkanlığının yararı olsa gerek.

Mamak'ın Faşistleri

C2'de yaşayan yankiler genelde düşük bir kültürel yapıya sahip insanlardı. Çok kötü ilişki biçimleri vardı. Her koğuşta bir başkanları olurdu. Onlar zaten eski dernek yöneticisi ya da ülkücü harekette belli yeri olan kişilerdi. "Başkan" diye hitap ederler. Onun etrafında mutlaka birkaç insan olur. Başkan nereye giderse birlikte giderler.

C2'de faşistlerin başkanı Yaşar Yıldırım adında biriydi. Çok ürkek bir insandı. Onu sık sık gözlerimizle rahatsız ederdik. Örneğin alt ranzada oturuyorken sürekli, ters ters bakardık. O bu baskıya çok dayanamaz, hemen alt ranzaya kaçardı.

Faşistlerle sık sık kesişme olurdu. Yani göz göze gelir hiç göz kırpmadan bakarız. Tabi bir taraf kaçırıncaya kadar. Ya da kavga çıkana kadar. Gerçekten kesişmeler birçok kavganın nedenidir. "Ne bakıyorsun lan." dediğiniz an yumruklar patlardı. Faşistlerle devrimciler aynı koğuşta yaşamak zorunda bırakıldılar. Fakat hiç de propaganda edildiği gibi, "karıştır, barıştır" politikasının gereği barışmadılar. Sadece karıştılar. Hiçbir yanki de, çok zorunlu durumlar dışında hiçbir devrimci ile konuşmak istemezdi.

Sonuçta bir arada olma hâli kabul edilmiş ama aynı koğuşta iki ayrı dünya oluşmuş. Fırtınanın ilk başladığı günlerde, bazı yerlerde faşistlerle devrimciler, aynı tabakları, kaşıkları kullanmış. Çayı ortak almış, yan yana gezmeye zorlanmışlar. Askerler sık sık ikili gezmelerini istemiş. C Blokta 1981'in başlarında bazı koğuşlarda yankilerle ortak yaşanmış, hatta satranç oynayanlar da olmuş. Fakat o yaşam tarzı çok sürmemiş. Yankilerle süreç içinde iyice farklılaşılmış. Yankiler gösterişli bir biçimde toplu namazlar kılar, bize hava atmak için bu yolu kullanırlardı. Bazen namaz yüzünden de tartışmalar çıkardı.

Faşistler koğuş yaşamını düzenlemeyi devrimcilerden öğrenmiştir. İlk başlarda, genelde mahalle, şehir ortaklığına göre kurulan küçük gruplar hâlinde yaşarken, zamanla devrimcilerin komün şeklinde yaşamaları onları etkilemiş, komünü öğrenmişler ve yaşamlarını komün biçiminde sürdürmüşlerdir.

Ayrıca tatlı yapmayı da devrimciler yaparken izleyerek öğrenmişler. Bunu bilen bazı uyanık arkadaşlar yüksek sesle birbirlerine tatlı tariflerini aktarırken zeytinin çok iyi tat verdiğini anlatmışlar. Anten olan yanki tatlı tarifini zeytinli götürmüş olacak ki yaptıkları tatlıları yemediler. Bizim uyanıklar çöpe atılan pastaları görünce "Zeytinli de iyi oluyordu hani." diyerek yankilerle kafa bulmuşlar.

Faşistler sürekli kuran okurlar, sık sık dua ederlerdi. Günlerini ibadet ederek geçirmek yaygın bir yaşam biçimiydi. Beş kere abdest almalarına rağmen pislik içindeydiler. Çamaşır ve banyodan yana çabaları fazla olmazdı. Bir yanki ile bir devrimci arasındaki farkı genellikle giyiminden, davranışlarından bilirdiniz. Bu bir yakıştırma değildir.

Tutuklu Asker İlişkileri

C bloklarda görev yapan subaylar genelde tutukludan uzak durur, onlara çatmazdı. Fakat bir jandarma subayı çok değişik davranıyordu. Onu tanıyan herkesin ondan nefret edeceğine eminim. Askerlere, tutuklulara küfür ederdi. Bir gün yolladığımız mektupları almış, koğuşun karşılığında, tel örgünün dışında bir banka oturmuş, açıp tek tek okuyor, bazı şeyleri yüksek sesle söylüyordu. Cezaevinde mektupların okunduğu bir gerçekti. Ama bu subayın yaptığı iğrençti. İnsan yazmak istemiyordu. Mektuplara hep yabancı eller, yabancı gözler değiyordu. İki kişiyi ilgilendiren, özel olması gereken dünyamızın davetsiz denetçileriydi mektup okuyanlar. Bazı insanlar başkalarının mektuplarını okudukları için sıkılır. Ama bazıları zevkle, merakla okurdu. Kişilikle ilgisi olsa gerek. İşte bu görevlinin kişiliği de öylesine erozyona uğramış ki mektupları karşımızda okumaktan zevk alıyordu. Mektuplarımızı elleriyle, gözüyle kirletiyordu. Onun o hâlini görünce, insanlık adına üzüldüm. Türümden böylesinin olabileceğini de görmüş oldum. İnsan ne kadar da vahşi, ilkel, acımasız oluyor. Bunları işkencede yaşamıştım. Cezaevindeyse ne kadar düştüğünü gördüm ve mektup yazmaktan nefret ettim.

Yine aynı görevli tutukluyu aşağılamayı, ezmeyi kendisi için zevk hâline getirmişti. Öylesine garip bir tipti ki insan betimleyemiyor. Dış görünüşü insan ya, içi hani "Ziyaretçiler" dizisindeki uzaylılar oluyordu. Görünüşü insandır, cilasını kazıyınca korkunç bir yaratık çıkar altından.

Cezaevinde dikkat çekmek diye bir gelenek vardır. Eğer bir Astsubay gelirse kapıdaki nöbetçi er "Dikkat" diye bağırır. Bahçede duran insanlar sırtlarını tel örgüye, yüzlerini koğuşa dönerek escort duruşuna geçerler. Ta ki geçen her kimse o bloktan uzaklaşana kadar. Dikkati kafeste zaten öğrenmiştik.

Jandarma subayı olan görevli gıcığına gelir, bahçede gezerken "Dikkat" çektirir, bize sırtımız dönük olduğumuz hâlde laf atardı.

İnsanın sabrının sınırları zorlanırdı bu durumda ama insanlar katlanıyordu. Ellerinden gelecek bir şey yoktu. Kimse A Bloka gitmek, ezilmek istemiyordu. Gerçekten yok muydu?

Askerler genelde tutuklularla konuşur, bazen dertlerini anlatır, hasta olduklarında ilaç, sigara içmek isteyince sigara isterlerdi. Karınları aç olunca ekmek isterlerdi. Fakat bunları çok gizli isterlerdi.

Mamak'ta görev yapmanın zorluklarını anlatırlardı. Bazı çavuşlar lise mezunuydu. Onlar biraz daha insancıl konuşuyordu. Faşist olmadığı sürece normal bir asker aradaki uygulamalarda vicdan azabı duyuyordu. Bunu da sık sık vurgularlardı. Fakat bazı kompleks tipler vardı ki, o, yaşamının bütün ezikliğini oradaki 200 kişiden çıkarmaya çalışırdı. Bu tipler çok kaypak olur, en küçük fırsatı insanları dövmek için kullanırdı. Toplum içinde itilmiş kakılmış, yaşadığı köyde, kasabada horlanmış tiplerdi. 200 kişiye hükmetmenin psikolojisi çok açık sırıtırdı. Bilmediği, anlamadığı bir şeyi bile biliyormuş gibi dayatırdı bu tipler. Bazı köylü çocukları da subayların etkisinde kalıp, tutukluları insan gibi görmezdi. Köyüne döndüğünde "Hatçe"sine 200 kişiyi nasıl yönettiğini anlatacaktı. Gururla anlatılan askerlik anıları bizim toplumumuzda meşhurdur. Bazı okumamış askerlerin, yüksek okullu insanları, avukat ya da mimarı, doktoru, mühendisi nasıl acımasızca dövdüğünü bilirim. Öğretmeni döven ama okuma yazma bilmediği için kağıdı, kitabı ters tutan askerler bilirim. Evet toplum onu ezmiştir, toplum onları itmiştir. Şimdi, "İşte sana fırsat. Karşı gelirlerse döv." emrini almıştır, hindi gibi şişinip gezer.

Bir keresinde küçük boylu bir onbaşı, iri cüsseli bir arkadaşı dövmeye kalktı fakat gücü yetmiyor. Tokat atacak yüzüne, eliyle ulaşamıyor. "Kemiklerini kırarım lan." diyor. İnsan, bir arkadaşa bir de askere bakıyor. Arkadaş tükürse ölür ama gel gör ki efelenen başkası. Hani "Aslanı kediye boğduran düzen." denir ya, tam o hesap.

Boyu küçük bir çavuş, sayım yüzünden koğuşa sıra dayağı atacağını söyledi. Yanındaki askerler pek karışmıyor. Anlaşılan küçük çavuş askerlere de gıcık gidiyor. Boyunun kısalığının acısını uzunlardan ve toplumdan böyle çıkarıyor. 200 kişiyi dövmek her babayiğidin harcı mı? Ama bizim küçük çavuş döver. Başladı, sayım sırasına göre tek tek dövüyor ve içeri alıyor. Uzun boylu arkadaşın biri kolunu çok yukarı kaldırdı. Çavuş indir demiyor. Zıplayıp duruyor. Sonra her gelen elini yukarı tuttu. Çavuşun hâli kalmadı ama büyük kumandan bu meydan muharebesini kazanmalıydı, devam etti. Fakat daha 100 aslan insan vardı dövülecek. Yanındakileri de baştan ortak etmediğine pişman olmuştu herhâlde. Onlara arada bir bakış atan küçük çavuş yoruldu. Eli kalkmıyor cop sallamak için. Koğuşun hemen giriş kapısının orada bir tümsek var, onun üstüne çıktı. Boyu uzadı küçük çavuşun biraz. Rahat cop sallayabilirdi artık. Vurdu, vurdu, vurdu. Ne kadar çok insan, vur vur tükenmiyor. Çavuş cop sayısını azaltmaya başladı. Beşten dörde, ikiye indi. En sonunda da bire indi. Öyle güçsüzdü ki sanki sinek konmuş gibi oluyordu. Sesini zor çıkartıyordu. Oysa başlangıçta vurduğu yeri morartıyordu. Küçük çavuş sonuçta 200 kişiye cop sallamıştı. Ama hâli de kalmamıştı, nefes nefeseydi, yorulmuştu. Su içmek istiyordu zavallı küçük çavuş. Bir daha 200 kişiye meydan okumadı. Herhâlde köyünde yavuklusuna 200 kişiyi nasıl dövdüğünü övünerek anlatmıştır. Belki işkence yaptığını düşünmüyordur. Belki de anlatmaktan korkmuştur. Kim bilebilir ki?

C2'de Cumhur adında bir arkadaşımız vardı. İlaçları bir kutuya koymuş, kendince ecza dolabı yapmış. İnsanlar her şey için ona başvururdu. En çok baş ağrısı falan için ağrı kesici isterlerdi. Dişi ağrıyan aspirin isterdi mesela. Cumhur her isteyene ilaç vermez, "Başım ağrıyor." diyene "Git yüzünü yıka, temiz hava al." gibi öneriler getirirdi. Hiç kimse ondan kolay kolay hap alamazdı. Sanıyorum insanların psikolojik olarak etkilendiğini, kaçış olarak hap aldığını düşünüyordu. Gerçekten hasta olanlara, acısı uç noktada olanlara ilaç verirdi. Cumhur bazen küçük ameliyatlar da yapardı. Bir keresinde arkadaşın birinin yağ bezesini, ısıttığı jiletle kesmiş, tentürdiyotla temizlemişti.

Cumhur çok iyi bir insandı. Kültürlü, iyi bir ailenin çocuğuydu. Mamak'ta ilk gördüğüm evlilik de onunki oldu. Bir sabah en temiz elbiselerini giydi. Subayların kaldığı bir salonda nikah kıyılacaktı, babası eski bir bürokrat olduğu için gerekli izinleri almış. Gitti ve nikahtan sonra elinde bir çikolata paketi ile geldi. Herkese dağıttık. O gece çok güzel türküler söylendi, eğlenildi.

Erken Gelen 12 Eylül ya da 1980 Ağustos'u

Şimdi C2'nin geçmişine uzanmak istiyorum. Bunları ben yaşamadım, dinledim. C2'de kaldığım yedi ay boyunca dinlediklerimin izlerini de belli belirsiz gözlemledim.

12 Eylül gelmeden önce Mamak'ta büyük bir operasyon yaşanıyor. Bu operasyonlarda A Blokta büyük çatışmalar başlıyor. Yani ölümüne saldırıların yaşandığı bir Mamak düşleyeceğiz. 1980 Ağustos'unda devrimciler, başka yerden getirilen komandolar tarafından gaz bombaları eşliğinde ezilmiş, teslim alınmış. Ülkenin başına geleceklerin bir ön provası Mamak'ta uygulamaya konuyor. Her blok bu süreci farklı biçimlerde yaşamış. Dışarıda devrimci hareketler darbe yerken, içerideki devrimciler de ağır eziyetlere maruz kalmışlar. 12 Eylül Mamak'a bir ay önce gelmiş. C2 devrimcilerin alanıymış. Orada insanlar kendi düşünceleri doğrultusunda çalışır, kendilerini eğitirmiş. Bazen yankilerle uzaktan uzağa çatıların üzerinden taşlaşmalar olurmuş. Bazen mahkemeye gidecek yankiler, C2'nin önünden geçerken taşlanırmış. Fakat bir gün sabaha karşı C2'nin etrafı komandolar tarafından sarılmış. İçerdeki insanlar marşlar söyleyip sloganlar atıyorlarmış. Komandoların başı onlardan dışarı çıkmalarını, yoksa kötü olacağını söylemiş. C2 yanıtını sloganla vermiş. O andan sonra kızılca kıyamet

kopmuş. Komandolar havalandırma alanına doluşmuşlar. Kapılara barikat kuran devrimciler camlardan sıcak su serperek komandoları kapıya ve cama yaklaştırmamış. Askerler postun pahalıya çıkacağını anlayınca geri çekilmişler. Kaynar sudan yananlar olmuş. Bu kez yeni saldırı için hazırlanıp kapılara yüklenmişler. Etraf kıyamet, sloganlar atılıyor, içeride bir şeyler kırılıp dökülüyormuş. Devrimcilerin ellerinde demir çubuklar, askerlerle göğüs göğüse çatışmışlar. Yine çekilmiş komando...

Yeni saldırı akşama kadar beklemiş, kapıya makinalı getirilip tehdit edilmişler. Onlar sloganla yanıt vermiş. Bu kez içeriye, koğuşa sis ve gaz bombaları atılmış, devrimciler boğulmamak için kendini dışarı atmışlar. Komando dışarı çıkanları postalları ile ezmiş. Bütün insanlar yeni bir zemin olmuşlar, üstlerinde komando gezinmiş durmuş, onları gerçekten ezene kadar.

Öylesine ezilen, dayak yiyen devrimcilerin bir kısmı alınıp başka yerlere götürülmüşler. Yerlerine faşistler getirilmiş. Devrimciler faşistlerle kalmak istemiyorlarmış. Kavga etmişler fakat komando gelip ezmiş. Kavganın fiyatı ezilmek... Artık bunu ödeyecek hâli kalmamış devrimcilerin ve sessiz kalmışlar. Her seferinde idare yeni uygulamaları dayatmış ve ezmiş. Eğitimi, duayı, her şeyi parça parça uygulamış komando. İnsanlar direniş yapacak hâlde değil, yenilmiş. Genel bir yenilginin bir parçası mı bu acaba?

Yankiler kuralları çarçabuk benimsemişler. Devrimcilere faşistlerle ortak yaşam dayatılmış. Bir devrimci bir yanki ile gezmeye mecbur edilmiş. Çayı, gazeteyi ortak almışlar, ortak oyun oynayanlar olmuş. İnsanlar ne yapacaklarını bilmez bir hâlde. Baş kaldıranlar dağıtılmış, insanlar sindirilmiş.

İnsanlar sonlarını merak eder hâle gelmiş. Gelecek öylesine karanlıkmış ki... O ağırlıkta 12 Eylül gelmiş. 1981 başlarında koğuşta sık sık ispiyon oluyormuş ve komando cezalandırıyormuş. İnsanların üzerinde cop korkusunu böyle kurmuşlar, insanlar direnmekten çekinip vazgeçmişler. Kolay değildi fiyatı. İnsanların düzeyi çok ileri değilmiş. Zaten yakında çıkarım hesapları yaygınmış. Yenilginin psikolojisi, emirlere uymayı kaçınılmaz kılmış. İnsanlar kime, ne kadar güveneceklerini bilmiyorlarmış. İnsanlar subaylar tarafından çekilip, burada neler çevriliyor bilgi verirseniz, dışarıda tanıdığınız devrimcileri, evleri, silahları söylerseniz kurtulursunuz denilerek, cehennemden çıkış deliği sunulmuş. Koğuşun kapılarında ispiyonculuğu ve itirafçılığı teşvik eden ilanlar asılmış. İşte böylesi bir ortamda kim kime güvenecek. Zaman ilerledikçe buna dayanamayan insanlar tek tek kendilerini ortaya koymuşlar. Faşistlerin çayları, meyveleri çalınıp saklanmış. Bu, yeni hoşnutsuzluklar yaratmış. İnsanlar ortak yaşamı bozmak için bireysel çıkışlar yapmışlar. Ama korkuları komandonun gelip, "Lan siz yine sağ sol ayrımı mı yapıyorsunuz." bahanesiyle ezmesiymiş. Yine de koğuştaki insanlar yerine yerleştikçe, kişisel dostluklar oluştukça küçük küçük adımlar atılmış. Eskilerden Recep, Macit ve Ahmet bütün bunları yaşamış. Biz onlardan C'lerin tarihini dinledik.

Biz C2'ye geldiğimizde faşistlerle ortak yaşam son bulmuştu, devrimciler birlikte yaşıyordu. Sanırım idare de ortak yaşamayı zorlamaktan vazgeçmişti. Aynı koğuşta kalmamız yetiyordu. Zaten yeterince reklam aracı olmuştuk. Bütün bu itiş kakışın sonucunda devrimcilerle faşistlerin ortak yaptığı işler ortadan kalkmıştı ama copun mutlak hakimiyeti sürüyordu. Onun da nasıl kırıldığını anlatmıştım.

İnsanlar kendi rahat dünyalarında oluşturdukları ortamdan faşistlerle ortak yaşama geçmenin şokunu uzun süre yaşadılar. Bu yüzden örgütlenemediler. Bunu yapmaya kalktıklarında başka koğuşlara götürüldüler. Zaten idare de insanların örgütlenmemesi için sık sık koğuşları karma yapıyordu. Direnişin ilk aylarda örgütlenememesinde bunun da etkisi olduğunu sanıyorum.

Eskilerden Recep ve Ahmet'le yakın oldum. Fakat Macit karşı koğuştaydı. Pek konuşamadık. Onların üzerinde yoğun bir gerilim vardı. Recep genç ve neşeli bir arkadaştı. Ahmet ondan yaşlıydı. Gözlüklü, çopur gözlüydü. Bazen bir araya gelir sohbet ederdik. Bu bile tehlike olur düşüncesindeydi. Ahmet'le zamanla yakın olduk, konuştuk. Geçmiş sayfalarda ilk direnişimizde ne kadar heyecanlı ve tedirgin olduğumuzu anlatmıştım. Şoku aşmak zordu. Yine de 1981 Mart'ına geldiğimizde iyi bir mesafe alınmıştı. En azından ben öyle düşünüyorum.

1981 Mart'ında Mamak

Her blok, her koğuş kendi içinde, kendi gelişimini yaşadı. Bütünlüklü bir örgütlenme yaşanmadı. Gelişmeler her bloktaki, her koğuştaki tek tek bireylerin inisiyatif alarak kendini ortaya koyması sonucu ilerledi.

Bitti denilenin bitmediğini, eskinin her zaman gelebileceğini de gördük. Bunun bir örneği de şudur: İç emniyetten sorumlu yüzbaşı (ayrıca dış emniyet sorumlusu vardır) kıdemliye; "Bundan sonra her tutuklunun yatak numarası olacak ve tutuklular bir sağcı, bir solcu yatacak. Sayımda da yeri değişmeyecek. Bunu herkese duyur." demiş. Kıdemli geldi, durumu anlattı. Anlaşılan eskiyi özleyen birileri vardı. Ortalığı bir panik, telaş, ürkeklik aldı. Koğuş listesi yapıldı. Listede bir sağcı, bir solcu sırayla yazıldı. Fakat yataklar öyle yapılmadı. Faşistler emre uyulması gerektiğini savundular ve yatacaklarını söylediler. Bizim içimizde de insanların bir kısmı uyulması yönünde fikir sundu. Ama çoğunluk kararsızdı.

Bu demekti ki uyacaktık faşistlere, en azından geciktirelim dedik. Onlar istemeye istemeye kabul ettiler. Onların ve bazı arkadaşlarımızın korkusu, gece baskın yapılıp emre uyulmadığının ortaya çıkacağıydı. Her şeye rağmen geciktirdik ve idare her nedense bu uygulamadan vazgeçti ve yerine başka uygulama koydu. Onu da engelledik, biz kendi içimizde karma olduk. Aslında bu uygulamalar yeni bir baskı döneminin habercisiydi. Bizi C Bloktan B'ye sürdükten sonra C Bloklar yaşanamaz hâle gelmiş. Oradaki insanlar

A Bloğa gitmeye gönüllü olmuşlar. Öylesine korkunç uygulamalar başlamış. Çıplak olarak gece havalandırmada bekletmek, çıplak coplamak, ıslatmak, çamura yatırmak, görüşe gidenleri çıplak soyundurup aramak, gece eğitim yaptırmak...

C2'nin mazisini anlatırken küçük ama önemli bir ayrıntıyı atladığımı fark ettim. C2'deki aramaları anlatacağım. Hemen hemen her hafta arama yapılırmış. Aramaya ellerinde coplarla gelen komandolar koğuşa girer, bahçeye kadar koridor oluşturur, o koridordan geçen her tutukluyu kıyasıya coplarlarmış. Sonra da ranzalardaki yatakları yerlere dökerlermiş.

Sonrasını eski bir dostumun hatırladıklarından aktarayım: "Bir gün geldiler. ağustosun kavurucu sıcağı, insanları cop koridorundan geçirdiler. Diz çökerttiler, kıpırdayanı dövüyorlardı. Çöktüğüm yerde diz kapağımın altında küçücük bir taş parçası vardı. Zaman geçtikçe korkunç acımaya başladı. Bu bile başlı başına işkenceydi. Güneş tam tepeye gelmişti. Her şeyi göze alıp ellerimi çözdüm. Taşı attım fakat çok kötü bir şekilde dövüldüm. Yine de yediğim dayak o küçük taşın saatlerce dizime verdiği acı kadar değildi."

12 Eylül öncesi Ağustos operasyonları A Blokta da yaşanmış, korkunç boyutlarda. Onu ikinci kez A Bloka gittiğim zaman diliminde anlatacağım. Çünkü A Bloku gerçekten ikinci gittiğimde tanıdım ve anladım. İlk kaldığım 1981 Ocak'ında gözüm açılmamıştı. Eskileri dinleme fırsatım olmamıştı.

Ortalıkta Garip Şeyler Oluyor, Yol Görünüyor

Ortalıkta garip şeyler dönüyordu. Koğuş listeleri alınmış, yataklar numaralanmış, insanların koğuşları değiştirilmişti. Ömer hâlâ hücrede kalıyordu. C Blok yöneticileri gelişmelerden pek memnun olmamıştı. Yaşanan şeylerden sık sık kavga çıkması, saygı duruşları olması, idareye karşı gelinmesi yöneticileri önlem almaya itmiş olabilirdi.

Her bloğun bir sorumlu subayı vardı. C2'nin sorumlusu "Harbi" adını taktığımız havacı yüzbaşıydı. Söylentilere göre terfisi geciktirilmiş hatta sürgün gelmiş. Geldiğinin ertesi günü bizi bahçeye topladı. Bir konferans verdi. Görünüşü zayıftı, babacan görünümlü, uzun boylu, çevik birisine benziyordu. Sürekli tabancasını kılıfsız olarak belinde taşırdı. Bizle konuşurken ilk önce adını soyadını söyledi. Başka subaylar gibi adını saklamaya kalkmadı. Saklananlar da zaten hep fısıltı ile duyulurdu ya, neyse. Hiçbir isim gizli kalmazdı. Subayın adını söylemesi ve bizle çok rahat diyalog kurması, peşine manga manga asker takıp gelmemesi, ona harbi dememize neden olmuştu.

Harbi çok yalın konuşuyor, askerliğin mantıksızlığından, dünyanın hassas hesaplar üzerinde durduğundan dem vuruyordu. Dışarıda insanların yemek, içmek ve sevişmekten başka bir şey düşünmediğini, bizim de içerde hala it köpek hesabı yaptığımızı söylüyordu. İt köpek deyince faşistler homurdandılar. Anlaşılan harbi de sezmiş olacak ki "Kimse üstüne alınmasın" dedi. Görevde kaldığı sürece olumlu, sevilen bir tip oldu.

C Bloklar sorumlusu binbaşı ise sağcılara açıktan destek veren biriydi. Kavgalarda sağcıları korur, cezaları hep solculara verirdi. Ömer'i de keyfi olarak hücreye attıran bizzat kendisiydi. Binbaşı tankçıydı, çok küçük boylu, tombalak biriydi. Çok sinsi ve soğuk bakışları vardı. Konuşurken tıslardı. C Bloktaki bütün uygulamaların birinci derecede sorumlusuydu. Zaten bizi C Bloktan sürdükten sonra kendi kafasına uygun bir ekip kurup C'leri işkenceden geçirmişti. Kızlarla sık sık çatışmaya giren binbaşı, bir gün bir kadın arkadaş tarafından tokatlanmış. Kıza vurunca, arkadaş da tokatı aynen iade etmiş. Binbaşı A, B ve C bloklardaki operasyonlarda görev almış bir insandı.

Ayrılık vakti geldi. İsimlerimiz okundu. Onu aşkın insandık. Gidecekler arasında Ertuğrul, Ömer, Fatih, Kemal ve birkaç kişi daha vardı. Ömer'in hücrede olduğunu söyledik. Bizlere hazır olmamız için yarım saat verdiler. Arkadaşlar eşyaları doldururken bizler de vedalaşmaya başladık. C'nin diğer bloklarından da insanların isimleri okunmuş, hazırlanmaları istenmiş. O seferde toplam 70 kişi Mamak'ın bir başka bölümü olan B Bloka sürgün edildi. Bizden sonra da bu iş sürmüş ve sonuçta C Bloklar allak bullak edilmiş.

Arkadaşlarla tek tek kucaklaştık, öpüştük. Bazılarının gözlerinden yaşlar akıyordu. Halktan insanlar sarılmış bırakmıyorlardı. En çok onlar üzülüyordu. Arkadaşlarımızı yalnız bırakacaktık. İbrahim Aslan, "Beni burada tek bırakıyorsunuz." deyip sızlanıyordu. İnsanlar sevgi yumağı oluşturmuşlardı, çözmek zor oluyordu. Ömer'i de hücreden getirdiler. Zavallı ne olduğunu anlamaya çalışıyor, soruyor, soruşturuyordu. İnsanların dağılacağını duymuş, konuşmadan, sarılmadan ayrılıyoruz diye üzülmüş. Gelir gelmez bütün insanlarla sarmaş dolaş olmuştu. Çünkü uzun zamandır hücrede kalıyordu. Eşyalarını ben hazırlamıştım. En azından gideceğimiz yere kadar birlikte gidebilmek için birlikte kelepçelenelim diye yan yana durduk. Bereket gıcıklık yapmadılar. Birlikte kelepçelenmek bizi sevindirmişti. Önümüzde on, on beş dakika bir zaman vardı. Konuştuk, konuştuk. Ayrı düşmemeyi diledik. Eğer ayrı yerlere düşersek bir araya gelmek için çaba harcatacaktık ailelere.

Onun dostluğu, kardeşliği benim için önemliydi. Sanıyorum aynı şeyler onun için de geçerliydi. Bütün her şeyimiz ortaktı. Eşyalarımızı ortak kullanır, yemeklerin güzel olan yanlarını ve onun sevdiği bir şeyi saklar ona verirdim. O da bana verirdi. Yani sarsılmaz bir dostluktu. Çıkarsız temiz bir arkadaşlık kurmuştuk.

B Bloka gelene kadar o kadar çok şeyi o kadar az sözcükle konuştuk ki... Normalde başka insanların anlayamayacağı kesik kesik cümleler, bize birçok şey ifade ediyordu.

Arabalar durdu, geri geri bir bahçeye doğru ilerliyordu. Arabanın içindeki insanlar sanki son sözcüklerini söylüyorlarmış gibi çabuk çabuk konuşuyorlardı. Herkes birbirine bol şans diliyordu.

Birbiriyle tokalaşıyordu. Tam beş araba gelmiştik. Hepsi yan yana durdu. Zaman ilerledikçe heyecan artıyordu. Aniden araba kapıları açıldı. Boşaltmamız istendi arabayı, B Blok denen yere gelmiştik.

Bir Vakit B Blokta

İşte meşhur B Blok bütün haşmetiyle duruyordu. Etrafı duvarla çevrili geniş bir arazi üzerine inşa edilmiş taş bina. A Blokun hemen yanı başında, aralarında dikenli teller çekilmiş. B Blokun bahçesi oldukça güzel. Ağaçlar, havuz, çiçekler... Cezaevinin giriş kapısına giden patikanın sol yanına çam, çalı dikilmişti. Sağ tarafta ise B blokta görevli askerlerin kaldığı baraka, koğuş, onun hemen yanında yemekhane diye kullanılan bir bina. B Blok önden enlemesine uzun bir yapı, ev pencereleri vardı. Oralar idare binası olarak kullanılıyormuş.

Bir zaman bahçede bekletildik. Heyecanlıydık. Acaba eski arkadaşlarla aynı yere düşecek miydik? Ayrılacak mıydık? Beni bekleyen şeyler nelerdi? İkişer ikişer sıraya girdik, isimleri okunanlar peş peşe B Blokun giriş kapısına yöneliyordu.

Bizim isimlerimiz de okundu. Ömer, Fatih ve Kemal'le aynı yere gidiyorduk herhâlde. Fakat Ertuğrul'u geride bıraktık, vedalaşamadık bile. Kapıdan girip uzun bir koridora geldik. Koridor ileri ve geriye doğru gidiyordu, bizi ileri götürdüler. Girişte sol tarafımızda normal ev kapıları vardı. O kapıların ardında idareciler oturuyordu. Bloğu oradan idare ediyorlardı anlaşılan.

Koridorda asker çok değildi. Bize de sataşmıyorlardı. Sadece "hayt, huyt" ediyorlardı. Belli ki yeni gelenleri ürküterek eğlenmek istiyorlardı. Koridorun ortasında, solda çay ocağı vardı. Çay ocağının karşısında, demir parmaklıklardan bir engel yapılmış küçük bir kafes. Fakat orası koğuşlara giden yolun başlangıcı olduğu için çift demir yapılmış. Demir kapılardan geçtik. Hemen sağa döndük, küçük bir koridor ve kabinler. Burası görüş yeriydi.

Kabinlerin önünden geçerek B Blokun havalandırmalarından biri olan 1 no'lu yere geldik.

Orada arama yaptılar, jiletleri aldılar. Eşyaları çarçabuk toplayıp yeni yerimize doğru yola çıktık. Geldiğimiz yoldan geri döndük. Kabinleri geçtik ve demir kapının açıldığı boşluk bir alana geldik. Sol tarafımızda üç koğuş vardı. O alandaki merdivenlerden çıktık. Kapının önüne geldik. Buradaki kapılar A Blokun koridor kapıları gibi kilitlenmiyordu. Biz koğuşun önünde durduk. Etrafa baktığımızda altıncı koğuşun kapısının tam karşısında koridor kapısını fark ettim. Orası açıktı ve orada ilginç bir koğuş vardı. Koğuşun bir duvarı yoktu. Sadece demir parmaklıkları vardı. İçeride yaşayanlar tıpkı kafese konulmuş birer canlıydı. Daha ileride bir başka koğuşun kapısı görünüyordu.

Durduğumuz yerin soluna doğru, tam bitişikte 7. koğuş vardı. Koridorun daha ilerisinde 10 ve 11. koğuşlar ile banyo yapılacak yerler vardı.

Cezaevinin genel tanımı kısaca bu. Üç havalandırması var, birinde musluk vardır. Burada çeşitli koğuşlarda tam 2,5 yıl kalacaktım.

Yeni Koğuşum

B Blok 6. koğuştaydım. Tuvalet son hücrelerin olduğu yere yakın. Zaten tuvalet olarak kullanılan da ranzası çıkarılmış bir hücre sayılır. Solcuların kabinleri kapıdan uzak dip bölmelerde. Faşistler kapının yanındaki hücreleri almışlar. 7. koğuşta aynen 6. koğuş gibi. Yani hücreleri sırt sırtadır.

Koğuşa girince gözlerime inanamadım. Çok sevdiğim bir insan karşımda duruyordu. Benim devrimcilik yaşamımda çok katkısı olan biriydi. Dışarıdaki yaşamı hep onurlu olmuştur. İşkenceden de başarılı geçmiş, hiçbir şeyi kabul etmemiş bir devrimciydi.

Tanıdık insanlar görmek çok iyi oluyordu. Arkadaşlar bizi alıp dip hücrelere götürdüler. Orada bol bol özlem giderdik. 6. koğuşta, emniyette uzun süre hücre arkadaşlığı yaptığım Fuat Çuhadar da vardı. Fuat benden yaşlıydı. Emniyet hücresinde ona bol bol fıkra anlattırırdım. Onunla ortak anılarımızı konuştuk. Emniyetten sonra yaşadığımız maceraları anlattık kısaca.

Ömer'le bana dipteki odada yer ayarlandı. Ömer'le de kucaklaştık. Çok uzun zamandır konuşamamıştık, bir kenara çekilip C Blok hücresindeki maceralarını, kaygılarını anlattı. En çok da görüşmeden ayrılmak onu üzecekmiş. Dışarıda yoğun bir hareket olduğunu öğrenmiş. Askere neler olup bittiğini sormuş. Asker de sürgün olduğunu anlatmış. Biz tekrar bir arada olmanın sevincini yaşarken eski arkadaşım Nevzat Cömert* geldi. "Ne kaynatıyorsunuz gizli gizli?" diyerek yanımıza oturdu. Nevzat, Ömer ve sonra da Nurettin Aytun ile çok iyi bir ilişki kurduk, kısa sürede dostluğumuz gelişti.

Akşam olmuş sayım zamanı gelmişti. Sayım için koridora çift sıra diziliyoruz, kapı açılınca yedinci koğuşun önünden geçerek banyonun olduğu yere doğru sağa sapıyoruz, oradan geçip havalandırmaya ulaşıyoruz. Havalandırma çok dar, zemini de çok bozuk. Havalandırmaya gelene kadar koridorlarda aralıklı sıralanmış askerlerin yanında koşar adım geçiyoruz.

B Blok sayımı hem A Bloktakinden hem de C Bloktakinden farklı. Kapı açılınca kıdemli tekmil veriyor. Çavuş "Koşar adım marş marş." deyince havaya koşarak çıkıyoruz. İlk çıkanlar son kişi gelip sıraya girinceye kadar patinaj yapan araba gibi yerinde sayıyor. Çavuş son kişinin katılmasıyla "Kıta dur, sola dön, rahat, baştan say." deyince sayım başlıyor. Burada da ses yüzünden insanlar dayak yiyor. Dayak atılacak olanlar sıralarından çıkarılıp karşı duvara gönderiliyor. Koğuş içeri sokulunca askerler havada kalanların ellerine ikişer ya da üçer cop vurup koğuşa yolluyor. Genelde sayımın havası böyle. İleride sayımlarda yaşanmış ilginçlikleri anlatırım.

---

* Nevzat Cömert 16 Temmuz 2021'de aramızdan ayrıldı.

Sayımı verip giriyoruz, artık içerdeyiz. Kapı kilitlenince asker içeriyi denetleyemez. Çünkü herkes hücrelere çekilir, asker de sadece koridorun boşluğunu görür. Hücrelerde yaşam başlar. Özellikle dip odada vur patlasın çal oynasın, şarkı söyleyen, taklit yapan... Bütün yetenekler ortaya dökülür, eğlenceler düzenlenir. Hızını alamayanlar kendi hücrelerinde devam edebilirler gece hayatına.

Biz genelde erken yatmaya alışığız. Saat 11.00'e doğru uyku bastırdı, gidip yattık. B Bloktaki ilk gecem oldukça iyiydi. Rahat ve huzur içerisinde yatmaya çalışıyordum çok geçmeden de uyudum, gözümü sabah açabildim.

B Blokta yemekler masalarda yenemiyor çünkü her koğuşa iki masa verilmiş, yetersiz. Ama tabureler var ve ikisini yan yana getirince üzerinde yemek yenebiliyor. Biz 6. koğuş sakinleri bütün tabureleri koridora yerleştirir, orada yerdik yemeklerimizi.

Sabah kahvaltı yapıldıktan sonra sayım beklenir. Sayım yapılması günün başlangıcı sayılır ve havalandırmaya çıkışlar başlar. Havalandırmaya çıkışlar belli bir sistematiğe göre olur. Koğuşlar üç havalandırmaya bölüştürülmüştür. Biz 6. koğuş, 7, 10 ve 11. koğuşlar banyonun yanındaki küçük havalandırmaya çıkartılıyoruz. Havalandırmada her zaman ilk önce eğitim yaptırılır, sonra dinlenme verilirdi. Bu konu da A Bloka benzer. Konuşmak burada yasak. Halbuki C Blokun havasında volta atarken konuşma yasağı yoktu.

Eğitimden sonra istirahat verilince, solcular ve sağcılar birer küme hâlinde volta atarlardı. Yani tek tek gezmektense kalabalık bir şekilde aynı anda gezilir. Grubun biri havanın bir yarısını, diğeri öbür yarısını işgal eder. Askerler toplu gezilmesini önlemek için aralara dalar, grubu dağıtmaya çalışır.

6. koğuşa geleli iki haftayı geçmişti. İnsanlarla iyi bir ilişkimiz vardı, alışmıştık birbirimize. Kapıdan beni çağırdıklarını söylediler. İlkin zarf diye hiç umursamadım. Çünkü kapının önünde duran birkaç arkadaş hep "Çaycı." diye bağırır, çaycı da "Geldim

geldim." der, kapıya kadar gider fakat zarf olduğunu görünce söylene söylene dönerdi. Bu tür şeyler sık sık olduğu için beni de boşu boşuna kapıya kadar getirecekler, sonra da bozuk bozuk geri döneceğim diye düşünüyordum.

Fakat yazıcı kapıdaydı ve benim hazırlanmamı söyledi. Ne oluyor, niçin demeye bile fırsat kalmadı. "Koğuşunu değiştireceksin." dedi. Sanki başka insan bulamamıştı. Ne şanstı bee..

Gitmeden 6. koğuştan bir iki şey daha anlatayım.

Geceleri dip koğuşta insanlar toplanır. Çeşitli eğlenceler düzenlerdik. Askerin denetleyemediği bir alandı orası.

Koğuşta baba ve oğul vardı, hafif bir olaydan suçlanıyorlardı. Baba biraz fazla atıcı bir tipti. Her konuşmasında kalorifer kazanına bilmem kaç ton kömürü tek başına attığını söyler, milletle bu konuda tartışmalara girerdi. İnsanların kendisiyle o tür tartışmalara girmesi onun çok hoşuna gidiyordu. Koğuşta yine bir gece düzenlenmiş, şarkılar söylenmişti. Nuri çok güzel hafif batı müziği türünde parçalar söylemişti. Özellikle Ajda ve Sezen'in parçaları favori parçalardı. Diyebilirim ki bize Sezen'i Ajda'yı sevdiren Nuri'dir. Şarkılardan sonra kim kimdir oynayacaktık. İki grup oluştu. Aslında karşı grupta TKP'lilerin olması bizim için dezavantajdı. Çünkü onlar dışarıda okuma olanağı bulmuşlar, yurt dışında öğrenim görmüşler, bizler ise yoğun bir çatışmanın içinde büyümüştük. Her neyse, kim kimdir oyunu şöyle oynanıyor. Karşı grup politikacı, sinemacı, sanatçı, sporcu, bilim adamı vs. gibi birinin ismini tespit ediyor ve içimizden birine söylüyor. Söylenen kişi kendisine söylenen ismi asla kendi grup arkadaşlarına sızdıramıyor. Sorulara yalnızca evet ya da hayır diyerek yanıt veriliyor. Örneğin biz "Bu bir politikacı mıdır?" diye sorunca evet ya da hayır derler. Çok zevkli bir oyundur. Sonunda üç isim hakkınız vardır, bilirseniz oyunu kazanırsınız. İlk sorulan soru cinsiyeti olurdu. İkinci soru yaşayıp yaşamadığı, hangi kıtada olduğu, ülkesi tespit edilir.

Mesleği de çeşitli sorularla ortaya çıkarılır, eğer Afrika'da mı diye sorarsanız, yanıt hayırsa bir soru hakkınızı yakarsınız. Onun için kıtaları, ülkeleri söylerken mutlaka karşı tarafın bilgisinin nerelerde yoğun basacağını da tahmin etmelisiniz. Bu oyun hem öğretici hem de eğlenceli bir oyundu.

Yine Yol Göründü Bize

Ömer, Nevzat, Nuri gelmiş, durumu anlamaya çalışıyorlardı. Gideceğimi öğrenmek Ömer'i çok üzmüştü. Eşyaları toplamaya gittiğimizde, ki eşyalarımızı artık ortak kullanırdık, ne varsa benim götüreceğim çantaya dolduruyordu. Müdahale etmesem kendisine hiçbir şey bırakmayacaktı. Sanki eşyaların en güzel ve kalitelilerini bana vermek için uğraşıyordu. Onu durdurdum, sakince konuştuk. Geri bu koğuşa gelmek için başvuracaktık. Nevzat teyze oğlu diye dilekçe verecekti. Ben de aynı şekilde dilekçe yazıp bir araya getirilmemizi talep edecektim.

İnsanın sevdiklerinden ayrılması ne kadar acı oluyor, daha önce bu kadar üzülmemiştim. Hapishanede insanları, hele çok iyi bir dostu yitirince kocaman bir boşluk oluyor. Yerinin kolay kolay dolmayacağını düşünüyor insan. Acı tatlı bir çok şeyi paylaşıyorsun, iç dünyanı açıyorsun, seni diğer arkadaşlarından daha iyi tanıyor. Zaafların, eksikliklerin, kaprislerin hep ortada ve birbirini anlayan dostluklar kuruyorsun ve biri çıkıyor sizin o dostluğunuzu ortadan kaldırıyor. Alışmak insana hep hüzün veriyor. Mamak'ta bir koğuşta, uzun süre aynı kişilerle kalmak o dönem zordu. Mutlaka karma dağıtım yapılıyordu.

Eşyalarım hazırdı. Arkadaşlarla vedalaştım. Ne güzel de Mamak tatlısı yapmıştık. Bir dilim bile yemek istemedim. Canım istemiyordu. Kapı açıldı. Son bir kez Ömer'e, Nevzat'a, Nuri'ye baktım ve çıktım kapıdan. Kapı ardımdan hızla kilitlendi. Artık yalnızdım ve başka bir dünyaya yola çıkmıştım. Evet aynı binanın içinde, yan yana koğuşlarda kalsak da çok çok ayrı dünyalardı. Her koğuşun dıştan birbirine benzer yaşam programı olsa da insanları, alışkanlıkları, dostlukları, olaylara karşı yaklaşımı çok farklıydı.

Altıncı koğuştan çıktım. İçimde bir sıkıntı vardı. Daha yeni koğuşuma gitmeden, oradaki insanları tanımadan o koğuştan "kıl" kapmıştım. Artık o koğuş allame-i cihan olsa bana yaranamazdı. Çünkü çok sevdiğim arkadaşlarımdan gönülsüz ayrılmıştım. Orada yeni arkadaşlarım olacak denilebilir fakat ben eskileri tercih ediyordum.

Onuncu koğuşun önüne geldik, kapı açıldı. Saat akşamüstü dört, insanlar rap rap için hazırlanıyordu. Devrimci Yolcuların kaldığı ranzaya gidip eşyalarımı koydum. Hoş geldin diyenlere pek de olgun olmayacak bir tavırla, asık bir yüzle "Hoş bulduk. Ben burada fazla kalmayacağım. Zahmete gerek yok." dedim. Arkadaşlar şaşırdılar. Neden öyle söylediğimi anlamadılar. Nereden bileceklerdi ki benim iç dünyamdaki çalkantıyı.

Rap raptan sonra ranzaya çıkıp oturduk, tanıştık. Bana bir yer gösterdiler, eşyalarımı oraya koydum. Fakat yerleşmek istemiyordum. Zaten kendimi kalıcı hissetmiyordum. Arkadaşlarla konuşurken içlerinden birinin Tuzluçayırlı olduğunu öğrendim. Ona ben de Tuzluçayırlıyım dedim. Çocuk çok küçük, sevimli, yumurcak birine benziyordu. Konuşmalar ilerledikçe, onların iddianamesinde benim de adımın geçtiğini anladım. O sık sık mahkemelerini anlatıyordu. Ben de o davadan olduğumu fakat asıl olarak ana davaya bağlı olduğumu söyledim.

Akşam yemeğini yine taburelerin üzerinde yedik. Yine tesadüf sonucu dayımın eskiden o koğuşta yattığını, uzun süre kantincilik yaptığını fakat hastalanınca da B Bloka götürüldüğünü öğrendim.

Koğuşta ilginç kişilikler vardı. Konuşurken etrafına büyük kalabalıklar toplayan İbrahim Şalap* adlı bir arkadaş vardı. Her olayı öyle bir anlatıyordu ki, insanları güldürüp mutlu ediyordu.

* ÖTK yöneticilerinden İbrahim Şalap 20 Temmuz 2015 tarihinde aramızdan ayrıldı.

Onuncu koğuştaki arkadaşlar satranç turnuvası düzenlemişler. Boş vakitlerinde satranç oynuyorlar, benden de katılmamı istediler. "Ben bilmiyorum" demiştim. Aslında Ömer bana öğretmişti. Ömer çok usta bir satranç oyuncusuydu. C Blokta şampiyon olmuştu. Altıncı koğuşta da oynadığı bütün insanları yeniyordu. Bana sabırla öğretmişti. "Artık geliştirmek sana düşer, çok çeşitli düşünmeye çalış." diye öneride bulunmuştu. Satrancı bildiğim hâlde arkadaşlara yalan söyledim.

Onuncu koğuşta bir hafta kaldım. Kıdemliye başvurup sorumlu subayla konuşmak istediğimi söyledim. O da havalandırmaya çıkınca subayı çağırdı ve sorunu anlattı. Subay dilekçe yazmamı istedi. Dilekçe yazdım. "Nevzat benim teyzemin oğlu oluyor. Onun olduğu koğuşa gitmek istiyorum." diye. Nevzat da aynı şekilde bir dilekçe vermiş. Zaten önceden anlaşmıştık.

Onuncu koğuşta kaldığım günler aslında benim tepkisel tavırlarım yüzünden yalnızlık günlerim oldu. Gerçekten de pek kimseyle konuşmak, gülmek içimden gelmiyordu. Yüzü aşkın insanın yanında bile kendimi tek hissediyordum. O kalabalık beni etkilemiyordu. Garip bir durum. Hücrede yalnızken bile bu kadar sıkılmamıştım.

Sabah ismim okunduğunda zaten eşyalarımı pek dağıtmadığım için hazırdım. Beni çıkardılar, koridorları geçiyor, altıncı koğuşa yaklaşıyorduk. O ne! Altıncı koğuşu da geçip o ilk geldiğimiz demir kafes biçimindeki kapının yanında, bir görüş yerinin duvarında bekletilmeye başlandım. Beni getirenlere derdimi anlatmaya çalışıyorum. "Yahu ben altıncı koğuşa gidecektim." Fakat kimse benim ne dediğime aldırmıyordu. Kendi kendime bir yanlışlık oldu, şimdi düzeltirler diyordum. Duvara yüzümü dönmüş bekliyordum ki yeni ayak sesleri geldi ve tam arkamda durdular. Birden yanı başımda eli çantalı bir insan daha peyda oldu. Kafamı çevirip baktığımda Nevzat'ı gördüm. Gözlerime inanamıyorum. Beni Nevzat'ın olduğu koğuşa götüreceklerine Nevzat'ı da altıncı koğuştan almışlar.

Nevzat bana garip bir şekilde bakıyordu. Sanırım yerinden ettim diye bana kızmıştı. Çünkü o da sevdiğimiz dostları bırakıp gelmişti.

Fısıltı ile konuşuyorduk: "Nereye gidiyoruz Nevzat?" "Ne bileyim ben, sebebi sensin. Onu bunu bilmem." dedi. "Bak bakalım sonumuz ne olacak?" Evet Nevzat'ın da keyfini kaçırmıştım. Onu da ne olacağı bilinmeyen bir maceraya sokmuştum. Bir süre sonra Keskin isimli gardiyan geldi. "Hadi bakalım gidiyoruz." dedi ve görüş kabinlerinin olduğu ara yerden geçerek B Bloka ilk geldiğimiz, bizlerin araması yapılan 1 no'lu havalandırmaya çıktık. Orada kapısı havalandırmaya açılan iki koğuş vardı. İkinci koğuş ve üçüncü koğuş, ki bu koğuşlar ileriki yıllarda birleştirildi. Ara duvar yıkıldı, kapısı koridora açıldı. Eski bahçeye açılan kapı kapatıldı.

Yeni Koğuş Eski Tanıdıklar

İkinci koğuşun kapısı açıldı ve biz içeri girdik. Koğuş çok küçüktü, sanki otel odasıydı. Üçüncü koğuş buradan daha küçükmüş. Koğuşta, emniyette aynı hücrede birlikte kaldığımız Halil Genç vardı. Yine DAL'da gördüğün Murat Parlakay vardı. İnsanlar yine birbirleri ile kucaklaştı, eşyalar yerleştirildi.

İnsanlarla konuşurken bir yandan da Nevzat'ı kesiyordum, acaba bana hâlâ kızıyor mu diye. Sanırım kızgınlığı geçmişti ve beni üzdüğünü düşünmüş olacak ki kafama sevecen bir tokat salladı ve konuşmaya başladık. Yahu siz birbirinizle ne konuşuyorsunuz diye soranlara, "Şu çocuk var ya, beni yaktı. Ne güzel yerim vardı." diyordu, neşeli, espriliydi. Bu kez ben de güldüm, sevindim moralinin bozulmadığına. Peki Ömer'le Nuri ne olmuşlardı. Nevzat, sen gittikten sonra biraz üzüldü Ömer, sonra üzüntüsünden bir tabak çorbayı ikiye çıkardı. "Senin tatlına da bu 'Fiko'nun tatlısıydı, ben yerim' diyerek saldırdı." dedi. Nuri ve Ömer'in Nevzat'ın gitmesine çok üzüldükleri bir gerçekti.

Bizi Nevzat'la yan yana verdiler. Zaten iki kişiye bir yatak düşüyordu. Sorun değildi. Mamak'ta her yerde aynı uygulama oluyordu. Beni bekleyen Halil'in yanına gittim. Halil benim emniyet arkadaşımdı. Başladık şurdan burdan konuşmaya...

Halil 12 Eylül öncesinde Mamak'ta yatmış tecrübeli biriydi. Murat da öyle. Halil B Blokta beni sormuş fakat pek haber alamamış. "Seni özlemiştim." dedi.

Halil DAL'daki dokuz numaralı hücreye geldiğinde o hücrenin en eskisi bendim. Hücrede Fuat, ben, Halil bir de Ormancılık cemiyetinden getirilmiş biri vardı. Bir ara Bünyamin İnan geldi. Çok kalmadı işkenceye gitti, bir daha da gelmedi.

Emniyette, hücrede kaldığım zamanlarda bir gelen olur diye bir parça ekmek ve su zulalardım. Onları kullanmaz, koridorda bekletilen, eziyet görüp hücreye atılana biraz verirdim. Halil de geldiğinde karnı açtı. Yedirdik, uzanması için altıma serdiğim ceketi onun altına verdim. Kış aylarıydı, soğuktu Ankara, DAL, hücre... Halil üşümesin diye Fuat da kabanını verdi. Halil'i ısıttık, iyi olması için yapabileceğimiz bu kadardı. Altımıza sermek için Ormancı'dan kabanını istedik, vermedi. Hâlbuki o da solcuydu, biz de. Fakat vermedi. İyice sıkı sıkıya sarındı kabanına. Parası olduğu hâlde emanetten çekip ekmek parası yapmamız için polislere vermedi. Bize kuru ekmekler verdiler. Parası olanlara süt ve tuzlu peynir yedirdiler. Ormancı da aç kalmasına rağmen parasını vermedi bize. Fakat bizim paralarımızla aldığımız sütü, peyniri hepimizden iştahlı yemişti. Demek devrimci insanlar da böyle davranabiliyordu. Ona için için kızdım, için için küfrettim. Mamak'ta onu aç bırakacağıma söz verdim ama o çoktan serbestti.

Halil'le konuşurken dokuz nolu hücreyi, Ormancıyı konuşmadan edemezdik. Birbirimize onu sorduk. Gören olmamıştı. Demek paçayı yırtmıştı. Manalı manalı, ben falanı filanı tanırım diye hava atardı.

Halil'in sesi çok güzeldi, güzel türküler söylerdi. Hücrede onu dizime yatırır türkü söyletirdim. Saçları kıvırcıktı. Saçlarını çekerdim acıtmadan, incitmeden. Halil bir abi, bir öğretmen oldu bana. Benim de ona moral olduğumu söylerdi. İkide bir koğuşta, "Şu çocuk var ya, ne dedi biliyor musunuz bana? 'Ne üzülüyorsun be, sen bir cinayet kabul etmişsin biz de. Sonucuna insan üzülmemeli.'"

Halil çok cana yakın, dürüst bir insandı. Sonraki zamanlarda onunla bir kez ayrılıp bir kez daha buluşacaktık...

Koğuştaki ikinci tanıdık sima Murat'tı. Murat'ı her gördüğümde bu aklını oynatmış biri mi diye sorardım. Kafasını sallar gezerdi, ya da bana öyle gelirdi. Emniyette ağır işkencelere maruz kalmıştı.

Murat şamatayı seven, yerine göre çok ciddi, yerine göre çok konuşkan bir tip oluyordu. İnsan onu tanıdıkça seviyordu. Çünkü çok yakın bir dostluk ilişkisi kurardı. Yeni yeni kafasındaki saçlar tam ortadan açılmaya başlamıştı. Murat, Altındağ'lı olduğunu, şarabı çok sevdiğini anlatırdı. Bense anlattıklarından hangisinin gerçek, hangisinin beni işletmek için olduğunu anlamakta zorluk çekiyordum. Çok mavracı bir insandı. Zamanla onu daha iyi tanıyacaktım.

Koğuşta kantincilik yapan Ali Zeren isimli arkadaşla hiç de güzel bir başlangıç yapmadık. Ali çok hot zot bir tip gibi davranıyordu. Bir şey isterken rica etmektense ver, getir, götür gibi kısa ve sert emir cümleleri kuruyordu. Bir gün benden istediği bidonu getirmedim. Alındığımı anlamıştı. Daha sonra konuştuğumuzda karakterinin öyle olduğunu, yoksa çok mütevazı biri olduğunu anlattı. Gerçekten de haklıydı. Yine de onun o tür konuşmasına alışmam zor oldu.

Nevi şahsına münasip bir tip de Tuncer Küçük'tü. Tuncer gün boyu keçeli battaniyesinin altında yatar dururdu. Uyuduğunu sanmıyorum çünkü ellerini ensesinde birleştirip bacaklarını da üst üste atardı. Dizlerini bükerek uzanan birinin, uzun süre öyle yatması zordu.

Kaldığım süre boyunca ikinci koğuşa gidenler gelenler olacaktı. Zamanla onları da sırasıyla aktarmaya çalışırım.

Bizden Önceki Kavga

Koğuşta bulunan yankiler çok mülayimdi. Sessiz, kendi hâllerinde yaşıyorlardı. Bunun nedeni ise biz gelmeden önce ikinci koğuşta çok esaslı bir kavga olmasıydı.

Duyduğum en iyi kavgalardan. Örnek bir ortaya çıkışı var. Genelde kavgalar kendiliğinden olurdu. Ya bir omuzlama ya da bir bakış... Zamanlı zamansız, yerli yersiz kavgalara yol açardı ve astarı yüzünden pahalıya mal olurdu. Her kavgadan sonra toplu dayaklar atılır, sürgünler olurdu. Yani bedeli ağırdı. Bazı insanlar kavgayı daha başlamadan da bitirebilirdi. Fakat ikinci koğuş kavgası daha baştan planlanmış çünkü yankilerle günlük sorunlarda bardak taşmaya başlamış. İki eski cezaevi kurdu kavganın nasıl olacağını, ne zaman nerede başlayacağını, kimlerin kimi döveceğini planlamış. Yani herkes, her şey düşünülüp tartışılmış, ayarlanmış. Olay anlatıldığı kadarıyla şöyle olmuş; Havalandırma dönüşü beş altı kişi yankilerin arkasına dizilip koğuşa girer girmez önceden kararlaştırdıkları kişilere bindirmişler. Yankiler çok kalabalık olmalarına rağmen 3- 4 kişi ile baş edememişler. İçeride kavga patlak verince dışarıda kalan solcular yaygarayı koparmış, içerde arkadaşlarımızı dövüyorlar diye. İçeriye hücum etmek istemişler fakat asker solcuları engellemiş. Dıştan bakıldığında kalabalığın içine yanlışlıkla düşen dört solcuyu sağcılar dövmeye başlamış gibi bir görüntü çıkmış. Dayak yiyenler yankilerin hep kafa adamları. Askerler koğuşa dalıp dayak yiyenleri kurtarmak, kavgayı bastırmak için coplarıyla kalabalık olan yankilere vurmuşlar. Asker geldi kavga bitti hesabı kavga durulmuş. Bütün herkes havada toplanmış. Subaylar gelmiş hava çavuşuna neler olduğunu sormuşlar. Çavuş da dışardan ne görmüşse onu anlatmış. Tabi durum hep yankilerin aleyhine. Subaylar bütün koğuşu cezalandırmış. Özellikle de kavgacı yankileri falakaya yatırmışlar. Yankiler bir türlü çevrilen numarayı anlatamamışlar. Kavgacıları koğuştan alıp götürmüşler. Elebaşı olan yankilerin gitmesi, dayak yemeleri, ikinci koğuşun yankilerinin uysal olmasını sağlamış.

İkinci koğuş kutu gibi bir yerdi. Çok büyük değildi. İnsanlar sıcacık dostluklar kuruyordu. Yaşam devam ediyordu.

Uzaktan Uzaktan Selamın Gelir

Ömer'le havaya çıktığımızda gizliden konuştuk. Onların koridor camları bizim havalandırmaya bakıyordu. O cama çıkıyor, aradan konuşuyor, ben sadece evet, hayır diyebiliyordum. Çünkü konuşmak yasaktı. Ömer'le anlaştık. Akşam yemeklerinden sonra birkaç dakikalığına o koridor camından bakacaktı, ben de bizim koğuşun kapısından. İkinci koğuşun kapısının üzerinde diğer koğuşlardaki gibi mazgal yoktu. O parmaklık olan yerden selamlaşırdık. Uzun bir zaman selamlaştık. Benim her yemekte orada durup dışarıyı selamlamam koğuştakilerin garibine gidiyormuş. Çünkü neye el salladığımı bilmediklerinden kafa buluyorlardı. Bir gün "Yıldızlara, aya mı el sallıyorsun." dedi bir arkadaş. "Yoo" dedim, "Karşıda arkadaşım var, akşam yemekten sonra selamlaşıyoruz." İnanmadı benim sözüme, nasıl inansın ki. Ya zarfsa... Yutmamak için "Yemezler." dedi "Göster bakalım şu an arkadaşını." Beraber bekledik. Ömer camda belirdi. Selamlaştık ve gitti. Yanımdaki arkadaş; "Çok ilginç, demek böylesine bağlısınız birbirinize. Ben de isterdim böyle bir arkadaşlık." dedi. Gerçekten dostluğumun zor şartlarda bile yürümesi için ne gerekirse yapardım. Ömer bir gece camdan selam yollayamadı. Ertesi akşam da, sonraki akşamlar da. Nihayet görüşe çıkanlarla haber geldi. Camın olduğu yerdeki ranza yankilere verilmiş. Bizimkilerin sayısı azalınca ranza onların malı olmuş. Bu yüzden Ömer o cama çıkamıyormuş.

İkinci koğuşta da cezaevine özgü oyunları sık sık oynardık. Özellikle akşam sayım öncesi ve sonrası bu oyunlar bizi eğlendirirdi. Favori oyunlarımız katil kim, kabak ve bomdu.

Katil kim oyunu şöyle oynanırdı. 5-6 kişi, hatta daha kalabalık insan bir daire oluşturacak şekilde oturur. Bu oyun için ideal yer üst ranzadır. Küçük kağıtların birine katil yazılır. Adam sayısı kadar küçük kağıt katlanır. Hepsi aynı boyutta aynı biçimde katlanır ki katil yazan kağıt parçası ayırt edilemesin. Kağıtlar avuçta çalkalanır ve ortaya atılır. Herkes birer kağıt çeker. Katil yazılı kağıt kimdeyse o kişi ebedir. Yani kimseye sezdirmeden, görünmeden insanları öldürecektir. Nasıl mı? Bir göz işareti ile hafif bir göz kırpması karşıdakinin işini bitirir. Katil çok profesyonel olmalı, acele etmemeli, sabırla beklemeli ve en uygun anda şahit bırakmadan gözünü çarçabuk kırpmalıdır. Bütün herkes birbirinin gözüne bakar katili yakalamak için, aynı zamanda etrafı da keser. Usta ise adamı vurur, vurulan hemen kendini ortaya koymaz ki katil diğerlerinin de hesabını görsün. Vurulduktan bir süre sonra "Ah vuruldum" der, kağıdı ortaya koyar. Her vurulan böylece oyundan çıkar. Ta ki katil yakalanana kadar. Her akşam vuruldukça katilin ustalığı konuşulur. Eğer yakalanmaz iki kişi kalırsa katil oyunu kazanır. Yok yakalanırsa cezalandırılır ve yeni oyuna geçilir.

Kabak da yine grupla oynanır. Biz beşer kişilik grupla oynardık. Diyelim beş insan var, onlar birer numara alır. Üç, beş, yedi, on, sekiz gibi. Oyun bir kişinin şu sözü söylemesi ile başlar. "Çarşıya çıktım beş kabak aldım." der demez beş numaralı olan kişi atılır. "Beş kabak olmaz." der yine birinci tekerlemeyi söyleyen kişi "Ya kaç kabak olur "der. Beş numara yanıt olarak mesela "İkidir iki." der. Bu kez iki hemen konuşmaya başlar "İki kabak olmaz." Birisi sırasını şaşırana kadar sürer gider.

Halil bu oyunla ilgili ilginç bir anısını anlatmıştı, aktarayım;

Sayımı beklemekten sıkılan Halil ve arkadaşlar kabak oynamak istemişler ve oyunu kurmuşlar. Halil bir, Murat iki ,Tuncer üç, Ali dört, Müdür diye bir arkadaş beş olmuş. Halil, "Çarşıya çıktım üç kabak aldım." der demez Tuncer aceleyle "Üç kabak olmaz." demiş. Halil "Ya kaç kabak olur" deyince hızla "İki kabak olur." demiş. Bu kez Murat "İki kabak olmaz." deyince Tuncer "Ya kaç kabak olur?" demiş. Murat "Üç kabak olur" der demez Tuncer yeniden feryadı basmış, "Üç kabak olmaz." Murat "Ya kaç kabak olur?" deyince Tuncer "Dört kabak olur." demiş. Oyun öylesine hızlı ve ustaca yürüyormuş ki, dili sürçen olmamış. Sesler zaman ilerledikçe daha estetik çıkıyormuş. Askerler de durmuş, oyunu izlemişler. Sayım çavuşu da, belli ki hepsi oyundan etkilenmişler. Sayımın koğuşa geldiğini fark edince oyunu kesip sayıma çıkmışlar. Sayımda tekmil şöyleymiş; 30 kabak emir ve görüşlerinize hazırdır komutanım. Rivayet odur ki bütün sayım heyeti ve tutuklular gülmekten kırılmış.

Bom oyunu ise şöyleydi: Yedi ve yedinin katları her kime geliyorsa o kişi bom diyecek. Demeyi unutursa oyundan çıkar. Yine geniş bir daire oluşur, herkes birden saymaya başlar, yedinci kişi bom der. Bom diyenden itibaren sayıyı tersteki şahıs söyler ve akış tersine dönmüş olur. Altıncı sayıyı söyleyen kişi, yedinci insan bom deyince sekiz demek zorundadır.

İşte Mamak'ta oynanan oyunların bir kısmı. Onlar kadar meşhur olan oyunlar arasında amiral battı, kelime türetme, son heceden sonra yeni anlamlı bir cümle kurmak gibi oyunlar vardı. Oynayarak Mamak'ın o kötü havasını savmaya, yaşanabilir hâle sokmaya çalışıyorlardı. Bence insanların kendilerini, morallerini korumaları için zorunlu bir şeydi oyun, türkü, şaka. Bunlar bizler için direnç telleriydi. İnsanlar dayak yiyorlar, izliyorlar, baskı altındalar. O gerilimden uzak durmanın en iyi yolu toplu olarak yapılacak şeylerle moral bulmaktır.

Yine Bir Açlık Grevi Yine Bir Bozgun

1981 Aralık ayındaydık. 22 Aralık'ta A Blokta açlık grevi örgütlenmişti. Biz de 23 Aralık'ta açlık grevine başladık. 22 Aralık günü ben savcılığa çıkarılmıştım. Orada Tuzluçayır'dan tanıdığım Osman Nuri Yazgan, Belgüzar Karabulut ve Recep Akyıldız vardı. Savcılıkta el yazımızın örnekleri alındı. Ekspertiz incelemesi yapılacakmış. Belgüzar benimle yakalanan kadın arkadaştı. Bir müddet konuştuk. Bana çorap örmüş, kahverengi orlon iplikten. Arkadaşlar aracılığıyla göndermişti. Ben de onun hediyesi olan o çorabı giyip gitmiştim. Çorap için çok teşekkür ettim. Yazgan A Blokta açlık grevinin başladığını söyledi. "Biz de yarın başlıyoruz" dedim. Sağdan soldan konuşup ayrıldık. İfadeler bitince bizleri bloklarımıza geri getirdiler.

23 Aralık günü açlık grevi başlayacaktı. Ömrümde ilk kez böylesi bir eyleme katılıyordum. Nasıl olacağını, dayanıp dayanamayacağımı bilemiyordum ama katılmak istiyordum. Daha önce Acilciler yapmıştı. O gece koğuşta ne var ne yoksa yedik. Yoğurtları, portakalları, helvaları... Her şeyi. Nasılsa yarın açlık grevi başlıyor. Kim bilir ne zaman bitecekti. Bozulup çürüyüp atılacağına yiyelim gitsin diye düşünüp hepsini tüketmiştik. Yankiler garip garip izliyorlardı. Onların haberleri yoktu açlık grevi yapacağımızdan ama ortada bir şeylerin döndüğü de açıktı. Akşam heyecandan yatamamıştım. Neler getirecekti bu grev bize bilmiyordum. Halil ve Murat 12 Eylül öncesi üç günlük açlık grevi yapmışlar. Onların öğütleri kulaklarımda...

Sabah olmuştu, kış havası, tam aydınlanmamıştı. Askerin biri kapıdan içeriye girip "Oruç tutan var mı?" diye sorunca biz "Yok." dedik. Çünkü orucun bizimle ne ilgisi vardı ki? On, on beş dakika sonra bizim havalandırmaya insanlar getirildi. Ellerinde çantalar, yüzlerini duvara döndürdüler. Anladık ki açlık grevi olacağı açığa çıkmış. Açlık grevi öğleden sonra başlayacaktı fakat bir koğuş sabah çorba almayınca ve açlık grevine başladığını söyleyince iş patlamış. Madem iş açığa çıkmıştı, öyle öğleye beklemeye gerek yoktu. Askerleri çağırdık "Biz de açlık grevcisiyiz haberiniz olsun." dedik. Onlar gittiler, yeni yeni insanlar getirdiler.

Bir süre sonra bize de "Eşyalarınızı hazırlayın, gideceksiniz." dediler. Biz neşeyle toparlandık hazırlanıp bekledik. Yataklara zula yaptığımız şekerler kalmıştı gerçi, olsun. Koğuştan çıktık, koridora geçtik, altıncı koğuşu ilk gördüğümdeki duvarsız koğuşun olduğu yere saptık. Bizi dokuzuncu koğuşa götürdüler. Kafese tıkılmıştık. Kafes koğuşta hiç devrimci yoktu. Birkaç açlık grevine katılmayan kişi vardı, gerisi yankiydi. Bizi yanlış yere mi getirdiler, diye düşündük. Yazıcıyla tekrar haber yolladık "Biz de açlık grevcisiyiz, bizi de diğerlerinin yanlarına götürün." dedik. Telaş ediyorduk. Çünkü sesler geliyordu, sloganlar atılıyordu. Ortalık karışmıştı. Onları nereye götürüyorlar, neden bizi de onlar gibi yapmıyorlar, bizi unutuyorlar mı yoksa? İnsan huzursuz oluyor. Yazıcı "Diğerlerinin işi bitince sizi de alırız." dedi. İçimde garip bir sevinç ve korku vardı.

Dokuzuncu koğuşun önüne asker dolmaya başlayınca bizimle de ilgilenme zamanı gelmiş anlaşılan, diye düşündüm. Bizi altıncı koğuşta yattığım dönemde çıkarıldığım havalandırmaya çıkarıyorlardı. Havalandırmaya giden yoldaki kafeste insanlar tıklım tıklım doluydu. Demek insanları oraya koyuyorlardı.

Havaya çıktık. İç emniyet yüzbaşısı açlık grevine katılmamamızı, hasta olanların ayrılmasını istedi. Gardiyanlar arada birinin koluna giriyor, "Hadi sen hastasın, yürü bakalım." deyip götürüyorlardı. Gidenler ayıp olmasın cinsinden biraz mırın kırın ediyorlardı. Böylece birkaç arkadaş daha başlamadan bitirmeyi seçtiler.

Kalanların üzerleri arandı. Sigaralar alındı. Tecrübeliler sigaraları zula yapmamızı önermişti. Herkes külotuna bir paket atmıştı. Aramalar bitince ellerimizi açmamız istenmişti. Elimizi açtık, onlar da copladılar. Gariptir, açlık grevine başlarken bütün kurallara üç gün uyacaktık. Sayım, sopa, gerekirse eğitim... Yani kurallara uyarak açlık grevi yapacaktık. Ellerimizi açıp dayak yemek birçok insanın garibine gitmişti. Yine de cezaevi genelinde uyulan bu karara biz de uyduk. Hâlâ düşünürüm, neden elimizi açıp gönüllü dayak yiyerek açlık grevine başladık. Herhâlde saldırıları yumuşatmak ve üç gün sonra hâlsiz kalınca baskıların azalacağı fikriydi bilemiyorum. Bu karar çeşitli gruplarca da eleştiri konusu yapıldı.

Ellerimizi açıp dayağımızı yedikten sonra bizi havalandırmadan çıkardılar, hiç kullanılmayan bir odaya koyup, kapıyı da kilitlediler. Bütün cezaevinde büyük bir katılım vardı. Öğrendiğimiz kadarıyla kafesler, ikinci ve üçüncü koğuş tıka basa insan doluymuş.

İçimden açlık grevi demek böyle başlıyormuş diye geçirdim. Yeni gelenler oldukça sarmaş dolaş oluyoruz. Bir ara dışarıda bağırıp çağıran birini içeri attılar, yedinci koğuştan Ertuğrul'du. Ertuğrulgilin koğuşu iki kere falakaya yıkmışlar. İlkinde dövüp geri koğuşlarına koyunca Ertuğrul kapıları tekmeleyip açlık grevine gittiklerini söylemiş. Öğleden sonra tekrar dövüp yanımıza getirdiler. Ertuğrul'un bacağındaki kurşuna cop vurmuşlar. Çok acı vermiş. Ertuğrul'u görünce çok sevindim doğrusu. Ömergilin koğuşu kafese almışlar. Bu yüzden onunla karşılaşma olanağımız olmadı.

Saatler geçiyordu. Ben hemen bir su içtim. İçeride plastik bidonda su vardı. Sanırım psikolojik etkisi oldu. Yoksa susamış değildim. Karnım acıkmış falan da değildi. Daha iki öğün yememiştim fakat etkileniyordum. Kurt köpeklerinin sesi geliyordu. Gardiyan Osman da ikide bir gelip "Sizi kötü dövecekler, ne olur vazgeçin." diye yalvarırdı. Bilemiyorum bizi düşündüğünden mi yoksa idarenin adamı mıydı? Fakat Osman dayı solcularca sevilen, mülayim, sevecen, yaşlı bir adamdı. 60'lardan beri bu cezaevinde görev yaparmış, Denizlerin zamanında da onların gardiyanlığını yapmış bir insandı. Sonradan sürüldü başka cezaevine.

Halkın Kurtuluşu davasından bir arkadaşın mahkemesi vardı, çağırdılar, gitti. Mahkeme dönüşü getirdiği haberler tam bir hüsran yarattı. Haberler aramızda bomba etkisi yaratmıştı. Söylediğine göre A Blok tümden açlık grevini bırakmıştı. İnsanlarda bir panik başladı. A Blok bırakmış lafı büyüdü büyüdü... Bir kısım insan onlar bırakırsa bıraksın biz blok olarak sürdürmeliyiz, diyordu. Ben de çok etkilenmiştim. Koskoca A Blok bırakmıştı. Vay be... Bu işi biz yapabilir miydik? Zordu gerçekten, çok zordu ama imkânsız değildi.

Herkes bir ağızdan konuşuyor, her kafadan bir ses çıkıyordu. Kafeslerden ve diğer koğuşlardan insanlarla konuşulacak, alınan karara uyulacaktı. Talebimizi ilettik. Zaten diğer koğuşlar da A Blokun bıraktığını duymuş, çok etkilenmişler. Nuri ve Fuat gelip bırakma kararı aldıklarını söyledi. Bizim olduğumuz bölüm de bırakma kararına uydu. Çok çabuk başladık, çabuk bitirdik. Kapılar açıldı. Kös kös kafalar önde koğuşa doğru yol aldık. Moraller bozuk, çıt çıkmıyor. Askerler ve idare neşeli. Başarmışlardı, direnişi kırmışlardı.

Koğuşa geldiğimizde çıt çıkmıyordu kimseden. Yankiler de yeni gelmişlerdi. Onlar da sessiz duruyorlardı. İnsanlar değişik psikozlara girdi. Gerçekten birkaç gün çok ölü geçti. Ne de olsa idare zafer kazandığı hâlde üstümüze gelmiyordu. O da zamanını bekliyormuş anlaşılan.

Açlık grevinden dolayı görüş cezası aldık. Paramız yoktu, hiçbir şey satın alamıyorduk. Moral bozukluğu artmıştı.

1981 Aralık'ında başladığımız açlık grevi A Blokta yenilgiye uğramış, onların yenilgileri diğer bloklar üzerinde olumsuz bir etki yaratmıştı. Bir gün içinde büyük bir çoğunluk açlık grevini bitirmişti. Tecritte kalan birkaç insan, birkaç gün sürdürmüş, koğuşlara operasyon çekilmiş, kurt köpekleri eşliğinde dövülmüşlerdi. Yani kaba sopa insanları çözmüş. Ben de orada olmadığım için yaşanan psikolojiyi bilmiyorum ama gerçek olan şu: İdare döverek direnişi kırmış, bir kısım insan başkalarının dayak yerken çıkardıkları sesleri duyarak etkilenmiş ve başlamadan bitirmiş.

Açlık Grevindeki Bozgunun Bedeli Ağır Oldu

Aralık açlık grevi tam bir fiyasko oldu. İnsanlar yavaş yavaş toparlanıyordu. Kendine yeni yeni gelmeye başlıyordu. Fakat açlık yenilgisi insanları çökertti. İnsanlar sinmişti. Yenilgi kendini her alanda hissettiriyordu. Fiyasko bir dönemeç oldu. İdarenin saldırıları sistemli olarak artmaya, azgınlaşmaya başladı. İdare kazanabileceği bütün alanlarda kazanmak için saldırılarını bilinçli bir şekilde sürdürüyordu.

Sayımlarda sistemli dayak başlamıştı yeniden. Her sayımda insanlar sesleri az çıktı diye dövülüyordu. Yankiler seslerini çok fazla çıkararak devrimcilerin dayak yemesinin zeminini de oluşturuyorlardı. Bu B Bloktan ayrılana kadar, sürekli, her sabah, her akşam sayımlarda düzenli bir şekilde dayak yeme sürecinin başıydı. Her sayım mutlaka çavuşlarca sıradan çıkarılıyor, sayım sonunda dayak yiyordum. Benim gibi sürekli dayak yiyen birkaç kişi daha vardı.

A Bloktan B Bloka HK'lı (Halkın Kurtuluşu) Bülent Okutay adında bir arkadaş gelmişti. Zeki Kar ve Acilci bir arkadaş ve de DHB'li (Devrimci Halkın Birliği) bir arkadaşla iki yıl dayak arkadaşlığı yapacaktık.

Açlık grevinden sonraki günlerde kendimizi toparlama sürecine soktuk. Moral bozukluğunu atmaya başladık. Bizim böylesine moralimiz bozulduğuna göre A Bloktaki arkadaşların durumu daha da kötü olmalıydı.

Koğuşlardan karma oldu. Yaşam devam ediyordu. İdarenin yaşam üzerinde mutlak hakimiyeti söz konusuydu. İdare kendi politikalarını çok iyi yürütüyordu. Bir dönem azgınca saldırıyor, insanları eziyor, hoşnutsuzluk arttıkça dayak ve terör insanları kıvrandırırken tepki, zorunlu tepki oluşmaya başladığını hisseden idare, sıkma politikasını bırakıp gevşemeye geçiyordu. Yani birkaç ay terör eserse birkaç ay da kendince esneklik gösteriyordu. Dayaktan, psikolojik baskıdan vazgeçmiyor, sadece dozajını azaltıyor.

Mamak yönetimi, başta Raci Tetik olmak üzere oluşturulan uzman kadro, tutuklular üzerinde uygulanacak en küçük uygulamanın önceden hesabını yapmış, uluslararası terör uzmanlarınca yapılan sempozyumlarda siyasi insanların nasıl yudum yudum eritileceğini öğrenmişlerdi. En küçük uygulamanın sonuçları gözlenmiş, ona göre hareketler geliştirilmiş, Mamak bir laboratuvar, uluslararası terör uzmanlarının teorilerinin uygulandığı bir alan olmuştu. Tıpkı Latin Amerika cunta dönemi askerî hapishaneleri, tıpkı Nazi kampları, tıpkı Mossad'ın işkence yöntemleri... Tek tek seçilmiş ve psikolojik yok etme kuramları üzerimize uygulanmıştı. Yıllarca sopa yiyen insanların ruhsal, fiziksel durumlarında ne gibi izler olacağının hesabını elbette yapmıştık ve sürekli sopa atıyorlardı. Sıkma dönemlerinde insanları silikleştirmek için fizikî olarak eziyor, kişiliğine yönelik saldırılarda bulunuyorlardı. İnsanlar aralık direnişinin yenilgisini çok ağır ödüyorlardı ve ödeyeceklerdi. Örgütlü karşı çıkış ezilmişti. Uzun bir süre kimse örgütlü direniş lafını ağzına almayacaktı. Hem de çok uzun süre. Yani kişiler uygulamalara birey olarak tepki koyabiliyordu. İşte böylesi bir dönemden geçmeye başlamıştık. Saldırılara karşı çıkış, bireysel düzeyde kalmıştı ve onu da ezmek çok kolaydı.

Mapusta Sevdalık Çekmek

Bu cehennemin ortasında çok güzel bir olayı anlatmadan geçmek olmaz. İlk kez bir mektup almıştım Güler isimli bir kadın arkadaştan. Bana moral olmuştu. Güler benim saygı duyduğum, sevgi duyduğum bir arkadaştı. Dışarıda pek sevgiden söz etmemiştik. Mektubunda artık yazışabileceğimizi söylüyordu ve bana yakınlık duyduğunu ima ediyordu. Dünyalar benim olmuştu, içim içime sığmıyordu. Mutluluğumu tek başıma yaşadım. Mektubu birkaç kez okudum, ezberliyordum satırları. Cümleleri yudum yudum tattım. Çok hoşuma gitmişti. Yaşamıma bir anlam, bir renk getirmişti.

Hiç kimseyle paylaşmadım onunla olan yazışmamı. Ne Nevzat'a ne de diğerlerini anlattım. Bu benim çok özel bir yanımdı. Bilsinler istemiyordum. Biz Güler'le mektuplaşmaya başladık. Aramızdaki ilişki de giderek yüzeye çıkıyordu. Başta belli belirsiz yazılan duygular zamanla netleşiyordu. Artık sevgi sözünü çekinmeden telaffuz ediyorduk. Onu kendime çok yakın hissediyordum. Yaşamımı aydınlatıyordu, sevinç veriyordu bana. Onun gibi birini tanımak, sevmek benim için şanstı.

Güler her gittiği yerden bana güzel, küçük şeyler alıyordu. O kadar mutlu oluyordum ki hediyelerin sevinci ayrı, asıl önemli olan birinin beni düşünüp bir şeyler vermek istemesiydi. Yani ondan gelen şeyler benim için onun birer parçasıydı. Verdiği her şeyi korur saklardım köşe bucak, askerler kırmasın, bozmasın diye.

Bir keresinde bana bir fincan almıştı. Çok güzel, süt beyazı bir fincandı. Sosyetik evlerde sabah kahvaltılarında süt içmek için kullanılanlardan. Çok hoştu. İnsanların hepsi hayran kaldı fincanıma sırayla çay içsinler diye verdim, fakat bir taraftan da kırarlar diye ödüm kopuyordu. Fincanla daha çok ben çay içiyordum. Hâlbuki çayı pek sevmezdim. Sanırım özel mülkiyet denen şey bu olmalıydı. Lükstü gerçekten Mamak gibi yerde. İnsanî bir şeyleri anımsatıyordu.

Fincanı uzun süre kullandım. Bazı insanların belki haklı, belki haksız lafları yüzünden fincanı kullanmaktan vazgeçtim. Bir daha elimi sürmedim ona. Kullanıldı, bir şekilde kulpu kırıldı. Daha sonra da kendisi kırıldı. Çok üzülmüştüm. Devrimcilik adına bana o lafları söyleyenlere kızıyordum. Ne oldu, diyordum, ortaya koyunca. Kimse gereken önemi vermez. Ortak mal ya… "Aman önemli değil." der. Ya kendi malı olunca gözü gibi korurdu. Bu bizim aşmamız gereken bir yanımızdır. Bence kolektiflik adına eleştirip, ortak kullanıma açık mallara gerekli önemi göstermeyiz. Diyelim ortak spor ayakkabı giyiyoruz. Herkes giymeye giyer, top oynar. Zaman gelir pabuçlar yırtılır. Fakat giyenler genelde elini uzatıp dikmez. Ortak mal ya... Ama insanlar kendi spor ayakkabısını dikme konusunda çok duyarlıdır. Söküğünü diker. Bunun örneklerini hayatın içerisinde çeşitli biçimlerde görürüz.

Fincanım kırıldı fakat tabağını sakladım uzun süre. İkinci hediye işlenmiş bir ağaçtan, duvara konulan küçük bir bibloluktu. Onun üzerine diş fırçamı koyardım. Zaman zaman insanîliği yansıtan bu eşyalar oranın canavarlığında içimi rahatlatırdı. Güler benimle oldukça ilgileniyordu. Ders kitapları, İngilizce kitaplar yolluyordu. Yiyecek alıyordu. Gerçekten önemli olan, bir şeyler alıp getirmesi ya da maddi çıkar değildi. Onun verdiği başka hazlar, doygunluklar vardı. Siz de karşınızdaki insana bir şeyler vermek istiyorsunuz fakat şartlarınız bunu yapmanıza izin vermiyor. Üzülür, çaresiz hissedersiniz kendinizi. Ben de kendimi çok çaresiz hissettim. Sevdiğim insana yakın olamamanın ve onunla bir şeyleri paylaşamamanın acısı hep içimi yaktı, durdu. Bizi belirleyen bizim dışımızda ne kadar çok ses vardı. Onca engel içinde başarılı olmak ne güzel bir duyguydu. Ezilmeye çalışıldığınız bir ortamda, insanlıktan çıkarılmış bir ortamda, sevgi gülünü yetiştirmek ne zordu. Yetiştirenlere selam olsun...

Mektuplar düzenli gidip geliyordu. Bir mektubu geldiğinde arkadaşlardan biri (sanıyorum Murat) sırf muzırlık olsun diye açmış ve bakmıştı. Mektup beklediğimi görünce ne iş der gibi göz kırpardı. Kurnaz havalarda, "Kız, yeşil davası mı?" derdi. Sonuçta şüpheleri artmıştı ve bir gün açmış sırrımı öğrenmişti. Vay sen misin saklayan? Çullandılar kimdir, kimin nesidir? Anlatmak zorunda kaldım. Nevzat da duydu. Çocuk kulaklarına inanamadı. Ben, "Keskin" Fikret birine aşık olacaktı. Olamaz... Sonuçta bana küstü, "Neden sakladın?" dedi. Açıklama yapamadım çünkü dışarıda evlilik olayına çok katı bakıyordum. Evliliğin devrimcilik önündeki engel olduğunu düşünürdüm. Bir profesyonel evlenmemeliydi bana göre. Uzun bir süre aşık olma ihtiyacı da ortamı da bulamadım. Benim dışımda kendi kendine gelin güvey olan kadın arkadaşları da görmezlikten geldim. Ama aşk başka. Çarpınca serseme çeviriyor insanı. İnsan aşık olmaktan korkuyor, yanlış anlaşılmaktan korkuyor, sana güvenip dostluğunu açmış birini için için sevmek ve söyleyememek başka bir ruh hâlidir. Ben bunu uzun süre yaşadım.

Güler, görüşlerime de gidip geldi. İlk görüşmemiz tam bir şoktu. Görüş kabinine gittiğimde karşımda pırıl pırıl iki göz ve güzel bir yüzle karşılaştım. Sanki kabinde güneş doğmuş gibiydi. Apaydınlık geldi kabin. Kalbim delicesine çarpıyordu, ne konuşacaktım onunla? Hâlbuki bir karşılaşsak neler neler anlatacaktım der, ona söyleyeceğin şeyleri kafamda geçirirdim. İşte şimdi karşımdaydı, konuşamıyordum. O ise durmadan gülümsüyordu. O da mı heyecan içindeydi, o da mı ne yapacağını bilmez hâldeydi? Kim bilebilir ki? Birkaç kelime konuştuk hep güldü, gülümsedi. Orada öyle etkilendim ki anlatamam. Daha kabinden çıkar çıkmaz yeni görüş günü gelse, görüşsem diyordum. Şimdiden insan özlenir miydi? Mantığa vurmak yanıltır insanı bu işlerde.

Birçok yakın arkadaşım benim bu yönümü tanımaz. Hep beni aşkı yaşamamış tecrübesiz görürdü. Evet bir kadınla cinsel anlamda birlikte olmamıştım ama aşık olmuştum. Hayatımda iki kez gerçek aşkı tattım ama gençlik, çocukluk, delikanlılık, toyluk zamanlarımda. Güzel kadına bakmak illa cinsellik demek değildir. İnsanı cezbeder sadece, o kadar. Genel bir şey. Öyle kendi hâlinde bir dağ, bir deniz, bir orman gibi kendi güzelliğini barındırır.

Ortam Yumuşar Dayak Sürer

Baskı döneminden gevşeme dönemine geçiş başlamıştı. Sıkma politikasından gevşemeye geçilirken hissederdik ve o bir parça rahatlama bize bir parça huzur getirirdi. Soğuk duştan sıcak duşa geçmek gibi... Yaşam hep bu ikilem içinde akıp geçecekti.

İdare ikinci koğuş ile üçüncü koğuşun ortak duvarını yıkıp, iki koğuşu birleştirmek istiyordu. Bunun için de balyoz, kazma, murç, çekiç gibi aletler getirdi ve sabah erkenden başladık eşyaları bahçeye çıkarmaya. Sonra birkaç arkadaş duvarı yıkmak için balyozlara sarıldılar. Öğlene kadar ancak yarısı yıkılmıştı. Akşama doğru tümü dümdüz edilmişti. Ara yıkılırken askerler de eski kapıyı kapatarak yeni kapıyı yapmaya başladılar. Yeni kapı D Blokun görüş kabinlerinin girişindeki boşluğa açılıyordu. Yani B Blok girişte sol tarafta kalan koğuşların kapıları ile yüz yüzeydi yeni kapı. Bina tamiratı bitmiş, yeni koğuş olmuştu. Fakat koğuşun sayıları ve dengesi değişmişti. Üçüncü koğuşta yanki sayısı solcu sayısından fazlaydı. İki koğuşun birleşmesi ile sayılar kafa kafaya geldi.

Yeni bir koğuşta yeni hakimler kim olacaktı. Yankiler de ağırlıklarını koyuyorlardı, biz de. Kimse üstünlüğün diğerine geçmesine izin vermiyor, bu da yeni çatışmalara gebe bir koğuş oluşturuyordu. Koğuşun havası gerilimliydi. Herkes hazırlıklı duruyordu, tetikteydi. Bakalım bu sinir savaşı ne kadar sürecekti. Koğuşta volta atılıyor. Her iki tarafı ayıran yeşil bir hat oluştu. Kimse o hattı zorlamıyor. Bazen bireysel olarak bizden bir arkadaş özellikle delikanlı hareketleri ile sıyrılmış Cengiz isimli arkadaş gider, yeşil hatta volta atar, yankilere omuz atardı. Anlaşılan üçüncü koğuşta iken yankiler psikolojik baskı yapmışlar o da şimdi acısını çıkarıyordu.

Zaman zaman tartışmalar oldu, her iki taraf da yumruklaşmaya vardırmadan olayı engelliyordu. Çünkü iki taraf da askerlerce dövülmek istemiyordu. Zaman geçti, dengeler korundu, kimse üstün olamadı. Biz birkaç hamle yaptık, onlar da kendi hamlelerini yaptılar. Biz 1982, 30 Mart'ta Mahir ve arkadaşları için saygı duruşu yaptık. Faşistlerin saldırı durumuna karşı önlemler aldık. Fakat bir sorun çıkmadı. Murat küçük bir konuşma yaptı, dağıldık.

Murat ve Halil eski cezaevci oldukları için ısıtıcı ile çay yapıyorduk. İdareden demlikle gelen çayı içtikten sonra posasını kurutuyor, yeni çay yapıyorduk. Her şey zulada yapılıyordu. Yankiler görüyordu tabi. Birkaç sefer çay partisi düzenledik. Sonuçta Murat ve Halil'i C Blok hücrelerine attılar ve ikisi bir daha koğuşa gelemedi. Yankiler yine işlevlerini yerine getirip ispiyonu koymuşlardı.

Koğuşumuza Bülent Okutay isminde HK'lı bir çocuk geldi. Bülent boy olarak çok ufaktı ama yüreği kocaman biri çıktı. Bülent sarı ile kumral arası bir tipti. Ela gözleri, buğday sarısı cildi vardı. Elleri küçüktü. Bülent'in geldiği ilk gün askerler ona çatmıştı. İkinci gün eğitimde elini sallamıyor, dizini çekmiyor diye onu da dövmeye, tekmelemeye başladılar. Beş asker başına üşüşmüştü. Hani çakallar bir ceylanın başına üşüşür ya. Kıyasıya vuruyorlardı yerdeki insana. Bülent beşinin arasında onca dayağa rağmen kalktı, bağırıp çağırıyordu. Askerlere karşı geliyordu. Biz ne yapıyorduk o esnada. Eğitime devam ediyorduk. Marş söylüyorduk. Önümüzde arkadaşı acımasızca dövüyorlardı. İnsanın içinden söylemek gelmiyordu. İnsanlar söylemeyince de başlarına neler gelir diye düşünüyorlardı. Bu bir psikolojidir. Orada bir şeyler gitmişti. Orada bir şeyler çürümüştü, dünya da çürüyordu. Gözümüzün önünde arkadaşınız dövülse normalde koşup kurtarırsınız. Ya da kavgaya katılırsınız. Bizim yaptığımız en büyük tepki marşı kesmek ya da tempoyu azaltmaktı. Yani memnuniyetsizliğimizi ancak böyle gösterebiliyorduk. Yoksa normalde de dayak yiyorduk zaten ama bunun derinleri araştırılmalı. Cesurca tartışılmalı, korkmadan. Yoksa çekilenlerin anlamı kalmaz. İnsanlar öğrenmeli ve ders çıkarmalı. Örtmeye, gizlemeye gerek yok. Onları bizler yaşadık, "Olumsuz propaganda" olurun arkasına da gizlenmek zayıflıktır. Olumsuzluk yaşananın kendisi, yoksa onun tartışılması değil…

Bülent'i sevdim. İyi, cesur bir insandı. Zaten iki yıl boyunca dayak yerken hep yan yana olacaktık.

Her sayımda bizleri çıkartıyorlardı sesimiz az diye. Onca kalabalıktan bizler, birkaç kişi, sabah akşam dayak yiyorduk. İnsanlar bizim dayak yememizden rahatsız oluyorlar fakat kendileri de tavır almıyorlardı. "İyi" insan diye düşündüğüm birçok insan, karşı bir tavır geliştiremedi ya da geliştirmek istemedi. Normal olarak saydı sayısını.

Her sayım dayak yiyeceğimi biliyordum. Bağırsam da bağırmasam da yiyordum. Yani geriye dönüş yoktu artık. Biz bir yola girmiştik, o da tek yöndü. "Niye bağırmıyorsunuz?" sorusuna hep "Sesim bu kadar çıkıyor." diye yanıt verdik. Dövdüler, tehdit ettiler. "Göbeğinden işeyen varsa akşama da sayıyı yüksek söylemez." dediler. Akşam oldu, yine çıkarıldık, dövüldük. Bu artık alışıldık bir durumdu.

Zeki isimli arkadaş kendini kabul ettirmişti bazı subaylara. Onların sayımında çıkartılsa da dayak yemiyordu. İnsan biliyor neler olacağını. Çünkü yaşananlar bir gün öncekinin ya da sabah olanın aynısı. Fakat yine de sayım yaklaştıkça midesinde bir hareketlenme başlıyor, kasları geriliyor, belli oranda ağzı kuruyor. Belki korku, belki stres. Bilemiyorum... Bildiğim ve emin olduğum tek şey ne olursa olsun oraya çıkacağım. Çıkmam gerekli. Zeki, Bülent ve bir iki arkadaş daha. Onları yalnız bırakamazdım.

Bu ekip uzun bir süre dayak yedi. Daha sonra subaylar dayak attırmamaya başladı. Arada değişik tipler çıkarsa onları dövdürüyordu. Çavuşlar bizi tanıyordu. Bizi çok eziyordu. Eğer başka insan dövmek isterlerse bir kurban seçerlerdi. Birkaç ay dayak atmadılar o ekibe. Fakat bir gün sayım çavuşu geldi. Bizi revire çıkarttılar. Boğazımızı kontrol ettirdiler ve bize bir gün üçünüz dayak yiyeceksiniz, bir gün de koğuştan tespit edeceğiniz üç kişi, dediler. Yani kıdemli, her gün sabah sayımında üç kişinin ismini yazacaktı. Üç kişi tespit edilirse, diğerleri dayak yemeyecekti. İlkin biz bu uygulamayı kabul etmedik. Liste verdirmedik. Zaten normalde de bizden başka da dayak yiyen olmadığı için adını listeye yazdırmak isteyen olmadı. Bizim liste vermediğimizi gören çavuş hepimizi tanıdığı için sırayla çıkartıyordu. Yani listeyi kafasında yapıyor, dayak yiyeni ertesi sayıma çıkarmıyordu. Bu uygulama çok sürmedi. Bize ders vermek istediler anlaşılan. On beş gün sabah akşam havada dövdüler. Ellerimiz şişti. Ekmeği koparacak hâlde değildik. Arkadaşlar ekmekleri önümüze lokma edip, bırakırlardı. Korkunç sızılar içindeydi ellerim, parmaklarım. Elimin içi ölü bir tabaka olmuştu, çürümüştü. En çok da eklem yerlerine gelip vuran coplar can yakardı. Ya da parmak uçlarına gelen coplar. Sonunda listeye isim yazdırmaya razı olduk. Ellerimizin iyileşmesi mümkün değildi yoksa. Ben, Bülent ve Acilci bir grup oluşturduk. Diğer üç arkadaş bir grup. Bir gün biz dayak yiyorduk, bir gün onlar. Bu böyle sürüp gitti. Avuçlarımın şişi kolay kolay inmedi, gitti. Merak ederdim. İki yıl aynı yere aynı şiddette vurulunca ellerin röntgende nasıl görüneceğini. Zavallı ellerim, zavallı yüreğim, zavallı onurum hep ezildi.

Bir de Emret Komutanım Çıktı

Yeni bir sertleşme döneminin ilk işareti duyurulan yeni uygulamaydı. Bundan sonra görüşe çıkanlar, isimleri okunduğunda "Emret komutanım." diyeceklerdi. Demeyenlere görüş yoktu. Dayaksa cabası... Koğuşumuzda bir hareketlenme oldu. Her kafadan bir ses çıkıyordu. Nedense her zaman böyle olurdu. İdarenin yeni bir saldırısında insanlar mutlaka çok değişik şeyleri, anında sıralamaya başlardı. İnsanlar neler yapılacağı konusunda ortak bir noktaya varamıyordu sanki. Yankiler zaten hemen uyumaya hazırdı. Biz ne yapacaktık, nasıl ortak noktayı bulacaktık. Her zaman yaptığımız gibi topu başka koğuşlara mı atacaktık? Ki onlar da topu bize atarlar ve bir netleşme sağlanmadan kural yerleşirdi. O zaman da bir şey yapmanın anlamı yok denirdi. Evet, yeni bir şey dayatılıyordu. Arkadaşların bir kısmı uymayalım derken, bir kısmı da diğer koğuşlara haber yollayıp, onlar ne düşünüyorlar, anlayalım, diyordu. Bir kaç arkadaş sessiz kalmıştı. Bazı insanlar emret yerine "Buradayım." diyelim diyordu. Zaman geçiyordu. Görüşe çıkacaklar ne yapacaklarını kestiremiyordu. Görüşçüler okunmaya başladı. Çıkanlar bir karara varılmadığı için kendi bireysel durumuna göre hareket edecekti.

Görüşüm gelmişti. Koğuştan çıktım. Hemen kapının yanındaki yere geçtim, yüzümüz duvara dönüktü. Yine insanlar fısıltı ile acele bilgi alışverişinde bulunuyor, koğuşlarda ne karar alındığını öğrenmek istiyordu. Genelde koğuşlar net karar alamamıştı. Yani idarenin çizgisi geçerli olacaktı. Fısıltı ile konuşurken askerler arkamızdan ayak bileklerimize tekmeyle vurup duruyorlardı. Baştan isim okundu, bir insan "Burada." dedi. Onu alıp götürdüler. Diğerleri, ben de içinde olmak üzere, hep "Emret komutanım." dedi. Sorun orada kafese gitmek değildi, ne yapacağını bilememekti bence. Bizden sonraki görüşe çıkanlarda da tek tük "Emret komutanım." demeyen olmuştu. Fakat büyük bir çoğunluk kuralı kabul etmişti. Artık tartışılacak bir şey yoktu ortada.

Aslında dizginler idarenin elindeydi. Gevşetiyor, geriyor, eğer iyice gevşediğine inanırsa böyle uygulamalarla insanlara iplerin kimin elinde olduğunu anımsatıyordu.

Görüşe gittim. Güler gelmişti. Fakat yine konuşamadık. Çünkü öylesine gerilim doluydum ki dokunsanız ağlardım. Duvara dönüp beklemek ve sürekli, "Doğru dur lan. Elini yapıştır cama." bağırtıları arasında insan geriliyor. Tekme yemiştim, sinirden bacaklarım titriyordu. Arkadan asker, korkudan titriyor, demesin diye ayaklarımı sıkıyordum. Yine de kontrol edemiyordum, bacağımın biri sürekli titriyordu. Ayak topuklarımı birbirine sıkıca bastırdım. Yeter ki bu titreme geçsin... Birisi bir laf atsa iyice zıvanadan çıkardım. Öylesine stres içindeydim. İşte bu ruh hâli içinde görüşe girdim. Karşımda canımı verebileceğim insanlar olmasına rağmen stresi yenemedim. Onlar bir şeyler söyledi. Ben geçiştirmeye çalıştım. Görüş çıkışı kafese koşmuştum. Beni tekmelemeyene gıcık atacaktım. Görüş bitti. Kabinden dışarı çıktık. Sağa sola laf ata ata, arkadaşlara selam vere vere gidiyordum. Arkadan sırtıma tekmeyi yedim, yere kapaklandım. Ama dönüp, "Ne vuruyorsun, sana bir şey mi oldu, her gece kaşınıyorsun."

gibi laflar ettim. İyice köpürdü onbaşı. Copuyla saldırıyordu. İtiş kakış, derken ortalık gerilmişti. Astsubaylar müdahele ettiler. Ortalık gergin olduğu için beni de koğuşa yolladılar. Bir parça rahatlamıştım. Aslında beni deli eden, bana onca kötülüğü yapanlara karşılık verecek gücümün olmaması, çaresizce boyun eğmemdi. Dayak yesem de cevabı vermek rahatlatıyor insanı. Dayağımı yerim, cevabını da veririm arkadaş diyordum kendi kendime. Yoksa hem dayak ye hem sus hem ezil… Çok yıpratıcı oluyordu.

1982 Biterken

1982'yi bitiriyorduk. Artık yeni bir yıl başlıyordu. Aralık yenilgisinin üzerinden bir yıl geçmişti. Kötü, acı, trajik bir çok hadiseyi hep birlikte yaşamıştık. 1983 bize neler getirecekti. Neleri yaşayacaktık.

Yılın son günüydü. Akşam yemeğinde portakal verdiler. Bütün dünya yeni yılı karşılamak için hazırlık yapıyordu. Biz de bu dünyanın bir parçasında, belki de en rezil parçasında yaşamıyor muyduk? O zaman bizim de kendimizce yılbaşımız olmalıydı. Yılbaşı programı yaptık, çekirdek, leblebi aldık, meyve aldık. Yankiler dinen yılbaşına karşı olurlardı. Onlar da kendilerine yılbaşı hazırlıkları yaptılar. Akşam sayımı geldi, çıktık. Bu sayımda dayak atılmaz diye düşünüyordum. Her nedense bayramlarda dayak atmazdı idare. Yılbaşında da öyle olurdu. Fakat çavuş koskoca koğuştan sadece beni çıkarttı. Bütün koğuş içeri girince dövdüler. Ne şanstı be… Yeni yıla sopa yiyerek giriyordum. Hani bir söz varmış, doğruydu herhâlde. Eski yılı nasıl bırakırsan, yeni yılda öyle sürdürürsün. 1981'de kafesteydim. 1982'de B Blokta, blok koridorunda dayak yiyordum ve 83 de benim dayak yılım olacaktı anlaşılan. İçeri girdim, arkadaşların morali bozuktu. Onların üzülmesini istemiyordum. Her zamanki uygulama dedimse de olmadı. Gariptir normal zamanda insanlar bu kadar etkilenmez çünkü yaşamın bir parçasıdır dayak yememiz. Fakat böyle günlerde dayak atılması çok bozuyor insanları. İnsanlığa sığmıyor, bayramda, seyranda olmaz ki diye düşünüyor insan. Şu gün olmasın bari…

Bizim koğuşun sayımı bitse de birkaç arkadaş diğer koğuşlarda ne olup bittiğini anlamaya çalışırlardı. Bunun için mazgaldan diğer koğuşlarda süren sayımı dinlemeye, bir şeyler anlamaya çalışılırdı. Herhâlde merak ve endişenin tetiklediği bir davranış biçimiydi.

Yılbaşı programını başlattık. Çok iyi türkü söyleyen insanlar vardı. Zeki Kar güzel halk müziği söylerdi. Ayrıca Feramuz Amca isminde yaşlı bir amca taş plak gibi okuyordu şarkıyı. Onun söylediği parça çok etkilemişti beni. Aklımda kalanı defterime yazdım:

"Yine hazan mevsimi geldi,/ Yine yapraklar rüzgârların peşi sıra gidecek,/ Yine deli gönlüm hicranını yalnız çekecek,/ Geleceksin belki bir gün,/ Ama ne ben olacağım…"

Ardında yine kaliteli sanat müziği parçaları okundu: "Hicrânı açmıştı sine de yar", "Elbet bir gün buluşacağız", "Sen kendine kendin gibi taze bir bahar seç" gibi parçalar yeterince efkârlanmamı sağlamıştı. Biraz da oyun havası çaldık, oynadık. Fakat ben pek oynamasını beceremezdim. Biraz da utanmak ağır bastığından, caz koydum, oynamamakta direndim. Arkadaşlar vazgeçti ısrarlarından. Saat 22.00 olmuştu. Yat zili çalmıştı. Askerler mazgaldan "herkes yatsın" diyordu. İnsanı kıl eden bir durumdu. Kıdemliler devriye çavuşunu çağırdılar. Yılbaşı için 24.00'a kadar izin istediler. Fakat yarım saat izin aldılar. 22.30'da mutlaka yatılacaktı. Yoksa iyi olmazdı. İçine etmişti yılbaşının idare. Tartışmaların anlamı yoktu. Herkesin keyfi kaçmıştı zaten. Zula yerlere çekilenler çekildi. Yatmak isteyenler gidip yattı.

Biz bir köşeye çekildik. Keşke bir radyomuz olsaydı, müzik dinlerdik. Şu an bütün Türkiye yeni yeni eğlenmeye başlarken bizi tavuk gibi uyumaya zorluyorlardı. Şimdi kendi subayları içkilerini içip ağız dolusu şarkılar söylüyordu gazinolarında kim bilir? Biz birkaç kişi geçmiş yılbaşı anılarından söz ettik. Hani "Kibritçi

Kız" öyküsündeki küçük kızın her kibrit alevinde annesini görmesi gibi, biz de her arkadaşın anlattığı yılbaşı anısında kendi iç yolculuğumuza çıkıyorduk. Her şeye rağmen güzel birkaç saat geçirdik. Artık uyumalıydık. Yarın yeni bir yılın ilk sabahıydı. 12'yi geçirmiştik, birbirimizin yeni yılını kutladık, garip bir iç rahatlaması vardı. Öylece yataklara çekildik. Sanıyorum hepimiz konuştuklarımızı, son yıl başılarımızı, sevgililerimizi, arkadaşlarımızı düşündük öylece uyuyakaldık.

1983 yılında koğuşumuza yeni konuklar geldi. Gelenlerin hepsi TÖB-DER davasında yargılanmış ve ceza almış öğretmenlerdi. Neşeli insanlardı, D Bloktan toplanıp getirilmişlerdi. Koğuşumuza renk kattılar. Onlarla birlikte Alpaslan isminde zayıf, basketçi kadar uzun bir arkadaş da geldi. Yeni insan demek koğuştakilere yeni konu, yeni olay, yeni haber demekti. Aynı koğuşta uzun süre kalan insanlar, birbirleri ile birçok şeyi konuşup bitirdiklerinden, söyleşiler giderek azalır. Yeniler taze kan olur. Alpaslan çok taklitçi bir insandı. Sanatçıları, şarkıcıları taklit etmekte üstüne yoktu. Tiyatrocu değildi ama yetenekliydi. Sayımlardan önce bize mutlaka birkaç pandomim yapardı ya da "Kültür Sarayı Yangını" oyununu oynardı. İnsan gülmekten kırılıyordu. İşte o zamanlar sayımı beklemenin stresini azalttık. İnsanları güldürmek, bekleyişi daha rahat hâle getirmek çok önemli. Cezaevinde, olaylardan sonra dayak yemek için de olsa beklemek, çok stresli ve yıpratıcıdır. Dayak yiyenler, bekleyenler kadar stresli olmazlar. Beklemenin bizi nasıl yıktığını elbise olayını anlatırken yazacağım.

Yeni İnsanlar Yeni Hikâyeler

Koğuşumuz bu yeni tiplere alışırken birkaç kişi daha geldi. Bunlar çok ilginç kişilerdi. Biri şişman, kel kafalı bir insandı. İkinci kişi çok gençti, üzerinde bir külotla koğuşa girmişti. Onun askerden yakalanıp getirildiğini öğrenecektim. Asker olduğu için elbiselerini almışlar, çıplak gelmişti koğuşa. Çok kalmadı, askerlerin tutuklu olduğu koğuşa götürdüler. Üçüncü ve meşhur şahıs İsmail Kabataş'tı. Kabataş içeri girer girmez ilginç bir tip olduğu havasını veriyordu. Yüzü gözü dağınık, gözünün birinin üzerinde ve kafasını dolanan bir bağı vardı. Biz emniyetteki göz bağını da getirmiş gözleri bağlıymış diye düşünüyorduk ki, tek gözü olmadığı için yazlık dediği mendili, olmayan gözüne bağlıyormuş. Tıpkı korsan gibi. Kabataş çok garip bir surete sahipti. Sanki akraba evliliği yapmış anne ve babanın bir çocuğu gibiydi. Yüzü kedinin yüz biçimine benzerdi. Tıpkı bir kedi gibi de sık sık burnunu oynatır, etrafı koklar gibi yapardı. Burun kanatları hiç durmadan açılır kapanırdı. Zayıftı, çelimsiz bir insandı.

Kabataş Çorum'da çobanlık yaparmış. Okuması yazması yok. Fakat harfleri tanıyor. Çat pat hecelerdi. Okula gitmemiş, dört kardeşiyle birlikte Çorum'da tarımla uğraşırmış. Evli, çoluğu çocuğu olan biri. Kabataş tam bir köylü kurnazıydı. İşine gelen her şeyi anlar ve bilir, işine gelmeyenlere de "Ne bileyim ben." derdi. Ailesi ona dağda çobanlık yaptırıp durmuş.

Kabataş ve şişman adam solcularla kalmak istediklerini söylediler. Yeni gelenlere yemek banyo yaptırılacaktı. Kabataş'ı banyoya götürdüm. Koğuştaki tuvaletin biri banyo olarak kullanılıyordu. Yeni çamaşırlar ve yeni elbiseler hazırladık. Banyodan bana şöyle bağırdı: "Suluğu getir heri." Ben "Ne dedin?" deyince daha yüksek bir tonda "Suluğu getir heri." dedi. Yahu suluk ne. O yine suluk deyip duruyordu. Koğuşa girip, "Çorumca bilen varsa şunu Türkçeye çevirsin." dedim. "Suluk ne demek?" Şişman adam, "Havluyu istiyor." dedi. Vay be, suluk havlu demekmiş. Kabataş bize daha neler öğretecek neler. Suluğu verdim ve koğuşa geldi. Şişman adama bir zarf attılar. Fakat şişman adam yemedi. Eskiden cezaevinde yattığını söylüyordu. Sözleri hep "yeğenim"le bitiyordu. Şişman adam ve Kabataş silahtan gelmişler, TKP operasyonundan. Şişman adam Çorum olaylarında çıkan bir silah satmış güya. Kabataş'ın evinde ise sten yakalanmış, aile meclisi de Kabataş'ı menzil yapmış, yani aile adına o fedakarlıkta bulunmuş. Kardeşler patosu çalıştırdıkları için onlar içeri girerse zararları çok olurmuş. Kabataş banyodan geldi. Yürüyüşü dik değildi. Tıpkı Kuazimodo gibi yürüyordu. Kabataş, "Üzerinde keleş var mıydı?" diye soran birine, "Sten vardı, verdik." deyince millet güldü. Biz "keleş" diye bite ediyorduk. Arkadaş ona emniyetten bit getirip getirmediğini sormuştu. Kabataş ise kendi cevabını vermişti. Kabataş başlı başına koğuşun maskotu olacaktı. Kimi insanlar ciddi ciddi uğraşacaklar, kimi insanlar acıyacak, kimileri dalga geçecekti. Kabataş da kendi mantığınca her davranışa ayrı bir tepki verecekti.

Arkadaşın biri, "Hangi örgütten getirdiler." diye sorunca Kabataş "AP örgütünden heri." dedi. AP demenin biz TKP demek olduğunu biliyorduk. Onların köyden birçok insanı toplamışlar. Kabataş'ın amcası da Mamak'taydı onuncu koğuşta. Köyün muhtarıymış, köyde silah çıkınca onu da getirmişler.

Kabataş ne kadar kalacağını, cezasının ne kadar olacağını öğrenmek istiyordu. Herkes değişik yanıtlar veriyordu. Ona en cazip gelen şu görüştü: Anlaşılan örgütten yırtarsın, stenden iki yıl alırsın. Sivile gidince de işini ayarlar, çıkarsın. "Ben örgüt neyi bilmem heri." der, kendi gerekçesini hazırlardı.

Kabataş'a görüş geldi. İlk kez görüşe çıkıyordu. Kapıdan çıkar çıkmaz şaşırmış garibim. Askerlere de eğlence lazım. Ürkek birini görünce iyice ürkütürler. Şaşırmış yönünü ters istikamete gitmiş, sonra gardiyanlar elinden tutup kabine sokmuşlar. Zira gardiyanlar da onu tanımıştı. Kabataş görüşten koğuşa geldiğinde çok heyecanlıydı. Görüşe çıkışını şöyle anlatıyordu: "Badallardan yukarı çıktım heri. Askerler beni çağırdılar. Yanlış yere gitmişim. Sonra götürüp görüştürdüler heri. Gardaşlarım gelmiş, bana abukat tutmuşlar." Badalın merdiven olduğunu öğrenecektik ondan. Sonra Kabataş'ın eşyaları geldi. Çok ilginç sahneler yaşandı. Bir ayakkabı gelmiş, Epa marka, altı kauçuk, beş parmak yükseklikte.

Kabataş'ın ayağına büyük. Lopur lopur ses çıkartıyor yürürken. Arkadaşın biri "Büyüyünce de giyersin heri." dedi.

Kabataş'a, "Sen nerede yatacaksın?" denmişti ilk akşam. Kabataş, "Heri, beni toplunun önünde yatırın." dedi. Toplu dediği yer pencereydi. Koğuşun en iyi yerini istiyordu. "Hooop. Önce biraz eski bakalım." dedi birisi. Onu Nevzat'ın yanında bir yere verdiler. Kabataş'ın sol gözü kör olduğu için dünyanın solu yoktu. Onun için solda kıyamet kopmaz, birini tepelemiş geçmiş, önemli değildir. Varsa yoksa sağ tarafına özen gösterirdi. Kabataş her nedense sık sık tuvalete giderdi ufak tuvaleti için. Çok sık olduğu için dikkat çekiyordu. Gece tuvalete kalkınca, sol tarafında yatan Nevzat'ı tepeleyerek geçer gidermiş. Mışıl mışıl uyuyan Nevzat birden karnına, kafasına sert el darbelerinin, tekmelerin geldiğini anlar anlamaz fırlarmış ne oluyor diye. Fakat Kabataş'ı giderken görünce, "Bu adamın soluna niye yattım ya da sol gözü yerine sağ gözü olsaydı." derdi eminim. Çünkü gece boyunca birkaç kez aynı manzara olurdu. Arkadaşın biri onu kenarda yatırmayı önerdi. Hiç olmazsa solu boşluktu. Kimi de hortum bağlamayı önermişti. Tabi bu proje onay göremedi.

Kabataş sık sık tuvalete giderdi. Bu ne yapıyor diye peşine bir arkadaş takılmış, görmüş ki, gidiyor birkaç dakika duruyor, geliyor. Yani bir garip olay.

Kabataş revire çıktı. İlaç almış, onun hapı fazla içmesini istemiyorduk, sık sık "Başım ağrıyor heri." der, ağrı kesici alırdı. Arkadaşın biri ona muzırlık olsun diye müshil hapı vermiş. Kabataş ishal olmuş fakat çaktırmıyor. Her neyse... Kendine kurulan tezgâhı anlamış. İkinci kez aynı haptan vermeye kalkınca, "Bu bozgun hapı heri." demiş. Yani renginden ilacı ayırt etmiş. Bu olaydan sonra ilaç istemedi kimseden.

Sayımda binbaşı koğuşa girince Kabataş'a, "Gözünü niye sardın, kavgada mı oldu?" demiş. O da, "Koyun depti." deyince binbaşı,

"Sakın eşşek tepmiş olmasın." diyerek dalga geçmiş. Kabataş'ın daha birçok macerası vardı. Şimdilik bu kadar yeter sanıyorum.

Mirza emmi ya da Nevzat'ın deyimiyle İmirza emmi Ankaralı. Dev-Solculara yataklıktan gelmiş. Geldiğine geleceğine bin pişman bir yaşlı adam. Mirza emmi daha yeni, genç biriyle evlenmiş, bütün derdi fikri yeni karısı... Görüşe geç gelse çok merak eder. Mirza emmi saklambaç gazetesindeki Güzin abla köşelerine benzer şeyleri okuyarak yaşamını geçirir. Koğuşta ekonomik sıkıntıdan dolayı Günaydın gazetesinin alınmaması gündeme gelince Mirza emmi, "Ne olur benim saklambacıma dokunmayın." diyerek muhalefet ediyor. Bu kadar ısrar üzerine vazgeçildi öneriden.

Ekonomik Krizde Gizli İnsanî Kriz

Yaşam bazen ekonomik olarak zorlanır ve hep bu zor dönemlerde toplantı yapılır. Kantinci arkadaş kısaca durumun vahametini anlatır. Olanakların zorlanması ve yeni olanaklar aranmasını ister. Ya da kısıntı yapılacaktır. Yani anlayacağınız Türkiye bütçesi gibi açık verilince durum krize girer.

Bu konuda her zaman spekülasyonlar olur. Kimine göre olanağı olduğu hâlde katkı vermeyenler vardır. Kimine göre az veren vardır. Kimi gücünü zorlar, kiminin gücü yetmez zaten. Yani devrimciler bütün konuları konuşup, düşünmüşlerdir. Bunların birinin artması hep o ortamın ürünüdür. Gerçekten olanakları çok fazla olduğu hâlde en az yardımı yapan insanlarla yaşadığımız yerler oldu. Gerçekten de "Para getirme diyenler var." diye konuşanlar oldu. Ne yazık ki bunlar da bizim bir parçamızdı. Bunları anlamak gerek. Devrimciler bunları yapmaz diye bir savunma yaşayanlara sadece gülünç gelir.

Neden insanlar olanakları olduğu hâlde kullanamaz. Birincisi ailesiyle gerçekten arası limonidir. Ailesine boyun bükmek istemeyebilir. İkincisi ailesinin kendisine bakacağını bilir. Fakat karşısındaki insanların yeterli katkı yapmadığına inanır. Bu yüzden kendini de sınırlar. Yani birbirine bakışla ilgisi vardır, ortamla ilgisi vardır. Neredeyse sürünürcesine yaşayan sol grup komünleri parçalanıp her siyasal grup kendi kendine kaldığında yaşam limiti artar. Neden?

Aynı şey grupların kendi içinde değişik yaşanır. Kendisi için sık sık kaliteli şeyler aldıran insan, topluluk adına fedakarlıkta bulunurken pek de cimridir. Bunları anlamak gerek. Genel bir fon oluşturalım ve fondan kullanımı sınırlayalım desek, fona katılım az olur. Herkes kendi başının çaresine baksın dendiğinde sorunların hızlı çözüldüğünü görürüz. Çok ileride yaşanan fotoğraf çektirme olayı tipik bir göstergedir. Herkes dilediği kadar çektirsin, parasını cebinden versin. Yani ailesine görüş parası dışında yatırtsın dediğinizde bütün insanlar fotoğraf için olanak bulur. Ortak foto ise zar zor yapılır. Bu durumda sosyalizmden söz etmek, insan, ideal, kolektiftik, toplumsallık boş laf olur. Bunu sindirmek, kapitalizmin bize kazandırdığı çirkinleri aşmak için birey olarak kendimizle mücadele etmemiz gerekir.

Evet devrimcilerde bunu hakkıyla yapan insanlar da var, egoisti, pisliği olanlar da. Bunun en çıplak olarak göründüğü yer cezaevidir. Devrimciliğin sorumluluğunu yerine getirenler de var, getiremeyenler de. Getirmeyenleri kötülemek, onları lanetlemek değil amacım. Onlar da bu ortamda devrimciyim diyorsa, hiç olmazsa bir kapı vardır açık olan. Zaaflar atılabilir, eksiklikler aşılabilir. Bu bir pratik savaş sürecidir. Savaşarak değişmek ve gelişmek hepimize eksikliklerimizi gösterecek, yenilenmemizi sağlayacaktır. Cezaevi ise pratikten yoksun, kendi sınırlı pratiği olan, ikincil alandır. İnsanlar burada bol laf yapar, okur, tartışır, pratikten kopuktur.

İddianameler Yazıldı, Duruşmaya Çıkıyoruz

B4 koğuşundayken ikinci kez emniyete, ikinci şubeye götürüldüm. Silah istiyorlardı. İstedikleri silahlar daha önceden yakalandığı için boşu boşuna getirilmiştim. Emniyette Nuri ile karşılaştım. Onu da başka olaylardan getirmişler.

Ömer tahliye oldu. Ömer'in tahliye olduğunu havalandırmadayken öğrendim. Bahçeye bakan pencereden pantolon, kazak atıyordu. Giderken görüşmek istemiş, kapıya getirmediler. Vedalaşamadık... Evet çok sevdiğim bir insanı kaybediyordum. Aslında kazanıyordum... İnsan iki duyguyu bir arada yaşıyor. Cezaevinden kurtuluyor diye seviniyorsun fakat bir dostu yitiriyorsun diye üzülüyorsun. Bu duyguyu içeride kaldığım sürece hep yaşadım. İlginç olanlarını zamanı geldikçe yazacağım.

Mahkememiz açılmıştı, iddianameler dağıtılmıştı. Herkese kocaman kocaman iki cilt kitap veriyorlardı. Ne kadar çok iddianame vardı. Duvar gibi örülmüştü. Davamızın açılması cezaevinde birçok insan için tahliye umudu demekti. İnsanların büyük bir bölümü ilk duruşmada tahliye olmayı bekliyordu. Duruşmaya çıkmadan önce o kadar çok dava açma biçimi konuşuldu ki... Kimine göre memurlar ayrı, mahalleler ayrı, gençlik ayrı yargılanacaktı. Kimine göre ölümlü olaya karışanlar ayrı, karışmayanlar ayrı yargılanacaktı. Kimine göre insanlar bölge bölge yargılanacaktı. Belirsizlik ortamında birçok spekülatif söz dolaşıyordu ve müthiş bir beklenti oluşuyordu. Mahkeme bizim için bir yerde fetiş olacaktı. Her şey mahkemeye göre düzenlenecekti. Mahkeme her şeyin önüne ve ardına konacaktı.

İlk duruşmaya çıkmadan önce cezaevi yaşantısındaki değişikliği anlatmak gerekiyor. Bir gün gelip bütün koğuşları aradılar. Tek tek yataklar boşaltıldı, pamuklar talan edildi. Aranmadık iğne deliği kalmadı. Gerekçe, askerin biri tüfek kaybetmiş. Tabi işin bahanesiydi onlar. Havalandırmaya çıkarken ve içeri girerken aranmaya başladık. Sanki başka bir yere gidiyormuşuz gibi hep gözlerinin önündeydik. Yine de aramalar mahkemeye kadar sürdü.

Her insana adını, soyadını, koğuşunu, bloğunu bildiren bir kart yaptılar ve üzerine fotoğraflarını yapıştırdılar. Artık mahkemeye çıkan tutuklular o kartı takıp gidiyordu. Bu uygulama sadece Devrimci Yol Mahkemesi için geçerliydi.

DAVALAR

574 sanıklı ve 186 idam istenen Dev-Yol davası başladı

ANKARA, ÖZEL

574 sanıklı yasa dışı Dev-Yol örgütü davasına Sıkıyönetim Komutanlığı 1 Nolu Askeri Mahkemesi'nde dün başlandı. Duruşmada sanıkların kimlikleri belirlendi.

Sıkıyönetim Komutanlığı Askeri Savcılığı'nca örgütle ilgili olarak sürdürülen soruşturma sonunda 28 Şubat 1982 tarihinde açılan davada 186 sanık için ölüm cezası isteniyordu.

Sekiz aylık dosya inceleme döneminden sonra dün başlayan davada Mahkeme Heyeti Başkanı Tuğgeneral Yaşar Selemoğlu, Duruşma Hâkimi Ekrem Çelenk, üyeler sivil hâkimler Şemsettin Bilgin, Tuncer Büyükkaymakcı ve Hâkim Yüzbaşı Fevzi Uğurdan oluşuyordu. İddia makamında ise Akın Önedil, Hâkim Binbaşı Osman Şimşek, Arif Güvenoğlu Gürses ve Hâkim Yüzbaşı Mustafa Uğur vardı.

Saat 09.30'da başlayan duruşmada önce isim yoklaması yapıldı. Yoklama sırasında tutuksuz sanıklardan Ali Çakmak'ın dinleyiciler arasında oturduğu, bir başka tutuksuz sanığın gelmediği, ancak annesinin geldiği ve sanığın adı okunduğunda "O yok ben geldim" dediği görüldü. Bir başka sanık Galip Tortop'un yerine de kardeşinin sanık olarak geldiği görüldü. Ancak bu kişi duruşma yargıcı tarafından salondan dışarı çıkarıldı.

Yoklamanın bitiminden sonra Duruşma Hâkimi Ekrem Çelenk, "Bağımsız Türk adaleti huzurundasınız. Bunun aksini söyleyen müfteridir. Bizi ceza yargılama usul hükümlerini uygulama zorunda bırakmayın. Hepinize hayırlı olsun.

Yalnız sizlere değil tüm millete ve herkese belirtmek isterim ki, yalnız kanun ve vicdanımız ile yargılama yapacağız. Bunun aksini iddia eden müfteri durumdadır. Mahkemenin takdirini almanız menfaatiniz icabıdır. Gece gündüz demeden mağdur durumda kalmamanız için dosyalarınızı inceledik hepinize için hayırlı olsun" dedi.

Daha sonra sanıkların kimliklerinin belirlenmesine geçildi. İlk olarak örgüt merkez komite üyelerinin kimlikleri belirlendi. Hepsi hakkında ölüm cezası istenen örgüt merkez komite üyeleri şunlar: Oğuzhan Müftüoğlu, Ali Alfatlı, Ali Başpınar, Mehmet Akın Dirik, Melih Pekdemir, Mehmet Ali Yılmaz, Nasuh Mitap, Osman Tayfun Mater, Nusret Sela Akyürek.

Sıkıyönetim Komutanlığı Askeri Savcılığı'nca sürdürülen soruşturma sırasında yasa dışı Dev-Yol örgütünün toplam 333 kişiyi öldürdüğü belirlenmişti. Askeri Savcı ve 11 yardımcısı tarafından sürdürülen soruşturma sonunda açılan davada 440 sanık tutuklu 134 sanık ise tutuksuz bulunuyor.

186 sanığın TCK'nın 146/1 maddesine göre ölümle cezalandırılması talep edilen iddianamede 345 sanık için 5-15 yıl arası, 36 kişi için 1-5 yıl arası, yedi kişi için iki yıl ağır hapis cezası isteniyor.

Dinleyici sayısının sınırlandırıldığı duruşmada 45 avukat hazır bulundu.

Kimliklerin belirlenmesi sırasında sanıklardan Ali Akgün ile Nedim Seyla Hâkim Ekrem Çelenk'in işle ilgili sorusunu "Devrimci" diye yanıtladılar.

Dünkü duruşmayı Almanya Cumhuriyetçi Avukatlar Birliği üyesi ikisi bayan üç avukat izledi. Avukatlar, sıkıyönetim mahkemelerinde devam eden tüm davalarını izlemek üzere geldiklerini söyledi.

Diğer Dev-Yol davaları

Yasa dışı Dev-Yol örgütü ile İstanbul ve çevresinde Dev-Sol adı altında faaliyetini sürdüren 12 Eylül öncesi ve sonrasında değişik tarihlerde başka davalar da açılmıştı.

Bunlardan Ankara ve çevresinde gerçekleştirilen operasyonlar sonucu 12 Eylül öncesinde yakalanan 74 militandan 30'u idam istemiyle Sıkıyönetim Komutanlığı Askeri Mahkemesi'nde yargılanıyor. 38 tutuklu sanık bulunan davada diğer sanıklar hakkında da çeşitli hapis cezaları isteniyor.

Ankara, Akdere bölgesi olayları ile ilgili aynı örgütün militanlarından 49'u hakkında da ayrı bir dava açılmıştı. Bu dava ile ilgili sanıkların yargılanmasına önümüzdeki günlerde başlanacak. Militanlardan 24'ü hakkında ölüm cezası isteniyor.

Yine Ankara'da Mustafa Kartal ve dokuz arkadaşı hakkında yasa dışı Dev-Yol örgütüne üye olmak iddiasıyla açılan dava sürüyor. 1980'de açılan davada olay yerinde keşif yapılması için halen Almanya'da bulunan bir kişinin gelmesi bekleniyor.

Dev-Yol örgütünün yakalanan diğer bazı militanları ile ilgili soruşturma da askeri savcılıkta sürüyor.

İstanbul'da sıkıyönetim askeri mahkemelerinde Dev-Sol adı altında faaliyet gösteren yasa dışı örgütle ilgili üç ayrı davadan ise biri sonuçlandı. Diğer ikisi ise sürüyor.

Birinci davada eski başbakanlardan Nihat Erim'i ve Emniyet Müdür Yardımcısı Mahmut Dikler'i taammüden, koruma polisini kasten öldürmekten sanık [illegible] Dev-Yol militanı idam cezasına çarptırıldılar.

Dev-Sol ile ilgili 2. davada [illegible] sanıktan 146'sı, üçüncü davada de 389 sanıktan [illegible] hakkında ölüm cezaları isteniyor. Her iki davadaki diğer sanıklar için de çeşitli hapis cezaları talep ediliyor.

İstanbul Sıkıyönetim Komutanlığı askeri mahkemelerinde görülen THKP-C Devrimci Yol davasında da 30 sanık hakkında idam isteniyor. Bu davada da toplam 157 sanık bulunuyor.

Mısır Elçiliği'ni basan Filistinli gerillaların yargılanmasına devam edildi

ANKARA, THA

Mısır Cumhuriyeti'nin Ankara Büyükelçiliği'ni 1979 yılında basarak polis memuru Ali Kocaman ve [illegible] Sadık Babacan'ı [illegible] ve elçilikte bulunan [illegible] 41 saat rehin tutan 4 Filistinli gerilla ile suç ortaklarının yargılanmasına dün Ankara [illegible] Ağır Ceza Mahkemesi'nde devam edildi.

[illegible]

19 Ekim 1982 Milliyet

Dava açılınca farklı bloklardaki idamla yargılanacak bütün insanları toparlayıp A ve B Bloka getirdiler. Onlara göre C Blokta idamlıklar kalamazdı. Dava açıldığında 100'e yakın idam cezası isteniyordu.

Mahkemeye çıkacağımız günü heyecanla ve endişeyle bekliyorduk. İlk mahkeme 18 Ekim 1982 günü olacaktı.* İdare de bizim kadar endişeliydi. Bu yüzden sabahın köründe kaldırmıştı. Faşistlerin mahkemesi açıldığında, onların tecrübesi yüzünden bizi saat 4'te kaldırmaya kalkmadılar.

Duruşmaya çıkacak, diğer insanları görecektik. İlk kez bu kadar kalabalık bir araya gelecektik. Çok değişik psikolojik etkilenmeler içindeydim. O gün bizi otobüslerle duruşma salonunun önüne götüreceklerdi. Sıkıyönetim kalkana kadar da belediye otobüsleriyle geldik gittik duruşmalara.

Bizi koridora çıkardılar, arama yaptılar, ikişer ikişer kelepçeleri taktılar. Koğuş koğuş sıraya girmiştik. Kimliklerimizi okuyup verdiler. Sonra çavuş "Rahat, hazır ol." yaptırıp "Uygun adım marş." dedi. Koridorlardan asker gibi uygun adım geçecektik. Kurala uyduk, uygun adım yürüdük. İlk geldiğimiz zaman gördüğümüz havuzlu, ağaçlı bahçeye geldik ve otobüsleri beklemeye

* 574 sanıkla 18 Ekim 1982 tarihinde Ankara 1 No'lu Sıkıyönetim Mahkemesi'nde başlayan ana Devrimci Yol Davası'nda, birleştirilen dosyalarla sanık sayısı zamanla 723'e çıkmıştı.

başladık. A Blokun otobüsleri düğüne giden otobüsler gibi tıklım tıklımdı. Otobüsün içine askerler de biniyorlardı. Tutukluların konuşması yasaktı ya, onun için insanların otobüste konuşmasını engellemek için asker biniyordu. Aynı koğuştan olsanız dahi yanınızdaki insanla konuşmanız yasaktı. Konuşursanız karttaki numaranız alınır, mahkeme dönüşü yazıcı numaranızı okur, herkes koğuşa siz kafese gider, dayağınızı yerdiniz. Bu nedenle birçok insan sopa yedi mahkeme süresince. Yani mahkemeye giderken bile cezaevinin havasını solutuyorlardı insana. Oysa bir an olsun cezaevi geriliminden kurtulmanız, onların yıllarca yaptığı işkenceyi unutturacaktı. Bu yüzden sürekli bir stres ortamı yaratılmalıydı. Bu mahkeme olmuş, otobüs olmuş, önemli değildi. Önemli olan tutuklunun her alanda sindirilmesiydi.

Bütün bu olumsuzluklara rağmen insanlar canlanıyordu. Otobüsler bizi almak için geri döndü. Uzun zamandır ilk defa otobüse binen insanlar ne yaparsa, bizler de onu yaptık. Koltuklarda şöyle bir yaylandım. "Oh be!" demek dünyaya bedeldi. "Biletim yok, sende varsa sen ver." diyerek Nevzat'a espriler yapıyordum ki, asker "Konuşma lan." diyerek löp diye içine etti ortamın. Anlaşılan bunlardan kurtuluş yoktu.

Arabalar mahkeme binasının önüne geldi. Hepsi yarışa katılıp start çizgisine dizilen beygir gibi disiplin içinde, aynı hizaya getirildi. Ne de olsa belediyenin başına da bir albay geçmişti. Arabaların kapısı sırayla açıldı. Belediye şoförleri uzaylı gibi, sanki aynı dili konuşmuyoruz. Adamlarda çıt yok. Gerçi ileride, ortam yumuşayınca laf atanlara yanıt verdiler.

A Blok binalarına 2 metre açıklıkta, binaya paralel sıraya geçtik. Ellerimiz kelepçeli olsun, iki metre mesafe olsa da insanlar eski dostlarıyla selamlaşmak istemez mi? Millet önce gözle, sonra kafa ve en sonunda sözle selamlaşmaya, konuşmaya başladı. Tabi her bloğun askeri ne kadar panter olduğunu gösterme çabası içine girdi. "Sus lan, konuşmayın lan." ikazları arttı. Hızını alamayan bazı askerler diğer bloğa da karışınca terslendi. Ne de olsa oranın kendi panterleri vardı. Herkes kendi çöplüğünde ötmeliydi. Bazen birbirlerine hava olsun diye gıcıklaşma yarışı yaparlardı. O arada olan bize oluyordu tabi.

Nihayet C bloktakiler de geldi. Onları da sıraya sokmuşlar, ellerini ikişer ikişer kelepçelemişler. Gariplerime "1, 2, 3, 4" saydırıyorlar ya da "Vatan sana canım feda." diye tempo tutturuyorlar. Onların durumu bizden kötüydü. Onca yolu gıcık askerlerle eğitim yaparak gel. Sanıyorum arkadaşlar psikolojik olarak etkileniyorlardı o durumda gelmekten. C Blok da bizim iki 2 metre uzağımızda sıraya girdi.

D Blokun da gelmesi ile kadro tamamlanmış oldu.

Mahkeme Denen Bir Yerde

Mahkeme binası prefabrik bir yapı. İki kapı bizim olduğumuz yerde, iki kapı karşı tarafta. Birinden ziyaretçiler, diğerinden şahitler geliyor. Bizim girdiğimiz kapıdan avukatlar da girebiliyor. Mahkeme Heyeti kendine ait kürsünün olduğu yerden geliyor. Orada da iki kapı var. Sol kapıdan savcı geliyor, sağdan diğer heyet.

Kelepçelerimiz çözüldü, önce A Blok, sırayla içeri girdi. Salonda ilk sıraya kadın arkadaşlar yerleşti. Onların arkasında bir sıra boş bırakılıp A blok yerleşti. Onların arkasında bir sıra boş bırakılarak B Blok oturdu ve sonra D Blok. Etrafımız demirden yapılmış ve beyaza boyanmış bir paravanla çevrilmişti. Sadece kürsüye giden yol açıktı. Paravanın ardındaki banklar tutuksuz sanıklar için yapılmıştı. Dinleyiciler için spor salonu tipinde basamaklardan oturulacak yerler yapılmıştı. Avukatlar için sağ tarafa ayrı bir yer, basın içinse avukatların karşısındaki yer ayrılmıştı. Heyetin olduğu kürsü çok yüksek yapılmıştı. Sanki tepemizde olduklarını vurgulamak ister gibiydiler.

Demir paravanın çevresinde askerler vardı. Ayrıca dört kapıda eli silahlı dört asker vardı. Kürsünün iki yanında da iki asker tören rahatta duruyordu. Tutukluların oluşturduğu sıraların tam ortasında oluşan koridorda, her bloğun kesiştiği yerde kolunda "As.İz" yazan askerler tören rahatta bekliyorlardı.

Duruşma salonunun çatısı oldukça yüksek, tıpkı spor salonu gibi. Kalorifer tesisatı çatıya doğru yapılmış bir hattın içinde salonu dolaşıyor. Aynı zamanda havalandırma sistemi de onun içinde. Kocaman kocaman demirlerle oluşmuş bir yer. Florasan lambaları var. Heyetin olduğu yerde yaz günleri için hazırlanmış bir aspiratör var. Arkasında "Adalet mülkün temelidir" yazısı...

Duruşma salonunda korkunç bir uğultu vardı. Herkes bir ağızdan dost ve tanıdıkları ile konuşmaya çabalıyor, insanlar cezaevinin baskıcı havasından kurtulmaya çalışıyorlardı. Ziyaretçiler kendilerine ayrılan arka kapıdan içeri girmeye başladılar. Herkes arkaya dönmüş, kimin geldiğine bakıyor, tanıdık görürse el sallıyordu. Paravana gelen blok askerleri de müdahale ediyorlar, subaylar tutukluların önüne dönmesini istiyordu. Ziyaretçiler giderek artıyordu. Her yeni gelen kafilede insanlar dönüyor, konuşuyor, selam yolluyordu birbirine. Salondaki askerler de sürekli şöyle bağırıyorlardı. "Önüne dön, konuşmayın, sen gözlük, konuşma, otur yerine..." Eğer durumu kontrol edemezse "Sen gel bakayım." ya da "Numarasını al asker." derdi. Eğer numara alma artarsa insanlar hafiften önüne dönmeye başlardı. Sık sık insanların numaraları alınır, dövülürdü. Bu cezaevi havasının, duruşma salonuna taşınmasından başka bir şey değildi. Böylesine bir baskının olduğu ortamda neyin adaletinden söz edilebilir ki?

İnsanların numaralarının alınması ortalığı sessizliğe boğar, moral bozukluğu yaratırdı. "Pır pır takarlar belki, mareşal mi olacaksın!" gibi mırıldanır, biraz da kendi içlerini soğutmaya çalışırlardı.

Ziyaretçiler de heyecanlıdır, askerler onlara da müdahale eder ve bir süre sonra onlar da susar. Neden acaba? Asker korkusu topluma mı sinmişti? 12 Eylül halkımızı, anamızı, babamızı da bir işareti ile susturabiliyordu. Bizler örnek miydik? Uslu olmazsanız bakın onlar gibi olursunuz mu deniyordu insanlara. Nedense üniformadan çekinirdi insanlar. 12 Eylül insanların yüreklerine saldırıda bulundu. Sanıyorum toplum bundan çekindi. İşkenceye gitti, gideni duydu. Çok ender insan karşı çıkardı askerlere. Genelde çevresince sakinleştirilirdi. Evet ziyaretçiler de sustu, biz sustuk. Birden mübaşir görevi yapan yargıç "Duruşma başlıyor." diye bağırınca salondaki herkes ayağa kalktı. Yargıç "Oturun." demedi. Subay giysileri olan mahkeme başkanı görevini yapan general askerî bir tonda, "Buyurun oturun." deyince herkes birden oturdu. Milletin oturup kalkmasının çıkardığı ses salonu doldurdu.

Ali Başpınar mahkemede

Duruşma salonunda çok hafif mırıltı oluyordu. İnsanlar askerlerin karışamayacağı an olarak bu anı seçiyor, elini ağzına götürerek konuşuyordu. Bazen ses yükselince duruşma başkanı olan general kalemi ile önündeki hoparlöre vuruyor "Sessiz olun" diyor. İkaz ettiği kişiye doğru kalemini uzatarak işaret ediyordu. Blok görevlisi subaylar kimin ikaz edildiğini anlamaya çalışıyor. Gıcıklık parayla değil. Madem generali ikaz etti, o da bulup cezalandırmalı...

Laz Hakim İşbaşında, Duruşmalar Başlıyor

Duruşmanın yargıcı süslü bir dövüş horozu gibi, huysuz bakışları ile etrafı inceliyor. Gözleri çok soğuk. Laz olmasının verdiği çabuk, keskin hareketleri sırıtıyor. Ve Laz hakim konuşmaya başlıyor: "Bu kürsü tarihsel bir davayı başlatıyor...."

Duruşma boyunca çok heyecanlanmıştım doğrusu. Benim için çok yeni bir olaydı. Kimlik bildirimi ile mahkeme başladı.

İlk aylar mahkemeye haftada üç gün çıkarılacaktık. Bu cezaevi psikolojisini aşmada, cezaevinin havasından biraz da olsun uzaklaşmada bayağı etkili oluyordu. Eğitimlerden, sayımlardan yırtılıyordu en azından. Haftada üç gün bütün arkadaşları görme olanağı olmuştu. Daha sonra duruşmalar haftada iki güne indirilecekti. Çünkü aynı mahkeme salonunda MHP davası da görülüyordu.

İlginç Bir Diş Macerası

Dişlerim ağrıyordu. Bir tanesi çürümüştü, biri de yeni yeni çürümeye yüz tutmuştu. Ağrıyan dişimi çektirmek için dilekçe yazdım. Dişçi hemen idare binasının yanı başındaydı. Dişim çekildi, geri getirildim. Bir süre sonra dişçiye bu kez dolgu yaptırmak için gidecektim. Dişçiye çıkarılmak için tekrar dilekçe yazdım. Bir subay gelip dişimi çektirip çektirmeyeceğimi sordu. Ben de "Dolgu yaptıracağım." deyince, "Seni götürmüyorum. Çektireceksen gel." dedi. Sanki kendi cebinden ödüyordu benim paramı. Tartıştık her zaman olduğu gibi. Komutan haklı çıktı, üstelik dayak yedim. Kafama takmıştım dişimi yaptıracaktım. Bir süre sonra dişçi için yeni dilekçe yazdım. Bu kez çektireceğim dedim subaya. Birlikte dişçinin yanına gittik. O çıkacakları getirmek için gidince diş doktoruna, "Dolgu yapar mısınız?" dedim. Doktor şaşırdı çünkü gelenler hep diş çektirmeye geliyordu. Doktor "Elbette." diyerek işleme başladı. Beni getiren subay dişçinin kapısına geldiğinde dişim oyulmuş, dolgu maddesi hazırlanıyordu. Sanırım sinirden kıpkırmızı kesilmişti. Göze aldım. Bari sağlam bir şey olmasını, geçici dolgu olmamasını rica ettim dişçiden. "Çünkü sık sık getirilmiyoruz dolguya, kurtarılacak dişleri çektirmek zorunda kalıyoruz." dedim. Dişçi gerçekten çok genç biriydi ve cezaevinden olumsuz etkileniyordu. Hâlbuki mesleğinin insanı olsa kurtarılacak bir dişi çeker miydi? Her neyse benim dolgu torpilli oldu. Civa koymuş, siyah bir dolgu oldu. Beyaz dolgular geçici oluyor, hemen düşüyordu. Eskiden beri kimse beyaz tebeşir gibi olan dolguyu istemezdi. Yaptırdım ve rahatça çıktım. Artık hazırdım. Fakat subay ortalıkta yoktu, ben de koğuşa rahatça götürüldüm askerlerce. O dolgum hâlâ sağlam durur. Demek ki iyi yapmış doktor. Yoksa ağzımızda bir diş daha eksik olacaktı.

Her nedense cezaevinde insanların gözleri bozuluyor. Dişleri çabuk çürüyor. Hâlbuki en çok da insan içeride düzenli fırçalar dişlerini. Her yemekten sonra dişlerini fırçalamak bir alışkanlık olur. Hatta bazıları çok aşırıya vardırır fırçalamayı. Yine de birçok insan dişini çektirmek ya da doldurtmak zorunda kaldı. Beslenme sorunu ya da yetersiz beslenme dişlerin çürümesini hızlandırıyor olmalı. Göz bozukluğunda en yaygın olan miyopluktu, yani uzağı görememe. İnsan hep dört duvarı görüyor. En uzak mesafe 7 metre. Göz tembelliğe alışıyor. Diğer yaygın hastalıklar mideden oluyor. Ülser, gastrit gibi. Ayrıca saç dökülmesi de çok fazla oluyor. Sanırım stresin yarattığı hastalıklar. Ortalık gerilince insanların sindirim sistemleri de etkileniyor. Ayrıca uzun süre ellerimizde dayak yemenin açtığı problemler vardı. Benim ellerim çok çabuk üşüyordu. Gerçi anemi denilen kan yetmezliği de var ama ellerim hep çürük gibi gelir bana. Kışın soğukta avuçlarımın içi mosmor olur. Özellikle belli bölgeleri çok kötü görünüyor. Bir de ruhsal izleri olmalı, onu da çıkan insanlar daha iyi yaşarlar. Biz burada olduğumuz için pek fark edemiyoruz galiba. Açlık grevleri de hastalıkların arttığı dönemlerdir. Verem, sarılık, kas erimesi en çok şikâyet konusu olanlardır. İşte cezaevinin insan sağlığı üzerindeki olumsuz etkileri...

Kitaplar Geliyor

Kitap alınması serbest olmuştu. Kitapların gelmesi yaşamımızda çok olumlu bir etki yaptı. İlkin ders kitapları alınmaya başlandı. Okulların damgası olacaktı. Güler, bana getirdiği kitapları, Siyasal Bilgiler Fakültesinden ders kitabı olarak damgalatıp getiriyordu. Server Tanilli'nin "Uygarlık Tarihi" ilk gelen kitaplardandı. Doğan Avcıoğlu'nun "Türklerin Tarihi ve Türkiye'nin Düzeni" isimli kitaplar geldi. İnsanlar okuma özlemlerini gidermeye çalışıyorlardı. Daha sonra Yaşar Kemal, Orhan Kemal gibi Türk yazarların romanları getirilmeye başlandı. İdareyi ürkütmeden, kitap alımını yasaklatmadan, yavaş yavaş kitap sayısını artırıyorduk. Gevşeme dönemlerinin kazandırdığı bir olay olarak düşünüyorum kitap alımını.

Kitap okumak da ayrı bir sorundu. Gece ondan sonra bazı nöbetçi subaylar ve çavuşlar "Kitap okumak yasak." derse, askerler kitap okuyanları yakalamak için gezinip dururlar. Eğer kitap okuyan birini yakalarlarsa ellerini camdan ya da mazgaldan uzattırıp coplarlar. Nöbetçisine göre de değişir bu. Ama nöbetçi subay "Kitap okuyanlara karışmayın." derse asker kitap okuyanı rahatsız etmez.

Kitap okurken çok enteresan olaylar yaşanmıştır. Hayatında bir tek kitap sayfası açmamış askerler, kitap okuyanları dövmek için dört dönerler. Sanki okumamanın acısını çıkartırlar, sanki kitaba ve onu okuyana düşmandırlar. Belki memleketi karıştıranlar çok okuyanlardır mantığıyla, okuyanları cezalandırmak isterler.

Evet Mamak'ta kitap serbestti ama dayaklı bir uygulamaydı. Bazı arkadaşlar alenen okur, dayanağını yer ve okumaya devam ederdi. Askere de "Canın dövmek istiyordu, ne kitabı bahane ediyorsun. Sessiz ol da okuyalım." der, onunla dalga geçerdi. Asker gerçekten cahil olunca çekilmez oluyor. Laf anlatmak güçleşiyor.

Bir dönem sonra istediğimiz bütün kitaplar gelmeye başladı, çılgın gibi kitap okunuyordu. Romanlar, romanlar... Bir dönemin favori kitapları "Dipten Gelen Dalga, Paris Düşerken, Fırtına" gibi Ehrenburg kitaplarıydı. Hemen hemen içerdeki bütün insanlar okumuştur bu seriyi.

Ben ilk zamanlar okuduğum her kitabın adını, yazarının adını, kahramanlarını ve konusunu kısaca özetlerdim. Kitap sayısı arttıkça sadece yazarını, kitabın adını yazıyordum. Bir dönem sonra onu da bıraktım. Çünkü gerçekten çok olmaya başlamıştı.

Kitapta bir doygunluk sağlanınca koğuşların arasında kitap alışverişi başladı. Okumak istediğimiz kitapları başka koğuşun kitapçısından alıyoruz, onların bizden istediklerini veriyoruz. İlkin gizli yollarla yapıyorduk değiş tokuşu. Banyoya giderken, görüşe çıkanlarla veya gece nöbeti tutan askerlerden anlaşabildiklerimizle... Bir ara da görüşçülerimiz üzerinden yaptık bu işi. Biz kendi görüşçümüze bıraktık, onlar ulaştırmak istediğimiz koğuşların görüşçülerine verdi. Sonradan damgalı kitap olması yasaklanınca o yol kapanmış oldu. Yıllar sonra da idare kendi kütüphanesini açtı cezaevinde. Hem de bizden yasak diye gasp ettiği, görüşçülerin getirdiği fakat bize verilmeyen kitaplarla. Açılış tanıtımında da "İdarenin üstün çabalarıyla oluşan bir kütüphane." deniyordu. Ne üstün çabaydı doğrusu. Kütüphanelere solcular bol bol kitap hediye etmiştir. Bazı arkadaşlar, bazı değerli kitapları geri alma çabası gösterdilerse de alamadığımız çok kitabımız oldu.

İçeriye kitapların hangi ilkeye göre alındığını bugün bile anlamış değilim. Bakarsın liste yayınlanır, Aziz Nesin'den Uğur

Mumcu'ya kadar bütün Türk romancıları yasaktır. Bir bakarsınız M-L kitapları alırlar.

Mamak'tan ve Yemekten İnsan Manzaraları

TÖB-DER'li hocalardan biri mide hastasıdır, yemekleri yağlı olduğu için yiyemiyor. Kantinci ona ek gıda dediğimiz peynir ya da helva verirdi. Bazı insanlar bu durumu kafalarına takıp "Neden o yemek yemiyor da peynir yiyor." der, hasta olduğunu bir türlü kabul etmez. Özel bakıma karşı çıkar, öyle beslenen insanların açıklarını yakalamaya çalışır. İnsanlar hapishanede üretici bir pratik faaliyette bulunmadıkları için, bir de yeterince olgun değilse bu tür şeylerin peşine düşer. Kim ne yapıyor, kim nelerle uğraşıyor, onun hesabını yapar. Kim bulaşık yıkar, kim yıkamaz, kim bilmem neyi az yer, neyi çok yer. Yani ne kadar lüzumsuz iş varsa onları kendine iş edinir. Bütün dünyasını o yüz metrekare alanla sınırlandırır. Onun mücadelesini verir. Eğer bir insanın dünyasının sınırları o kadar daralırsa, elbette o dünyanın normlarına göre kavga verecektir. Önce gazeteyi kapacaktır, önce yemek almaya çalışacaktır. Yani günlük yaşamda küçük zaferlerle mutlu olacaktır. Başkalarının yaşamlarını da günlük yaşamın içine hapsedecektir. İlk yapılması gereken şey, insanın dünyasını koğuşun, cezaevinin dışına taşımasıdır. Ülke ve dünya sorunlarına düşünmesidir. Eğer bunu başarırsa içeride küçücük odada yaptığı komik savaşın anlamsızlığını kavrayacaktır. Yeter ki ufkunu daraltmasın. Kendini ve dünyasını geniş tutup dünyanın ve ülkenin sorunlarına kafa yorsun.

İşte anlatacağım bir iki olay da yukardaki fikir doğrultusunda düşünülmeli. Hasta olan arkadaşa, ek bir şeylerin verilmesi bazı insanları rahatsız ediyor. Hasta arkadaş için söylenenler doğru bile olsa, o sözlerin söylenmesi gerekmezdi. Bir insana birazcık farklı bir şeyler yapmak, bazılarının gözüne batıyordu. Bu hapishanenin dar koşullarının, yetersiz beslenmenin, kıtlığın bir sonucuydu sanırım.

Bir keresinde ben, hiç de hasta olmayan bir arkadaşa, birkaç gece yatmadan önce, bir bardak süt içirdim. Birkaç gün sonra bir kısım insan bu durumdan rahatsız olduklarını belirttiler, karşı çıkışlarını da devrimci teori ile donattılar. Ben birkaç cümle söyledim. "Bir devrimci diğer devrimcinin bir bardak fazla süt içmesini önüne problem olarak koyuyorsa, orada düşünülmesi gereken çok şey vardır. Eğer sana verdiğimde, "Yok istemem hasta olanlara ver." ya da "Hep birlikte içelim." diyebiliyorsan ne mutlu sana. Sonra eleştiriyi yapan arkadaşlar eleştirilerini geri aldılar. Ertuğrul mide hastasıydı. Bir gün sancı çekiyordu, süt getirdim, içsin diye. Bu durumda olanlara yatmadan önce süt verirdik ve sütleri ben dağıtırdım. Dadılık değildi ama arkadaşlara hizmet etmek hoşuma gidiyordu. Diğer arkadaşlar sütleri aldıkları hâlde Ertuğrul içmedi. Ayaküstü bir tartışma yaptık. Israr ediyorum gene almıyor. Sen iç diyordu. İnadı tuttu ya içmez artık. Fırçaladım, sanırım sırf beni üzmemek için içti. Fakat bir daha almam dedi. Arkadaşlar içsinler diyordu. İşte iki farklı yaklaşım. İkisi de devrimci bu insanların.

Hapishanede kıtlık dönemlerinde yiyecek, içecek çok önemlidir. Başlıca tartışma konusudur. Günlük hayatın can noktasıdır ve insanlar öyle dönemlerde daha bencil, daha içe dönük olurlar. Tabi bunun tam tersi yaklaşımları sergileyen insanlar da vardı. Önemli olan doğrunun ne olduğu, hangisinin örnek alınıp gelecek yaşamda uygulanması gerektiğidir. Bunu kitaplardan bilmek ayrı, yaşamın içinde ortaya koymak ayrıdır. Nice insan vardır ki yaptığı işin kitabını yazacak durumdadır fakat yine de kitabına uygun yaşayamaz. Bu bir paradokstur. Devrimcilik zor zanaat vesselam. Bilmek yetmiyor, yaşamak gerek.

Her İş Tamam İngilizce Gerek

İngilizce çalışmaya, kendimi eğitmeye karar verdim. Güler bana İngilizce çalışmam için Alexander isimli bir ders kitabı yollamıştı. Madem o İngilizce çalışmamı istiyordu, ben de seve seve öğrenecektim. Onun benim üzerimde etkisi çok fazlaydı. Onun istediği, hoşuna gidecek her şeyi yapmak isterdim doğrusu. Onun eğitimi, birikimi benden çok fazlaydı. Bu yüzden kendimi kültürel olarak, entelektüel açıdan, siyasal olarak eğitmeli, onun düzeyine ulaşmalıydım. En azından bu amaçla okumaya ve İngilizce çalışmaya karar verdim.

Zaten o dışarıdayken de benim kendimi geliştirmemi çok istiyor, bana sık sık kitap okuyordu. Onu dinlemek zevk verse de, bazen uykulu uykulu dinlemek zorunda kalıyordum. Bu da sorun çıkartıyordu. Hiç unutmam bir keresinde, o kitap okurken uyumuştum. Tam hatırlamıyorum, okumayı kessin diye uyuma numarası çekmiş de olabilirim. Kitabı bırakmak yerine tekmeyi basmıştı. Gerçekten okumamı, öğrenmemi istiyordu. Ben de istiyordum, öğrenmeliydim.

İngilizceye başladım. Hasan Kıvırcık isminde bir arkadaş çalıştırıyordu. Bir müddet çalıştık. Hoca tahliye olunca ara verdik. Ne güzel de hava atmıştım Güler'e, İngilizce çalışıyorum diye. Yarım kaldı işte. Hani "Hevesi kursağında kaldı." derler ya benimki de öyle oldu. Fakat bıraktığımızı da hiç bildirmedim. Onca havadan sonra nasıl bıraktık diyecektim ki...

Güler diğer çalışmalarımda da psikolojik destek, itici güç oluşturdu. Yıllar geçtikçe, olgunlaştığımı hissediyorum. Daha oturaklı, daha ağır oluyordum. Zaten devrimci olmadan önce de belli bir standardım vardı. Saygılı ve ölçülü davranırdım. Okuyordum, ne bulursam okuyordum. Biliyordum ki eksiklerim var. Bu boşluğu bol bol okuyarak doldurabilirdim. Okudukça ufkum artıyor, olaylara bakışım gelişiyordu. Birey olarak bazı şeyleri çok yönlü düşünüyordum. Bilgi yardımcı bir işlev görüyordu. Güler'in arkadaşlığı beni mevcut durumdan sıçrama yaptırdı diyebilirim, olgunluğa geçiyordum.

Cezaevinde yaşam devam ediyordu. Yine sayımlarda bir gün dayak yiyor, bir gün yemiyordum. Havada, eğitimde alıştıkları için dokunmuyorlar, başkalarına sataşıyorlardı. Aynı şeyler Bülent ve Zeki için de geçerliydi.

Bayramlar ve İnsanlar

Her bayram dikkatimi çeken şeylerden biri de şuydu: Bayram günü yemekler özel olurdu. Pirinç pilavına kuşüzümü atarlardı. Bir de et yemeği getirirlerdi. Fakat her nedense bu et yemeğindeki etlerin kemikleri çok ince kırılır, yemeğin içinde bırakılırdı. O kemik parçaları yüzünden o güzelim et yemeği yenemezdi, dökülürdü. Bunun özellikle yapıldığına inanırdım. Çünkü istese kemikleri öylesine küçük olarak atılmaz. Tıpkı kırık bir cam parçası gibi tuz buz olmuş kemiklerdi.

İkinci olarak da bayramlarda şeker verilmesi ve bayram süresince tutukluların dövülmemesiydi. Ayrıca bu B Bloka özgü bir şeydi. Havaya çıkan her koğuş, penceresi havalandırmaya çıkan diğer komşularla bayramlaşır ve bol bol konuşurdu. Bu uygulama çavuşların kendi inisiyatifindeki bir uygulamaydı. Çünkü havalandırmanın kapısına nöbetçi asker diker, subayın geldiği işareti gelince herkes normal ortamına dönerdi. Bayramdan bayrama konuşmak serbest olurdu. Askerler kendilerince aylarca dövdükleri insanlara kıyak yapıyorlardı. Sanırım onlar da sürekli stres altında oluyor, kendi kendilerini denetliyor, birbirlerini ispiyon ediyorlar, en küçük açık verenler dövülüyor, kafese atılıyordu. Yani bir bakıma dürüst olan askerlerin işi de zordu.

Bir Baş Belası Yılanlı Mahmut

Yılanlı Mahmut, Günaydın gazetesindeki Kara Murat tefrikalarındaki, burunsuz, burnu olmadığı için de burnunun üzeri peçeteyle örtülü ve cebinde zehirli yılan taşıyan zalim bir eşkıyanın adıdır. Biz de onun kadar zalim ve sadist olan ve onun gibi burnu ezik olan bir askere bu adı taktık. Bütün B Blokta meşhur oldu. Rivayet odur ki, bizim Yılanlı Mahmut'un annesi, babası Almanya'ya gitmiş. Bir süre sonra Yılanlı'yı da yanlarına almışlar. Yılanlı da orada uyum gösterememiş, sürekli psikolojik bunalım yaşamış psikopat biri olmuş. Sürekli hap kullanan biriymiş. Sonunda Türkiye'ye gelip asker olmuş. Tam Mamaklık adam anlayacağın. Yılanlı zalimliğiyle, subayların dikkatini çekmiş. Nasıl çekmez. Daha dış görevde iken bile tutukluya hırlıyordu. Yani üstüne vazife olmayan işlere karışırdı. Subaylar da bunun böyle istekli olduğunu anlamış olacak ki, sayıma soktular. Yılanlı ilk sayımında meşhur oldu. Sayım dönüşü yerinde sayan bir arkadaşa arkadan bir tekme atıyor. Tekme hayalarına gelen çocuk çığlık atıp yere düştü. Yılanlı da şaşırdı anlaşılan. İlk müdahale. Çocuk revire çıktı. Bereket sakat kalmadı. İşte o sayımdan sonra Yılanlı'nın havası arttı bloktaki askerler arasında. Çünkü askerlerle de kavga ediyor, onları da dövüyor. Artık tutukluyu her gördüğü yerde dövüyor. Anlaşılan idare Yılanlı ile terör estirecek, ipleri biraz sıkacaktı. Yılanlı bir tarafta, bücür revirci bir tarafta, sayımlarda terör havası estiriyorlar. Yılanlı bize takmış bir kere. Fakat kendisi pencerelere ve içerideki çocuklara baktığı için, bizi dışarıdakiler dövüyor. İçeride istirahatlilere kan ağlatıyor bücür revirci ve Yılanlı Mahmut. Fakat Yılanlı'nın gözü dışarda. Her çıkışında, girişinde oradan sarkıyor bize. Normalde orayı kontrol edenlerin kontrolü bitince diğer koğuşun önüne koşarak giderler. Yılanlı koşarken bile tutuklulara tekme atmaya çalışırdı. Tam bir çamur, mırıktı.

Birinde kafasına iyice koymuş olmalı ki, içerideki işini erken bitirdi ve çıktı. Sıranın en sonuna geldi. Bizler sayımı vermiştik, içeri girecektik. Yılanlı fırsatını buldukça ayak bileklerimize tekme vuruyordu. Dönüp yanıt verirsek, arayıp da bulamadığı fırsat. Yılanlı baktı bizden çıt yok, bu kez elindeki kontrol sopasıyla kalçalara vuruyor. Biz de şafak attı, ne oluyor diye geri döndük. O sırada koğuş içeri girmeye başladı. Yılanlı da ne yapacak bilemiyor, altta kalamazdı. Arkada tuttu, bırakmadı. Subaya, "Bu bana laf attı." dedi. Ben de "O da tahtayla arkamızdan vuruyor." dedim. Subay çok kıl bir adamdı. Biz ona gestapo derdik. Askerlere de gıcık olurdu. Bir bana baktı, bir Yılanlı'ya. Sonra da kendi bir destekli çaktı. Hazırlıklı değildim, sarsıldım. Beni koğuşa yolladı. Yılanlı dayak yemediğime üzüldü anlaşılan.

Yılanlı'nın her koğuşta vukuatı oluyormuş. Bir gün nöbette hap alıp sızmış, subaylar yakalamışlar. Buna rağmen sayım mangasında kaldı. Çünkü öyle birini biraz zor bulurlardı. Fakat Yılanlı'nın suyunu ısıtan son olayı, bir askerle kavga edip, birbirlerinin gözünü morartmaları oldu. Deve gibi bir cüsseye sahip olan bir asker vardı, biz ona "Balaban" adını takmıştık. Yılanlı Balabanı taklit ediyormuş. Balaban da hem bücürü, hem de Yılanlı'yı pataklamış. Daha sonra Balaban meşhur oldu. Fakat Yılanlı kadar sadist değildi. Olamazdı da. Bir gün baktık ki Yılanlı yine dış göreve geçmiş. Mahkemeye gelip giderken millete uzaktan uzaktan çatıyor, tehdit ediyor. İç nöbetten sorumlu askerlere tutukluları ispiyonluyor. Öylesine kişilikten yoksun bir tipti. Böyle bir tür nasıl yetişti hayret doğrusu. Gerçi işkence insanı insanlıktan çıkarıp birer canavara çevirebiliyor. Kim bilir ne Yılanlılar vardı diğer cezaevlerinde, işkencehanelerde, sosyal yaşamda kendini gizleyen.

Her dönem her blokta meşhur çavuş, onbaşı, er olmuştur. Bunlar bütün bloğu tek başına teröre boyamış kişilerdir. Arkalarında subay desteğiyle bazen bir hava çavuşu, bazen bir sayım onbaşısı, bazen bir kantinci...

Banyo Maceraları

B Blokta banyo yapmak için özel bir yer vardır. Her koğuş sırası geldi mi banyoya gider. Grup grup banyo olur. Her koğuş kendi içinde grupları ayarlar. Üç grup olursa, ilkin sağcılar gider. Diğer iki grupta solcular gider. Banyo günleri sabittir. İlkin 20 dakika süre tanınıyordu, daha sonra yarım saat oldu.

Banyo denildiğinde herkes havlusunu, sabununu, lifini hazır ederdi. Banyo kabin kabindi. Her banyoda kurna vardı. Çok sayıda duşluk olmasına rağmen sol taraftaki kabinlerin suyu daha iyi aktığı için, herkes bir an önce gidip oraları kapmak isterdi. Yani kabin savaşı verirdik küçük çapta. Banyoya giderken uzunca bir koridordan geçerdik. Biz sol görüşlüler, banyoya giderken çıplak gitmezdik. Üzerimizde elbiselerimiz olurdu. Yankiler ise ya havlularına sarılı ya da yarı çıplak giderlerdi.

Banyoya gitmek için çıkıldığında, koğuşun önünde sayılırsınız. Sonra askerler eşliğinde, terliklerin şıkırtısı arkanızda kalarak yürür gidersiniz. Banyoya girmeden asker, bir daha sayar ve banyo serbest olur. O anda start verilmiş yarışçılar gibi süratle kabinlere hücum edilir, ilk gidenler en iyi yerleri kaparlar. Eğer iki kişi yıkanmak isterseniz, kabinlerin birine misafir olursunuz.

Banyo için yapılan yarışlar sonucu birçok insan kafasını, kolunu kırmıştır. Çünkü takunya ıslak betonda kızak gibi kayar. Şimdi iki banyo hikâyesi anlatayım.

Bizim koğuş banyo için hazırlandı. Ben Nevzat'a, "Sen hızlısın yer kaparsan yanına gelirim." dedim. Anlaştık. Askerler saydı ve yola düştük. Banyonun olduğu koridorda start verildi, koşarak duşlara girdi arkadaşlar. Biz kaldık ayazda. Diğer duşlara bakıyoruz, su akmıyor. Ne yapacağız, millete soruyoruz. "İki kişiyiz" diyor. Yok "donsuz yıkanıyorum" diyor. Yani bizi kimse kabul etmiyor, kafam bozuldu. Ta oradan buraya gel yıkanamadan git. Hem de zaman kısıtlı. Feramuz dayının olduğu kabinin önüne geldik, perdeyi açtık. "Girmeyin çıplağım." dedi. Nevzat perdeyi açtı; "Bizden zarar gelmez bacım." dedi. Gerçekten gülmekten bir hâl oldum. Yaşlı başlı Feramuz amca büzülüp kaldı, utandı. Hadi biz arkamızı dönelim giyin dedik ve üç kişi yıkandık. O olaydan sonra bir şey teklif edilince ret cevabı gelirse "Benden sana zarar gelmez bacım." denirdi.

Bazen banyoya giderdim, baktım kabin kalmamış, duşlarda barfiks çeker gelirdim. Yani çok defa banyo diye koğuştan çıkıp, banyoda barfiks yapıp geri döndüm, döndük.

Bazen de birine kızıp banyoya gitmekten vazgeçerdim, Tepki duyardım banyo yüzünden "Geçen sen birinciydin, yok değildim." tartışması yapanlara.

Banyo bir alemdir, asker gelir "Son beş dakika." der, millet sabunlu iken su kesilir. Ya da "Çıkın çıkın." derler. Yani ağız tadıyla banyo yapmak mümkün değildir.

Banyonun kapısına gelen asker içeridekileri ikaz eder, son üç dakika, son bir dakika... Gıcık birisi şöyle başlar söze: "Son çıkan üç kişi sopa yiyecek." Milleti bir an önce çıkarmak için tehdit eder. "Üçe kadar çıkmayan yandı." der ve o bozuk Türkçesi ile bir, bir buçuk, iki, iki buçuk... Saymaya başlar. Biraz bekler milletin telaşını izler ve üçten sonra çıkan herkesin eline cop vurur, yani banyonuz tamamdır. Eğer asker sizi dövmek istemiyorsa iki buçuktan sonra iki yetmiş beş, iki yetmiş altı, der uzatır gider. Yani amacı dövmek değildir, biraz kendince eğlenmektir.

Banyoya hızlı gitmenin insanın başına ek felaketler getirdiğini söylemiştim. Bunun en iyi örneği bir arkadaşın kolunu kırmasıdır. Arkadaş iyi yer kapmak için cansiperane hücuma kalkıyor. Aslında herkes öne geçmek için mücadele ediyor. Arkadaşın ayağındaki takunya ıslak yerde kayıyor, dengesi bozuluyor ve kolu kalorifere çarpıp kırılıyor. İnsan bazen böylesi kazalara uğruyor.

Tabi banyonun yeri bu kadar değil. İnsanlar Mamak'a ilk geldiklerinde soyup, ıslatıp dövdükleri yermiş banyo. Onu D Blok geçmişini anlatırken aktaracağım.

Bizim Koğuş Dağılıyor, Yeni Yerler Yeni Yüzler

İkinci koğuş dağıtılıyordu. İnsanlar sırayla koğuştan çıkarılıyor, idarenin belirlediği koğuşlara götürülüyordu. Ayrılıklar hüzünlüdür hep. İnsanlara alışıyorsun, bağlanıyorsun ve birden ayrılmak zorunda kalıyorsun. Gittiğiniz koğuşta yeni arkadaşlıklar, yeni ilişkiler kurmak gerekecek.

Bir grup insan dokuzuncu koğuşa götürüldük. Bülent Oktay, Tuncer Küçük, Hasan, ben ve Dev-Solcu arkadaşlar vardı. Herkes kendi arkadaş grubunun yanına gitti. Hemen karşılıklı kucaklaşmalar, konuşmalar oldu. Yankiler de kendi arkadaşlarının yanına gittiler.

Mamak'ta dokuzuncu koğuş gibi bir koğuş yoktur. Çünkü mimari özelliği açısından tektir. Koğuşun koridora bakan ön duvarı yoktur. Parmaklık vardır. Koridorda nöbet tutan asker kolayca içeriyi görebilir. İlk kez 1981 açlık grevinde getirilmiştik ve beni müthiş sıkmıştı. Şimdi bu koğuşa kalıcı olarak gelmiştim. Kendimi sirkte gibi hissetmiştim bir an, hani terbiye edilmiş aslan kafesleri vardır ya. Koğuş aynen o izlenimi bırakıyordu bizde. Fakat zaman geçtikçe bu duygu değişti ve bu koğuştan ayrılmak da zor oldu.

Dokuzuncu koğuşta, Bülent kendi arkadaşlarıyla kalıyordu. Her grup kendi başına yaşıyordu burada. Yine de Bülent'le dostluğumuz, dayak arkadaşlığımız orada da sürdü. Dokuzuncu koğuşta Yusuf Yıldırım'la tanıştım. Yusuf çok iyi bir insan çıkacaktı. Zayıf, bir arkadaştı. Esmerliği ona çingene havası veriyordu. Çok yiğit bir insandı Yusuf.

Zaman geçiyor insanlarla kaynaşıyorduk. Tabi sayımlarda dayak yemeye de devam ediyorduk.

Koğuştaki ilginç tipleri şöyle kısaca anlatmak istiyorum: birisi Osman isminde, psikopat olduğunu söyleyen bir insandı. Bizim davaya çıkıyordu. Halkçılık yaptığı da söyleniyordu. Osman çok renkli bir tipti. Arabesk türküleri koğuşun ortasında bağıra bağıra söyler, askerlerle kavga eder, görüş yerinde cıngar çıkarır. Osman delidir. Aslında çok kurnaz bir deli. Birkaç sefer Bakırköy'e gitmiş. Rapor almaya çalışmış biri. Bir keresinde mahkemede, mahkeme heyetini protesto etmek için kendini jiletleyecek kadar şova meraklı bir deli. Osman'ı ben hiç sevmedim, o da beni sevmedi. Osman'dan deliliği bırakmasını, masada yemek yerken küfür etmemesini istedim. Küfür ederse masadan başka yere gitmesini istedim. Osman çalışacaktı da asalak yaşamaya son verecekti. Herkes gibi bulaşık yıkayacaktı. Osman tavır aldı bana. Osman'ı pohpohlardı başkaları. Osman'la takıştım. "Sen ispiyoncu musun, eğer öyleysen git beni de ispiyonla" dedim. Köpürdü kızdı. Ben ona hiç inanmadım ve korkmadım. Birisi benim söylediklerimi söylemek zorundaydı ona. İtirafçı olmasından korkmak anlamsızdı. Sırtımızda yüktü. Osman uslandı, sessizleşti. Tabi bu anlattıklarım gelir gelmez olmadı. Bir yıllık bir süre içerisinde oluştu.

Aziz Emmi

İkinci ilginç insan Aziz emmi idi. Aziz emmi bizim davada çok renkli bir insan olarak kalacaktı. Aziz emmi Devrimci Yola silah sağlamaktan yargılanacaktı.

Antakyalıydı, Türkçeyi bozuk konuşuyordu. Amcasının oğlu Kamil de 11. koğuşta yatıyordu. Devrimci Yol onlardan kaleşnikof almış, bu alışveriş operasyonlarda açığa çıkınca yakalayıp getirmişler.

Aziz emmi ilkin A Blokta kalmış, sonra B Bloka gelmiş. A Bloktaki macerasını sık sık anlatacaktı her yeni tanıdığı insana. Bize de anlattı. Anımsadığım kadarıyla şöyle anlatıyordu: "Ülen, koğuştan çıkardılar, gözlerimi bağladılar. Hemen koluma girip yürüttüler, bilmiyorum neredeyim. Benim yanlarıma vurdular. Hep silahları kime sattım, teybe okuttular. Bir korktum, bir korktum..."

Aziz emmi, çok inatçı, yenilmeyi hazmedemeyen biri. Aynı zamanda çok iyi rol yapıyor. Onu ilk kez mahkemede gördüğümde, mahkeme heyetine yaptığı numaralar çok komik gelmişti. Aziz emminin dilekçesini bir arkadaş yazmış, tahliyesini istemiş.

Heyet başkanı, "Hani sen Türkçe bilmiyordun, kim yazdı bunu." diye sıkıştırınca Aziz emmi arkaya bakıyor, tutuklulardan yardım bekler gibi. Sonra "Arkadaşlardan, koğuştan yardım aldım." demişti. Başkan kim diye sıkıştırınca isim vermeyip direnmişti. Sonunda dilekçeyi yazan arkadaş çıktı, anlattı. Hakim "İşte ne saklıyorsun be adam." demişti. Aziz emmi arkadaşını korumak için ismini söylememişti. Bu tavrı çok hoşuma gitti. Arkadaşlar onunla kafa bulmuşlar, hemen çözüldün diyerek kızdırmışlar.

Aziz emmi, oldukça şişman, orta boylu, saçları kırlaşmış, kocaman plastik çerçeveli gözlükleri burnunun üstüne düşen birisiydi. İlerlemiş yaşına göre çok sağlam görünüyordu. Gözleri cin gibiydi. Yıllardır kaçakçılıkla yaşamanın verdiği hayat tecrübesi vardı.

Aziz emminin ilacı olan insanlar vardı. Bunlar Yusuf, Rıfat ve Ünal'dı. Aziz emmiyi deli ederlerdi. Buna rağmen Aziz emmi onları çok severdi. Onlarla tavla, satranç oynardı. Çok iddialı maçlar yapardı. Yenilmekten asla hoşlanmazdı. En küçük hamleyi dakikalarca düşünür, yenildiğinde ise oyunu ranzasında tekrar tekrar oynardı. Ta ki yanlışını yakalayana kadar. Öylesine inatçı biriydi. Satrançtaki en büyük zaafı kale idi. Eğer kalesini alırsanız, bütün oyun boyunca mırıltı hâlinde "Gitti kalem, gitti kalem." diye için için sızlandığını duyardınız.

Tavlada ve dominoda ustalık onundu, hiçbir alanda ikinciliği kabul etmez. Yani tatlı ve keçi gibi inatçı bir ihtiyardır.

Koğuş yaşamına elinden geldiğince katılır. Masaları kurar, toplar, siler. Biz bulaşık yıkatmak istemeyiz, o kendine yapacak işler bulur. Mutlaka bir yerlere yardım eder. Yıllardır bizim arkadaşlarla kalmış ve yaşama ortak olmuş bir insandır.

Koğuşta satranç turnuvası düzenlendi. Bütün farklı siyasetin insanları da katıldı. Maçlar bütün hızıyla devam ediyor. Bir gün havaya çıkmak için hazırlanıyoruz. Fakat Rıfat Özcan ile bir HK'lı arkadaşın maçı sürüyor. Herkes onların başına toplanmış, maçı izliyor. Oyun saatlerce sürmüş, oyuncuların kafaları ağrıyor. Aziz emmi de izleyiciler arasında. Bir pozisyon var, eğer onu yapmazsa Rıfat kaybedebilir. Aziz emmi durumun farkında, kıvranıyor, bir işaret vermek istiyor Rıfat'a. Fakat hakem engel oluyor, yasak yardımcı olmak. Rıfat tam yanlış hamle yapacakken, Aziz emmi "Dur ülen." dedi, tabi hakem kızdı, "Karışma oyuna." dedi. Aziz emmi de "Ülen yoldaşım yeniliyor, nasıl karışmam." başta Devrimci Yolcular, herkes Aziz emmiyi alkışladı. Artık yoldaşım diye bakabiliyordu. Ne mutlu o insanları bu aşamaya getirenlere.

Yine bir keresinde dominoda Aziz emmi ile eşleştik. Ben onun ortağı oldum. Diğer ortaklar göz ve ağız işaretleri ile birbirlerine sinyal yolluyor, elleri hakkında bilgi veriyorlar. Fakat ben Aziz emminin sinyallerini anlamıyorum ve oynadığım taş hep onun aleyhine oluyor. Bir oyun böyle, iki oyun böyle. Ben Aziz emminin hâlâ göz ve mimik hareketlerini anlayamıyorum. Sonunda Aziz emmi patladı. Dominonun taşlarını vurdu masaya. "Ülen sabahtan beri pış pış yapıyorum, sen bilmiyorsun." diyerek bana kızdı. Pış pış seslerini gırtlaktan, garip bir ses çıkartarak yaptı. Yenilgiye asla müsamahası yoktu.

Üçüncü anı: Aziz emmi yaşlarında bir ihtiyar daha geldi koğuşa. Bütün insanlar onunla ilgileniyor, yatacak yer olarak da Aziz emminin orayı verdik. Çünkü aynı yaşın insanı, konuşurlar diyorduk. Fakat bizim ilgimiz Aziz emmiyi kıskandırmış. Tıpkı bir çocuk gibi kıskançlık gösterileri yapıyordu. Bu durumu anlayan birkaç uyanık Aziz emmiye tezgâh yapıyorlar. Yeni gelen adamı Aziz emmiye şişiriyorlar. "Aziz emmi, yeni gelen amca var ya, pehlivanmış, herkesi yenerim diyormuş" dediler. Aziz emmi gayet havalı "Kiiim, o mu pehlivan?" dedi. Bizimkiler rekabeti iyice kızıştıracaklar ya "Emniyette elektrik vermişler, sopa atmışlar, konuşmamış." diyorlar. Buna karşılık Aziz emmi "O bir tek sopa yesin, konuşur. Siz yıllardır tanıdığınız adamı bırakıp onunla ilgilenin. Ayıp oluyor ayıp."

diyerek baklayı ağzından çıkarıverdi. Zavallı adamın hiçbir şeyden haberi yok, geldi. Aziz emminin yanındaki yatağa oturdu. Aziz emmi hemen sırtını döndü. Tavır alıyor ya. Adam hâlâ iyi niyetli, "Hemşerim merhaba." dedi. Aziz emmi yarım ağız "Merhaba" dedi. Arkadaşlar bakıyor ki Aziz emmi çok ciddi, onun kulağına fısıldıyorlar. "Aziz emmi biz seni daha çok seviyoruz." deyince, adamla ilgilendi. Kendi dostluklarını kurdular zamanla.

Aziz emminin anıları saymakla bitmez. Önemli olan birkaçını da olaylar içinde yansıtırım.

Bağrıyanık

Koğuşumuzun renklerinden İsmail Bağrıyanık'ı anlatmamak olmaz. Bağrıyanık tipik bir halk adamıdır. Zayıf, uzun boylu, yanık tenlidir. Anadolu delikanlısı tipindedir. Evli, çocuk sahibi bir halk insanıdır Bağrıyanık. Ayrıca kendisine "Bağrıyanık" denmesinden hoşlanmaz. Bağrıyanık onun soyadıdır.

İsmail Bağrıyanık'ı ilk kez DAL'da görmüştüm. İnsanlara ekmek dağıtıyordu. İşkenceciler, onun gözlerini açık bırakmışlar, o da yemek zamanları ekmek dağıtır, haber taşırdı hücreden hücreye. Bir arkadaşın verdiği silahları saklamak iddiasıyla tutuklanmış. İkinci kez C Blokta bir gece sayımında gördüm. Bütün koğuş sırada dururken o yüzümüze baka baka geçiyor, herkesin yüzünü inceliyordu. O zaman "Bu da kim, itirafçı mı?" diye düşünmüştüm. Fakat gezintisinin amacını sonra öğrendim. İşkencede ölen Behçet Dinlerer* adlı devrimci için şahitlik yapmış. Kendisiyle birlikte olayı gören hücre arkadaşını arıyordu.

İşkencede öldürülen insanın faillerini yakalatmak için dilekçe vermiş, mahkemede de ısrar etmişti. Mahkeme de onun, üstüne vazife olmayan tutumunu cezalandırmak, pişman etmek istercesine, tahliyesini bir sene geciktirdi.

---

* Behçet Dinlerer, 13 Aralık 1980'de Ankara'da işkence ile öldürüldü.

Bağrıyanık halk adamıydı ama insanlık görevini yapmaktan korkmadan, cellatların cezasını istedi. Hem de o işkence ortamında bir yıl kalma pahasına iddiasında diretti. Bence Bağrıyanık vicdanının sesini dinleyip öldürülen arkadaşımıza sahip çıktı. Bağrıyanık'a saygı duyuyorum.

Bağrıyanık yemek arkadaşımdı. Her sabah koğuşun en büyük tasına çorbayı doldurur, içine karabiber atar, ekmek doğrar ve "Hadi Fikret çal kaşığı, kalmasın bulaşığı." derdi. İkimiz de işini bitirmek için birbirini gazlayan ameleler gibi kaşıkları tabakla ağzımız arasında hareket ettirirdik.

Bağrıyanık sigarayı çok içerdi. Kimseye muhtaç olmamak için de sigaralarını ortadan ikiye keser sigara sayısını artırır, idare ederdi. Görüş günleri efkâr fazla olurdu. Sigara fazla içerdi.

Bağrıyanık üç tabureyi birleştirip üzerine battaniye koyardı. Yatağının kenarına üç parça küçük yastığı boylu boyunca düzerdi. Onlara "Baldız" derdi ve bir ayağını o yastıkların üzerine atardı. Neden öyle yattığını sordum bir gün, "Sen anlamazsın, evli olanlar bilir." dedi, unutmayalım değil mi. Göz kırpardım. Bir de yatarken amma da horlar, asker parmaklıkta copunu dürter uyandırırdı. O da basardı fırçayı.

Bağrıyanık'ın bir başka özelliği, tamiratı ve çalışmayı çok sevmesidir. Yırtık terlikleri, bidonları diker, yamar, elinden her iş gelir. Bazen, bu adam çalışmazsa bu cehennemde yaşayamaz derdim.

Koğuşun diğer tiplerini devrimciler oluşturuyorlar. Olayları anlatırken onları da yansıtmaya çalışacağım. Bu yukarıda anlattığım üç tip de Devrimci Yolculara yardımcı olmuş üç ayrı kişilikti.

Dokuzuncu koğuşta birkaç arkadaşla birlikte ders çalışmaya başladık. Tarihe karşı özel bir ilgim vardı. Siyasal tarih günlük politika üretmeme de yardımcı olacaktı. Birçok olayı anlamam için birikim gerekiyordu. Bu yüzden kafa dengi diyeceğim bir grupla bu çalışmaya başladım. Grup genç insanlardan oluşuyordu.

Yusuf'un dışında Ziya Tan, Şükrü Özçetin ve Ünal Çolak vardı. Hepsi genç insanlardı. Şükrü ile yan yana yatmanın da verdiği samimiyetle yakın, dostane ilişki kurdum. Onun birçok sorununa ortak oldum. Şükrü çok yumuşak, mülayim bir kişiliğe sahipti. Alabildiğine duygusaldı.

Şükrü benim birçok konuda tartışacağım insan olacaktı, sırlarımın bir parçasını paylaşacaktı. Onunla bol bol şiir seansları düzenlerdik…

Yaşam Mamak'taki uğraş içinde akıp giderken benim hedefim de bu akışı bilinçli olarak daha verimli hâle getirmekti. İnsan cezaevinde kendini eğitmeli, geliştirmeliydi. Bunu sağlamanın yolu da bol bol okumaktı. Fakat bir program dahilinde okumak. Böylece günlük hayatın sorunlarının peşine takılmazsınız.

Bülent tahliye oldu gitti. Aslında çok sevindim. Mamak'ta çok dayak yiyen insanlardan biriydi. Bu cehennemden kurtuluyordu. Giderken sıkıca sarıldık, onu yolcu ettik.

Bazen okuduğumuz bir roman üzerine seanslar düzenliyorduk birkaç arkadaşla. En çok tartışma konusu yaptığımız kitap Gladkov'un Fabrika isimli kitabıydı. Kitaptaki kadın ve komünist sekreterin durumu üzerine yorumlar yapıyorduk. Ayrıca herhangi bir kitabı okuyan, diğer arkadaşlarına öneriyor, kitabı cazip hâle getirmek için kitabın propagandasını yapıyordu. Bence çok olumlu bir ilişkiydi bu.

Koğuşumuza Devrimci Yolcu birine yataklık etmiş bir öğretmen abi getirildi. Karadenizli olduğunu duyunca hemşerilik duygum kabardı herhâlde, abiyi yanımdaki bir yatakta konuk ettik. Oturup uzun uzun konuştuk. Çok çabuk kanı kaynamıştı bana. Mesleği öğretmenlikti fakat öğretmenliğin dışında çeşitli şeyler de pazarlıyormuş. Evli, çoluk çocuk sahibi bir insan. Bol bol pazardan, esnaftan, fiyatlardan söz ettik. İçeride sayımı anlattık, olacaklara hazırlamaya çalıştık. Arkadaşların yardımcı olması onu rahatlatıyordu. Kendi yaşına denk bazı arkadaşlarla ilişkisi gelişiyor, dışarısı için iş planları yapıyorlardı. Beni de "Ateş gibi yardımcı olur." diyerek yanlarına katıyorlardı. Gerçekten yeni gelen biriyle ilgilenen insan, yeni gelenin bütün gönlünü fethediyor. Size bağlıyor her şeyini. Özlemlerini kimseye vermez, kendisi ile ilgilenen insana açar. Dertlerini onunla paylaşır. Öğretmen abi de benimle bu tür bir ilişki kurdu.

Biz sayımlarda hâlâ düzenli dayak yiyoruz. Koğuş içeri giriyor 5 dakika sonra bizi içeri alıyorlar. Abiyi biz sayıma çıkartmıyorduk. Yaşlılarla, hastalarla içeride kalıyordu geçici olarak. Bizim geç girmemiz dikkatini çekiyor. Bir gün sordu "Siz neden geç geliyorsunuz". Arkadaşın biri "Biz sızıntı yapıyoruz" dedi. O da "Akşamları dışarı güzeldir değil mi?" deyince, "Ne demezsin. Kışın çok iyi oluyor" dedik. Fakat bir süre sonra öğretmen abi sayıma çıkmak zorunda kaldı. Rapor alamamış. Sayıma ilk kez çıktığı için heyecanlanıyor, ürküyor. Tabi doğal olarak karıştırıyor, adımları birbirine dolaşıyor, her yeni gelenin başına gelen şeyler yani. Sayım yapılıyor. Bizi yine çıkardılar, abi de çok sessiz saymıştı, o da çıktı. Koğuş içeri girince, bizi copladılar. Bizim abi de coplandı. Ellerinin çok acıdığına eminim. İçeri girdiğimizde, sızlanıp duruyordu. "Uy uy elim. Bana deseydiniz ki biz dışarıda dayak yiyoruz dünyada inanmazdım." Yahu be adam, sesleri de duymaz mı? Dünyada bir şeyi yaşamak kadar inandırıcı hiçbir şey yoktur. Gerçi günümüzde, geçmişte yaşananları unutmak yeni moda akımı oldu. Kimse geçmişini, zaaflarını anımsamak istemiyor.

Ben asıl olarak bir insanın temelsiz beklenti sonunda ne derece yıkılabileceğine, sarsılabileceğine örnek vermek istiyorum.

Öğretmen Abiye Tezgâh ve Kırılma

Öğretmen abi silah yüzünden geldiği için, mahkemesi sivile devredilecekti. Bunun için dilekçeler yazmıştık. Umutla sivile devredilmeyi bekliyordu. Çünkü sivilde tanıdıkları vardı. Ucuz yollu kurtulacağını düşünüyordu. Bu nedenle sivil onun için çok önemliydi. Sivil kurtuluştu, sivil cehennemden cennete açılan kapıydı. Her akşam yazıcıya sivile sevkin olup olmadığını soruyordu. Onun bu zaafını birkaç insan kullanmak istedi. Bence çok çok olumsuz bir olayı yaşattılar. Umarım yaptıklarından gerekli dersi çıkarmışlardır.

Yazıcıyı ayarlayan kıdemli, öğretmen abiye "Sevkin var, yarın hazırlan." dedirtmişler. Bizim bu tezgâhtan haberimiz yoktu. Olsaydı bozmak için bir an tereddüt etmezdim. Öğretmen abi hepimizi öptü, şen şakraktı. Gülüyordu, mutluydu. Bir numara olup olmadığını, Şükrü ve Yusuf araştırdı. Ama onlar da bir ses çıkartamadılar. Mecbur kaldık tezgâhı yutmaya. Sabahı zor etti öğretmen abi. Tezgâhı kuranlar zevkten dört köşe, onun o hâline gözlerinin taa gözbebeklerinin içiyle gülüyorlar. Açık vermek istemiyorlar. Yemeği yedik, ortalık sessiz, bekliyoruz. Fakat sevke giden yok, yazıcı gelmedi. Bir bok vardı bu işte. En sonunda anlaşıldı, sevk falan yoktu, numaraydı. Bunu kim söyleyecekti öğretmen abiye. Bizim anladığımızı fark etmişti. Tezgâhçı kıdemli ve işin tezgâh olduğunu itiraf etti. Ama işin vahametinin farkında değildi. "Sevk mevk yok" deyip kestirip atmış Yusuf. Öğretmen sanki birden yaşlandı, birden çöktü, sonra hızla ayağa kalktı.

Yumruklarını sıktı, gözlerinden sicim gibi yaşlar akıyordu. "Lanet olsun sizin gibilere, lanet olsun." diyordu. Sakinleştirmek için Yusuf ve ben yanına gittik, ağlıyordu. İnsan kocaman birinin ağlamasından etkileniyor doğrusu. "Bize faşistlerin önünde bu yapılmamalıydı. Bu kadar gururumla oynanmamalıydı, onu öldüreceğim." diyordu. Sakinleşmesi bir hayli uzun sürdü. Sessizliğe gömüldü. Dışarı çıkan yaşlar içeriye dönmüştü artık. İçeride yaşanıyordu deprem. Yusuf, öğretmeni sakinleştirmek için çaba sarf ediyor, onun ve onun gibi davrananların kendi kişilik sorunlarını anlatıyordu. Bir nebze yumuşattık. Fakat gidene kadar da öyle kaldı canlı, cıvıl cıvıl bir insanı bozuk yollamıştık. Giderken birkaç kişiye sarıldı ve gitti. Adresi bendedir fakat bir kez bile yazmadım, o da bir kez bile yazmadı.

Koğuşun Keskini

Hemen hemen her koğuşta rastladım bu tiplere, bir prototip olması ve bütün örneklerini kapsaması için anlatmak gerekir. Böyle insanlar da Mamak'ın bir gerçeği.

Hemen hemen bütün tartışmalarda makul olanın çok uzağında, olması gerekeni değil, olamayacak olanı savunurdu. Belki o savunduğu şeyin olmayacağını bile bile savunurdu. Yani bütün önerilerin en ucuna kendini koyar, en keskin görünme savaşı verir, bir marifetmişçesine 15 günü 20'ye, 20 günü 30'a, açlık grevlerini ölüm orucuna çevirir. En olmayacak eylemlerin kabul edilmesini savunur. Bütün bunları tartışma anında savunur. Fakat icraata gelince ortada yoktur. Olması gerekeni yaparken bile gerilerdedir. Bu tür insanların psikolojik durumunu anlamak çok zor, çok kolay. Kendini kabul ettirmek, kendini ispatlamak çabası mı? Belki... En sol görünüp sağ yaşamak mı? Belki... Ben önereyim nasılsa kimse kabul etmez, sırtımda yumurta küfesi mi taşıyorum düşüncesi mi? Belki… Yani kesin bir sonuca varmak zor.

Keskin, bir gün gelip, "Bundan sonra her gün sopa yiyeceğim sizinle. Sayım tavrınızı da destekliyorum kirvem." dedi. "Biz iyiyiz sağ ol." yanıtını verdik ama keskin sayımlarda sesini kıstı ve dayak yemeye başladı. Bir böyle, beş böyle, baktı ki pabuç pahalı. Sıkıla sıkıla geldi, "Kirvem ben eyleme son veriyorum." dedi. Yani beş gün dayak yemek bile onun için eylemdi ve o eyleme son veriyordu. Bu yaşadığımız basit bir olay, bu bile yaklaşım farkını gösteriyor. Biz yıllardır her gün yiyorduk ve yine de eylem demekten çekiniyorduk.

Aynı keskin, açlık grevinde ölüm orucuna dayandığında, ölüm orucuna katılmayacağını belirtmişti. Yani bunların gerçek yüzünün açığa çıkması için sadece ortamın biraz kızışması yeterlidir. Yoksa toz pembe günlerde üfürür, eserler. En yiğit, en şanlı direnişleri sözde savunur gibi yaparlar.

Sakin ortamlar, onların yeşerip boy vereceği bataklıktır aslında. Kendini süslü, cafcaflı, direngen sözcüklerle piyasaya sürer. Alıcısı vardır fakat usta bir göz malın defolu olduğunu küçük pratiklerden bile çıkartırlar. Konuşmaları, edaları, gözleri, genel yaşamları, savundukları büyük direnişlere uygun büyüklükte değildir. Keskin, küçük şeylerin hesabını yapar.

Özel bir not olarak şunu düşmeliyim. Sol sayılabilecek düşünceleri savunan ve hayatı pahasına yaşama geçirmiş ve geçirecek olan tipler keskin tiplemesine girmez. O siyasete bakış açısı gereği soldur. Yoksa nice TDY'li (Türkiye Devriminin Yolu), Acilci, Partizancı tanıdıklarım vardır ki söylediklerini yapabileceklerini birey olarak göstermişlerdir. Yine de keskinler durgun ortamda açıktadır. Kendi içlerindeki keskinleri onlar bilir. Bizim keskinimizi biz de biliriz. Yani burada benim düşüncemin solundaki bir eylem önerisini keskinlik olarak düşünmüyorum. Önereni keskin diye nitelemiyorum.

Bu Arada Mahkemede Neler Oluyor

Mahkeme aslında başlı başına bir konu. İleride belki mahkeme sürecini en başından itibaren yazmak isterim. Fakat şimdilik beni kişisel alanda etkileyen bölümlerini yazacağım. Bu da mahkeme sürecini kopuk kopuk ele almak demek olacak.

Mahkemede sorgu savunmaları hızla devam ediyor. Sorguya hazırlanan insanlar büyük bir heyecan duyuyorlar çünkü yıllardır beklenen an geliyor. İnsanlar teker teker, sırasıyla, ilk savunmalarını yapıyor ve tahliyelerini istiyorlardı. Hemen hemen her sanık böyle davranıyordu. Tahliyeler savunma sonrası ele alınıp karar veriliyordu. Birçok insan sorgulardan sonra tahliye oluyordu.

Nihayet benim sorgu sıram da gelmişti. Başından beri tahliye olmak diye bir sorunu önüme koyamadım. Yargılandığım olaylar, benim durumumu iyice ağırlaştırmıştı. İdam olmamak benim için tahliye demekti zaten. Sorguma babam gelmişti. Beni izlemek istiyordu. Yargıç "138 nolu sanık Fikret Doğan." dedi. Ben yerimden kalktım, ağır ama vakur adımlarla yürüyordum. Üzerimde kıpkırmızı bir tişört vardı, lacivert kumaş pantolon. Spor giyinmiştim. Salonda kırmızı giyen tek bendim. O tişörtü sevmemin çok özel bir anlamı yoktu. Belki alegorik bir çağrışımdı.

Masaya yaklaştım, iddianameler ve hazırladığım on sayfalık sorgu metnini kürsüye koydum. Fakat koyarken biraz sertçe koymuş olacağım ki, birden kürsüden çok büyük bir ses çıktı. Sanki heyet kendi kafasına odun yemiş gibi irkildi ve beni daha o anda dışarı atmayı planladıkları belli oldu. Benden pek hoşlanmamışlardı. Giyimimden, duruşumdan, kürsüye gelişimden, masaya dosyaları bırakışıma, ifade verişime kadar hepsi onlara battı. Nedense rahatsız oldular. Daha başlangıçta talihsiz bir açılış yapmıştım anlaşılan.

Savunmamı okurken heyet yerine gazetecilerin olduğu yere bakıyordum. Hakim sık sık "Bize bak, kürsüye doğru konuş." dese de pek etkili olamadı. Ayrıca duruşma başkanı general, ikide bir benim "faşist polis" dememe gıcık kaptı. Müdahale ediyordu. Her şeye rağmen sorgumu vermeye devam ettim. Yargıç ara verdi, 10 dakikalık arada ailemle selamlaştım. A Bloktaki arkadaşlarla, kadın arkadaşlarla konuştum. Hepsi heyetin bana gıcıklık yapacağında hemfikirdi. Neden dosyaları kürsüye fırlattığımı soruyorlardı. Artık onlar fırlattı dediler ya, geri almak mümkün değildi.

Duruşma tekrar başladı, savunmamı yaptım, son sözümü söyledim ve tahliye istemedim. Hem ne diye isteyecektim ki. Bile bile lades olurdu. Heyet başkanı "Savunman bitti mi?" dedi. "Bitti." dedim. General atıldı, "Seni duruşmanın huzurunu bozduğun için atıyorum. Görevliler çıkartın." dedi. İstemez, ben çıkarım, havasında dosyalarımı aldım, hırkamı giydim, salondan çıkmadan babama bir baş selamı çaktım. Mutluydum. Duruşmada sorgusu biter bitmez atılan başka da insan olmadı. Övünülecek şey değil mi? Eee...Eski gazi olduk ya, övünecek ne kaldı ki?

Mahkemeden koğuşa getirildim, subay yolda neden geldiğimi sorup duruyordu. Ben pek konuşmak istemiyordum. Dayak atarlar diye düşünüyordum. Fakat hiçbir şey yapmadan koğuşa yolladılar. Erken gelişime arkadaşlar da şaştı. Mahkemede olanları kısaca özetledim ve gidip zulada uyudum.

Bir aydır Güler'den haber alamıyordum. Eski sıklıkta mektup yazmıyordu. Bu durum beni oldukça endişelendiriyordu. Başına bir şey gelip gelmediğini merak etmeye başlamıştım. Annemlere sorduğumda hiçbir bilgilerinin olmadığını öğrendim. Her geçen gün kaygılarım artıyordu. Bu kız nerelere kaybolmuştu?

Bir süre sonra bir mektup geldi, iyi olduğunu, arayamadığı için üzgün olduğunu vurguluyordu. Mektubunu okumak beni hayli etkiledi. Çünkü özgür olduğunu bilmek başlı başına sevinç kaynağıydı benim için. Mektubu eski mektupları gibi değildi aslında. Oldukça yavanlaşmıştı. Yine de önemi yoktu bunun. Sağ ve salim olduğunu bildirmişti ya, yetmez miydi?

Tek Tip Elbise Dayatması

Aylardır kafamızı meşgul eden bir olay vardı. Kaçakçılara tek tip giydirmişlerdi, bize de giydirecekler miydi? Giydirmek isterlerse ne olacaktı? Bu konuyu çeşitli gruplarla tartışıyorduk. Kimi grubun insanları kesinlikle giymemek gerekir diyordu. Biz ne yapacaktık? Anlayış olarak giyilmesine karşıydım. Çünkü tek tipin insan üzerinde olumsuz etki yapacağına inanıyordum. Bütün yolcular ne yapacağını tartışıyordu sanırım. Ortada "giyeceğiz" lafı dolaşıyordu sanırım. Aralık yenilgisi kimilerine büyük bir ders olmuştu. Öylesine bir çöküş yaşamıştık ki... Hem fiziksel, hem de psikolojik. Kendimizi yıllarca toparlayamadık. Bu pahalı bir deney olmuştu. Ya şimdi elbiseye direnmeye hazır mıydık? Koğuşlarda kalan insanlar tek tipin gelmesini istemiyorlardı. Çevrelerinde eski ileri unsurlarla bu konuları tartışıp, giyilmemesi yönünde bir kamuoyu oluşturuyorlardı. Bir kısım insan ise giyilecek havasına girmişti bile. Aslında hangi durumun geçerli olacağı yapılan konuşmalara, alınan kesin tavırlara göre değişecekti. Bazı arkadaşlar dayatmalara karşı başarılı olacaklarına inanmış olmalılar ki, giyilmemesi yönünde büyük bir kampanya başlattılar. Bir duruşma sırasında insanların bu çabası meyvelerini verdi ve ne pahasına olursa olsun giyilmeyecek, direnirsek hak kazanabiliriz düşüncesine dönüştü. Ve bu fikir bir anda diğer bloklara yayıldı. Artık tek tip elbise giyinmeyecektik, bunu netleştirmiştik. Şimdi her koğuş gidip kendi içinde bunu konuşmalı, nasıl davranacağını bilmeliydi.

Diğer siyasetlere elbise giyilmeyeceği söylendi. Eskiden giymeyeceğiz diyenler, "Biz giyeceğiz, siz iki ayda fikrinizi değiştirdiniz." diyorlardı. Dokuzuncu koğuşta yaptığımız açık bir toplantıda, Devrimci Yolcuların dışında, Devrimci Solun birkaç adamı hariç bütün insanlar elbise giyeceklerini bildirdiler.

Elbise giyilmemesi yönünde birçok kişi kendi kişisel çabasını göstermiş, tanıdığı insanları kendi fikri yönünde iknaya çalışmıştı. Elbise giyilmemesi her blokta, hatta her koğuşta, belki de birkaç insanın ısrarlı çabaları sonucu olmuştur. Bu konuda her inançlı insan, bir parça etkide bulunmuştur. Ben bütün Mamak çapında kimlerin nasıl bir etkide bulunduğunu bilemem. Bu kararın alınmasının pek çok boyutu ve etkeni vardı. Bu nedenle bu konuda eksik varsa benim bilemediğimdendir. Yoksa çarpıtmak istemem.

Aslında uzun zamandır tedirginlik içinde beklenen bir olaydı. Kimi insan kendine sorun etmezken kimi insan da buradan yola çıkarak bir şeylerin pazarlığını edecek ortam yakalamak istiyordu. Bir kere fiziki işkence mutlaka kaldırılmalıydı. Bunun yolu da bir çizgide ayakta kalabilmekti. Yıllar önce, aralık ayında, ayakta kalmak istemiştik fakat dümdüz edilmiştik. Ya şimdi ne olacaktı? Birçok şeyin tedirginliğini, hesabını içimizde yaşayarak günleri geçiriyorduk ve beklenen an gelip çatmıştı…

Mahkemeden dönenler elbiselerin hazır edildiğini fısıldıyordu. Herhâlde yakında bizlere vereceklerdi. Herkes elbise konusunda bir şeyler söylüyordu. Bazı insanlar filmlerdeki gibi çubuk çizgili olmaması iyidir, diyordu kimi sarı, kimi kırmızı, kimileri de uçuk renkleri yakıştırıyordu elbiseye.

Gerçekte bize dayatılan tek tip lacivert ya da koyu mavi, kalitesiz bir bezden yapılmıştı. Öylesine kötü bir şekilde boyanmış ve dikilmişti ki, öylesine iticiydi ki. Normalde insan elini sürmez o paçavralara, biz yıllarca yaşayacaktık içinde.

Yeni Bir Yıl Yeni Bir Hayat

Yeni yıl gelmişti artık, buruk bir şekilde kutlandı. Gelen bilgiler elbiselerin yarın itibarıyla kesinlikle giydirileceği yolundaydı. Hayatımda geçirdiğim en ilginç yılbaşı o yılbaşı oldu. O gün bütün elbiselerimle birlikte, yatağımı açmadan uyumuştum. Yarın beni, bizleri büyük bir cenk bekliyordu.

Diğer insanları ikna edememiştik, insanlar korku ve panik içindeydi. Birkaç Dev-Solcu bizlerle birlikte elbise giymeyeceğini deklare etti. Demek bu kadardık. İnsanlar eşyalarını toparlıyor, sivil elbiselerini teslim etmek için çantalara koyuyordu.

Biz son kez bir araya geldik ve ayaküstü bir iki şey tartıştık. Arama yapanlara nasıl davranacaktık, döverlerse nasıl tavır alacaktık. Bu işi bırakmak isteyenlerin, eylem başlamadan bırakmaları bizler için iyi olacaktı. Bu, hem bizim eylem anında etkilenmemizi önleyecek hem de idareye saldırma cesareti verecekti. Bu düşünceyi açıkça söylemem birkaç arkadaşı üzdü anlaşılan…

Arama yaparlarsa üzerimizi aratmaya izin verecektik. Fakat soyunmayacaktık. Dövmeye kalkarlarsa, kenetlenip slogan atacaktık. Sigaraları zulaya koymuştuk. Beklemeye başladık…

Elbiseleri getirip koğuşun ortasına attılar. A Blokta koğuşları teker teker hava boşluğuna çıkarıp çıkarıp, elbise giyip giyilmeyeceğini sorma şeklinde olmuş. Giymeyenler hemen oracıkta pestili çıkana kadar dövülmüş, zorla soyulup, giydirilmiş ve döverek tekrar koğuşa atmışlar. Yani her yerde elbise cengi bir başka biçimde yaşanmış, dayak her yerde sabit olarak yaşanmış.

Mavi bir dağ, mavi bir çöplük koğuşun ortasında duruyordu. Faşistlerin ve diğer insanların mavi çöpe saldırmaları bana garip geliyor, irkilti yaratıyordu. Faşistlerin değişimi, gülerek, şakalaşarak, sanki Vakko'dan birer takım alır gibi zevkle yapmaları midemi bulandırmaya yetmişti. Buna devrimcilerin eklenmesi artı bir eziklik yarattı.

İnsanlar nasıl da ucuzluktan kapış kapış mal alır gibi kendi bedenlerini örtecek elbiseyi seçme mücadelesi veriyorlardı.

Sevdiğim insanlar vardı içlerinde. Güldüğüm, konuştuğum insanlar vardı. Şimdi ne kadar uzaktık birbirimize. İçlerinden birine yeni botlarımı vermiştim, sen giy diyerek. Nasılsa bizi hücreye atacaklardı. Daha birkaç kez giymiştim. İçleri beyaz yünlerle kaplıydı. İnsanın ayağını sıcacık tutuyordu. Onu giyip gitsem nasılsa cebelleşirken, falakaya yatırılırken ayağımdan fırlatıp atacaklardı. Hiç olmazsa bir dostun ayaklarını ısıtır diye düşünmüştüm.

İnsanlar böylesine panik ve kargaşa içindeyken bizler çok sessizdik. Parkalarımızı giyip, ayakkabı bağlarımızı sıkıca bağlamıştık.

Ben böylesi gerilimli günlerde eski bir arkadaşın önerisini yerine getirirdim. Mutlaka kargaşa çıkacağını anlayınca mutlaka büyük tuvalete çıkardım, Çünkü onca hengamede, işkencenin ortasında bir de onun işkencesine katlanmak zor olurdu. Bu tecrübeyle sabit, yaşanmış olayların bana kazandırdığı bir alışkanlıktı. İnsanı işkence kadar sıkıntıya sokar tuvalet ihtiyacı. Yani bütün ihtiyaçlarımı gidermiştim, o manada hiçbir sıkıntım yoktu.

Bizim koğuş beklemeye başladı. Beklemek çok ürkütücü bir şeymiş, bunu dokuzuncu koğuşta çok acı öğrenecektim. Diğer koğuşlarda birtakım hareketlenmeler oluyor, askerler koşturuyor, giymeyenlere neler oluyordu, bizce meçhuldü.

Tek tek kapılar açılıyor, bağırtılar, çığlıklar sloganlar geliyordu. Sloganları duyar duymaz bizim koğuşun elbise giyen devrimcileri de dahil "Mamak'ta işkenceye son." sloganını atmaya başladık. Ne gür bir sesti, bizden mi çıkmıştı o kükreme? Yıllarca mırıltılı konuşmaktan sesimizi unutmuşuz. Gürledi ortalık ve tekrar sessizliğe gömüldük. Bekliyorduk, bekliyorduk, bekliyorduk... Beklemek bizi huysuzlaştırıyor, yalnızlaştırıyor, korkutuyordu. Her çığlık, her bağırtı sanki bizim içimizde bir şeyleri koparıyordu. İnsanlar ikişerli, üçerli köşelere çekilmeye, kendi aralarında konuşmaya başlamıştı. Bunun nasıl kötü bir hâle alamet olduğunu bilemeyecektim. O bekleme sürecinde insanlar korkularını yeniden üretecekler, korkuya yeniden yenileceklerdi. İki insan ya da bir insan kümesi korku üretmeye başlarsa, geçmişte verilen sözler unutulur, her şey yeniden, yeniden konuşulur, olumsuz sonuçlar hep birlikte çoğaltılır. Bizim koğuşumuzun yolcuları, bu noktaya sürükleniyordu. Beklemek yudum yudum eritiyordu bizi. İnsanlar köşelere çekilmeye, sinmeye başlamıştı. Dev-Solcuların elbise giyeceklerini bildirmeleri, dağılma sürecinin ilk adımı oldu. Onlar da mavi çöplük üzerine uçtular ve birer parça bez kapıp, alelacele giydiler. Onları suçlamıyordum ki diğer sol gruplar giyince onların vazgeçmesini her an bekliyorduk.

Bizim koğuşun yanındaki sekizinci koğuş çıkarıldı. Bizim arkadaşların dışında herkes tek tip giyinmişti. Bizim arkadaşlara moral verdik. Onlar bize moral verdi. Sekizinci koğuştan insanları bizim duvar yerine parmaklık olan koğuşumuzun önünden geçerken bir parça güneş oldular. Koyu maviliklerin boğduğu havayı ısıttılar. İnsanlar köşelerinden çıkıp, parmaklıklardan, koridordan geçen insanlara, dostlarına baktılar. Bu hepimize cesaret vermişti.

İçimizdeki korkuyu dağıtmıştı. Ve sekizinci koğuşun en son üyesi de geçince biz tekrar beklemeye başladık. Ve birden slogan sesleri "Mamak'ta işkenceye son". Biz de katıldık. Ve derin bir sessizlik... Ortalık çığlıklarla doluyordu. Tanrım bu nasıl bir çığlıktı... Sanki insanlara elektrik veriliyordu... Yoksa bantlara alınmış ve emniyetteki insanları korkutmak için dinletilen çığlıklar mıydı? Kafamı meşgul ediyordu o korku çığlıkları.

O çığlıklar, bütün insanların bildiği, ürktüğü, üzerinde korkunç izleri olan vahşi bir gırtlak yırtılmasıydı. Neler oluyordu? Mamak'a işkence mi gelmişti? Özellikle tezgâh mı kurulmuştu? Zihinler binlerce şey arasından buna takılmış, bozuk bir plak gibi, elektrik veriyorlar herhâldeyi dışa vurmuştu. Ve bütün insanlar o çığlıklardan etkilenmişti. Bu çok açık bir biçimde belli oluyordu. Biz bekliyorduk. Beklerken de çok acı çekiyor ve acı üretiyorduk, bunu ancak yaşayanlar bilebilir...

İnsanlar yine kümeleştiler, konuşmaya, tartışmaya başladılar. Neler olup bittiğinin yorumunu yapıyorlardı... Ben ve Yusuf volta atıyorduk. İnsanların o durumunu Yusuf'a anlattım, insanları o psikolojiden nasıl kurtarmalıydık, kurtulmalıydık. Birbirimizi olumlu yönde destekliyorduk. Elektrik de olsa gidecektik. Her şeye rağmen el ele işkenceye gidecek, "Dayan gülüm." diyecektik. Bunlar beni rahatlatıyordu, sanırım onu da rahatlatmıştır. Çünkü sayımlarda aylarca beraber dayak yemiştik. Ortaktık onunla.

Bekle, bekle, bekle... Zaman korkunç ağır bir şekilde, sürükleniyor gibi geçiyordu. Akşam karanlığı basmıştı, biz sabahtan beri gerilim içindeydik. Sabah beş, akşamın beşi kaç kere dayak yedik, kaç kere ezildik. Bekleyenler bunu bilir... Her koğuşun çıkışı bizim de çıkışımız oluyordu. Onlar işkenceyi görüp rahat diyorlardı. Biz yeni bir koğuş eşliğinde, içimizde yeniden işkenceye gidiyormuş gibi ürküyorduk. Bu bekleme psikolojisi eziyordu bizi.

Sanki sekizinci koğuş gideli saatler, günler geçmişti ve nihayet koridor kapısı açıldı. Bizim arkadaşlar görünmeye başladılar.

Hepsi mavi pisliğe bulanmıştılar. O parlaklıkları, sıcaklıkları gitmişti. Hiç mi hiç gülmüyor, bakmıyorlardı. Sesimize ses vermiyor, robot gibi geçip gidiyorlardı. Biri sırtta taşınıyordu. İnsanlar sekizinci koğuşun bu hâlinden öylesine etkilendiler ki, sanki tonlarca sopayı biz yemiştik...

İnsanlar her geçen arkadaşın ismini söylüyor, "Şu da giymiş gördün mü?" diyorlardı. Herkes kendisi için psikolojik gerekçe kurmaya başlamıştı. Dağılıyorduk, korkuyorduk, panik ve korku artmıştı. Arkadaşlarımız da mavi çöplüğe uçtular, uçuştular, son kalan parçaları birbirinden kopmaya çalıştılar. Öylesine panik içinde bir görüntü verdiler. İflas eden bir şirketin borsadaki hisse senetlerinin satışındaki an gibi bir an. Bir an önce elinizdeki kağıtları satamazsanız işiniz biter, sizi intihara götürür ya. Sanki borsanın telaşı yaşanıyordu. Elbiseler alelacele üstlere geçiriliyor. Zira sekizinci koğuştan sonra bizi götüreceklerdi. Demek ki "Sekizinci koğuş gittiğinden beri eziyet görüyor." düşüncesi hakimdi.

Bütün dostlar maviye boyanmıştı. Ortada ben ve Yusuf kalmıştık. İnsanlara giymemesi yönünde yapılan tartışmada, bir arkadaş, "Sorumluluk bana ait, herkes giysin." diyordu. O, sözüm ona orada bizi temsil ediyordu. Onun sözleri zaten giysileri alan insanları ne derece rahatlatacaktı ki. Yusuf, "Sen kimsin ki sorumluluk alıyorsun." demişti. Evet kim kimin sorumluluğunu alabilirdi ki...

Doğrusu yaşananlar gözümü korkutmuştu. İki kişi kalmak beni ürkütüyordu. Diğer arkadaşların ısrarları, yalvaran konuşmaları beni etkiliyordu. İşkence beni etkiliyordu. Fakat Yusuf'u bırakamazdım. O bana çok güveniyordu. Yusuf'la konuşmak için tuvalete gittik. Giymemiz gerektiğini söyledim, eğer bir tek insan çıkarsa bu elbiseyi atmaya söz veriyordum. Yusuf yıkıldı, ağladı, ağladı. Sarıldım ona, bir çocuk gibi ağlıyordu. Başka koğuştaki arkadaşların yüzüne nasıl bakacaktık. Nasıl mahkemeye gidecektik. Söz verdik. Eğer mahkemeye gittiğimizde giyinmeyenler varsa orada çıkarıp atacaktık.

Yusuf küçük bir çocuk gibi sarılmış ağlıyordu. Kapıyı kilitlemiştim fakat sesler koğuşa kadar gitmiş. Beni merak eden arkadaşlar kapıyı açmaya cesaret edemedi. İçeride ne kadar kaldık bilemiyorum. Koğuşa geçtiğimizde hıçkırıkları yeni kesilmişti Yusuf'un. Yusuf çökmüştü sanki. Belki en güvendiği insanın da kendisini yalnız bıraktığını düşünmüştür. Sanmam, dostluğumuz hep artarak gelişti. Yusuf'a söz verdim, iki pantolon sakladık yastıkların içine, direnişe geçince onları çıkartıp giyecektik.

İkimiz de mavi pisliği yüzümüze, vücudumuza sürmüştük. Giymiştik o mavi paçavrayı, hem de onca direniş hayallerinin hiçbirini gerçekleştirememiştik. Beklemek ne sonuçlara yol açmıştı. Beklemek, ölümü bile göze aldığını söyleyen bizleri nasıl da yıkmıştı. Bunu hiç unutmadım. Bundan sonraki direnişlerde, bekleme psikolojisini alt edecek her şeyi yapacaktım.

Bütün insanlar mavilere bürünmüş olarak küçük havaya çıkartıldık. Üstümüzdeki kuledeki cezaevinin meşhur albayı Raci Tetik'in önüne çökertildik. Hepimizin, gönderdiği paçavraları giydiğini görünce nasıl da neşesi yerine gelmiştir hazretin. Koğuşa tekrar sokulduk.

Maviler İçinden Bir Utanç

Koğuşta çıt çıkmıyordu. Psikolojik olarak korkunç bir uçuruma yuvarlanmıştık. Kimse kimsenin yüzüne bakamıyor, bakmak istemiyordu. Yusuf'la ben bir köşeye çöktük, dizlerimizi karnımıza çektik. Kolumuzu dizlerimizin üzerine koyduk. Kafamız kolumuzun üzerinde bekledik. Ağlıyordu Yusuf, ben ağlıyordum ama onun gibi gözyaşlarımı dışarı akıtamıyordum. Kupkuruydu göz pınarlarım. İki kez dolmuştu, biri emniyette çözülmüştüm. Karakola giderken mahalleden geçirilmiştim, sokaklara baka baka geçerken düştüğümüz durum gözlerimi doldurmuştu. Fakat taşmadı dışarı, ikincisi annemin ilk görüşe gelip ağladığı zamandı.

Kafalarımız dizimizin üzerindeki, kolumuzda öylece kendi iç hesaplaşmamızı yapıyorduk. Lanet okuyordum kendimize, dostlara, herkese. İşimizi bitirmişti adamlar. Böyle mi sona erecekti direniş hayallerimiz? Birbirimizle konuşmadan öylece kaldık, saatlerce düşündük. Arkadaşlardan hiç kimse yanımıza gelmedi. Gelmesini de istemiyordum doğrusu.

Sabah sekizinci koğuşta Veli Erdoğan ile konuştuk, yeniden elbise çıkarılması gerektiğini savunduk. Onlar da açlık grevi yapacaklarını, birlikte yapmayı önerdi. Ben Yusuf'la konuştum. O, elbiseyi de çıkartalım diyordu. Biz dilekçeleri yazdık. Diğer arkadaşlara da "Açlık grevi yapacağız." dedik. Onlar toplandı. Birçok arkadaş, "Onlar giderse bizim burada kalmamız doğru olmaz, biz de katılalım." demiş. Koğuşta kimse kimseyle eskisi gibi samimi değil, elbisenin son anında yaşananlar insanları yıkmıştı.

Öğleden sonra kıdemliler çağrıldı. Elbise direnişinin Mamak'ta sona erdiğini söylediler. Bundan sonra dayak atılmayacak, eğitim yaptırılmayacak, tekmil verilmeyecekti. Yani idareye geri adım attırmıştı A Bloktaki direnişçiler. B Blok, 11. koğuşta 25 kişi hiç giymemişti. Diğerleri ilkin dayak yiyorlar, elbiseyi kabul etmiyorlar, kafeslere dolduruluyorlar sekizinci koğuş da dahil. Raci gelip, "Anlaşalım." diyor. Kafesteki birkaç kişi insanları etkiliyor. "Tamam siz istekleri kabul ettiğinize söz verin giyelim." diyorlar. Raci söz veriyor, onun sözüne de ne güven olurdu ya. İnsanların büyük bir bölümü mırın kırın ediyor fakat giyiyorlar. Sekizinci koğuş geri dönerken "Anlaşma yapıldı." demeyi unutuyor bize, ki insanlar anlaşmanın bu biçiminden umutsuz. "Kandırmaca." diye düşünüyor. Her şeye rağmen 11. koğuş direniyor. Levent, Ertuğrul Ak, Nuri Aytun ve diğer insanlar hücrelere alınıyor. Ta A Bloktan bir arkadaş getirilip gerçekten kendilerinin bıraktıklarını, anlaşma yapıldığını anlatıyor. Ama asıl kararı kendilerinin belirleyeceklerini de söyleyerek durumu iletiyor. 11. koğuş tartışıp elbiseyi kabul ediyor, ondan sonra kıdemliler koğuştan çağrılıyor.

Kıdemliler geri geldi. Bütün insanlar etrafına toplandı. O subayların anlattıklarını bir bir aktardı. Birçok insan, haklardan dolayı bayram sevinci yaşıyordu. Hem de zerre kadar katkısı olmadan sevinmek bana hiç de normal gelmiyordu. İçimde müthiş bir eziklik vardı. "Savaşa ortak olamayan, onun zafer sevincini nasıl yaşar?" diyordum. Yine de işkencenin biteceğini öğrenmek iyi bir haberdi. İnsanlar yeni gelişen durumdan çok hoşnuttu. Kendi aralarında yorumlar yapıyorlardı.

Oldum olası her olayı yorumlamak, kendince sonuçlar çıkarmak Mamak sakinlerinin en büyük hobilerinden biri olacaktı.

Yusuf çok sessiz dolaşıyordu, yemeklerini çok az yiyordu. Üzgündü, onunla yakın olmak zorundaydım. Onun bana, benim ona destek olmamız gerekiyordu.

Koğuştaki arkadaşlar bir araya gelmiş, yaşananları konuşacak, biz de gittik. Yusuf konuştu ilkin: "Ben üzerime düşeni yapamadım. Bundan sonra hiçbir görev almayacağım. Ta ki direnişlerde başarılı olana kadar." dedi. Ben de "Bir Devrimci Yolcu gibi davranamadıktan sonra, ne diye bir şeyler yapıyormuş gibi duracaktık. Bundan sonra hiçbir gelişmede yer almıyorum." demiştim. Orta yere bomba düşmüştü. Bizim öyle dememiz onların da kendilerini acımasızca yargılamaları gerektiği anlamına geliyordu. Toplantı dağıldı.

Mahkeme elbise giydirileceğinden önceden haber edilmiş olacaktı ki son duruşmada mahkemeyi dokuz gün ileriye atmıştı. Haftada üç gün çıkıyorduk, hızlı hızlı savunma yapmaya zorlanıyorduk. Fakat birden dokuz gün atılmıştı. Bu işkencecilere verilen süreydi. Dokuz günde işlerini bitirmeliydiler. Demek ki tarafsız ve işkenceyi yargılaması gereken bir mahkeme, bir yargıç, işkenceciye "Alsana dokuz gün. Ne yaparsan yap." diyordu. O insanların insanlığı var mıydı acaba? Bile bile onca insanı acıya gark etmeye ortak olmuştu. Ne farkları vardı Raci'den. O dövdürüyor, aynı şekilde mahkeme de ona gerekli zemini yaratıyordu. Zaten Mamak, emniyet, mahkeme bir şeytan üçgeniydi. Karar bu üçlüde alınacaktı.

Mahkemeye gittik, çok garip bir durumdu. İnsanlar özellikle A Bloklular sevinçliydi. Direnmişler de ondan mı? İşkenceyi kaldırmışlar da ondan mı? Artık konuşmak, gülmek serbest. Bizlerle konuşup selamlaştılar, konuştuk kaynaştık.

B Bloklular da kendi içinde o kırgınlığı aşmalıydı, önümüzde yeni bir dönem vardı. Daha sıkı sarılmalıydık birbirimize.

Biz de koğuşta o bozuk havayı dağıtmak için, insanlara sıcak yaklaştık, buz gibi ortam yavaş yavaş yok oldu. Yeniden canlandık, sevgi duyulmaya başladı. Yine de kalbimde çizgisi vardı. Fakat yeni dönemin haklarını korumalıydık. Bu da daha kaynaşmış olmamızı gerektiriyordu. Zafere ortak olmalıydık. Moral aşılamalıydık. İdare gerilemişti. Biz ilerlemiştik. Kendimize gelmeliydik. Dostluklar kurulmak zorundaydı, yeni dönemi korumak için.

Yeni Bir Döneme, Yeni Bir Başlangıca Doğru

Cezaevinde elbise direnişi, birçok şeyin değişmesinin başlangıcı oldu. İnsanlar idare karşısında ilk kez zafer kazanmıştı. Bu dayanmak için bir destek oluşturuyordu. Kendimize güvenmemiz gerektiğini öğretmişti. İşte idarenin ne yapacağını bilmez durumda, belki de ilk kez "Artık ipler elimizden gitti." dediği andı.

Elbise direnişi A Blokta da çok şiddetli yaşanmış. Birçok insan bu direnişte olumlu, olumsuz birçok şey yaşadı. Elbette A Bloktaki arkadaşların bu direnişin başlatılması ve sürdürülmesinde payı büyüktür. Bu direniş, kendi içinde eksiklikleri ve yanlışlarıyla da değerlendirilmeli. A Bloktaki her koğuş, bizim içinde eridiğimiz bekleme psikolojisini yaşamış, bunu aşanlar olmuş, aşamayanlar olmuş. O zaman diliminde olanlara ilişkin birçok şey duymuştum. Kısaca aktarayım:

Bir kısım arkadaş dövülmüş, çırılçıplak hücrelere atılmış. Bunlar beşinci koğuştaki arkadaşlar sanıyorum. Hücrelerde birbirlerine sürtüne sürtüne ısınmaya çalışmışlar, donmamışlar.

O hücrede, tabutta çıplak bekleyen insanların neler düşündüklerini elbette yansıtamam ben. Onu onlar yaşadı.

Ayrıca dördüncü koğuştan birkaç kişi, elleri kelepçelenmiş olarak havalandırmada tutulmuş, eylem genelde dayakla bastırılmış. Üçüncü koğuşta Hüseyin Cihan ve beş altı arkadaşın dışında bütün koğuş elbiseyi giymişler. Hüseyingil de iyice ezildikten sonra, yaptıkları iç tartışma sonucu giymişler. Zaten öğleden sonra da iş bitmiş. Bunları küçük havalandırmaya, kelepçeli atmışlar. Orada bekletmişler. Kış geceleri Mamak çok soğuktur. İnsanın kanını dondurur. Tecritten insanları da aşağıdaki hücrelere doldurmuşlar. Kabaca bilgi böyle... Detay onları yaşayıp bilenlerde…

Yeni dönemde bizler çok dikkatli olmalıydık. Kazanılan hakları geri vermemeliydik. Bunun için de kendimize güven duymalıydık. İkincil olarak da idareyle askerleri kışkırtıcı, tahrik edici davranışlara girmemeliydik. Oldukça mesafeli ve ölçülü olmalıydık. Çok insan muhatap olmamalı, diyaloglar, kıdemli aracılığıyla sürdürmeliydik. Askerler "Lan" derse, kişisel kavgadan çok, subayı çağırtıp askeri ikaz ettirecektik. Yani biz elimizden geldiğince temkinli davranacaktık.

Tabi istisnalar, yalancı pehlivanlık yapanlar oluyor. Yerli yersiz gidip askere çatabiliyor ya da askerle gereksiz diyalog kurabiliyor. Bunlar bizim açımızdan iyi şeyler değildi. Zamanında çıtını çıkarmayan insanın, böylesi olumlu bir dönemde, havalı, tahrik edici davranması subayların biriktirmelerine yol açıyor. Subaylar sık sık 12 Eylül öncesinde, "İpler elimizde değilken de çağırır, subaya fırça atardınız." derken kendilerince bu işin çok da sürmeyeceği hesabını yapıyorlardı.

Uzun bir süre size canının her istediğini yapmış bir ekibin, bu durumu sindirmesi mümkün değildir. Sizle konuşurken her kelimesinde "Lan" diyenlerin bunu söylemeden konuşmak zorunda kalması, onun için ne kadar eziyet vericidir. Sizi her gün dövme alışkanlığı edinmiş birinin, dövememesi neye benzer bilir misin?

Eroine alışmış bir eroinmanın, yeterli dozu alamamasında geçirdiği krize benzer. İşte subay, asker cephesindeki genel hava buydu. Bu geçmişte iktidar olanların, iktidarı kaybettiklerinde düştükleri boşluk dönemine benziyor. En küçük fırsatı değerlendireceklerdi ve değerlendirmeye çalıştılar zaten…

Hesaplaşma tam olmamıştı. Dokuz günlük izinleri bitmişti. Bu nedenle yeterince ezilememişti tutuklular. İdare hâlâ kendini tutukludan üstün görüyordu. Evet, son hesaplaşma olmalı, tutukluya gücünü göstermeliydi idare. Ya da tutuklu son hesaplaşmada üstün çıkmalıydı. İpler ortadaydı birkaç hafta.

Peki, yankilerin cepheden ne haberdi? Yankiler, devrimcilerin başarı kazanması karşısında olumsuz etkilendiler. Devrimciler idareye kafa tuttular, kendini ispatladılar, hak kazandılar. Yankiler bu durumu yediremiyorlardı ve yalancı pehlivanlar gibi ortaya çıktılar. Biliyorlar ki idare dayak atmayacak. Bu onları iyice pervasızlık içine itiyordu. Nöbetçileri çağırıp fırça atıyorlar. Biz genelde askere "komutanım" yerine "nöbetçi" demeye başlamıştık, İsteklerimizi "Yapar mısın?" diye nazik dille anlatırken onlar, doğaları gereği kabalık yaptılar ve bunu da hava aracı olarak kullandılar. Askerleri, subayları terslemeye başladılar. Sayımlarda eşyaları saçıp ortalığı dağınık bıraktılar. Eskiden tertemiz ve düzenli oluyorlardı. İsterlerse olmasın cop onları hizaya sokmuştu. Hem de bizim yediğimiz coplar…

Faşistler genel bir politika gereği idare ile bizi karşı karşıya getirmeye çalıştılar. "İdare ile komünistler anlaştı, idare komünistlere teslim oldu." dedikodusunu yaydılar. Bu tür şeyler ortalığın gerilmesine yol açıyordu. Operasyoncuların desteklemesiyle bu olumsuzluk, hoşnutsuzluk patlak verecekti.

Yani faşistler kurulan olumlu havayı bozmak için provakasyon yarattılar, kavga çıkardılar. İdare bu kavgaları gerekçe göstererek, "Siz dayak olmazsa geçinemezsiniz." mantığını uygulamaya koydu ve savaş yeniden başlatıldı.

Elbise direnişinin sağladığı ortama, biz 1984 açlık grevi sonrasında bile ulaşamadık doğrusu. Ta ki 1987 yılının sonlarına kadar. Hiç kimse bize karışmıyor, havaya çıkıyoruz, eğitim yapmıyoruz, komutanım demiyoruz. Görüşe gidince yüzümüzü duvara dönmüyoruz, gelip geçenlerle konuşuyoruz. İstediğimiz gibi duruyoruz, gömlek düğmeleri sonuna kadar kapalı değil. Havada konuşup şakalaşabiliyoruz. Geceleri istediğimiz saate kadar kitap okuyoruz, sabah keyfimize göre kalkıyoruz. Yani her şey mükemmel. İnsan bunların Mamak'ta yaşandığına inanamazdı o dönem. Yemeklerde tekmil yok, sayımlarda "sondur komutanım" yerine "son" diyoruz. Yani insan olarak kişiliğimize yönelik hiçbir ters uygulama yok.

Böylesi bir rüyaydı ve biz o rüyanın bitmesini istemiyorduk. Ta ki idare copuyla dürtene kadar. Bu yaşamdan vazgeçmek istemiyorduk. "Hep bu yaşamı direnen insanlar kurdu, o zaman bizler koruyacağız. Onların direnişi boşa değildi." diyerek kendimizi bir daha o karanlık yaşama mahkum etmek istemiyorduk. Tavuk gibi kırk gün yaşamaktansa horoz gibi bir gün yaşamak sözü en sevdiğimiz söz olmuştu. Yaşayabildik mi? Herkes kendi yönünden cevap verecekse ben yaşayamadım…

A Blok yedinci koğuşta faşistler kavga çıkarıyor, idare bunu saldırılarının gerekçesi yapıyor ve ortaya hortlak gibi eski uygulamaları adım adım koymaya başlıyor. İlk gün "yemek tekmil"i isteniyor. Sabah tekmil vermeyen birkaç kişi tabutluklara konuyor. Öğlen uygulamadan vazgeçiyor ve akşama büyük saldırının hazırlığı başlıyor. Ve cıngar kopuyor. A Blokta bu gelişmeler yaşanırken…

İdare B Bloktaki yeni uygulamayı içine sindiremiyor. A Bloktaki gelişmelere paralel, burada da birtakım şeyler uç vermeye başladı. Onuncu koğuşta çıkan bir kavgadan sonra bazı subaylar bunun eski uygulamalara dönmek için bir basamak olmasını savunurken bazıları buna karşı çıkmış. İdare gergin, biz tetikte bekliyoruz.

Bir arkadaş akşam yemeğini almak için, yemek dağıtılan yere gidiyor. Burada yemek alımı A Blok gibi değildir. A Blokta yemekler askerlerce koğuşun kapısının önüne getirilirdi. B Blokta yemekleri bir yere koyarlar, biz gidip oradan alıp geliriz.

Arkadaş yemek almaya gidince, yemeğin dağıtımına bakan subay "Tekmil" diyor, yani yemeğin bize verilmesi için eski uygulama olan tekmili istiyor. Tekmil şöyle, "Dokuzuncu koğuş nöbetçisiyim, şu kadar mevcut yemeği alabilir miyim komutanım." Arkadaş tekmilin kaldırıldığını, anlaşma yapıldığını, söyleyince subay "Anlaşma falan yok. Tekmil ver, yoksa yemek alamazsın." diyor. Bunun üzerine arkadaş tam geri dönerken, subay "Tutun şunu, kafese atın." diyor. Askerleri itekleyip doğru koğuşa kaçan arkadaş, kapının açık olmasından da faydalanarak içeri giriyor. Kapıyı açık bulmasının nedeni şu: Gardiyan yemeğe giden olunca, nasılsa biraz sonra karavana ile gelecek, tekrar aç kapa olmasın diye açık bırakıp diğer koğuşun kapısını hazır etmeye giderdi.

Arkadaş hışımla içeri girdi. Sanırsın arkasından atlılar geliyor. Gerçekten de biraz sonra yemekçi çavuş, "O içeri kaçan kişi gelsin." dedi. Biz de "Onu ne yapacaksınız." dedik ve arkadaşın gelemeyeceğini sert bir dille vurguladık. Onlar da "O zaman yemek yok." dediler ve gittiler. Biraz sonra iç emniyetten sorumlu yüzbaşı geldi. "O yemeğe çıkanı yollayın, yemeği alsın." dedi. Bunun üzerine biz "Başkası gidip alsın, o çıkmayacak." deyince çekip gitti. Biraz sonra gardiyan kapıyı açtı. "Bir kişi yemeğe gelsin." diye bağırdı. Solculardan hareket olmayınca yankilerden biri gidip yemekleri aldı, geldi.

Askerlerin arasından kaçan arkadaş, çok heyecanlanmış, çok korkmuştu. Olayı tekrar tekrar anlatıyor, kendini verip vermeyeceğimizi soruyordu durmadan. Onu veremezdik. Onlar zorla alabilirlerdi. Bu yüzden sıkıca giyinmesini söyledik. Yemeğimizi yedik, temizliğimizi yaptık. Beklemeye başladık. Sayım üçüncü koğuştan başladı. Ben her zaman yattığım yere, ranzaya çıkar, orada üçüncü koğuş sayımdan içeri girince, cama gelen biri ile işaretleşirdim. Harfleri el işareti ile pencere camının üzerine yazarak anlatır ya da normal işareti verirdi. Bu yöntem uzun süre üçüncü koğuşla diyalog kurmamıza ve olanları anlayıp, anında o duruma göre tavır almamıza büyük etkide bulundu. Üçüncü koğuş sayımın normal olduğu sinyalini verdi. Ben pabuçlarımla ranzaya çıktığım için, atladım ve millete "Sayım normalmiş, yine de dikkat edelim." önerisinde bulundum. Sayıma çıkmadan önce tekmilden kaçan arkadaşın olduğu sıranın önüne, arkasına, yanına, şöyle iri cüsseli adamları koyduk. Eğer kapmaya çalışırsalar direnecek, arkadaşı kurtaracaktık.

Sayım mangası, demir parmaklıkların önünden geçti, sessizdiler. Elbise direnişi öncesi sayıma gelirken ortalığı yırtarak, bağırarak, ayaklarını yere sert vurarak geçerlerdi.

Kapı açıldı, biz yürüyerek çıkıyorduk sayıma. Bu da elbise direnişinin bir ürünüydü. Çıktık, sıraya geçtik ve saymaya başladık. Bu arada, askerler bizim tekmilciyi teşhis edip, yerini buldular. Subaya gösterdiler. Çok miktarda asker vardı. Elbiseden sonra, on, on beş asker gelmeye başlamıştı. Nasılsa dayak yok olunca bu kadar adama ne gerek vardı ki? Ama bu kez yine elli atmış kişiyi toplayıp gelmişler eskisi gibi. Her neyse sayılar sayıldı, koğuş içeri alınacaktı. İlk sıra içeri girdi, ben birinci sıradaydım, ikinci sıra da içeri girdi. Üçüncü sıra içeri girerken ortalık karıştı. Tekmilci üçüncü sıradaydı, onu kapmaya çalışınca, ortalık ana baba günü olmuştu. Koğuş dört sıraydı, iki sıra içerde, yarım sıra koridorda, bir buçuk sıra hücrede kalmıştı. Yani ne tam içerdeydik ne de tam dışarda. İçeriye giren bizler ve koridordakiler bahçeye doğru hücum ettik. Koridoru işgal etmiştik. Koridorda kalan askerler çok korkmuştu. Biz askerlere vurmadık fakat onlar bizlere vurmaya başladılar. Havalandırmadaki arkadaşları ve bizleri toplayarak geri püskürttüler. Bu arada yemeği almayan HK'lı arkadaşı kapıp götürmüşlerdi. Biz koğuşa kadar çekildik ve sürekli slogan atıyorduk. "Mamak'ta işkenceye son." Bütün blok bizi destekledi, her taraftan slogan geliyordu. Tecrit olarak kullanılan iki bölüm hariç. Onlar genelde ne olduğunu anlayana kadar seyirci kalmayı yeğlerlerdi, yine yeğlediler. Ta ki işin ucu oraya dokunana kadar.

Koğuş ön duvarı olmadığı için koridorun önünü rahatça görüyoruz. Arkadaşımızı götürüyorlardı. Biz onu uğurladık ve onu dövmemelerini istedik. Kapıya sembolik olarak bir masa koyduk, barikat anlamına geliyordu bu. Hâlbuki koğuşun önü demir parmaklıktı, istese eliyle itebilirdi asker.

Bir süre sonra Erol adında bir üsteğmen gaz bombalarıyla geldi. Onları atacağını söylüyordu.. Bizler, eski arkadaşların anlattıklarından ve kulaktan dolma bilgilerden gaz bombasının atılınca yerinde durmadığını, topaç gibi döndüğünü biliyorduk. Gaz bombaları tuvalete de atılmamalıydı, çünkü duman oradan da çıkıyordu. Bomba plastik bidonlara atıp kapatılmalı, ıslak battaniyelerle örtülmeli ya da yakalanıp dışarı atılmalıydı. Ama biz nereye atacaktık ki, koridora atsak ha koridor, ha koğuş. Yapısı belli, camlar çok ince tellerle kapalı. Koridorun camından dışarı atmak ise şansa bağlı.

Subay, tehdit etti ve gitti, gaz bombasını kullanmadı. İç emniyetin bize 15 dakika ayakta durma cezası verdiğini söyleyip gitti. Biz olayın böyle kapatılacağını sanmıyoruz, yeni bir saldırı bekliyoruz. Muhtemelen gece yarısı olur diye konuşuyoruz kendi aramızda. O gece de elbiselerimi çıkarmadan uzandım fakat gece gelen olmadı. Olay kapanmış görünüyordu. Biz arkadaşımızı son ana kadar koruduk. Başka da bir şey yapamazdık. Arkadaşı A Blokta hücreye atmışlar. Orada hücreye atılan açlık grevcileri ile konuşmuştu ve geldiğinde A Blokun açlık grevine gittiği haberini getirmişti. Gerçi A Blokun açlık grevini biz duymuştuk.

A Blokta 1984 Şubat'ının son günlerine doğru bir tedirginlik başlıyor. İdare çıkan bir kavgayı bahane ederek saldırıların zeminini oluşturuyor. Kavga bahane, asıl sıkıntı idarenin yeni durumu kabul etmemesi...

Yemek tekmili istenmesi koğuşlarda farklı farklı tavırlara yol açıyordu. Üçüncü koğuştan ve beşinci koğuştan bir kısım insan hücreye atılıyor, hücreye atılanlar, açlık grevine başlıyor. Bunun üzerine daha açıktan yükleniyor. Ve ilk olarak üçüncü, beşinci koğuş açlık grevine başlıyor. Diğer koğuşlar beklemede... İdarenin onlara yaptırım uygulaması, marş söyletme girişimi tepki yaratıyor. Diğer koğuşlar da ister istemez açlık grevine giriyorlar. Süreç idarece belirleniyor artık. İdare sıkıştırıyor, hakları almak için yükleniyor. Bir iki gün sonra tecrittekilere tek tek "İstiklal marşı söylüyor musun, söylemiyor musun?" diye soruluyor ve dövüyorlar. Böylesi bir saldırı sonucu tecritler de açlık grevine gecikmeli olarak ekleniyorlar. Yani üçüncü ve beşinci koğuşun açlık grevi dalga dalga yayılıyor. Bu konuda her iki koğuşun büyük etkisi oldu. Onların grevi sürdürmeleri, diğer koğuşları olumlu yönde etkiledi. Bunun B Bloka da yansıması oluyordu.

Bir Sayım Hikâyesi

B Blokta bir tedirginlik vardı. Akşama kadar ortalık çok sessizdi. Her şey normal gidiyor gibi görünmesine rağmen hiç de normal olmayan bir hava vardı.

Akşam sayım zili çalmıştı. Sayıma hazırlandık ve ortalığı dinlemek için kulak kesildik. Birkaç arkadaş parmaklıklardan üçüncü koğuşun sayım vermek için çıktığı koridoru dinliyordu. Koridora çıkartılmamışlar, direk havaya çıkartılmışlardı ki, koridordan ses gelmiyordu. Üçüncü koğuş sayımında birden ortalık karışmış, askerler arkadaşlara saldırmışlar. Sonradan duyduğumuza göre marş söyletmek istemişler, onlar da söylemeyince coplamışlar. Hayli kavga gürültü oldu. Ben yine üst ranzaya çıkıp koridorun camından üçüncü koğuşun camına bakıyordum. Nihayet üçüncü koğuşu içeri almışlardı ve bir arkadaş gelip dövüldüklerini anlattı. Tabi bunları el işaretleriyle anlatıyordu. Durumu öğrenmiştik. Hazırlanmalıydık. Üçüncü koğuştan sonraki iki koğuş da kaçakçıların konulduğu koğuştu. Sayım hızla gelip bizim çıkartılacağımız havalandırmaya gelmişti.

Eğer içimizden birini sesi az diye çıkarmaya kalkarlarsa, hepimiz karşıya geçecektik. Hiç kimse tek çıkmayacaktı. Sayımda artık dayak yemeyecektik. Ya hepimizi döverlerdi ya da dövmek için aramızdan hiç kimseyi seçemezlerdi. Bu inanışla, bu kararla çıktık sayıma.

Sayım başladı, biz ilk sıradaydık. Yusuf'u çıkarınca iki adım ötesinde olan ben de saymadan çıktım. Az sonra insanlar ürkek ve yavaş yavaş, teker teker sıradan kopup bizim olduğumuz yere gelmeye başladı. Her geçen saniye gelenler artıyor, bir an geldi grup hâlinde geçmeler oldu, artık devrimciler duvarın dibinde ayrı bir grup oldu. Yankiler eski sayım yerinde kaldı. Bizden bir iki ihtiyar ve hasta olanlar ile kararsız kalan bir iki arkadaş da kaldı.

Sayım subayı, bu durumu şaşkınlıkla izliyordu. Yankileri ve diğer insanları içeri aldı, biz havalandırmada kaldık. Etrafımız askerlerle çevriliydi. Biz birbirimizin kollarına girerek kenetlendik. Sıkıştıkça sıkıştık. Artık bir vücuttuk. Sıkı sıkıya tutuyorduk. İster korku olsun, ister başka bir şey, tuttuğumuz insanı bırakmayacaktık. Kimse kimseyi bırakmıyordu. Bırakmayacaktık. Biz sekizinci koğuşun duvarının kesiştiği köşeye iyice yapıştık, kaldık.

Askerler bekliyor, biz bekliyoruz. C Bloktan tanıdığım, sağcılara çok destek olan Ahmet Binbaşı geldi. Kısa boylu ve geniş şişko cüssesiyle şöyle küçümseyici baktı. Çok yakından bakıyordu. Kalbimizin çarpıntısını duyacaktı sanki. Bize şöyle bağırdı, "Size etek giydirmezsem eşşeğim." Bizden çıt çıkmıyor. Yılların ezilmişliğini atmak çok zormuş meğer. Lafta aştım demekle aşılmıyormuş. Fotoğrafçı getirdiler, bizim öyle kenetlenmiş hâlimizi birkaç poz çektiler. O ara Ahmet Binbaşı, öndeki arkadaşların kafasını kaldırıyor, bunu iyi çek, şunu çek diyordu. Yani bize çok yaklaşmıştı. Belli ki kendisine saldırmayacağımızdan emin, tıpkı yıllardır bir kaplanı eğitmiş, onun çıkardığı kükremeleri önemsemeyen, onu kırbaçlayan bir kaplan terbiyecisi gibi hareket ediyordu. Uysallaştırdığı kaplanlar, homurdanmıştı ya... O da terbiye edecekti...

Ahmet Binbaşı birdenbire başını kaldırdığı çocuğun yüzüne yumruk vurdu, çocuk yere yıkıldı. Onu tutan iki kişiye de tekme tokat girince üç kişiyi koparttılar. Hiç beklemiyorduk öyle bir gelişmeyi. Daha çok askerleri saldırtır diyorduk... Arkadaşları koparır koparmaz hep bir ağızdan slogan atmaya başladık. "Mamak'ta işkenceye son", "Kahrolsun işkence..." Dakikalarca çınlattık ortalığı. Bizim slogan atmamız binbaşıyı ürkütmüş olmalı ki, hemen askerlerinin yanına kaçtı. Bizden aldıkları insanları yerde copluyorlarken de sürdürdük sloganları: "Mamak'ta işkenceye son." Ne zaman ki onları bıraktılar, sloganı kestik. İyice birbirimize sokulmuştuk, bir daha içimizden kimseyi koparamamalıydılar.

Arkadaşlar yerde, tıpkı bir yılan gibi kıvrım kıvrım oluyordu. Her cop darbesi yeniden bükülmelerine, kıvranmalarına yol açıyordu. Onların acı çekmesi bizi çok etkiledi, onlara slogan atarak destek verdik. Slogan atmak, korkumuzu, paniklememizi öldürüyordu. Slogan atmak rahatlatıyordu, cesaretlendiriyordu. Korkuyu beyinde yeniden üretmemizi engelliyordu. Slogan çözülmenin panzehiri miydi? Slogan direnişin destekçisi miydi? Slogan atarken kendimi o kadar rahatlamış, hafiflemiş hissettim ki. O sıkıntı, kasvet dağılmıştı. Evet, bundan sonra beklerken marş söylemeli ve slogan atmalıydık. Beklerken yeniden dirilişi yaratmalıydık ve bundan sonra hep slogan attık.

Bizim slogan atmamız sekizinci koğuştaki arkadaşların da slogan atmasına neden olmuştu. Camları çerçeveleri kırmışlardı. Aynı sesi B Blokta yatan kadın arkadaşlar da yaptı. Camlarını kırıp slogan atıyorlardı. Üçüncü koğuş da slogan atıyordu. Diğerleri de slogana eşlik ettiler. Sanıyorum sadece tecritte kalanlar, durumu anlamak istiyorlardı, sloganlara katılmamışlardı...

Sekizinci koğuştakiler taburelerle kapılara yükleniyorlar, camdan da "Kapıları açın, bizi de arkadaşlarımızla birlikte dövün." diye bağırıyorlardı. Ortalık karmakarışıktı. Askerler korkmuştu, binbaşı askerlerin ardına iyice sinmişti.

Yeni askerler geldi. Karşımızda sıra oluşturdular. Biz artık çok rahattık, onlara laf atıyorduk. "Siz ne biçim adamsınız be. İnsan dövmekten zevk mi alıyorsunuz? Burasını da Diyarbakır yapın." diyorduk. Yani herkes çok rahatlamıştı.

Saatler geçti, hâlâ sayım alamıyorlardı, bize saldırdıkları her anda slogan atıyoruz, diğer koğuşlar eşlik ediyordu. Binbaşı işin çığırından çıktığını anlamıştı. Artık yapacak bir şey de yoktu... Son silahını kullanmıştı ta başında, dayak işe yaramamıştı, çözememişti barikatı...

Gece yarısı olmuştu. Hâlâ sayımı alamamışlardı. Biz bahçede, köşede duruyoruz, onlar etrafımızda. İkiye doğru sivil bir kişi geldi. Savcı olduğunu söyledi. Dört yıldır yatıyordum, ilk kez savcı gelmişti. Bize "Niçin sayın vermiyorsunuz?" diye sordu. Anlaşılan Binbaşı Ahmet işleri eline yüzüne bulaştırınca, yeni bir yalan uydurmuş, bizi "Sayım vermiyorlar." diye suçlamış. Savcıya: "Biz sayım vermek istiyoruz fakat onlar sayım almıyor." dedik. Savcı: "Yani size verin desem, sayıma çıkar mısınız?" dedi. Biz de "Elbette çıkarız fakat bizi dövmeyeceksiniz." dedik. Savcı söz vermişti. "İçeri girin." dedi. Bu bizim kenetlenmemizi çözmek için bir oyun olabilirdi, bu yüzden tıpkı mitinglerdeki gibi kortej oluşturduk ve kortejin etrafını el ele tutarak çevreledik. O çerçeve içinde topluca koğuşa ilerledik. El ele tutan insanlar, ortadaki arkadaşlarının koğuşa kadar girmelerini sağlamak için grupla birlikte yürüyordu. Çok güzel bir manzaraydı doğrusu. Bizden koparılan üç arkadaşımızı da içeriye almıştık. Koğuşa girmiştik. Birbirimize sarılıyorduk, kutluyorduk. Başarmıştık...

Savcı geldi. "Sayıma çıkar mısınız?" dedi. Biz de çıktık, sayımı verdik. İçeri girdik. Savcı binbaşıya bakıyordu. Savcıya, diğer koğuşların da sayımını almasını önerdik, rica ettik. "Bu subay yeniden saldırabilir." dedik. "Can güvenliğimiz yok." diye anlattık. Binbaşı "Siz geldiniz, böyle davrandılar. Yoksa bunlar sayım yaptırmıyor." diyordu hâlâ. Bir taraftan da bize kafasını sallıyordu. Anlaşılan giydiremediği eteğin, aslında kendine olduğunu ima eden bakışlarımız, tavırlarımız onu deli ediyordu. Nasıl olur da yenilirdi. Bir türlü kabul edemiyordu.

Sekizinci koğuş sayıma çıktı, sayım gayet normaldi, sorun olmadı. O gün bütün koğuşlar sayımı normal vermişti.

Tecritler çok merak ediyordu. Ne olup bittiğini bilmedikleri için, onların durumu birçok açıdan zordu. Olaylara hep en son katılmak zorunda kalabiliyorlardı. Yine koğuşlarda bir şeyler olmuştu. Neydi acaba?

Bizim o geceki direnişimiz A Bloktan duyulmuş, gece yarısı o sessizlikte sloganlar çın çın ötmüştü, insanlar orada da merak içindeydiler.

Dokuzuncu koğuş olarak küçük bir zafer kazanmıştık, örnek bir direnme göstermiştik. Elbise bozgununu ancak böyle aşabilirdik. İnsanlar çok mutluydu, bir şeyleri başarmıştık artık... Yine de yılların verdiği sessizliği bütünüyle üstümüzden atamıyorduk, atamamıştık...

On birinci koğuş açlık grevine başlayacağını duyurdu, biz ise sabah başlayalım diyorduk. Fakat onlar ısrar ettiler. Bu konuşmaları camdan bağıra bağıra yapıyorduk, saklanacak hiçbir şey yoktu artık.

Akşam sayım geciktikçe gecikti. Bekleme psikolojisi, yıpratma psikolojisi başlamıştı. A Blokta yüksek sesle, onuncu yıl marşı çalınıyordu. Anlaşılan operasyon müzik eşliğinde yapılıyordu. Sloganları bastırarak, kendi marşı ile üstünlük kurmaya çalışıyorlardı. Koğuşların içi çın çın ötüyordu. Çünkü hoparlör koğuştaydı. Belki de kabloları çıkarırlar arkadaşlar. Gece onuncu yıl marşı defalarca çaldı. Biz dinledik. Bekledik…

Dokuzuncu koğuştaki insanlar kendi aralarında marş söylüyor, cesareti üretiyorlardı bu kez. Yenilmek yoktu. Bu kez direnecektik...

Sayıma gelen askerlerin postal sesleri, cezaevini yıkıyor sanırsınız. "Vatan sana canım feda.", "Her şey vatan için." diye bağırıyor, koridorları işgal ediyorlardı. Koridor kapılarını örttüler.

Üçüncü koğuş sayıma çıktı, ortalık biraz sessizleşti ve birden büyük bir gürültü. Saldırı başlamıştı üçüncü koğuşa. Bizler slogan atıyorduk, üçüncü koğuşa moral olacaktık. Nasıl ki onlar sloganlarıyla desteklediler, cesaretlendirdiler, biz de onları cesaretlendirecektik. O gece yarısı direnişi bizlere çok şey öğretmişti, şimdi o deneyin ürünlerini alıyorduk.

Üçüncü koğuşun sayımı bitene kadar slogan attık. Sayımı eskisi gibi bir çırpıda alamıyorlar, ortalık karışıyordu. Yine camdan saldırıyı, olanları kısaca anlattılar. Biz her şeye hazırdık.

Sayıma çıktık. Bu kez adam çıkartmaya çalışmadılar. Biz sırada kenetlendik, yanımızda kim varsa, Yanki olmuş, ihtiyar olmuş, katılmayı düşünmeyen olmuş, hiç önemli değildi. Herkes herkese sarılmış bırakmıyor. Askerler saldırdı tabi. Faşistleri tuttuğumuz için onlarda coplardan nasiplerini alıyorlar ve bağırıyorlardı. "Burada milliyetçiler var. Biz kurallara uyuyoruz." Fakat o hengamede kim kimi duyacaktı. Askerler herkesi dövmeye çalışıyordu. Sayemizde faşistler de dayaktan nasibini aldılar.

Bir düdük öttü, coplar durdu. "Subay kurallara uyanlar şu tarafa" deyince faşistler yanımızdan, elimizden kaçtılar. Yine biz bize kalmıştık. Fakat faşistlerin de dayak yemesi, komiğimize gitmişti. İyi bir numara çekmiştik.

Yeni bir düdük çalınca saldırı yeniden başladı. Biz bu kez tekmeyle, tokatla askerleri uzak tutuyorduk kendimizden. Askerler coplarla çalışıyordu. Biz ve diğer koğuşlar slogan atıyorduk. Düdük sesi gelip, saldırı bitince, sloganı da kesiyorduk. Onlar kendilerine göre bir yöntem bulmuşlardı. Gerçi bazı askerlere düdük de az geliyordu. Onlar işini sürdürmeye devam ediyordu. Yani artık düdüklü taarruz başlamıştı.

Sabah aynı sayımı, aynı şekilde, düdüklü, saldırılı, sloganlı verdik.

Dayaklı Sayımdan Açlık Grevine Doğru

A Blokta açlık grevi başlayalı altı gün olmuştu. Biz hâlâ bir çizgi tutturmaya uğraşıyorduk ve en geri çizgi sayımlarda kesinlikle dayak atılmamasıydı. Kurallara uyabilirdik fakat dayağın tekrar konmasına kesin karşıydık. Artık ortak paydamız buydu. Her sayımda sopaya, saldırıya ne kadar dayanabilirdik.

Akşam sayımı için küçük havalandırmaya çıkarıldık. Sayıyı saydık. Bize "Elinizi açın, iki cop vuralım. Geri koğuşunuza gideceksiniz." diyorlardı. "Biz dayak yemek istemiyoruz, elimizi açmayacağız." diye bağırdık. Onlar, "Ya iki cop için elinizi açarsınız ya da falaka yersiniz diyorlardı." dediler. Elimizi açmaktansa falaka yemek daha doğruydu. El açmak eskiye dönmekti. Yıllarca elimin içine cop vurmuşlardı. Biz marşı söylemeye razı olduk ama onlar operasyon çekmeyi kafaya koymuşlardı. Saldırdılar, biz de slogan atmaya başladık. Tekme atıyorduk askerlere. Saldırı sonucu birkaç arkadaşı kopardılar. Kopardıklarını alıp koridora götürüyorlardı. Her saldırıda bir parçamızı alıyorlardı. Bazı insanlar bu gerilime dayanamayıp bayıldılar. Onları sürükleyerek götürdüler. Giderek azalıyorduk...

Bir süre sonra, subaya, "Siz bizim dayaktan korktuğumuzu sanıyorsanız yanılıyorsunuz. Falakaya biz gideriz." dedik, "Fakat elimizi açmayacağız." İkişer ikişer kol kola girdik ve koridora doğru açılan kapıya yürüdük.

Bu arada bazı askerler birbirleriyle kavga ettiler. Sanırım "Niye siz de dövmüyorsunuz?" diye kızıyorlardı birkaçına.

Koridora açılan kapıdan geçtik. Kafesin önünden kıvrıldık, yeni koridorun başında saldırıp bizi ayırdılar.

Koridorda üç grup olmuştu askerler. Her grup falaka atıyordu. Falaka yiyen diğer gruba teslim ediliyor, o da öbürüne.

Askerler çullandı üzerimize. Ayakkabıları çıkarttılar ve ayaklarım birden havalandı. Askerler günlerce falaka atmaktan bu konuda uzmanlaşmışlardı. Falaka yedikten sonra öbür grup dövüyordu. Bir şeye karışıp karışmayacağımızı sorup dövüyorlardı. Bir bant sistemi kurmuşlardı, üretimi artırıyorlardı doğrusu. Taylorizmin bu alanda da işe yaraması, herhâlde bu fikri ortaya atanı sevindirmiştir.

Üç gruptan geçeni döve döve koğuşun koridoruna atıyorlar. Koridordan içeri girdim, kapıdaki askerler de döverek koğuşa attılar. Oh be... İnsanların yanındaydım, ayaklarımın altı acıyor, bacaklarım sızlıyordu.

Hiç unutamam, Aziz emmi, "Ülen yoldaşları mı öldürüyorlar." diyor, ağlıyordu. Fakat elinden gelen bir şey yoktu. Bazı arkadaşların ayaklarını tuzlu suyla ovuyordu. Düşünebiliyor musun? Dedesi, babası yaşındaki bir insanın ayaklarını ovması ve ağlaması, insanı nasıl etkiler... Evet, Aziz emmi yenen korkunç dayaklardan müthiş etkilenmişti. Sayımı almaya devam ediyorlardı. Her koğuş falaka yiyene kadar slogan atıyor, diğer koğuşlar onlara eşlik ediyordu. Çok etkileyici oluyordu doğrusu. İnsan falakanın etkisini bir an unutuyor.

Sloganlar ve sayım sabah dörde kadar sürdü. Askerler sayımı ancak böyle alabilirlerdi. Kimse gönüllü dayak yemeyecekti. Sloganlar A Blokta sabahlara kadar dinlenmiş, onları da etkilemiş. Gecenin o sessizliğini yırtmıştı seslerimiz.

İnsanın saatlerce bağırması, bir hayli yoruyor doğrusu. Sloganlar giderek bir sisteme bindi. Her koğuş üçer kez atıyor, duruyor, diğer koğuşun sloganını dinliyordu. Sonra hep birlikte aynı sloganı atıyorduk. "Mamak'ta işkenceye son."

Sabahki korkunç sessizlik, gecenin korkunç çığlıklarıyla tam bir çelişki oluşturuyordu. Sabah hiçbir hareket olmuyordu.

Ayakkabı dağları oluşmuş koridorda. Her koğuşun ayakkabıları koridorun bir köşesine toplanmış...Gardiyanlar, dayak yememiş, direnişe katılmamış birkaç hasta arkadaşla koğuşa yolluyor pabuçlarımızı.

Sabahları herkes yatıyor, sayıma kadar yorgunluk atıyor. Bu çok yorucu oluyordu. Askerler için de öyle olmalı. Askerlerin falaka atarken ağızları kokuyordu. İçmiş miydiler acaba, özellikle içirilmiş olabilirlerdi. Yoksa yüzlerce insanı sabahlara kadar dövmek zor olsa gerek. Profesyonel işkenceciler bile bunalım yaşarlar, bunlar sık sık doldurulur ve içkiye başvururlar. Acaba askerlerin de içirildiği doğru muydu?

Falaka atmaktan ter içinde kalmış, yakasını, bağrını, göbeğine kadar açmış askerlerle doluydu koridorlar.

A Blokta açlık grevi başlayalı bir hafta olmuştu... 3. ve 5. koğuş bir haftadır açlık grevindeydiler.*

11. koğuş da açlık grevine başlayacağını duyurmuştu. Yemek yemek mümkün değildi, bir haftadır yukarıda anlatmaya çalıştığım ortamla cebelleşiyorduk. Artık açlık grevi kendini dayatmıştı falakalı operasyonlara kitle olarak daha ne kadar dayanabilirdik. Kopmaların olması kaçınılmazdı. Açlık grevine başlamalıydık...

* Yurt dışında çıkan 9 Mart 1984 tarihli Türkiye Postası gazetesinde şöyle bir haber var: 22 Şubat'ta bir koğuşta çıkan ve cezaevi yönetimince 'disiplinsizlik' olarak nitelenen bir olay bahane edilerek aynı gün Ankara Mamak Askeri Cezaevi'nde çeşitli koğuşlardan 48 kişi tecrit ve işkence hücrelerine alındılar. Bunun üzerine önce 25 Şubat günü A-Blok 7. Koğuştaki 100 kadar tutuklu açlık grevine başladı. Bu direniş 24 saat içinde tüm Askeri hapishaneye yayıldı ve Mamak'taki tutukluların tümü açlık grevine başladı. https://www.tustav.org/sureli-yayinlar-arsivi/turkiye-postasi/ Erişim Tarihi 15 Ocak 2023

Hem saldırılar dururdu hem de A Blok bu işe zaten başlamıştı, onlardan ayrı düşemezdik.

Gece 10'a doğru sayıma çıkarıldık. Bu kez eski havalandırmaydı, hani şu gece yarılarına kadar direniş yaptığımız yere. Biz yine kenetlendik, slogan attık. Fotoğrafçı fotoğraflarımızı çekiyordu, subay sloganları banda kayıt ediyordu. Bu kez operasyonları yöneten Ramses, ya de kel diye adlandırılan yüzbaşıydı. Sonra bu kişi A Blokun blok amiri olmuştu. Zayıf, uzun boylu, kemikleri çıkık, saçları arkadan dökülmüştü. Sinir bir tipti, aklı fikri tutukluya yapacağı kötülüğü bulup çıkarmaktı... Sinirlenince ağzı pis bir tip... Tutuklulara sık sık tokat atan biri...

Operasyonu bizzat başlattı, askerler yine düdükle saldırıyordu. Kenetlenmiş kitleyi parçalamak için saldırıya geçtiler. Koparıyorlardı, parçalıyorlardı, iki kişiyi bile tek tek ayırıp yere yatırdılar. Bir insanın başına en az 4, en çok 6 asker düşüyordu. İnsanları döve döve ayırmışlardı. Postallarıyla her yerimize vuruyorlardı. Kafa, göz, hayalar, bacaklar, yani nerenize gelirse gelsin önemi yoktu. 8. koğuş yine slogan atıyordu. Yere yatırılmıştım, başımda altı asker vardı. Avını yakalamış, yaralı olarak ayakları altında tutan çakallar gibiydiler. Coplarıyla, tekmeleriyle vuruyorlardı. Her darbede vücut kendiliğinden kıvranıyordu. Kızlar slogan atıyordu... Bütün insanları yüzükoyun hâle getirene kadar dövdüler ve sırtlarına çıkıp çiğnediler. Kımıldayamıyordum, üstümüze kovalarla su döküyorlardı. Havalandırmada su olması ise tuzu biberi oldu. Kova kova su başımızdan aşağı boca edildi, herkes aynı durumdaydı.

Kafamı betonda oluşan gölcüğün yanına koydum, su insana rahatlık veriyordu sanki. Yüzümü koydum. O an sanki savaşa girmiş bir askerdim ve çamurlar içinde sürünerek savaşıyordum. Etrafımda birçok arkadaşım öldürülmüş gibiydi. Yenilmiş ya da vurulmuş, kırılmış ortam canlanıyordu gözümde. Sanki ağır bir bombardımandan harap olmuş, yerde yüzü koyun yatıyorduk. Bir an baktım ayakta kimse kalmamış, gözlerimi yumdum olacakları bekledim.

Başımızdaki askerler sürükleyerek, sulara sokarak merdivenlerin oraya getirdiler, ayakkabılarımızı çıkarıp falaka attılar. Sonra merdivenlerin başından koğuşa kadar dizilmiş askerin arasından geçirildik. Her asker tekme, cop vuruyordu. Yerlerde yuvarlanırken bir arkadaşımla karşılaştım. Devrimci Solcuydu, birbirimize tutunarak tekmeler arasından koğuşa atıldık, onunla orada birkaç dakika birbirimize sarılmış vaziyette yattık. Arkadaşlar gelerek yataklara yatırdılar. Hemen hemen bütün insanlar aynı tezgâhtan geçmişti.

Koğuşta aylardır beraber kitap okuduğum ve beni çok seven birkaç arkadaşın direnişe katılmadığını öğrendim. Dayaktan korkmuşlar ve hemen koğuşa girmişler.

Bizlerin çığlıkları, iniltileri 8. koğuşun sloganıyla birleşiyordu. Sıra onlardaydı, onları da suladılar, dövdüler, bize uygulanan şeyleri uyguluyorlardı. Bütün B Blok aynı şekilde sabaha kadar dayak yiyecekti. Bütün arkadaşlar içeri gelince durumu çok ağır olanları tespit ettik. Biri HK'lı, biri bizden iki kişi çok ağır yaralanmıştı. HK'lı bir arkadaşın şakağında resmen bir postal ökçesi vardı, simsiyahtı. Şakağını, kafasını ezmek için tekmelemişlerdi. Beyin kanamasından korktuk. Doktor olan arkadaş sürekli onunla ilgilenecekti. Durumu gerçekten ağırdı, o tekmeyi aynı yerden ben yemiş olsam ölürdüm diye düşündüm. Günler sonra normale döndüğü hâlde şakağındaki o iz silinmedi. Bizim o arkadaşın da sırtı mosmordu, sanki sırtına Çin alfabesinin birkaç harfi yazılmıştı... Sırtındaki izler öylesine korkunçtu ki insan kendi yaralarını unutuyor doğrusu. Bu iki arkadaş da o hengâmede 10-12 askerle tek başlarına kavga etmişlerdi. Ben yerde yatarken onları çökertmeye çalıştıklarını görmüştüm. Bir çok arkadaşın vücudu cop izleriyle doluydu. Sanki savaşta yaralanmış ve cephe gerisinde revire kaldırılan askerler gibiydik. Herkes ranzalara gelişigüzel uzanmıştı. Bizler öyle yatarken diğer koğuşlar da aynı akıbete uğruyordu.

Bu çatışmadan korkup, koğuşa giren arkadaşlarla konuştum, kendilerini suçlamamaları gerekiyordu, onlara ihtiyacımız vardı. Onlar da katılmalıydı açlık grevine. Konuştuklarım şu psikoloji içindeydi: "Biz dayaktan korktuk, o dayağı yemeden açlık grevine girmenin anlamı ne, ne farkımız kalacak dayak yiyenlerle, onlara saygısızlık olur." Ben çok yakın olduğum bir arkadaşımı ikna ettim ve açlık grevine başladı. Diğerleri birkaç gün daha bekleyecekti.

42 Gün

Ertesi gün artık açlık grevinin ilk günündeydik. Bilmiyorduk ne kadar süreceğini. Mamak genelinde 42 gün sürecek açlık grevine biz de dahil olmuştuk. Ertesi gün bize hiç birşey yapmadılar. Diğer günlerde de... Ne bağırdılar ne de dövmeye çalıştılar. Anlaşılan son kurşunlarını da o gece sabaha kadar boşaltmışlardı. Fakat A Blokta durum farklıymış. Açlık grevi tecrübesine ilk defa sahip oluyorduk. Şeker olmadığı için günde üç defa reçelli su yapıp dağıtıyoruz. Bizim dokuzuncu koğuşta açlık grevine sokmadığımız bir iki hasta arkadaş vardı. İki ihtiyar ve birkaç tane de katılmak istemeyen arkadaş vardı. Bunlarla aynı komünde kalıyorduk. Biz açlık grevine gidiyoruz diye onları normal yaşamlarında aç koymayacaktık. Onlara hiçbir şey yokmuşçasına kahvaltılarını yapmalarını, kısıtlamaya gitmemelerini çaylarını almalarını söyledik. Yani onlar yaşamlarını bozmamalıydı. Bizim açımızdan böyleydi ama onlar açısından açlık grevine katılmamak bir yana, arkadaşlarının önünde yemek yemek çok güç oluyordu. Yemeklerini koğuşun en ücra yerinde yemek istiyorlardı. Gözden ırak. Gözden ırak olunca da sorun bitmiyordu ki, onun karnı tok, diğerlerininki aç, o rahat ve diğerleriyle şakalaşmak, gülmek istiyor fakat vazgeçiyor. Yani psikolojik olarak etkileniyordu. Arkadaşlarının günbegün eriyeceğini bilmek onların yediğini zehir etmeye yetiyordu.

Bütün bunları düşünen biri olarak açlık grevine katılmayan arkadaşlarımı rahatlatmak, üzülmelerini engellemek istedim. Onlara çok sıcak davranıyordum, içlerinde sevdiğim insanlar vardı. Açlık grevine katılmıyor diye onlara yönelik dostane duygularım değişmezdi. Bir insanı eylemlere göre sevmek benim tarzım değil, o sadece bir parçayı oluşturur... Açlık grevine katılmayan arkadaşlar da bizi moral olarak desteklemek için iki gün açlık grevi yaptılar. Fakat bundan idarenin haberi olmadı, dilekçe yazmadılar. Biz açlık grevine başlayınca, neden böylesi bir şeyi seçtiğimizi, taleplerimizi belirten bir dilekçe yazıp topluca imzalamıştık, bu bir gelenektir. Açlık grevine başladığına dair dilekçe verilir.

Yankiler açlık grevine sıcak bakıyorlar çünkü hem haklar korunacak hem de bol bol güzel yemekleri yiyeceklerdi. Başka bloklarda, hücrelerde dayak yiyenlere yardımcı olmuşlar ve şeker vermişler.

Olaylar başladı başlayalı Güler'den hiçbir haber alamıyordum, onu merak ediyordum. O güzelim mektuplarını son birkaç aydır aksatıyordu, gelen birkaç tanesi de çok kısaydı. Subay koğuşa mektup getirmişti, açlık grevinde olmamıza rağmen mektuplarımız geliyordu. Bana bir mektup çıktı postadan. Şükrü Özçetin alıp getirmişti. Güler'den gelmiş olmasını diledim ve ondandı. Ne mutluluktu, moral olacaktı bana. Mektubu alıp ranzama çıktım, onu yudum yudum okuyacaktım... Her mektup dağılımı aslında bir ayindir içerde. Bu konuda özel bir bölüm açıp anlatacağım ama şimdi değil. Mektubu çok nazik bir şekilde çıkardım zarfından, önce mektubun tümüne baktım, sanki bir çiçeğe bakar gibi. Yazısı her zamanki gibi çok güzel, harfler birer inci gibi düzgün... Kim bilir içinde ondan bana ne güzel haberleri taşıyacak o inciler...

Mektubu okudum, gerçekten okudum mu, uçarcasına satırların üzerinden mi geçtim, bilemiyorum. Mektupta çok acı bir haber vardı. İnanamıyordu yüreğim, gözlerimin gördüğüne inanamıyordu yüreğim, dilimin söylediğine kulağımın. Duyduğuna inanmak istemiyordu yürek, ne yapabilirdi ki? Yerinden çıkacak gibi, vurdu, vurdu, vurdu... Sanki kalbim daralmaya, sıkılmaya başlamıştı... Müthiş bir ateş sardı vücudumu, soğuk soğuk terletti sırtımı ve şakaklarımı... Martın soğuğu kadar çarptı mektup. 1984 Mart'ı ne kadar acıydı, ne kadar soğuktu, bir ben bilirim.

Mektubu tekrar tekrar okudum, evet okuduğum şeylere yüreğim isyan etse de... O sözcükler kafama balyoz gibi çarpıyordu, beynimin bütün kıvrımlarında yankılanıyordu: "Biz sevgi boyutuna, sevgili boyutuna taşıramadık, yürümüyor, dost, arkadaş kalalım, olmuyor, sen iyi bir dost, arkadaşsın..." İçimde bildiğim tüm isyanlar patlamıştı. Ne demekti aşk boyutuna ulaşamadık. Ne demekti sevgili olamadık, ne demekti arkadaş kalmak. Dalga mı geçiyordu benimle, şaka mı yapıyordu. Keşke bu mektup hiç gelmemiş olsa, okumamış olsam... Keşke açlık grevinin etkisiyle kabus görüyor olsam. Keşke... Fakat mektuptaki o sözcükler değişmiyordu ki. Mektubu bir kenara fırlattım. Sanki kötü sözleri kağıt yazmış gibi. Ne suçu vardı ki ak kağıdın... Üzerine yazılan sözcükleri kendisi belirlemiyordu ki. Yeniden aldım ve okudum. Sakinleşene kadar geçen süre ne kadardı bilemiyorum. Ozanın dediği gibi her şeyi yaşamıştım o sürede. "Kolay iş deme, yeşil bir dal kırılmış gibi gelir içerdekine..." Evet, ayrılık kolay değil, ayrılık basit değil, ayrılık çok yamandı. Yeşil bir dalım kırılmıştı... Kanıyordu yüreğim...

Mektubu bıraktım, eski mektupları, görüşleri, bana aldığı küçük ama anlamı büyük olan her şeyi bir bir düşündüm, andım. Nerede yanlış yapmıştım. Neden başarısız oldum. Eski mektupları tekrar okudum, küçük bir deftere yazmıştım onun mektuplarını ve çok güzel resimle kaplamıştım defterimi... Bazen mektuplar gecikince açıp en beğendiğim birkaç mektubunu okurdum, şiirleri ezberlerdim. Eski mektuplarını okudukça, son sözcükler ile ilgisini bir türlü kuramıyordum. Eski mektuplarda sevgimizin büyüklüğünü anlatıp durmuşuz, ya şimdi...

Değişen şeyleri ben mi anlayamadım. Ben kendi penceremden yıllarca hep kızarak bakacaktım. Mantık ve akıl, bu normal, insan ayrılabilir, evli çiftler ayrılıyor seninki de bitebilir, arkadaşın kararına saygı duymalısın, diyordu. Onun kararına saygı duymak en doğru hareketti. Saygı duydum, unutmaya çalıştım... Unutabildim mi?

Mektup beni sarsmıştı fakat arkadaşlarıma hissettirmedim, onların morali olmalıydım, onlara sıkıntı veremezdim. Onlar beni sayıyor, seviyor... Beklentileri var, onlarla aç gecelerimizde şiirler okumalıyım. Onlara güzel fıkralar, anılar anlatmalıyım. Onlarla aşmalıydım bu sorunu, hem de onun bana öğrettiği gibi. "Başkalarıyla ilgilenirken aslında kendinle, sorununla ilgileniyorsundur, onların sorunlarını çözerken kendi sorununu çözüyorsundur. Kendi dertlerinin içinde boğulma." Evet, boğulmayacaktım... Boğulmadım....

Teşekkürler sana Güler, her şey için.

Açlık grevi devam ediyor. Teneke teneke reçel aldık. Kararlıydık bunu sonuna kadar götürecektik. İdare hiç mi hiç ilgilenmiyor, cezaevinin duvarlarını badanalıyor, eski battaniye ve çarşafları değiştiriyor... Bu arada eski ekip dağıtıldı. Raci Tetik gitmiş yerine yeni bir albay getirilmiş. Hukukçu olduğu söyleniyor. Ne hukukçuymuş ama.

Açlık grevi boyunca hiçbir kurala uymadık. Tıraş olmuyorduk, sayımlarda koşmuyorduk... Her sayımda tıraş olmadığımız için isimlerimizi alıyorlardı. İstiklal marşı söylemiyorduk, yine isimlerimizi alıyorlardı. Yani her şey için isimlerimizi yazıp gidiyorlardı fakat asla dayak atmıyorlardı. Yeni albay dayak atılmayacak diye söz vermiş deniyordu. "Onlar kurala uysun ben dayak attırmam." Bol bol isim yazdılar. Tabi sonra bu isimler yüzünden 10 ay ceza alacaktım, tam 10 ay ziyaret cezası. Hemen herkes o civarda ceza aldı.

Bazı arkadaşların görüşe çıkmasına izin verildi. Aileleri içeri alınmıştı. Albay kurnazlık yapıyordu aklınca. Aileler çocuklarına baskı yapacaklardı, açlık grevini bırakmaları için. Kısmen de etkili oldular. Çünkü aileler çocuklarını öyle çöp gibi görünce feryadı basıyorlardı. Kolay mıydı kocaman aslan gibi çocuğu eriyor, bir lokma kalıyordu. Hiçbir annenin yüreği dayanmazdı. Karşılıklı konuşuldu, çocuklar annelerine "Bizim ölmemizi istemiyorsanız onlara gidin, durumu düzeltsinler, biz kararlıyız." dediler. Aileler iyice telaşlanmıştı. Sağa sola, bakanlığa, yetkililere, her yere başvuruyorlardı... Çözüm yoktu. "Onlar bıraksın, biz düzeltiriz." yanıtı alınıyordu.

Açlık grevinde 20'li günler geride kaldı. Bazı insanlar huzursuz oluyordu. Bazıları açlık grevinin ne zaman biteceğini soruyorlardı. Ben de bilmiyordum ki yanıt vereydim. İnsanlar tedirginleşmişti. İki kardeş vardı, ağabeyi kardeşine, "Sen bunu bırak, ben gideceğim" diyor, kardeşi de abisine "Sen bırak açlık grevini, ben sürdüreyim." diyordu. İkisi de bu yönde konuşmam için bana geldiler, "Ben konuşamam, kişi kendi bilir ve karar verir." dedim. Bir süre sonra ikisi de bıraktı. Genç olanı çok acıkmış, kolay değil 25 gündür açlık grevi yapıyordu, gelen yemeklere bakıyordu. Yine de iyi götürdü. Ona çabuk çabuk yemek yeme, süt iç dedimse de o bir kere açlık psikozunun esiri olmuştu, gelen köfteyi, ekmeği yedi. Çok zarar görmedi bereket versin...

Bazı insanlar da yanıma gelip bırakacaklarını söylüyordu. Ben onlardan beklemelerini rica ediyordum. Artık 30'lu günler geride kalmıştı, mutlaka çözülecekti, başka alternatifimiz yoktu. Kitle hâlinde ölüme gidemezdik. Mamak çapında 500 kişi açlık grevine katılıyordu... Mamak'ın en büyük grevi, böylesine kendiliğinden başlamış grevi en önemli grevi olmuştu. BBC, televizyonlar, radyolar bu grev üzerine haberler vermiş. Tarihinde ilk kez radyodan açıklamalar yapıldı cezaevi ve açlık grevi üzerine. Gazeteler yazdı... Yeşiller, Avrupalı parlamenterler gelip eylem yaptılar başkentte. Böylesine çapını aşmıştı eylem. Devlet prestij sorunu yapıyor, "Pazarlık olmaz." diyordu. Eylemin bu kadar büyümesi, sorunun çözülmesini de engellemiş oluyordu.

Açlık grevinde bir aşama ölüm orucu. Ölüm orucu çok ciddi ve ağır bir sorumluluk, ölüm orucu dönüşü olmayan bir yol, geriye bıraktığı anılar arasında en iyi ihtimal sakatlık... İngiltere'de İRA militanı Bobby Sands'ı duymayanımız kalmamıştı. Ölüm orucu sonucu hayatını yitirmişti. Ölüm orucu yapılacak, insanlar kendi ölümlerine kendileri karar verecek. Kim kime sen öl diyebilir ki. İnsanlar oturup düşünmeli ona göre hareket etmeliydi.

Açlık grevinin kendisi giderek ölüm orucuna dönüştü gerçi. Fakat bu kitle daha fazla götüremez, bunu ancak dar bir insan grubu götürmeli, geriye kalanlar bırakmalıydı. Ölüm orucu tartışması yapılacaktı. B Bloktaki sol gruplardan birer kişinin katılımıyla bir toplantı yapıldı. Her koğuştan birer insan... Her koğuş kendi bünyesinde kararını alacaktı...

Biz Yolcular oturduk. "Ölüm orucuna katılacak arkadaşlar düşünsün, kararını versin, sırasıyla katılsın." demiştim ve ilk olarak ben başlamak istediğimi söyledim. Bu böyle olmak zorundaydı. İnsanlardan biri ölüme gidecekse önce ben olmalıydım, kimseye git diyemezdim anlayışım gereği. Ben gereken tavrı alacaktım. İlk ölüm orucu gönüllüsü olarak kendimi blok listesine yazdırdım. 9. koğuş adına Yolculardan ben belirlenmiş oldum. Aslında kendimi tespit etmiş oldum. Blok çapında ilk gün 15 kişilik bir grup başlıyordu. Kendi dilekçemi yazdım, sabah sayımında verdim... Yusuf Yıldırım, Rıfat Özcan ve birkaç arkadaş da ölüm orucuna gideceklerini söyledi. Onlara sırayla katılırsınız demiştim. Yusuf en sona deyince köpürüyordu.

Açlık Grevinden İnsan Manzaraları

Ölüm orucunun psikolojisini anlatmadan önce yaşanan bazı komik, trajikomik olayları aktarmak istiyorum.

Faşistler gelen yemekleri açlık grevine katılmayan diğer insanlarla paylaşıyorlar... Kendilerine göre bir işleyiş kurmuşlar. Bu normaldi, açlık grevi yaptığımız için bizim yemek işleriyle ilgilenmemiz tuhaf olurdu. Ne işimize yarayacak hangi yemeğin gelip gittiği, kimin ne yiyip içtiği. Ama açlık grevinde olan insan en çok yemeklerden, grevin bitiminde neler yapacağından sık sık konuşur. Bu bir zaaf değil kesinlikle. En azından ben öyle düşünüyorum. Gazetelerden yemek, tatlı tarifleri alır, açlık grevinin bitiminde nasıl yapıp yiyeceğini anlatırdı insanlar. Bazen turşu tariflerini deftere yazar, bazen birbirlerine yemek tarifleri yaparlar... Ve eski yemekli anılarını anlatırlar. Bütün bunlar o şartlarda çok olağan saydığım şeyler.

Bir gün faşistler yemeklerini karavanadan alırken solcu bir arkadaş mırıltı hâlinde küfür ediyor. Faşistler bunu duyuyor ve kavga pozisyonu alıyorlar. Bizler de gürültüleri duyunca zar zor ayağa kalkıyoruz. Dört arkadaş, normalde bir kişinin tek elle fırlatacağı tabureleri kapmış, sanki kale kapısını kırmak için hazırlanan yeniçeriler gibi duruyoruz, sanki hücuma kalkacağız. Aslında çok komik bir durumdayız. Yankilerin reislerinden biri, "Biz sizinle şimdi kavga etmeyiz, siz yarı sakatsınız, ileride kavga ederiz." dedi ve kavga önlendi. Gerçekten de çıkacak kavgada bizim kârlı çıkmamız mümkün değildi.

Açlık grevine katılmayanlar yemeklerini yerlerken Keko dediğimiz kekeme fakat çok güzel türküler söyleyen arkadaş, "Bana turşu vermiyorlar." dedi. Güler misin ağlar mısın? Ben bir parça turşu suyu içemezken, kendisine turşu verilmediğinden yakınıyor, gerçekten garip bir yaratık.

Açlık grevindeki bazı insanlar her nedense, açlık grevine girmeyenlerin yediklerinden, içtiklerinden rahatsız oluyorlar. Bunu hem kendilerine hem çevrelerine sorun yapıyorlar. Bir insan doğru bir eylemi yapıyorsa, bunu başkalarının gözüne kakmak için yapamaz. Yaptığı eylemi başkalarına karşı baskı unsuru, kendini kabul ettirme aracı olarak kullanamaz. Öyle bir şey yaptığı eyleme saygısızlıktır. Bir insan inandığı için o eylemi yapar, hava olsun diye değil. Bırak insanlar sana saygı duyacaksa duysun, ben direndim diye şişinip gezmek itici olur. Bu tür psikolojilere giren insanlar çevrelerine sıkıntı veriyorlar, eylemlerine duyulan saygıyı azaltıyorlar bence.

Açlık grevi uzadıkça uzuyordu, Yusuf mide hastası olmasına rağmen inatla sürdürüyordu. Ondan kat kat sağlam bir cüsseye sahip kişiler eylemi yakında bırakacaklarını söylüyorlardı. Dağılma, tükenme sürecine giriyorduk.

Ölüm orucu devam ediyordu. Yusuf ve Rıfat Özcan katılmıştı bizim koğuştan, diğer arkadaşlar girmemişti. Öbür sol gruplardan insanlar da katılacaktı ölüm orucuna.

Ölüm Orucuna Başlıyoruz

A Blokta ölüm orucu başlayacak. İnsanlar ölüm orucuna katılacak. Gönüllüler çıkacak... Bu sözler A Blok sıralarında buz gibi bir havanın esmesine yol açıyor. Ölüme ad koymak için kağıdın üzerine isimleri yazmamak için eller saklanır gibi. Bir an sessizlik... Sonra bazı insanların coşkunca isimlerini yazdırmasıyla, coşku suskunluğu boğuyor. İlk katılacaklar orada da tespit ediliyor.

Birçok keskin insan ölüm denen kaçınılmaz bir gerçek, hiç şakaya gelmeyen sözcük karşısında irkiliyor. O kadar da olsun. Öyle kolay kolay telaffuz edilemeyen bir sözcük ölmek!!! Gencecik insanların ölüme gitmesi ne acıdır. O taptaze fidancıklar kendilerini yavaş yavaş kurutmak için gülerek, inanarak ölüm yolculuğuna çıkartacak. Böylesine acıdır ölümün yüzü, böylesine soğuktur. Böylesine irkiltir insanı.

Ölüm orucuna ben de başladım. Ölüm orucuna başlayan kişi psikolojik olarak kendini çok ciddi hazırlamalı, hazır hissetmeli. Başlayınca, "Ben vazgeçtim." diyerek kalkamazsın, öylesine kolay değildir. Sorumluluk doludur bu başlangıç, senin bırakman başkalarının ölmesine yol açabilir. Senin bırakman idareye, "Çözülüyorlar, bırakacaklar." imajını verebilir. Geri adım atacak olanlar, "Duralım, bekleyelim biraz." diyebilir. Bu yola girdin mi, yattın mı bir kez onun sorumluluğunu kaldırmalısın. Hiçbir şey vazgeçirmemeli seni. Artık o elinde kocaman orakla gezenin (Azrail'in) yakın arkadaşısın, o senin kapı komşun.

Ölüm orucuna başladığımda bütün bunları düşündüm, "Eğer bu koğuşta biri ölecekse, arkadaşlarım adına ben ölebilirim, bunu yapabilirim." diyordum. Kendime güveniyordum. O zaman, içinde olduğum durumda bunu yapabileceğime gerçekten inanıyordum. Yani insan hayatını koyabiliyor, yeter ki bunun motivasyonunu sağlasın. Motivasyon çok önemli. Ölmeye değecek şeyleri biliyorsun ve önüne değerlerini koyuyorsun. İşte böylesine ciddiydim, böylesine motive olarak başlamıştım ölüm yolculuğuna.

Günler öylesine ağır geçiyordu ki, zaman sanki sürükleniyordu. İnsanlar açlık grevini sürdürüyordu. Bir ölüm oruçlusuyla, açlık grevcisi arasındaki fark pratikte çoktur. Açlık grevin de 40'ı aşan günler bir anlamda dönüşü olmayan yolun başlangıcıdır. Açlık grevcileri normal olarak günde üç kez şekerli su içiyor, tuz alıyorlardı. Ölüm orucuna gidenler ne şekerli su ne de tuz alabilirlerdi, sadece su içebilirlerdi. Şekerli su ve tuz insanı 60'lı günlere kadar yaşatabilir, fakat 40'lı günlerden sonra sakatlık başlar ve ölüm olayları başlayabilir. Su almadan 10-12 gün yaşayabilirsin. Yani ölüm daha çabuk gelir. Açlık grevcileri sabah öğlen ve akşam yemeklerine denk düşen saatlerde şerbetlerini içerler. Aslında bu psikolojik bir olaydır. Yıllarca bu saatlere alışmış sistemi kandırmaktır. İnsan açlık grevinin başladığı ilk 3 gün boyunca kendini çok kötü hisseder. 3 günü aşınca vücut kendini yeni sisteme uydurmak zorunda kalır. İlk günler midenizdeki ses sizi uyarır, "Hadi acıktım yemek yiyelim." der, siz gider şekerli suyu içersiniz, o şaşırır ve gerisi var mı diye bekler. Öğlen olduğunda yine zili çalar, yemek ister. Yıllarca her zili çaldığında bir şeyler yollamış insan midesine, alıştırmış onu. Yine şekerli su yollayınca acıkmaya başlar mide, gurul gurul öter ve sık sık protesto düzenler. Akşam daha fazla vurur zile, sanki karnınız acır. Siz yine şekerli su yollarsınız ona. İlk gün şaşkındır ve anlamaz, ikinci, üçüncü günde isyan eder fakat artık yiyecek gelmeyeceğinden emindir. Boynunu büküp o şekerli su saatini bekler. Artık yeni lüksü şekerli sudur. Ya onu da keserse, gecikirse diye bekler... Artık ilerleyen günlerde şekerli suyu içtiğinizde bir porsiyon yemek yemiş gibi hissedersin, cidden öyle olur.

Ben şekerli su içmiyorum, arkadaşlar şekerli sularını içiyor, bekliyoruz. Neyi mi? Belki iyi bir haberi, belki bitecek kazanacağız, kazandık seslerini... Bekliyorum, sabah, öğle gazete haberlerini. Acaba açlık grevi ile ilgili bir haber, bir yorum, bir çözüm, bir yazı, bir destek.... Varsa "İyi, ilgi sürüyor." diyorsunuz. Yani sizle ilgilenilmesi güzel bir şey, öyle kimsenin umurunda olmamak çok olumsuz bir şey.

Şekerli suyun gelmediğini öğrenen mide artık iyice yıpranmış bir hâldedir. İnsan yavaş yavaş eridiğini hissediyor, kaba etleri, kolları, yüzü eriyor. Gözler yuvalarına çökmüş, canlılığını yitirmiştir. Cildiniz buruş buruş olmuştur, o eski parlaklık ve elastikiyet yoktur, pütür pütürdür. Bacaklarınız sizi taşıyamaz, üstüne yüklenemezsiniz, ağırlığınızı çekemez. Bacak kaslarınız eriyordur çünkü, insanlar sizi tuvalete götürür, getirir... Artık yataktan kalkmak istemez insan. Boyun incelmiş, çöp gibidir, dik tutmakta güçlük çekersiniz. Vücut büyük sarsıntılar geçiriyordur artık...

Ölüm orucundayken en çok neyi özlerdim biliyor musunuz? En çok tuz, bir tane tuz olsun, yalayayım onu isterdim. Öylesine garip bir duygu ki anlatmaya gücüm yetmiyor. İnsan şerbet ister, yemek ister. Bu normaldir açlık grevinde. Ben ölüm orucunun son günlerinde öylesine tuzu özlemiştim. Diyebilirsiniz ki bir parça alsan ne olurdu, kim bilebilirdi? Alamazsınız, almanız orada kendinize, insanlığınıza ihanettir, inançlara, doğanıza ihanettir... İnsan kendi değerleri için yapayalnız, kimse olmasa da oradan bir zerre tuz alamaz, almamalı. İnsanın en büyük denetçisi kendi değerleri, kendi vicdanıdır. Bu yüzden o bir parçacık tuzu almanız mümkün değildir.

Öylesine özlemiştim tuzu... Tuzun anlamı benim için korkunçtu... Artık su içemiyorum, istesem de içemiyorum, bünyem kabul etmiyor. Bir kaşık içsem korkunç bir irkilti yaratıyor su, geri püskürüyor ağzımdan. Suyu kabul etmiyor vücut. Sudan nefret ettim, sudan iğrendim, suyu içmeyecektim. Artık sonuna mı gelmiştim? Su içmeden fazla yaşayamayacağımın farkındaydım fakat su gitmiyordu boğazımdan...

Açlık grevine giden arkadaşlar mahkemeye çıkmıştı. A Blok açlık grevinin 42. günündeydi. Ölüm orucu ise 9. güne gelmişti. İnsanlar bir dönüm noktasındaydı, kitle açlık grevini bırakmalı, ölüme gidecekler devam etmeliydi. Yoksa onca insanı bir arada sonuca götürmek mümkün değildi.

Nisan ayının beşine gelmiştik. Mahkemeden dönenler, sevinçle koğuşlara dağılmıştı. Mahkemede açlık grevine son verdiğimiz açıklanmıştı.

İnsanlar bayram yapıyordu... İlk istediğim şey tuz oldu. Yusuf ve ben tuzu avucumuza döktük tıpkı bir keçi gibi avuçlarımızı yaladık, yaladık... İnsanlar sevinçliydi. Bunca yolu başarıyla aşıp gelmişlerdi. Fakat TKP'li ve Kurtuluşçu arkadaşlar kendi arkadaşlarından haber alana kadar bırakmayacaklarını söylediler. Üzüldüm... Keşke hep birlikte bıraksaydık... Onlar da bir gün sonra bıraktı.

Açlık grevi biter bitmez askerî doktorlar gelip herkesi kontrol ediyordu. Acil olarak revire kaldırıldık. Orada serum veriliyordu. Kolumdan iki şişe serum verdiler, insanın damarlarına ılık ılık bir şeylerin akması çok garip oluyor. Serumlar verildikten sonra koğuşa gittim. İnsanlar büyük bir kargaşa içindeler, neyi nasıl yapacaklarını bilmiyorlar.

Açlık Grevi Bitse de Hikâye Sürer

Şimdi açlık grevi sürerken mahkemede olan ilginç bir olayı anlatıp açlık grevi sürecini bitirmek istiyorum.

Bazı koğuşlara şeker verilmemiş. A Blokta sanırım 3. koğuş Hüseyinlerin koğuşuydu... Oraya A Blokun çeşitli koğuşlarından insanları toplamışlar, tecrit politikası izlemişler. Onların durumu birçok yere göre daha vahimdi. Şekerli su, tuz, sigara gibi şeylerin olmaması insanı daha çabuk yıpratıyor. Bu açıdan onların süreci diğer insanların sürecinden daha tehlikeli ve daha zordu. Bu anlamda 3. koğuş saygıyla anılmalı. Eksiği, yanlışı, fazlası kendi içinde ele alınır.

Şekerin olmaması bir çok koğuşta değişik şeylerin tartışılmasına neden oldu. Çay alalım diyenler, hayır almayalım diyenler... Şeker yok, reçelli, helvalı su içme önerileri oldu ve bir süre bu değişik şerbetler kullanıldı. Belki de insanları biraz diri tutan da bu şerbetler oldu. 3. koğuşa insanlar mahkemeye çıkarken gizlice küçük şeker paketleri taşıdılar ve kapılarının altından sigara, şeker attılar, güzel bir dayanışma örneği sergilediler. Ayrıca mahkemeye gelen aileler, getirdikleri mis, bonbon, akide gibi şekerleri tutuklu sıralarına fırlattılar. İnsanlar onları tutmaya çalıştı, kimi yerlere saçıldı. Her anne oğluna bir akide şekeri vermek için çırpındı. Aslında o atılan şekerlerin 3. koğuşa verilmesi gerekirdi, kızlara verilmesi gerekirdi. Fakat diğer insanlar da o atılan şekerlerden nasiplendiler.

Mamak'ta o dönem kadın tutuklu fazlaydı. Hepsi bizim mahkemeye çıkarılmıyordu. Bizim mahkemeye çıkanlara atılan şekerler verilmek istendi. Kadın arkadaşlar koğuşlarına götüremeyeceklerini, arama yapıldığını ve apolitik kadınların el koyabileceklerini söylediler. Onlara burada yemeleri söylenince, arkadaşlarımızın yiyemediği bir şeyi bizim burada yememiz olmaz, bu yüzden şekeri kabul edemeyiz demişlerdi. Gerçekten insanı mutlaka etkilemiştir bu tavır. Bu insanlar örnek bir hareket sunmuşlardı. Ya ben ne yapmıştım yere düşen bir şekeri alıp, yemek için ağzıma atmıştım. İnsan soruyor kendine, evet onların şartları farklı. "Bizim koğuşta şeker var bu yüzden bir sakınca yok." diyor ama sorunun etik bir tarafı da var değil mi?

Mahkeme başkanı açlık grevi yapanlara ters davranıyordu. Ona göre açlık grevini teşhislerden yırtmak için yapılıyordu. Bile bile kendimizi kötü duruma sokuyorduk. Hayatımda duyduğum en komik söz buydu diyebilirim.

Açlık grevi yapanların birbirleriyle olan ilişkileri çok çeşitli ve çelişiktir. Bu, o insanların durumlarına göre değişir. Birlikte ölüme gittiğin insanın küçük bir hareketine sinirlenir kızarsınız. Bazen olmayacak bir şeyi sorun yaparsınız. Bazen size yakışmayan, eyleminize yakışmayan tartışmalara ve hareket biçimlerine girersiniz. Yani insan olmanız, eksiklikleriniz, zaaflarınız ölüme giderken bile, birlikte acı çektiğiniz insanlarla gerekli gereksiz bir yığın karmaşık davranış içine girebilirsiniz. Biz de girdik. Bunlar da açlık grevi sürecinde insan ilişkileri üzerinde etkide bulundu.

42 günlük açlık grevi döneminin en büyük eylemiydi. Dayatmalara karşı başladı, sürdürüldü ve bitti. Ardında birçok tartışma bıraktı. Eleştiri bıraktı. Her insan kendi bildikleri, yaşadıkları boyutunda olayı değerlendirdi. Benim değerlendirmemde bazı değişiklikler oldu süreç içinde. Fakat esastan bir değerlendirme yapmak tek kişinin becereceği bir iş değil. 42 gün üzerine şiirler yazıldı, makaleler yazıldı. Büyük bir karşı çıkıştı, öylece kaldı... Ya sonra?

Açlık grevini açıktan bir pazarlık sonucu bitirmemiştik. Yani resmi bir görüşme olmamıştı. Dolaylı şeyler iletiliyordu. Biz B Blokta grev sonrası haklarımızı koruyorduk. Grevin sürdüğü günlerde kazanılan marş söylememe, tekmil vermeme, istiklal marşı söylememe, komutanım dememe, duvara dönmeme, havada konuşma gibi şeyleri açlık grevi bitiminde de sürdürüyorduk. A Bloktaki arkadaşların bir süre sonra kurallara uyacağını duyduk. Yeni yönetim, avukatlar aracılığıyla "dayak olmayacak" haberini iletmişler. Diğer kuralları uygulatmışlar. Yani fiilen dayak dışında her şeye uyulmuş.

9. koğuşta açlık grevinin bitirilmesine, bitiriliş şekline diğer sol gruplar eleştiri getirdiler. Aramızda birçok tartışma çıkıyordu. Sanki birlikte ölüme gitmemiştik, ne oluyordu böyle anlamıyordum.

Açlık grevinin bitimiyle oluşturulan birlik dağılmış, herkes ortak komünden ayrılıyordu. Bizler ortak komünde kalınmasını savunduk. Bundan sonraki süreçler için bir arada olmamız zorunluydu fakat insanlar ayrılmaya karar vermişlerdi.

Oturup, kişi başına ne kadar paranın düştüğü hesaplandı. Her sol grubun bir adamı, bir araya gelip mal ve para dağıtımını hesaplıyordu. Sanki bir zengin akrabamız ölmüştü, mirası paylaşacaktık, herkes mirastan kendine düşecek payın hesabını yapıyordu.

Koğuşun bütün paralarını saklamam için bana vermişlerdi. Yapılan hesaba göre, bu toplam parayı mevcuda bölüp insan sayısının toplamına denk düşen parayı hepsinin önünde sayıp veriyordum. Ben hiç matematik hesabı yapmadım nasıl olsa onlar birbirinin hesabını yapıyordu...

Gruplar paralarını aldıktan sonra, saklanan ve açlık grevi boyunca kullanılmayan peynir, zeytin, yağ, reçel, helva ve benzeri yiyecekler de pay ediliyordu... Onları paylaştırmaya da her grup, bir insanını yolluyordu. Diş macunu, traş kremleri, her şey paylaşılıyordu.

Tek tek kalan insanlar da vardı elbette. Onların paylarını da hesaplayıp vermek zorundaydık. O insanlar haklarının yendiğini, çıkarlarının korunmasını söylüyordu. Ben taksimatı yapanlara, herkese ne düşüyorsa, bir kibrit çöpü dahil, hakkıyla verilmesi düşüncesini önerdim. Tek insanlara da gruplara da adil olunmalıydı. Onlar da bir araya gelip grup oluştursa paylaşım daha kolay olurdu. Örneğin 8 kişiye bir sepet verilecekse, ikişerli, üçerli ve tek tek kalan insanların bir araya gelmesi ve onların tümüne bir sepet verilmesi gerekir. Yoksa senin hakkına düşmez deyip onları yok saymak olmaz. Böylesi bir paylaşım, bir sürü olumsuz ilişkiyi, davranışı da ortaya çıkarıyor. Bir dilim peynir için, bir zeytin için insanlar anlamsız çekişmelere giriyorlar. Yankiler de bu hummalı çalışmanın ayrımındalar.

Açlık Grevi Sonrası Dağılma ve Çöküş

Ben oldum olası komün dağılması ve mal paylaşımı işinden hoşlanmam. İnsanı küçük şeyleri hesaplamaya yönelten ve çirkin konumlara düşürebilen ortamları hazırlıyor. Her dönemde de şu ya da bu nedenlerden dolayı komünler dağılır, sol gruplar kendi başlarına ya da belli gruplarla birleşerek kalırlar.

Koğuşun içinde ayrı ayrı sofralar olur, herkes kendi yiyeceğini salatasını, yoğurduğunu, sütünü, peynirini, zeytinini alır, saklar ve beslenme programı uygular. Aslında bu birçok insanı etkiler, şahsen başkasının, diğer dostların yiyemediği bir şeyi yemek zoruma gider. Komün dağılırken aslında ilişkilerimiz de dağıldı. Sanki bizler 40 küsur gün birlikte acı çekmemiştik, insanlar birbirine hoşgörüden uzak yaklaşıyorlardı. Bunun en büyük nedeni somut bir kazanım elde edemememizdi. Ayrıca bir süre sonra alınacak tavırlar ve düşüncelerdeki farklılıklar da ilişkilere yansıyacaktı.

Biz Yolcular kurallara uyacaktık, fiili bir direnişe girmeyi tercih etmedik. O güne kadar uymadığımız kurala uyacağımızı duyan sol gruplar bizi eleştirdiler... Aslında uymayabilirdik ve pek de bir şey kaybetmezdik. Çünkü haftalardır uymuyorduk zaten. Fakat insanlar yine korku dağları üretmişti, "Saldırırlarsa kaldıramayız, fiili direnişi sürdüremeyiz, onlar düzeltecekler." sözleri ortalıkta dolaştı. Sonuçta kurallara uyacaktık.

Kişi olarak o dönem şöyle düşündüm, "Arkadaşlar mutlaka gizliden anlaştılar, bütün yaptırımlar kalkacak, elbise sonrasına döneceğiz fakat idare bir süre kurallara uyulsun istiyor." Fakat bunun doğru olmadığını acı bir şekilde anlayacaktım.

İlk olarak yemek tekmili verilecekti. Ben ilk elden arkadaşlarımın askerin karşısında tekmil vermesini önlemek için kendim gittim. Çünkü yukarıda anlattığım gibi bunun uyulması gereken geçici bir şey olduğuna inanıyordum. Yoksa şimdiki aklımla gidip tekmil vermezdim ve verilmesini de savunmazdım. Belki dayak zoruyla söyletirlerdi, belki de söyletemezlerdi. Gerçi tarih olmamış şeyler, şöyle olsaydı diye tartışılmaz, olan olgular üzerine tartışılır. Sabah çorbasını almaya gönüllü gittim, arkadaşlar benim çok yıpranmış olduğumu gitmememi istediler. Ben gittim, tekmili verdim, çorbayı aldım. Biraz taşıdım fakat fazla yürüyemedim, kollarım iğneleniyordu, acı içindeydim, arkadaşlar geciktiğimi görünce gelip aldılar. Bir çorbayı taşıyacak hâlim yoktu o an...

Sayıma çıktık, sayıları saydık. Biz, "sondur komutanım" çekmiyorduk uzun zamandır. Fakat tekmil verdiğimiz gibi "sondur komutanım" çekeceğimizi bildirmiştik diğer sol gruplara, onlar da "Siz sıranın sonunda durmayın, biz sondur diyelim, komutanım kalksın." dediler. Bizim için sorun değil. Eğer siz söylemeyecekseniz siz bilirsiniz, yok söylenmesine bir şey demiyorsanız bizden biri son çeker dedik.

Akşam sayımına çıktık, sayı saydık Dev-Solcu bir arkadaş en sondu. "71 sondur." dedi. İdare ise şöyle bitmesini istiyordu, "71 sondur komutanım." Tekrar sayıldı, çocuk tekrar "71 sondur." dedi, komutanım demedi. Bu kez tersten saydırdılar, baştaki insan da "71 sondur." dedi, yine komutanım demedi. Böyle 6-7 tur döndü, subay, "Kurallara uyun, sayımı doğru dürüst verin. 71 sondur komutanım diyeceksiniz. Siz bana hitap ediyorsunuz askerlere değil." dedi. Tehditvari konuştu, sayımı kendi başlattı ve en sonunda 71 sondur komutanım dedi, sayım bitti. Fakat gecikmeli oldu.

Yine sayımda sayan çöküyordu ve biz açlık grevi boyunca çökmemiştik. Şimdi tekrar çökmeye başladık, diğer insanlar çökmedi. Bu farklı tavırlar bizi birbirimizden soğutuyordu. Ve giderek batağa batacaktık. Nerede dur diyecektik. Bizim arkadaşlar nereye kadar geri çekilecekler, bunu kestirmek zordu. Uğruna öleceğim dediğim şeyler şimdi yavaş yavaş uygulanıyordu. Madem böyle olacaktı neden onca acıyı çektin, çektik, çektiniz, neden?

İşte bu soruların yanıtı çok zordu. Verilmesi gereken ya da verilecek yanıt ne derece ışık tutacaktı Mamak gerçeğine. Uğruna 500 kişi, kendiliğinden de olsa, 42 gün acı çektik. Uğruna acı çektiğimiz, baş koyduğumuz şeyler, çok yumuşak bir şekilde uygulamaya konuyordu. Biz haklarımıza sahip çıkamıyorduk. Bu insanı deli edecek bir şeydi.

42 günlük açlık grevinde ve sonunda hakların korunamaması ve iplerin tekrar idareye bırakılması Mamak'ta yeni bir yıpranma döneminin ilk basamağıdır. İlk haftalar denge durumunda gitti. Biz, üstün olduğumuz dönemlerde, haklarımızı korumaktan uzak davrandık. Denge idare lehine, idarenin izlediği çok ince politikalar sayesinde dönecekti. İpleri ele geçiren idare oluyordu. Yıllarca sopa ile saldırıldık, şimdi psikolojik yıpratma ön plana geçecekti. Zaman zaman tatlı sert havalar estirilecek, zaman zaman idare nostaljik takılarak terörün ucunu gösterecekti. Ve bunlar hep bilinçli bir politikanın ürünüydü. Mamak'ta artık dayak yoktu ama çok korkunç bir psikolojik savaş vardı ve yıpranan bizler olacaktık. Mamak'ta 1984 sonrası değişiklikler oldu tabi ki fakat yitirilenlerin karşılığında kazanılanların esamesi okunamaz.

Açlık grevini yarıda bırakan insanlar bizden ayrı kalıyorlardı. Durumları sıkıntılıydı. Bizler onlara, "Neden açlık grevine katılmadınız, neden yarıda bıraktınız?" demedik. Aksine coşkuya ortak ettik, en küçük imada bulunmadık. Belki kişi kişi bazı farklı yaklaşımlar, olumsuz davranış sergileyenler olmuştur. Ben kişi olarak katılmayan ya da yarıda bırakan arkadaşlarla her zamanki gibi dostça konuştum, güldüm. İnsanları bir şeyi yapmadı diye küçümsemek, itici davranmak yanlıştır. İnsan yaşamında, çeşitli süreçlerde farklı tavırlar olabilir. En canlı örneği elbisede olumsuz davranan birçok insan açlık grevini başarıyla sürdürmüştü. Bugün bir grevde eksik olanlar yarının bir başka olayında başarılı olabilir. İnsanlar tek tek olaylar karşısındaki tavırlarına bakarak değerlendirilemez. Biz dostluğumuzu, arkadaşlığımızı birbirimizden esirgememeliyiz. Biz de bunu yaptık, ayrı kalan arkadaşların tümü tekrar bir araya geldi. Maalesef diğer sol gruplarla bütünleşemedik. Çünkü her kesim kendine haklı nedenler oluşturmuştu. Yine de birkaç domatesi paylaşmamızı engellememeliydi. Yani farklı olaylara farklı yaklaşıyoruz diye bir parça ekmeği ayrı yemenin anlamı yoktu bence. Farklı olsak da insanî bir dayanışma gereği bir arada olabilirdik. Ama siyasilik ya da siyaset yapma adına çiğlik, çocukluk yaptık, yapıldı.

Açlık grevi öncesi birlik olan 9. koğuş insanları açlık grevi süresince birlikte acı çektiler. Fakat sonra bir arada kalmaya tahammül edemediler. Her grubun, her kişinin farklı hesabı, farklı düşünceleri, farklı yargıları vardı. Kimi beslenmek için, kimi eleştirdiği için, kimi Devrimci Yol'a bakışından dolayı, geride bir yığın olumsuz ilişki kalmıştı.

A Blok Üçüncü Koğuş

Açlık grevine özgü şeyler yaşayan 3. koğuştan ilginç bir örnek. 3. koğuş A Blokta her zaman önemli etkide bulunmuş ve 84 direnişinin başlangıcı olmuş bir koğuş. Uzun süre şekersiz ve sigarasız açlık grevini sürdürmüş bir koğuş. İlk greve başladıkları için en ön safta olan, tehlikenin ilk uğrayacağı koğuş. Yokluğu, acıyı birlikte yaşayan bu koğuşa çeşitli koğuşlardan insanlar toplanmış, zaman zaman koğuş dağıtılmış...

Böylesine olayları göğüsleyen koğuşun elbette çok ilginç olaylara sahne olması da kaçınılmazdı. Genelde yaşadığımız ilişki ve çelişkiler burada da yaşanmış. Aşağıda aktaracağım örnek üzerinde uzun uzun düşünmemizi gerektiriyor.

Açlık grevi oldukça ilerlemiş, artık bitme zamanı geldiği bütün insanlarca düşünülür, beklenir olmuş. Fakat bunca acıyı, çileyi ortak çeken insanlar "Paraları herkese pay edelim, herkesin parası cebinde dursun." gibi bir tartışma açmışlar. Bazı insanlar buna karşı çıkarken bazı insanlar bu fikri ısrarla savunmuşlar. Açlık grevi süresince görüş paraları bir hayli birikmiş. Bir de yiyecek ve benzeri şeyler de satın alınmayınca eldeki nakit epey birikmiş. İnsanlar daha açlık grevi bitmeden, paraları pay edip nasıl harcayacaklarını mı düşünmüştü acaba? Bu sorunun yanıtını elbette o anı yaşayan her birey kendince verebilir fakat ortada somut bir olgu var; açlık grevi yapanlar, ölüme yatanlar, ortak paranın herkese dağıtılmasını tartışmış ve para pay edilmiş. Evet, insan ölüme giderken neden cebine para doldurmayı düşünür ki? Neden ortak komünü dağıtır ki? Daha açlık grevi bitmemiş, hele bir bitsin... Açlık grevi bitince ortak yapıyı dağıtmak, ayrılmak neden gerekti? Neden?

Mamak genelinde açlık grevi sonrasında birçok koğuşta ortak komünler dağıldı, ayrıldı. Hepsinin ortak paydasını bulmak gerekiyor. Yaşanan açlık grevi süreci çok yıpratıcı, çok acı bir süreçti. Ve Mamak'taki insanlar bunu 42 gün sürdürdüler. Çok büyük bir özveri, çok büyük bir direnişi yaşadılar. Bu süreç insanlardan birçok şeyi alıp götürdü. İnsanlar böylesine uzun süreli eylemi göğüsleyebilecek durumda değilken, koşulların dayatmasıyla birdenbire büyük bir eylemin içinde buldular kendilerini ve hakkıyla da yaşadılar. Amaç eylemi karalamak değil, amaç eylemin boyutlarını daraltmak değil. Amaç 42 gün aç kalarak, sakatlanmayı göze alarak birlikte olan insanların, hemen eylemin bitiminde birbirinden uzaklaştığını anlamak. Amaç grev sonrası dönemde hakları neden koruyamadığımızı anlamak.

İnsanlar yıprandıklarının bilincindeydi. Bu nedenle kendilerini beslemek, toparlamak, iyileştirmek istiyorlardı. Bunu yapmanın en rahat yolu da ortak yaşamın bir parçası olup, ortak yaşam içinde kalmaktansa, grup ya da birey olarak yaşamak gibi göründü. Müthiş bir tüketim psikolojisi oluştu. İnsanlar yemek istiyordu. Çünkü açtı ve bu normaldi. Ancak normal olmayan birisinin ölümü paylaştığı insanla neden yemeğini paylaşmaktan uzaklaştığıydı bence. Kömün ortakken para gelmeyenlere bol bol para akıyordu. Ortak yaşamda katkısı olmayan ya da az olan insanlar ortak yaşamdan ayrılınca bol bol maddi olanak yarattılar kendileri için. İlginç olan budur. Hani Marks demiş ya: "Homo sum, humani nihil a me alienum puto." Yani "Ben insanım, insani olan hiç birşey bana yabancı değildir." İnsanların kendilerini daha iyi beslemesi, bencillik yapması, açlığını bastırması, yiyecek krizine tutulması ve birçok şey bizim insanlığımızın parçası. Para yüzünden atışır, sigarayı sorun yapar. Bunlar şartların, zaman içinde sıkıştırılmış insanın durumuyla ilgili. İnsani tepkiler...

B Blok Derler Bir Yer

B Blok, Mamak'taki en eski bina. Bu taş bina kışın ılık bir havaya sahip olur, aylarca güneş ışınları ısıtmıştır. B Blok, 1960'lardan beri insanları "konuk" eder. Darbe girişiminde bulunan ve sonuçta idam edilen Talat Aydemir B Blokta yatmıştır, onunla birlikte olan subaylar da 1963'te B Blokta kalmışlar. B Blok böylesine eski bir yer.

12 Mart darbesinden sonra da buralarda birçok devrimci, yurtsever, demokrat insan hapsedilmiş. O dönem Deniz, Yusuf, Hüseyin gibi THKO önderleri buradan idama götürülmüş. Bugün kamuoyunda solcu olarak tanınan birçok aydın, yazar, romancı, gazeteci B Bloku ziyaret etmiş, bir süre yatmıştır. Yani her olağanüstü dönemde Mamak B Blok kullanılmış. Her geçen darbede içeri alınması gereken insan sayısı arttıkça, diğer bloklar da yapılmaya başlanmış. Arz talep meselesi.

12 Eylül'den sonra da buralar tıklım tıklım dolduruldu. B Blokta, tutuklu subay ve polislere ise özel bir yer açıldı. 12 Eylül öncesi Mamak rahat bir yermiş. 1979'da faşistlerle ayrılmak için sık sık kavgalar çıkarılmış ve sonuçta faşistlerle devrimcilerin koğuşları ayrılmış. Ondan sonra yaşam daha da rahatlamış, pilli radyolar, kuru çaylar getirtilip, yapılan ocaklarda çaylar demlenmiş. Gelen

giden insanlar marşlarla karşılanıp sloganlarla uğurlanmış. Yani devrimciler tam bir eğitim alanına çevirmişler B Bloku. 1980 Temmuz-Ağustos'una kadar arada bir gerilim olsa da böyle sürüp gitmiş B Blokta...

12 Eylül yaklaşırken A Bloktan 2 faşistin kaçırılması Mamak'ta operasyonların yaygınlaşmasına zemin oluşturmuş. Zaten ordu darbe planını hazırlamış, darbelerde Mamak kilit nokta olduğu için, daha darbe yapılmadan darbeyi tutuklular üzerinde gerçekleştirmişler. Mamak çapında arama ve sayım girişimi B Blokta da terörle yapılmış. Komandolar kaz adımlarıyla B Blokun çevresinde gezinmiş, psikolojik etkide bulunmaya başlamış. Bir keresinde albay Raci'nin bir tutukluya küfür ettiği, tutuklunun da aynen karşılık vermesi üzerine koğuşu dışarıdan taradığı rivayet edilirdi. B Bloka saldıran komandolar bütün insanları vahşice dövmüş, hepsini ezmiş, koridorlarda paspas yapmış. Ezilen insanlar kendilerini toparlamak istedikçe yenilenen saldırılar karşısında teslim olmuşlar. Yani bir bakıma C2'de yaşanan hadise burada da yaşanmış.

Yeni dönemde her şey yasaklanmış! Her şey dayakla bastırılmış ve yasaklar uygulamaya konmuş. En önemli sopalar "banyo sefası" denilen sopalarmış ve yeni gelen herkese banyo sefası yaptırılmış. İnsanları tek tek soyup oradaki kurnaya oturtup banyo musluğunu açıp iyice ıslatırlarmış. Sonra akan su eşliğinde coplarlarmış. Yani banyo sefası çırılçıplak soyularak ıslatılıp dövülmek demekmiş. Askerler bu işlerde uzmanlaşmış. Hatta bununla ilgili espriler(!) üretilmiş. Yeni geleni, "Banyoya götüreceğiz, gelsin." diyerek çağırırlarmış. Yeni gelen belki de kirli olduğu için bir parça sevinmiştir işin rengini anlayana kadar. Banyoda insanlar bayıltılana kadar dövülmüş, işkenceye uğratılmış. Bazen tekrar ayıltılıp falaka ile tekrar bayıltılmış. Öylesine korkunç ve acı bir uygulamayı ne yazık ki sıradan "vatan evladı" denilen askerler yapmıştır. Banyoda dövülen insan sürüklenerek koğuşun kapısına bırakılır, içeriye alınması için kapı açılır ve insanlara kurallara uymazsanız sizi de böyle yaparız mesajı verilirmiş.

B Blokta her çavuş bir koğuştan sorumluymuş. Çavuş koğuşun kapısını açar, içeri girer tutuklularla konuşur, tartışırmış. Kimi dostça yaklaşım gösterirken kimi de yetkilerini insanlara cehennem hayatı yaşatmak için kullanırmış. B Blokun mazisi bu kadar. Bütün bunlara rağmen B Bloktaki hava A Bloktaki gibi değildir. Orada stresi sürekli hissetmezsiniz. B Blok biraz daha ılımandır. Fakat A Blok her zaman stres ve gerilim doludur. En iyi koşullarda bile duvarlarında, koridorlarda "her an bir şey olabilir" havası vardır ve her yere sinmiştir. Korku ve terör A Blokun atmosferinde hep var olmuştur bence.

Yine Yeniden A Blok'a Sürgün

1984 Nisan'ının son günlerine gelmiştik. Bir mahkeme dönüşü isimlerimiz okundu ve A Bloka götürüleceğimiz söylendi. Dönüp dolaşıp A Bloka yeniden gelmiştim. Diğer bloklarda oldukça renkli ve güzel yıllar geçirmiştim. Koğuştan koğuşa gitmek, yeni insanlar tanımak, öğrenmek ve öğretmek heyecanını tattım... Bunlar 4 yıllık turlarımın güzel anılarıydı. Bana çok şey kazandırmıştı. Özellikle C Blok ve B 9 koğuşta insanlara birçok şey verdiğime inanıyorum ve aynı ölçüde insanlardan çok şey öğrendim. Artık ağır bir cezaevci olmuştum.

Bütün B Blok koğuşlarından birer ikişer insan seçilmişti. Açlık grevi sürgünleriydik aslında... Toplam 25 kişi gidecektik A Bloka. İnsanlarla vedalaşma her zaman hüzün vericidir, her nedense dağılma anı birçok insanı etkiler. Sigaralar yakılır, duman keser. Acı tatlı bir sürü anıyı paylaştığın insanlardan koparılıyorsun. Cezaevinin en kaçınılmaz, en hüzünlü sahnelerinden birini yeniden yaşayacaktık...

Eşyalar toplandı, arkadaşlar peynir, helva, ekmek gibi şeyleri paketleyip çantamıza koyuyorlar. Ne olur ne olmaz diyorlar, bakarsınız hücrelere atarlar, yeni çıktınız açlık grevinden kendinize iyi bakmanız gerekli. Ceplerime para doldurdu arkadaşlarım. Gerçekten tecrite mi gidecektik? Burası benim için bilinmeyen bir alan. Tecritte hiç yatmamıştım ki. Şartlara uyum sağlayacağımdan eminim ama biraz da endişeliyim. Koğuş olsaydı iyi olurdu diyorum. Ben kalabalık yaşama alışmıştım. Kalabalık yaşamda insan isterse tek olabilir fakat yıllarca yalnız veya yanında bir faşistle yaşamak zordur. Bunu yaşayan, yıllarca yaşayan arkadaşlarımdan öğrenmiştim...

Eşyaları koridora taşıdık arkadaşlarla. Diğer koğuşlardan birçok tanıdık vardı. Nevzat Cömert, Ertuğrul Ak, Levent Yakış, Metin Şahin, Naci Zaman... Birçok iyi insan da A Bloka götürülüyordu. Demek ki tecrite atılsam bile onların yanımda olması güven vericiydi. Onlarla selamlaştık, konuştuk. Aynı bilinmez endişeyi onlar da taşıyor muydu?

Aramaları üstün körü yaptı gardiyanlar ve göç yola çıktı. Hepimiz açlık grevinden yeni çıkmıştık, güçlü değildik. Sık sık durmak zorundaydık, taşıyamıyorduk yükümüzü. B Blok ile A Blok yakın olduğu için araba ile gidemezdik. Askerler eşliğinde dengini, valizini, çantasını sırtlamış göçebeler gibi yürüyerek gidiyorduk. A Bloka geçmek için B Blokun arkasından dolaşarak ara teli geçmek gerekiyor. Düşün, ellerinde çantalar ve torbalar bulunan; eli kolu, sırtı dolu insanlar. Bu kadar yükü fazla taşıyamazdım tabi, küt diye düştü elimden çuval. İçindeki reçel dökülmüş, birçok şey reçellenmiş. İnsan gerçekten o hâlde taşıyamıyor. Ben de sürükleyerek götürdüm. Benden kıymetli değillerdi ya…

A Blokun önüne gelmiştik, merdivenleri yavaş yavaş çıktık, kapıdan geçip kafese girdik. Tabi biz çok rahatız, ilk geldiğim gün gibi değilim. Ayrıca birçok şey yaşanmı Bize pek karışmadılar ve bir saat sonra koğuşlara dağıtacaklarını söylediler.

Kafesten çıktık, o bilinmez seslerin geldiği karanlık kuyular, tünel gibi koridorlar bana şimdi eskisi gibi korkunç gelmiyordu. Bir bir koğuşların önünden geçtik. 2. koğuşun önünden geçerken bir an dört yıl öncesine gittim, geldim. Neydi o ilk anım? Çok ürküyordum koğuşa girmeyi beklerken. Şimdi o kapının önünden sallana sallana geçiyordum. İçimden amma da bitmez yol diye geçiriyordum. Koridorlar ve kapılar açılıp kapanıyor. Nihayet 6. koğuşu da geçince bir kapı ve merdivenle karşılaştık, zemin kata indik ve karşısında zemin 1-2-3 yazan bir kapı çıktı, yeni yerimiz burasıydı ve 7 ay kalacaktım, tecrite gönderilmemiştim.

Biz geldik…! Yeniden A Blok

Bu başlangıç 1989 Eylül ayının son gününe dek sürecekti ve çeşitli koğuşlarda çok ilginç, üzücü, acı gerçekleri, güzel günleri geçirecektik. A Blokta yeni bir dönem, yeni bir savaş türü sürecekti…

Zemin 1-2-3 adını hep duymuştum. Orası için A Blokun çiftliği diyorlardı. Sanırım koğuşların gözden uzak olması, askerin direkt denetiminin olmaması, faşistlerin diğer bölümlerde kalması "çiftlik" denmesinde etkili olmuştur.

Zemin 1-2-3 üç ayrı odadan oluşmuş bir yerdi. 1. Bölüm tamamen boştu, "gaz" odası adını almıştı. 2. bölümde faşistler kalıyordu, 3. bölüm ise devrimcilerin kaldığı yerdi. Ayrıca 1. bölüm hariç 2. ve 3. bölümler ortadan ikiye bölünmüştü. Odanın ortasına bölme konmuş, iki ayrı odacık elde edilmiş. Faşistlerin yeri ayrı, devrimcilerin yeri ayrı. Bu çok büyük bir avantajdı. Faşistlerle yalnızca tuvaletler ortak kullanılırdı. Gaz odası denilen yer genele açıktı, sabahları biz spor yaparız, onlar da namaz vakti namaz kılarlardı. Sayımdan sayıma ya da voltada faşistleri görürdük, diğer koğuşlar böyle değildi tabi ki. Her an karşı karşıyasınız... Zemin 1-2-3 uzun bir koridora sahip, insan rahatça sürat yapabilir, hızlı volta atabilir. Sayımlardan önce Londra asfaltı ya da E-5 karayolu gibidir orası, insanlar dolar taşar sayıma kadar, volta atar.

Zemin 1-2-3 kapısı açıldı, koridorda birkaç tanıdıkla selamlaştık, eşyalarımızı ortaklaşa içeri taşıdık. Herkes herkesle kucaklaşıyor, sarılıyor. Yahu ne oldu demeye bile kalmadı, biz de o hengameye kapıldık. İşin aslı şu: Zemin 1-2-3'e getirilen insanlar A Blokun çeşitli koğuşlarından toplanıp getirildikleri için uzun zamandır birbirini görmeyen insanlar. Yani herkes tanıdıklarıyla, dostlarıyla konuşup özlem gideriyor. Ayrı yerlerden getirilen insanlar sevinç içinde, "Aaa sende mi buradaydın?" diye birbirlerine sarılıyorlardı. Biz de 2. bölüme girdiğimizde çok şaşırmıştım. Kimler yoktu ki, aylar önce götürülen Halil Genç, Murat Parlakay da oradaydı, kucaklaştık, öpüştük. Artık bir aradaydık. Hepsi iyi, hepsi olgun insanlardı. Nevzat ve Ertuğrul ile aynı yere gelmiştik, bundan sonra birlikte yaşıyorduk.

Halil ve Murat beni oldukça özlediklerini belirttiler. Artık bol bol söyleşecektik, ayrı zamanlarda neler neler olmuştu, hep konuşacaktık, tartışacaktık. Tanışma, koklaşma seremonisi bitince yemek faslına geçildi, gelen yemekleri sildik, süpürdük. Ve sonra biz Devrimci Yolcular çok kalabalık olduğumuz için 3. bölümün bir odacığını aldık ve çekildik. İnsanlar ikili, üçlü bazen daha kalabalık gruplar hâlinde konuştular, güldüler, çok mutlu bir tabloydu.

Zaman geçtikçe yaşantımızı daha düzenli kılacaktık. Artık yeni evimiz burasıydı. Nerede yatacağımız, nerede, kiminle karşı karşıya yemek yiyeceğimiz belirlendi, yaşam akmaya başladı...

Maddi olarak oldukça iyi durumdaydık. Açlık grevinden yeni çıkmıştık gözümüz ve karnımız doymuyordu. Her şeyi yiyorduk. Tam bir yeme krizi. Aslında gerekli de. Pek çok insan sağlığını yitirdi bu süreçte. Verem olanlar, sarılık olanlar vardı. Hüseyin ve Ahmet'in verem olduğunu duymuştum. Birkaç kişi daha verem olmuş, ben sonradan duydum.

Benim yemek ortağım Murat'tı, birlikte eğlenceli ve zevkli yemek ortaklığı yaptık. Ranzalarımızın altı karpuz, dolaplar tıka basa helvayla dolmuştu. Bol bol yedik, yedik, yedik. İnsanın o kadar dengesiz yemesi doğru değil. Çünkü uzun süre açlık grevi yapanların vücutlarındaki mineral, protein, yağ, şeker dengesi bozuluyor. Böyle dengesiz yiyince de insanın yüzü, elleri, bacakları, ayakları şişiyor. Öyle görenler şişmanladığınızı sanabilir fakat bu vücudun dengesizliği sonucu oluşan bir şişme. Öyle ki parmaklarınız davul gibi gerilir, bacaklar kütük gibi olur. Ben böyle bir durumla karşılaşınca paniğe kapıldım, son derece ürkütücü bir şekil alıyor parmaklar, bacaklar. Düzenli ve ölçülü beslenince vücut dengesini buluyor ve bu illetten kurtuluyorsunuz.

Yaşamımı daha renkli hâle getirmek için spor yapan insanlara katıldım. Bir de sporun bozulan dengeye yardımcı olacağını sanıyordum. Nurettin Aytun, Mehmet Üresin, birkaç insan daha düzenli spor yapıyorlardı. "Dolmuşa bindik" ve spora başladım. Vay başlamaz olaydım. Adamlar eziyorlar. Bir kere onlara uyacağım dedim ya, yat kalk, şınav çek, koştur, dizleri çek, zıpla. Futbol antrenmanı gibi ağır yaptırıyordu Nuri. "Öldüm, bittim." diyerek su koyverdim fakat kurtulmak mümkün değil. Ben de kendimi yere bıraktım, "Kalkmam arkadaş." deyince elimden ayağımdan tutup koğuşa attılar. Bir daha onlarla spora çıkmak mı, tövbeler olsun. "Kafa dengi birini bulursam yaparım arkadaş." dedim kendi kendime. Hızlı başlayan spor yaşamım çok çabuk bitti.

Murat Parlakay'a, "Almanca çalışacağım." dedim. Kurnaz ya hemen "Almanya'da sevgilin mi var? Neden Almanca da, İngilizce değil?" diyerek sorguladı. Baktım onunla uğraşamayacağım, "Tamam birader İngilizce olsun." dedim. Bu kez o yan yattı. İngilizce çalışmaya karar vermiştim. B Bloktayken Güler İngilizce kitaplar getirmişti fakat çalışmamıştım. Bu kez ona inat çalışacak, İngilizceyi öğrenecektim. Kafama takmıştım bir kez. Halil Genç beni ve içlerinde Nuri'nin de olduğu birkaç arkadaşı İngilizce çalıştırmaya başladı. ODTÜ'de C kurunda çalışılan "Project One" isimli kitaptan başladık. Oldukça güzel bir çalışma tempomuz ve çalışma sistemimiz vardı. Ben öğrendiğimi hissediyor ve öğrendikçe korkunç bir sevinç duyuyordum. Zaman zaman karşılıklı İngilizce diyaloglar kuruyorduk, tartışıyorduk. İngilizceyi zevkli hâle sokmuştu Halil. Kitapların bitiminde sınav yapacaktı. Belli bir limiti kazanamayan bundan sonraki derse devam edemeyecekti. Biz haftada 2-3 gün ders çalışıyorduk. Sonuçta imtihan olduk, iki arkadaş hariç başarılı olmuştuk. Bizler derslere devam etmeye karar verdik ve Halil'in getirdiği "stage" adı verilen basit hikâyeleri okumaya, anlatmaya başladık. İngilizceyi öğreniyordum, başarılı olmuştum işte…

Halil bir voltada Güler'i sormuştu, "O iş bitti." diyerek kestirip attım. Onun hakkında fazla konuşmak istemiyordum. Onu kalbimin en karanlık yerine gömmüştüm, unutmaya çalışıyordum… Halil çok üzüldü bitti dememe, yazık olmuş diyordu. Sonra ikimiz de sustuk hızlı hızlı volta attık. Onunla çok anı paylaştım. Keza Murat'la da öyle. Onlarla voltanın anlamı çok başka oluyordu. Halil, "Haydi, Ankara'ya gidelim, turlayalım." derdi. Ben de kazağımı alır hızlı voltaya çıkardım. Sanki Ankara'nın caddelerindeydik, kalabalıktaydık. Öylesine koyu söyleşiler kurardık ki hiç bitmesini istemezdim. İnsan zaman geçtikçe birçok şeyi ne kadar çok özlediğini anımsıyor. Voltalarda sokakları özlediğimi, toprağı özlediğimi, parkları, bahçeleri özlediğimi yüreğimde duyumsardım. Gezdiğim parklar, patikalar hep gözümde tüterdi. Kuğulu, Botanik, Gençlik parkı voltalarımda hep uğradığım mekânlardı. Voltalar insana özel bir araç gibi, zamanın gerisine yolculuk yaptıran makine gibidir. Voltayı vurmaya başladın mı yavaş yavaş yükselir ve uçarsın binaların üzerinden ve konarsın istediğin mekâna. Voltalar kişinin durumuna göre de değişir, yavaş yavaş, aheste aheste atar insan. Yemek sonrası sanki yediklerini sindirircesine voltalar hızlı hızlıdır, sanki bir işe yetişircesine, sevgiliye ulaşırcasına. Voltalar tek atılır, kafa ve gözler derinlerdedir, sanki bilgincesine derinlere dalarak volta çok anlamlıdır. Bazı voltalar vardır çift atılır. Sanki özgürcesine sohbetler, âlemler kurulur, devrimler yapılır, hayal üstüne hayal kurulur. Volta bir mahkûmun özgürlüğe, özgür dünyaya firarının bir biçimidir. Volta dinlenmedir, huzurdur. Hapis hayatında çok özel bir yere sahiptir. Voltayı anlatmaktansa birlikte atmayı yeğlerim, voltayı yaşamak gerek.

Halil Genç'in sesi çok güzeldir. Yanık yanık Ege türküleri, İç Anadolu türküleri söylerdi. Halk müziğini onun türküleri sevdirdi bana. Emniyette de onun güzel türkülerini dinlemiştim. Kıymet Unutma'nın, "Kırmızı buğday ayrılmıyor sapından/ kim ayrılmış ki yârinden…" gibi türkülerini söyler, insanın ezik yüreğine su serperdi. "Çatal olur yiğitlerin yüreği" dediğinde insanı çok etkilerdi. Halil türkülerini söylerken gözlerini yumar, sanki buradan uzaklaşırdı. Öylesine duygulu söylerdi türkülerini, insanı çekerdi sözleriyle, ezgisiyle. Efkârlanırdım onun türkülerine, efkârımı dağıtmak için de ben sigara içmezdim çünkü insanlar dumana boğardı ranzayı.

Düşünürüm, neden bunca etkisi olurdu bu türkülerin? Kırık aşklar, yarım kalmış sevdalar, özlemleri anlatan türkülerde kendimizden birer parça mı buluyorduk? 12 Eylül duygusal dünyamızı da darbelemişti… Bir dönem Sezen Aksu'nun "Sen ağlaması", bir dönem "Hüseynim geçiyor gençlik çağlarım", bir dönem bir başka parça. Sezen Aksu'nun parçaları insanları etkiliyordu. Bunlar o insanların duygusal dünyalarının birer göstergesi değil miydi? Neleri özlemle anıyorduk, neleri kaybetmiştik, neleri bizden çalmışlardı….

Zemin 1-2-3'deki yaşamımız çok güzel sürüyordu. İnsanlar çeşitli koğuşlardan toplanıp bir araya gelmiş olmalarına rağmen çok uyumlu, güzel bir ilişki kurmuşlardı… Böylesine olgun ve sorunların en aza indiği bir ortamda yaşamadım. İnsanların tek tek gelişmişliğinin toplumsal gelişmişliği etkilediği bir yerdi. Genel standartı yükselten tek tek bireylerin durumlarıydı. Bu çok açık şekilde belli olmuştu.

Koğuş Yaşamında Sanat Manat

Nevzat koğuşumuzda kültür çalışmaları organize etmek için kolları sıvadı. Yaşamımızı gerçekten yeniden üretecek, yaşanır kılacaktık. İlk kültürel etkinlik bilgi yarışmaları oldu. Bir jüri oluşturuldu, bu jüri soruları büyük bir titizlikle ve gizlilik içinde hazırladı. Koğuştaki insanlar beşer kişilik gruplar oluşturdular, gruplarına birer de isim bularak jüriye bildirdiler. Yarışma çok çekişmeli geçiyordu. Bazen jürinin doğru yanıtlarına itiraz oluyor, tartışmalar çıkıyordu. Sonuçta jürinin doğru yanıt olarak tespit ettiği doğru kabul ediliyordu. İlk yarışma sonunda ortaya konulan bilgiler, soruların biraz fazlaca siyaset ağırlıklı olması, tecrübesizlik ve eksiklikleri beraberinde taşımıştı. İkinci ve üçüncüler daha iyi olacaktı ve oldu.

Yarışmalarda insanlar bilgilerini anımsamak ve ön çalışma yapmak için zorladılar kendilerini. Geçen o acı yıllarda aslında ne çok şeyi unuttuklarının ayırdına vardılar. Yarışmalar bir yönüyle eğitici, bir yönüyle kaynaştırıcı, olumluluğu yeniden üreticiydi. İnsanlar birbirlerinin yapıp ettikleri, yedikleri ile değil, kendilerini eğitmekle zaman dolduruyorlardı. Bunların hepsi olumlu olan havayı iyice olumluya götürdü. Yarışmalar mücadele azmini artırdı, kazanma isteğini geliştirdi, hırsı çabayı gerektirdi, bunlar bize lazım olan tepkilerdi.

Koğuşun ikinci etkinliği koro çalışması oldu. Bir koro oluşturulacağını duyurdu kültürel işlerle uğraşan insanlar. Başına da müzik okulu öğrencisi bir arkadaş geçti. Birçok insan koroya girmeye karar verdi, ben de cesaretlendim ve girdim. Benim sesim öylesine kötüydü ki, hiç kimsenin yanında söylemezdim. Ancak çok özel durumlarda, kahrımı çekecek insanların kulağını, kafalarını şey etmek pahasına söylerim. Onlar da arkadaşlık belasına kahrımı çekerlerdi. Yoksa şarkı türkü söylemek kim, ben kim? Her şeye rağmen Nevzat'ın da cesaretlendirmesiyle girdik bu koroya. Koro öyle elemanlardan oluşmuştu ki hiçbir ses diğerine uymuyordu.

Benim sesim bile bazı seslerin yanında kadife sayılırdı. Hocanın sabrına hayran kaldım doğrusu.

Koro elemanları toplandık, hocanın öğrettiği bir parçayı prova ediyoruz. Sürekli aynı parçayı söyleyerek ses uyumu yakalayacak hoca, ama nerede uyum? Şarkımız "Yüce dağların başında, karlı dağların başında" diye devam ediyordu... Parçayı sürekli tekrar etmekten gına geldi. Hoca sürekli başparmağını tavana doğru tutup, "Sesleriniz burada toplansın, haydi tekrar." diyor. Aşağıdan, alt ranzadan koğuşun muzır adamları bizim sürekli tekrarlarımızdan bıkmış olacaklar. Mehmet Katlandur* ve FMŞ sürekli "başında baaaşında" diyor, parazit yapıyorlardı. Zaten tekrar etmekten illet olmuştuk. Fırsatı bulunca hücum ettik Katlandur ve FMŞ'ye. Onlar hâlâ "Leblebi koydum tasa kız annem" türküsünü söylemeye çabalıyordu....

Koro çalışmalarımız devam ediyordu. 84 Haziran'ıydı sanırım, dışarıdayken sevdiğim ve saydığım bir arkadaşın dağda, çatışmada öldürüldüğünü duydum. Çok iyi bir devrimci, çok mütevazı bir insandı. Yiğitçe savaşıp ölmüştü. Gerçekten çok etkilenmiştim. Koro çalışmalarına katılmak istemediğimi belirtip çıktım... Arkadaşlar çalışmayı sürdürdüler, sonuçta güzel bir koro çıktı, koğuşun eğlence programında yerini aldı.

Koğuşta tiyatro çalışmaları başlamıştı. Nevzat insanları seçiyor, oyun sergileyecekler. Antreparantez belirtmeliyim ki bu faaliyetlerin hiçbirinden idarenin haberi olmamıştı. Yine stresli günler yaşanıyordu, buna rağmen güzel şeyler yapılıyordu. Koğuşumuza 2. Koğuştan, tamirat gerekçesiyle yeni insanlar gelmişti. Yasin Ketenoğlu, Erdoğan Saldamlı bunlardan ikisiydi. Nuri Aytun, "Şahları da vururlar" oyununu sergilemek için Erdoğan'ın da olduğu bir kadro kurdu ve provaları çok gizli yürüttüler. Hazırlıklar tamamlandı ve oyun prömiyere hazırdı. Gece çok kalabalık oldu, arkadaşlar çok nefis bir performans ortaya koydular, çok güzel bir oyundu,

---

* Mehmet Katlandur 2 Nisan 2002'de aramızdan ayrıldı.

gülmekten öldüm doğrusu. Son yıllarda böylesine eğlenmemiştim. Kültürel faaliyetler insana müthiş bir moral veriyordu.

Yeni oyun için Nevzat kolları sıvadı, oyuncu kadrosunu seçerken bana da "Sana da bir rol vereceğim, kabul eder misin?" dedi. Ben nazlandım, oyunculuk yeteneğim yok dedim fakat Nevzat ısrar ediyordu. Ağzımdan girdi burnumdan çıktı, ikna etmeye çalıştı. Sonuçta şöyle bir diyalog oldu aramızda. "Ben heyecanlanırım konuşamam, şaşırırım." dedim. O "Sen merak etme, rolünde konuşma yok." dedi. Ben "Aga hareketi şaşırırsam." deyince, "Rolünde hareket de yok." diye ilave etti. Baktım kaçacak yer kalmadı, kabul ettim. Provalar başladı, beni provaların olduğu yere sokmuyorlar. Genelde provaların olduğu yere oyuncuların dışında kimse alınmaz. "Beni niye almıyorsunuz ben de oyunda rol alıyorum." dedimse de, içeri sokmadılar. "Yahu Nevzat sen bana nasıl bir rol verdin? Ne konuşma var, ne hareket, ne de prova yapıyorum. Kafa mı buluyorsun benimle." deyince, Nevzat "Senin rolün en önemli rol." şöyle de böyle de diyerek geçiştirdi. Oyunun yazarı Nevzat ve birkaç arkadaş, yönetmeni Nevzat ve Nuri, teknik heyeti ve yönetmeni tanımamıza rağmen şöyle dişe dokunur bir rol kapamamışım. Neyse oyun akşam sergilenecek, sahne hazırlandı. Ben kendi kendime, "Lan bu kitapsız beni dekor olarak kullanacak, ya telefon direği olacağım ya da ağaç." deyip geziniyordum. Sonunda rolümün denizde vurgun yiyen bir denizci olduğunu ve ölü olarak denizden çıkarıldığım için ellerde taşınarak sahneye gireceğimi öğrendim. Ölü olduğum için hiç kıpırdamamam gerekiyordu. Sahne dibinden atılacak laflara tepki veremezdim, ben bir ölüydüm ya. Millet gıcık, laf atıyor, güldürmeye çalışıyor, gözünü kırptı diye bağırarak rolümü sabote ediyor. Ama ben her zaman Bekçi Murtaza olmuşumdur. Vazifemin, pardon rolümün bilincinde olarak sıkı disiplinle gülmedim, yanıt vermedim. Anam olacak cadı, yani anam rolündeki müzik hocamız, oğlunun denizden ölü çıktığını görünce feryat figan ağlayacak. Beni getirenler küt diye yere bıraktılar, canımı yaktınız lan ben size sormaz mıyım diye düşünürken, anam rolündeki zat çöktü üstüme. Feryat ediyor, bir eliyle de boğazımı sıkıyor. "Lan bu beni gerçekten öldürecek, biraz kımıldayayım." diyordum ki, ne mümkün iyice çöktü üstüme. Başımdaki eli ağzımı kapatıyor. Valla tam isyan edecektim ki perde kapandı. Hâlâ üstüme eğilmiş kalk yahu ezdin beni diyerek fırladım. Burnumdan soluyarak Nevzat'ı arıyordum ki "Çok nefis bir ölü rolü sergiledin." dedi. Ben ne diyorum, o ne diyor. Yine beni bağladı anlaşılan. "Neyse artık rol almam." dedim. "Olur mu, sende yetenek var." deyip deyip güldü. Ee arkadaşlık uğruna olacaktı bu tür şaka…

Daha sonra Nevzat küçük bir iki rol daha teklif etti ama kandıramadı. Nerede lanet, kimsenin kabul etmediği bir rol varsa bulup gelir, bağlamaya çalışırdı fakat maymun gözünü açmıştı.

Tiyatro Bitti Film Çeviriyoruz

Zemin 1-2-3 halkı, yaşamına yeni şeyler katmakta usta olmuştu. Bu koğuşta yaşanan güzel olayları, diğer koğuşlardaki arkadaşlarımız imrenerek, merakla dinlerlerdi.

Cezaevindeki durumun aleyhimize bir seyir izlemesine, idarenin dişlerini göstermesine rağmen moraller iyiydi şimdilik. Bu moralle bir filim çevirelim dedik. Zeminin yapımcıları dev bir proje ile ortaya çıkmışlardı. Kaliteli bir Yeşilçam klasiğini canlandıracaklardı. İyi bir senaryo ile yıldız aramaya gittiler. Kaliteli oyuncularla dev kadroyu kurmak gecikmedi, film afişleri basıldı, duvarlara asıldı. İlanda, "Yılın dev filmi 'Birleşen Yollar' izleyin" diyordu. Süper bir kadroydu doğrusu…

Film çalışmaları insanlara kesinlikle gösterilmedi. Büyük merak içindeydim. Filmin galası geldi çattı, ranzalar tıklım tıklım. Filmin konusu şöyleydi. Nalan şehre gelen gariban bir köylü kızıdır. Tecavüzcü Çoşkun ile karşılaşmaması büyük bir şanstır fakat gazinocular kralı onu görür ve bir yıldız yapmak ister. Aslında amacı kızı kirletmektir. Gazinoda çalışan bir genç onu sever, aşık olur ve birlikte kaçarlar. Gazinocular kralı kızar, kaçan esas oğlana çok bozulur ve adamlarına "onları bulun" der. Sonuçta aşıklar yakalanır. Gazinocular kralı ve kötü adamlar kızı seven oğlana tecavüz ederler ve bundan sonra sahneye cinsiyet değiştiren esas oğlan çıkar. Artık esas kızla birlikte çalışırlar ve yine birbirlerini severler. Nihayet aynı yolun yolcusu olmuşlar ve birleşen yollarda yürümüşlerdir. Son.

Oyuncular oynadıkları rolü öylesine hakkıyla oynuyorlardı ki görmeliydiniz, kırk yıllık tiyatrocu ve sinemacıydı mübarekler. Özellikle kadın rolü oynayan arkadaşları başarılarından dolayı kutlamıştım. Onlar da, "Ne olacak, sanat için soyunuruz." diyerek esprideki ustalıklarını, insan olarak olgunluklarını göstermişlerdi. Filmi tabi tiyatro gibi oynuyorlardı. Oyun esnasında kenardan laflar atılıyor, oyuncular da korkunç zekâları ve pratik yetenekleriyle yanıt veriyorlardı. Ama bir yandan da rollerini oynuyor, istiflerini bozmuyorlardı.

Gazinocular kralının kötü adamları, aslında koğuşumuzun en mülayim insanlarıydı fakat fizikleri itibariyle seçilmişlerdi. Başrol oyuncusu olan esas oğlanı ve esas kızı da bütün insanlar tebrik ettiler. İnsan bu günden düşünüyor da Şener Şen'in oynadığı "Arabesk" filminin işlediği temayı yani Yeşilçam'ın hicvedilmesini bizim insanlarımız taa 1984'te yapmışlardı. Bravo o insanlara doğrusu.

Koğuş toplanıp karar aldı, filmi kimseye anlatmayacaktık, diğer koğuşlar meraktan çatlayacaktı. Fakat filmin konusu ve oyuncuların kimler olduğu sızdırılmış. Mahkemeye gidecektik, daha koridora çıkar çıkmaz gördük ki, zemin 4'teki kız arkadaşlar filmden sahneler oynayıp bizi gıcık ediyorlar. Biz yine de kimseye filmi anlatmayacaktık anlatanın da vay hâlineydi. Bunun için kimse kimseye bir şey anlatmasın diye mahkemede tek sırayı işgal ettik. Yine de sızıntı oldu ve sızdıranları hep birlikte Mamak usulü hoplattık.

Bence çok güzel anılardan biriydi bu olay ama bu eğlenceyi de tadında bırakmayanlar oldu ve insanlarımız kırıldı. Artık film, tiyatro çalışmaları yapmayacaktık çünkü kimse oyunculuk yapmak istemiyordu. Çünkü bazı insanlar şakayı tadında bırakmıyor, körün değneğini bellediği gibi aynı şeyi sürekli tekrar ediyor, oyunda rol alan insanları taciz ediyorlardı. Bunca olgunluk arasında bu kadarcık olumsuzluk da oldu.

Çok ender olmak üzere şarap yaptık. "Eşek hoşafı" dediğimiz üzüm kompostosunun üzümlerinden yapılıyordu. Murat verdi, bir kez, bir yudum aldım, çok beğenmedim. Zaten dışarıda da pek sevdiğim bir nesne değildi. En çok yılbaşında yapılırdı, yoksa normal zamanda çok tutmazdı…

Tutuklu, Doktor, Kobay ve Geri Gelen Dayak

Koğuşta Yasin Ketenoğlu çok rahatsızlanmıştı. Böbreklerindeki taşlar korkunç bir sancıya yol açıyor olmalıydı, kıvranıyor, gözlerinden yaşlar akıyordu. Çok acı çekiyor, çocuk gibi ağlıyordu. İnsan arkadaşının acı çekmesinden çok etkileniyor. Elinden ne gelirse yapmak istiyor. Bir kısım arkadaş kapıları tekmeliyor, kapıdaki nöbetçiye bağırıp doktor istiyorlardı. İnsan kendini ne kadar aciz hissediyor o an, kapıyı tekmeliyorsun ama onlar saatler sonra geliyorlar. İnsan hayatı ne kadar ucuz bu yerde. Acil bir durum olsa kesinlikle ölümle sonuçlanır, birçok insan zamanında müdahale edilmeyince öldü. Gözümüzün önünde çırpınan arkadaşın iniltisi insanı çılgına çevirmeye yetiyor. Mamak gibi yerlerde, hapishanelerde hasta olmak çok zor, çok kötü bir şeymiş. Yaşananlar bunu gösteriyor.

İnsanı her gün döven, aşağılayan, küçük gören mantık silsilesinin, elbette doktor, tedavi anlayışı da farklı olacaktır. Birçok cezaevinde tutuklu kobay gibi kullanılmıştır. Piyasada, özellikle Avrupa'da yasak olan ilaçlar insanlar üzerinde denenmiştir.

Revire çıktığında 2 metre öteden hastalığını teşhis etmeye çalışan doktorlarla karşılaşırsın.

Doktora diye giderken koridor boyunca ve revir sıranı beklerken bir araba cop yersin. Tedavi diye ağrı kesici, uyuşturucu niteliği taşıyan ilaçlar verilir. İşte sağlık sorununa böyle yaklaşıldı Mamak'ta uzun süre.

İşkence revire de sinmek zorunda yoksa, doktorun cezaevinde barınması mümkün olmaz. Revire çıkan insanı esas duruşta durmaya zorlamak, odaya girerken topuk selamı vermeye zorlamak hep revirlerde olmuştur. Hastaneye gitmesi gereken acil durumdaki insanı hastaneye yollamamak korkunçtur. Çoğunlukla hastalık çok ileri bir aşamaya gelince insanlar yollanmıştır. İşte Mamak'ta insanın değeri bu kadardır. Hasta olmak beladır insanın başına, işte bu nedenle hasta olmamak için elinizden gelen gayreti göstermelisiniz. Revirler içler acısı olaylara şahittir.

Mamak'ta dayak lafta kalkmıştı fakat sinir bozucu ne kadar uygulama varsa hâlâ mevcuttu. O uygulamalar olduğu sürece de dayak üreyecekti. Bataklığı düşünün, bataklık olan bir yerde sivrisinek olmaz mı? Mamak 84 sonrası da bir bataklıktı. Kısmen örtülmeye çalışılsa da bataklık kurumayınca bataklıktı. Bataklıkta dayak yeniden başlamıştı. Ve blok amiri bizzat kendisi ilk tokadı attı. Artık cop yoktu ama daha yaralayıcı, daha küçültücü olan tokat atılması başlamıştı. İdare disipline ediyor kendi çizgisini hakim kılmaya başlıyordu. Bunu da bizzat operasyonları yöneten kel binbaşıyı A Bloka blok amiri yaparak yapıyordu. Ve kel çok sinsice, çok yıpratıcı, çok uzun bir süreç izleyerek bizi yıprattı, durdu. Bir gün bir koğuştan birine tokat atıyor, diğer gün başka bir koğuşta başka kişiye... Bu hareketlerle ortalığı kokluyordu, tepkiyi ölçüyordu... Bizden yanıt yok... Kel bir tokat daha atıyor.

Zemin 1-2-3'e gelmemize rağmen görüş yasağım sürüyordu, bu nedenle ailemle pek görüş yapamadım. Yoğun bir okuma seferberliği içindeydim, kendimi siyasal, kültürel olarak eğitiyordum. Okumak müthiş değişim sağlıyor insanda. Özellikle çok yönlü, çok çeşitli okumak ufku genişletiyor.

Yankilerle çıkan kavgada bir arkadaş yaralandı. Yankiler çok kurnazca davrandı doğrusu. Olay idareye yansımadan kapatıldı.

Koğuşumuzdan dokuz arkadaşı, gece sohbet ederken yakalayan subay tartışmalar sonucu onları şikâyet etti. Bu şikâyet üzerine dokuz arkadaşımızı değişik koğuşlara dağıttılar. Koğuşun tadı bozuldu idare gıcıklık yapmaya başladı, fazla göze batan bir koğuş olduk.

Koğuştan İnsan Manzaraları

Merkep başçavuş denilen arkadaş, zayıf, oldukça çelimsiz görünüşlü biriydi. Eczacılık yapıyormuş ve silah yakalattığı için yatıyormuş. Çok dalgacı biri, onun için hiçbir şeyin önemi yoktu. Pantolonunun paçaları bileklerine gelmiş "Ne önemi var azizim, kim yama yapacak" der, aldırmaz. Elbiselerini aylarca yıkamaz, "Kokuyorsun." dendiğinde, "Ne önemi var, yıkayınca yeniden kirlenmeyecek mi?" diye savunur. Öylesine pasaklı biri. Fakat çevresine neşe veren, çevresindekileri güldüren, ince esprileri olan biri.

Merkep başçavuş ismini nereden mi alıyor? Arkadaşlardan biri Barış Manço'nun "arkadaşım eşek" parçasını söylerken bu da gidip kafa sallayarak vokal yapar, sürekli bu parçayı isterdi. Bundan dolayı ismi "merkep başçavuş" kaldı. Sanki o şarkı söylenirken kendinden geçiyordu.

Koğuştaki bazı arkadaşlar sırf askerlere gıcık olsun diye ona "başçavuşum" diye bağırır kapıdaki askerler de tezgâha düşer, "içeride tutuklu subay mı var" diye sorardı. Asker işletme işi bıkana ya da asker uyanana kadar sürerdi.

Merkep başçavuş her konuda çok ilginç cümleler üretmekle ünlüydü. Diğer bir ünü de durduğu yerde şiir yazmasıydı. Yani bu kadarı da fazla, insan zırt pırt şiir yazamaz dersiniz, boşa... Onun dillere destan şiirlerinden biri aklımda kaldığı kadarıyla şöyleydi:

At olmak istiyorum, at olmak istiyorum,

Uzun uzun yollarda işemek

Seni görünce kişnemek istiyorum...

Şunu itiraf etmeliyim ki güldüğü zaman, dişleri, ağız yapısı tıpkı at gibi görünürdü.

Bir dizesi de yine şöyleydi ki bunu üst ranzaya çıkıp biz aşağıdakilere seslenir gibi okurdu:

"Tanrı benim

Tanrı benim

Ey bana iman edenler

İnanınız..." derdi. Gel de merkep başçavuşu tuş etme. Böylesine esnek ve gönlü hoş bir insandı. Yaşına göre hafif şeyler yaptığı da olurdu.

Turistimiz Alexsandr Bertelsen diye biri de vardı. Valla şimdi böyle anımsıyorum. Bu onun dışarıdaki adı mıydı, yoksa arkadaşların taktığı bir isim miydi, bilemedim. Türkçe isminden çok bu isim kalmış aklımda.

Alexsandr, Türkiye'den yurt dışına yıllarca önce gitmiş bir yazar, araştırmacı ve tarihçi. Dünyada birçok yeri dolaştığını söyler. Çin'i, Hindistan'ı, Avrupa'yı anlatır dururdu. Şişko, kemerden fırlamış bir göbek, yakalara sığmayan bir gerdan, çopur bir surat, kırlaşmış saçlar... 50'yi aşmış ya da aşmak üzere olan bir insan Alexsandr. Türk vatandaşlığından çıkmış, sanıyorum Norveç vatandaşı... Norveç elçiliğinden görüşüne gelenler olurdu zaman zaman.

Alexsandr Kürtler üzerine araştırma yapmış ve yazılar yazmış, bir ihbar üzerine de bölücülük propagandası yapmaktan tutuklamışlar.

Avrupalı ve dünyayı görmüş olmakla şişinen biri olarak hiç de temiz biri değildi. Tırnaklarını kesmezdi, uzamış tırnaklarının arası simsiyah olurdu. Onun karşısında yemek yiyen arkadaşa saygı duyuyorum. Yani bu kadar olur. Bir de sık sık sarımsak yer, ortalığı kokuturdu. İnsan çevresini düşünmez mi, anlamıyordum. Bizler çevremizi rahatsız etmemek için olanca dikkati gösterirdik. Alexsandr milletin ortasında da rahatça yellenebilirdi. Bu onun için hiç ayıp değilmiş. Avrupalıların adını mı karalıyordu, gerçekten öyle miydi, bilemiyorum fakat 50 yaşında bir adamın biraz daha olgun, titiz olması gerekirdi. Nereli olursa olsun.

Alexsandr subayların bazı İngilizce yazılarını da çevirirdi. Bazen de askerler ona gıcık olur döverlerdi. Arkadaşlar onu çağırdığında nerede olursa olsun yes, der, ne var, diye bağırırdı. İlginç, bencil, küçük hesaplar yapan bir insandı.

Koğuşumuzun en sevilen insanı Mehmet Üresin, bütün insanlara sevgiyle davranırdı. Onu görüp, tanıyıp sevmeyen olmazdı sanırım. Koğuşun her işine karışır, her işi yapardı, sanki arıydı mübarek. İş yaparken de hiç homurdanmazdı. Bazen, "Bu ne kadar hoşgörülü insan." derdim kendi kendime.

Üresin tombiş bir kişiydi. Ta küçüklüğünde boğazına düşkün bir çocukmuş. Zaten ailesi de tatlıcılık yaparmış, eh tatlıcı çocuğu olmak kolay değil. Her porsiyondan bir dilim yese sonuç kaçınılmaz olarak bu hâle gelirdi.

Bir arkadaşın deyimiyle o "piknik tipti". Her işe gider, her işi yapar. Böylesine bir insanın bizim arkadaşımız olması çok güzel bir olay. Onun yaşamının bütünü insanlık ve fedakârlık doludur. Gördüğü işkenceler sonucunda akli melekelerini yitirmiş arkadaşımız Veysel Kubat'a* bulunduğu koğuşta uzun yıllar günlük hayatını sürdürebilmesi için yardımcı oldu; hemşirelik yaptı, hem de öz annesi gibi şefkatliydi Üresin. İyi bir insan, iyi bir devrimci.

* Veysel Kubat 13 Kasım 2018'de aramızdan ayrıldı.

Yasin Ketenoğlu 204 operasyonunda yakalanmıştı ve ağır işkenceler görmüştü. DAL'da gördüğümde çok hırpalanmıştı. Yıllar sonra Mamak'ta zemin 1-2-3'te karşılaştığımızda da sağlığı kötüydü. Bütün insanlar şu ya da bu kadar çözülmüş olmasına rağmen Yasin günah keçisi yapılmıştı sanki. Ben ondan birçok şey öğrendim. Kendini acımasızca eleştiren, sürecini doğru değerlendiren iyi bir insandı.

Aslında zemin 1-2-3'teki bütün Devrimci Yolcular çok özel ve iyi insanlardı. Olumsuzlukları yoktu demiyorum, olumlulukları çok fazlaydı. Bu anlamda tümünü tek tek yazmak imkânsız. Sorunların en aza indiği yerdi demek yeterli bence. Bu koğuş çok uzun süre bir arada kalamadı, idarece dağıtıldı.

Yol Bir Kere Daha Göründü

Bu sahne Mamak'ta sık sık yaşandı. Ne zaman bir koğuş dağıtılacak olsa, ortalığı bir hüzün kaplar. İnsanlar o güzel dostluk ortamının dağılmasına için için üzülür, yaşanan bütün güzel-çirkin olaylar bir daha yaşanması zor anlar gibi gelir, sigara üstüne sigara yakılır. Geçmiş yaşamlar, gidilecek yerler sık sık konuşulur. Zaman zaman ortalık sessizleşir, öylesine atmosfer oluşur ki bunu anlatamıyorum. Her kapı açılışta içinizden bir parça arkadaşın koparılıp alınmasının acısını duyarsınız. İsimleri okunanlar son bir defa daha vedalaşır ve yeni yerine doğru uzaklaşır gider. Dostluklar, küslükler, kırgınlıklar, sevinçler, acılar, hüzünler o kapının şangırtılı kapanışıyla hep gerinizde kalır. Artık isteseniz de onları yanınıza alamazsınız. Yapılan iyilik, kötülük hep arkanızdan söylenecektir. Olumluluğunuzun artması, iyi bir imaj bırakmanız cezaevinde kazanacağınız en büyük şeydir. İnsan, dostlukları ve sevgisiyle iz bırakmalıdır ardında. İşte Zemin 1-2-3 bu izi bırakmıştır bende.

Eşyalarımızı topladık, isimlerimizin okunmasını bekliyoruz. Yoğun bir sigara dumanı oldu koğuşta. Efkârı ve sessizliği dağıtmak için bir grup kurdu Nuri, elimizdeki boş kova ve bidonlara vuruyoruz. Kimimiz sadece cıstak cıstak cız, kimimiz nannen nannen, diyor, kimimiz ayağımızı beton zemine tempolu vuruyoruz, kimimiz başka bir şeyle ortak ezgiyi çıkarıyoruz. Şef Nuri, Rasputin parçasını çaldırıyor. Oldukça komik bir durumdu. Ki biz bile o garip culu culu gibi sesleri çıkarıyoruz hem de gülüyoruz. İnsanın kendi saçmalığını bilip gülmesi bir erdem mi acaba, bence evet. İnsan kendi eksikliği ile de dalga geçebilmeli. Biz kendimizce basit bir şekilde de olsa eğlenmiştik.

Koro sık sık okunan isimlerle azalıyordu. Son grup da okunduğunda ortada koro kalmayacaktı. Benim de içinde olduğum arkadaş grubu 4. koğuşa götürüldük. Yeni yuvamız burasıydı artık…

4. koğuş da diğer koğuşlara benzer bir biçimde yapılmıştı. İçeride tahta bir kitaplık. Ranzalara tutturulmuş tahtalar vardı. Ki bunların üzerine çantalar rahatça konulurdu. Bu diğer koğuşlara yapılmamış, ayrıca mutfak denilen bölümde de diğer koğuşlarda olmayan raflar vardı, bu raflara tabaklar konuyordu. Bir iki farklılık dışında "mimari" aynıydı.

4. koğuşa geldiğimizde arkadaşlar zaten hemen kapının yanında bekliyordu. Çünkü zeminin dağıtıldığını duymuşlar, kendilerine düşecek insanları tahmin etmeye, gelmesini istedikleri insanları içlerinden geçirmeye başlamışlar. Kapıda bir grup arkadaşla tokalaşıp sarıldıktan sonra oturmak ve eşyalarımızı koymak için ranzalara doğru gittik. Biz aynı davalardan yargılananlar zaten birbirimizi tanıyorduk, yabancılık çekmiyorduk. Diğer koğuş arkadaşlarımız ise farklı sol gruplara mensuptu. Onlarla tanışma merasimi oldu. Onlar için biz yeniydik, bizler için de onlar. Artık kimle iyi, kimle uzak olacağımızı zaman ve yaşanan olaylar gösterecek, belirleyecekti.

4. koğuşu sevmiştim. Sıcak, samimi bir havası vardı. Zemin 1-2-3 kadar olmasa da burada da dostluğun hakim olduğu inancı içime doğmuştu. Bizler arkadaşların yanına gelince herkes bir

yerlere çekildi. Ben de dışarıdan tanıdığım Hayyam'ın (Ömer Tunca) yanına gittim, zaten o da beni görür görmez, el işaretiyle yanına çağırdı. Hayyam; zayıf, uzun boylu, dalgalı saçlı, çok soğuk mavi gözleri olan biriydi. Dışarıda onu ilk gördüğümde gözlerinin ölüm soğukluğu taşıdığına inanmıştım ve mesafeli davranmıştım. Fakat hapishanede karşılaşınca, dışarıdaki izlenimlerimin bütünüyle yanlış olduğunu anlayacak, o 'çirkin' insanın aslında iyi, saf, yürekli, duygusal bir tip olduğunu anlayacaktım. Tabi her şey zaman ve mekâna göre değişiyordu.

Onunla kardeş dostluğu kurmuştum. Daha ilk gördüğü zamandan beri bana saygı duymuş ve sempati göstermişti. Koğuşta samimi bir havanın olması, ilişkilerin sıcak ve olgun olması, buradaki insanların birbirlerine içten davranmasıyla sağlanıyordu. Koğuşta dikkatimi çeken insan tipleri oluyordu. Zamanla onlarla yakın dostluklar kurup, karşılıklı etkileşim ve geliştirme, öğrenme ve öğretme fırsatı bulacaktım. Halil'in bana İngilizce çalıştırması ve kendime olan güvenim, burada insanlara İngilizce çalıştırabileceğim inancını doğurdu. İlk öğrenci olarak Hayyam'ı seçtim. Onun bana olan sevgisini ders çalışmasında kullanıyordum. Onun İngilizce öğrenmesi aslında benim de öğrenmem anlamına geliyordu. Günde bir saat ders çalışıyorduk, dersin dışında birkaç saat de ödevlere ve bir sonraki dersin hazırlanmasına harcıyorduk. Yoğun bir çalışma içine girdik, aylarca böyle çalıştık. Cornel denilen üç kitabı da bitirecektik. Artık ben ona yüzmeyi öğretmiştim, denize açılmasını isteyecektim, bundan sonra tek başına çalışması gerekecekti. Fakat tek yürütemiyordu, bir süre sonra bırakacaktı.

Zafer, Dostluk ve İngilizce

Koğuşumuzda Zafer Koç ismindeki arkadaşla da çok çabuk yakınlık kurdum. Sanki daha öncesinden tanışıyormuşuz gibi dostça, samimi bir hava esmişti başından beri. Zafer'in kolay kolay yakınlık kurmayan bir tip olduğunu çok sonraları görecektim. Onun için ilk gözlem, ilk sinyal önemliymiş. Bir insanın hareketlerinden, konuşmasından gıcık kaparsa bir daha zor ısınırmış.

Zafer TDY davasından yargılanıyor. 1982 yılında yakalanmış. Ailesi ona çok önem veriyor, her şeyi ile ilgileniyor. Ablası onun ve koğuşun her istediği şeyi anında yerine getiriyor. Böylesine sevilen, sayılan bir ilişki kurmuş koğuşta Zafer. Koğuştaki insanlar üzerinde belli bir saygınlığı var. Bunun elbise direnişinde tek başına da olsa kararlı bir direniş göstermesi nedeniyle olduğunu düşünüyorum.

Bir gün Zafer bana, "Beni İngilizce çalıştırır mısın, ben daha önce çalıştım bıraktım." dedi. Ona, "Bu kötü çünkü yarım bilen insana bir şeyler vermek zordur. Hep daha önce bildiği şeyleri ortaya atar ve yeniden öğrenmeye karşı direnir. Eski bilgileri yanıltır onu, bu yüzden çok zor olacak. Eğer çalışmaya gerçekten kararlıysan, benim kurallarım var ona uyarsın, biz de başlarız. Yok uymazsan bu iş olmaz, düşün sonra konuşuruz." dedim.

Birkaç gün sonra, "Kurallarını söyle, çalışalım." deyince ben de, "Birinci olarak bana hiç itiraz etmeyeceksin, derste eski bilgilerini öne sürüp tartışmak yok, ikinci olarak verilen ödevleri bütünüyle yapacaksın, yapmamak olmaz, mazeret geçersiz. Üçüncü olarak gece hayatını bırakmalısın yoksa ders saatleri aksar." "Tamam." dedi. Bazı yakın arkadaşları onun bu disipline gelemeyeceğini, birkaç gün içinde bırakacağını söylemişti. Ben ona sordum böyle bir durum var mı diye, "Sen onlara kafayı takma, ne zaman başlıyoruz." dedi. Evet iyi bir dostluk, gelecek vaat eden, yarınlara taşan bir arkadaşlık böyle başlıyordu. Çok samimi ve dürüst davranıyordu... Kendi iç dünyasını bana rahatça açmaya başlamıştı. Bu benim için çok büyük bir göstergeydi. Bir insanın iç dünyasını bilmek özel bir durumdu. Nişanlısının resmini gösterdi, onun üzerine, anılar üzerine anlattıklarını dinledim, tanıdım ve iyi dost olacağıma emindim artık. Ablasının ve nişanlısının yazdığı bir iki mektubu okumama izin verdi. Ablası gerçekten o kadar güzel mektuplar yazmıştı ki beni çok etkilemişti. Böyle bir ablam olsun istemişimdir. Hele onu geçen zaman içinde tanıdıkça Zafer'in ablasının insanlık sevgisi ve erdemleriyle dolup taştığına hep inandım. Onun mektupları sanki Zafer'e değil içerideki tüm kardeşlerine yazılıyordu. Bizlere, moral, sevgi, sevinç taşıyordu kucak kucak. Böylesine iyi insanları tanımak hem de görmeden, konuşmadan tanımak ve sevmek büyük şeydi. Başkaları için bir şeyler yapmak en büyük amacıydı sanki. İşte bundan sonra ben de ona abla diyecek ve benimseyecektim.

Zafer mektuplarını okuttu ve dostluğunun sınırsız bahçesini böylece açtı bana. Ben bu dostluk bahçesini daha güzel, daha anlamlı kılmak, onu hak etmek zorundaydım. Ben de çıkarsız, hesapsız sevgi ve dostluğumu sundum. Arkadaşlar, dostluklar öyle kolay kurulmamalı, birlikte çabayla, kavgayla, zamanla, emekle yoğrulmalı ve iki kişi tarafından yaratılmalıydı. Kolay kurulamayan şeyler kolay yıkılamazdı, yıkılmamalıydı da.

Birlikte ders programı çıkarmış, kitap seçimini yapmıştık. Alexsandr serisi denilen "practice and progress" kitabından başlayacaktık. Ona sunduğum çalışma programı şöyleydi:

Bir kere noktaya virgüle dikkat etmeden hızlı okuma, iki kere imlâ kurallarına dikkat ederek ve bilinmeyen kelimeleri tespite çalışarak yavaş okuma, üç kere Türkçeye çevirerek okuma ki bundan daha sonra vazgeçtik. Son olarak da dört kere tane tane, Türkçeye çevirmeden üzerinde düşünerek okuma.

Bu formülü uygulayan her insan ders kitabının küçük parçalarını ezberlemiş oluyor, İngilizce okuyup karşılıklı soru sorarak yanıtlar verebiliyordu. Bu yöntem başta Zafer'e güç gibi gelse de zamanla hiç de öyle olmadığını anlayacaktı. Yoğun bir şekilde, hemen hemen her gün ders yapıyorduk. Dersin dışında da saatlerce derse hazırlanıyordu Zafer. Onun sıkıntıya gelemeyeceğini düşünüyorlardı ya, inanamadılar bu çalışma temposuna. Yanıldılar.

Zafer'le olan ilişkilerim çok iyi bir rota izliyordu. Birçok şeyi paylaşıyorduk. Giyecek, yiyecek gibi maddi şeylerin dışında, içinde bulunduğumuz cezaevi şartlarında ne yapılması gerektiği üzerine, anılar ve gelecek üzerine birçok konuyu paylaşıyor, tartışıyorduk.

Zafer'in sıcak dostlukları, diğer sol grupların insanlarından da onu seven, sayan insanlar vardı. Dersler Zafer'i kopardı biraz, eski söyleşiler, türküler olmuyordu. Onlar Zafer'le uzun süre arkadaşlık yapmış iyi insanlardı. Özellikle bir arkadaş vardı, gayri meşru yaşamış olmasına rağmen siyasi bir davaya ortak edilmişti. O arkadaş bayağı bağlıydı Zafer'e. Onu koğuşun ilginç tipleri arasında anlatırım. Bütün bunları yaşarken cezaevindeki durum da olumluya gitmiyordu.

Bizim dersler ilerledi, Zafer'e İngilizce kitaplar, sözlükler aldırdım. Çocuğu bayağı masraflı bir işe soktuk anlaşılan. Daha o kitapları kullanacak düzeye gelmeden aldırdığım İngilizceden İngilizceye sözlük aramızda espri konusu oldu. "Yahu ben bu kitapları, sözlükleri kullanamam. Senin amacın bizim evin nafakasını bitirmek mi, sen kendi kullanacağın şeyleri aldırıyorsun, okuyorsun, biz resimlerine bakıyoruz, yok evlat bu iş olmaz." diyordu Zafer. "Büyüyünce de kullanırsın, bu kitaplar evladiyelik." diyordum ben de. Şurası bir gerçek ki o andaki düzeyi onları kullanmak için yetersiz olsa da yakın bir gelecekte kullanacaktı onları. Sonunda kullandı da. Yine de her seferinde laf etmekten geri durmadı.

O tanıdığım candan ve yürekli insanlardandı. Bazı küçük şeyleri takması dışında iyi bir devrimci, iyi bir arkadaştı.

4. koğuşta birçok insana İngilizce dersi vermeye başladım, bütün günüm onlarla geçiyordu. İki grubum vardı. Bazı arkadaşlar ünlü iş adamları gibi özel ders isterlerdi. Niye efendim? Kalabalıkta çalışmaktan sıkılıyorlarmış... Bunlar doğaldı, kimine olumlu yanıt verdim, kimine olumsuz. Koğuşun yarısı benim talebem sayılırdı. Bana "hocam" diyorlardı ve doğrusu gururumu da okşuyordu bu

durum. Fakat ben onların arkadaşıydım. Bu hitap onların sevgisinin ürünü, havalara girmemek gerekir. Hiçbir zaman insanların bana olan sevgisini, saygısını suiistimal etmedim, onlara layık olmaya çalıştım. Çünkü onlar beni yaşamımla, davranışlarımla, ilişkilerimle, yani bütün bir hayat felsefemle seviyorlardı. Ben o standardı korumak zorundaydım. Ve korudum. Bugüne kadar hiçbirini incitecek, üzecek davranışta, sözde bulunmadım.

Sürekli İngilizce çalışmak beni çok yıprattı, kafamda ziller çalışıyordu. Zihinsel yorgunluk belirtileri çıkmaya başladı. Diğer yandan da aynı dersi, aynı yeri sürekli tekrarlamaktan bıkmıştım ve arkadaşlara derslere son vermek istediğimi söyledim. "Belki ileride yeniden çalışırız. Bu sırada soracağınız sorulara, ihtiyacınız olan bazı şeylere yardımcı olurum." dedim. İngilizceden midem bulanır gibi olmuştu.

Koğuşumuzda yeni yıl hazırlıkları başladı. Meyve, kuru yemiş aldık. Bizler için güzel bir fırsattı, eğlenmek istiyorduk. Gizlice hazırlık yaptık, idare görmemeliydi. Mutfağa geçtik, orada arkadaşlar tiyatro çalışması yapıyorlardı. Tiyatro ve güzel türküler söylendi, gülündü, eğlenildi. Genelde bütün insanlar alt ranzalara toplandı, aşağıda sırayla fıkralar anlatıldı, espriler yapıldı, anılardan söz edildi, üzümden yapılan şarap içildi. Ben ve Abbas Dehmen isimli arkadaş üst ranzaya oturduk ve sanki türkü sesleri çok uzaktan geliyormuş gibi kendi âlemimize daldık. Zafergil aşağı çağırdı fakat kalabalıkta rahat olamayacaktım.

Zafer'in Düğünü

Zafer, Suna Özüdoğru'yu yıllardır tanıyordu. Birbirlerini öylesine seviyorlardı ki, sanki çağımızın Romeo ve Juliet'iydiler. Ya da Aslı ile Kerem. Zafer her mahkemeye gidişinde onu görmenin heyecanını yaşardı. Dönüşlerde uzun uzun Suna'dan söz ederdi. Ben hep onun sevincini paylaştım. Suna onun için çok önemliydi. Bu yüzden Suna'yla evlenme işini de geciktiriyordu. Ne de olsa "delikanlılık" var serde, devrimcilik de bunu tümüyle kaldırmaz. Bir de Zafer idam almıştı. Suna'nın hayatını idamlık birine bağlamasını, hayatını kendisiyle çürütmesini istemiyordu. Tabi bunları söyleten, düşündüren Suna'ya olan büyük aşkıydı. Suna ısrar ediyordu evlenmek için. Ne bekleyeceklerdi ki? Bence Suna çok haklıydı, sevgisi idam almasıyla değişikliğe uğrayacak değildi ya. Öyle sevgi mi olurdu? Yine de içerideki insan biraz duygusal ve feodal bir yaklaşım gösteriyor. İşin doğrusu ben de başlarda Zafer gibi düşünüyordum. Sonuçta o düşüncemin yanlış olduğunu çok kere yaşayarak, yeni örneklerle görecektim. Bir Engin-Aygül Höke, bir Sadettin-Güler Kahraman, bir Hüseyin-Süheyla Cihan aşkı, aslında sevdanın ceza ile değişmeyeceğini ispatlamıştı bana. Belki ben kendi başarısızlığımın bilince vurması sonucu temkinli oluyordum. Ama sevenler bunu başardılar, saygı duyuyorum onlara…

Zafer formları doldururken öylesine heyecanlıydı ki, nereye nasıl bir şey yazacağını bilemiyordu. Sağdan soldan arkadaşlar bir şeyler söylüyorlar, her kafadan bir ses çıkıyordu. Bunlar da Zafer'i iyice paniğe sokuyordu. Zafer'in o sevinci, o heyecanı ne kadar güzeldi. Belki evlenen bütün arkadaşlar bu tür duyguları yaşadılar. Bizler sadece dışarıdan gözlemle yetindik. Zafer'i çağırdılar bir gün, yarım saat sonra geri gelmişti. Ne olduğunu, neler yaşadığını bilmez bir hâldeydi sanki. Parmağına bakıyordu. Evet, parmağında bir alyans vardı, evlenmişti. Ne çabuk olmuştu.

Zafer için çok şey yapamadık doğrusu. Başına toplanmıştık, tebrik ettik ve şakalaştık, başından neler geçtiğini anlatmasını istedik. O hâlâ şaşkın, kendisine verilen sigarayı ağzına ters almış, yakmaya çalışıyor. Öylesine heyecanlıydı ki, görmeliydiniz. Demek insan böylesine çarpılabiliyor. Ben gelini sordum. "Valla hatırlamıyorum ne giymişti. Hemen imzayı atıp kaçtık." dedi. "Lan gelini öpmedin mi?" dedim, elindeki havluyu top yapıp yüzüme attı. Evet Zafer artık evlenmişti ama "barklanmamıştı". Her şeye rağmen büyük bir sevinç yaşıyordu yine de.

Zafer çok gururlu bir insandı, askerlerin ve subayların önünde en küçük duygusunu açığa vurmak istemezdi. Onların yaşadığı güzellikleri lekelediğini düşünürdü. Bu anlayışı birçok devrimci arkadaşın taşıdığını biliyorum. Birçoğu mektup bile yazmak istemezdi.

Nihayetinde Zafer ve Suna evlendiler. Mutluluk içinde birlikteliklerini sürdürdüler, tabi hapis olduklarını unutmadan. Hapisliğin getirdiği özlemler, özgür olamama onların sevgisini azaltmadı.

İtirafçılık Geliyor, Baskı Artıyor*

4. koğuşa Abbas Dehmen ile birlikte gelmiştik. Abbas sürekli ders çalışırdı. İngilizcesi oldukça iyiydi, bana da zaman zaman yardımları oluyordu. Genelde gününü İngilizce çalışarak, İngilizce kitap okuyarak geçirirdi. Oturur, elindeki kitabı bitirene kadar yemek ve zorunlu ihtiyaçları dışında kımıldamazdı. Öylesine sabırlı, öylesine istikrarlı bir insandı. Sabır taşı çatlatan cinslerden.

Sırrı Süreyya Önder ve Murat Çavuşoğlu koğuşumuzun moral kaynaklarından biriydiler. Sırrı'nın on parmağında on marifet vardı, kimi zaman bilgi yarışması düzenler, kimi zaman skeçler oynatır, kimi zaman bir kartonu büküp kamera yaparak film çekerdi. Onca baskı ve saldırının içinde yüzümüzü gülümsetirdi. Koğuşta kukla oynatılıyor sözünü duyunca inanmamıştım. Murat Çavuşoğlu da güzel bir kukla yapmıştı. Başına toplamış, insanları eğlendiriyordu. Kuklanın adı sanırım "Fazıl"dı. Öylesine komik şeyler yaptırıyordu ki... Fazıl'ı benimsemiş ve sevmiştik. Fazıl'ın hayatımızda önemli olmasının nedeni mi?

A Blokta yoğun bir psikolojik savaş vardı. Açlık grevinden sonra idare adım adım üzerimize geliyordu. Bizler açıktan tavır alamıyorduk, belki de tavır alacak gücümüz yoktu. Psikolojik olarak geri çekilme içindeydik. İdare o meşhur germe ve gevşetme politikasını bu döneme özgü hâle getirmişti. Zaman zaman sert

* İtirafçılık düzenlemesi 1985 yılının Mart ayında yapıldı.

havalar estiriliyor, zaman zaman da gevşiyordu. Onlara karşı ne yapacağımızı sık sık tartışıyor ama bir tavır ortaya koyamıyorduk. Böylesine bir döneme girmiştik. Ortada cop vurulmuyor fakat, tokat hatta tekme atılıyordu. Bir koğuşta bazen bir kişi dövülüyordu, bazen iki. Bunların hepsi "eskiye dönersiniz" imajını vermek içindi. Bunda da çok başarılı oluyorlardı. Yapılan her tartışmada "Başarılı olamazsak bundan daha kötü duruma düşeriz, eski günlere döneriz." anlamına gelecek ifadeler bol bol kullanılırdı.

Kel binbaşı tek başına A Bloku cehenneme çevirecek kadar zeki değildi. Yeni uygulamaların bir tek amacı vardı. Yeni çıkarılan itiraf yasasını yaygınlaştırıp itirafçı çıkarmak. Bunun için ortalığı ısıtmak istiyorlardı. Ne kadar cehennem ortamı yaratırlarsa, kendi sözüm ona cennetlerine kaçacaklar o kadar çok olabilirdi. Evet yeni hesapları buydu. Bizleri kişiliğimize, değerlerimize, arkadaşlarımıza, davamıza ihanet etmeye zorlamak. Bu politika gereği her geçen gün baskılar artıyordu.

Havalandırmaya çıkarılmıyorduk, çıkarıldığımız zaman da çok çabuk içeri sokuluyorduk. Ya da askerler havalandırmayı zehir edecek derecede pislik yapıyorlardı. Yine konuşmak yasaktı, yine eğitim vardı havalandırmada.

1984 Temmuz'unun, Ağustos'unun sıcağında, insanların sıkış tıkış yaşadığı, insanların nefes almalarının güç olduğu koğuşlarda sıcak su akıtıyorlar, kalorifer yakıyorlardı. Kışın yakılmayan kalorifer A Blokta, yazın o cehennem havasını bir kat daha dayanılmaz hâle getiriyordu. İnsanları bezdirmek için ellerinden geleni yapıyorlardı. Morallerin bozuk olduğu zamanlarda Çavuşoğlu kuklasıyla insanlara moral aşıladı, sevgi aşıladı, dayanışma aşıladı. Onun gibi birçok insan birbirine kenetlendi, sahip çıktı. Bu baskıya ve çirkinliğe karşı yapılacak en iyi şeyin arkadaşlık ortamı olduğu yeniden anlaşıldı. Şarkılar, türküler söylendi, kuklalar oynatıldı. Bu savaşa hazırlanıldı. Fazıl bize o günlerde eğlence oldu, o anları bizimle paylaştı.

Cezaevinde yoğunlaşan baskı her şeyiyle belli oldu. O dönemin aramaları da oldukça meşhurdu. Tam da insanı çileden çıkarırcasına… Bir arama örneği vereyim:

Havalandırma çavuşu mazgaldan bağırdı, "Kıdemli herkes havaya çıksın lan, içeride hiç kimse kalmasın." Bazı arkadaşlar "Arama mı var komutanım?" diye sorunca, "Çabuk lan, kıymetli eşyalarınızı, paranızı yanınıza alın, arama var." dedi, mazgalı çat diye vurdu. İnsanların yüzlerinde gerilimin izleri çok net belli olur, ağızlar kapalı, dudaklar sımsıkı olmuş, gözlerde bir tedirginlik. Kıdemli, "4. koğuş 55 mevcutla havaya çıkmaya hazırdır." diyerek, koğuşun kaç kişi olduğunu, mahkemeye gidenin olup olmadığını yazan kartvizit büyüklüğünde bir kâğıdı askere uzatır. O kağıda hava fişi denir. Havaya çıkarız, eğitim yapılır, kıllık yapılır. Gıcıklaşma olur. Tabi bu arada arama mangası koğuşa dalmıştır. Koğuşta ne bulursa orta yere atarlar, önce her insanın çantasını açarlar, bütün eşyalarını öteye beriye fırlatırlar. Bütün çantaların, torbaların içi boşaltılınca bu kez yataklar yırtılır, içleri ortaya dökülür, öyle bırakılır. Kitaplıkta bulunan ne kadar kitap, dosya, tutanak varsa yerlere saçılır. Ortada kocaman bir eşya tepesi oluşur, etekleri kapının yanına kadar gider. Sonra mutfakta ne bulurlarsa yerlere atarlar, diş macunlarının bir kısmı sıkılır, içi boşaltılır, kaşıklar, diş fırçaları, jiletler hep yere atılır. Tam bir talan olur. Bazen yüz havlularına, yastıklara postalla özellikle basılır. Nevresimlerde de postal izini bulduğumuz çok olurdu.

Aramaların böyle yapılması başlı başına bir işkenceydi. Zevkle yapıyor olmalıydılar. Havada içerinin ne kadar dağıtıldığını düşünerek geziniyordum ki, "Safta toplan." dedi çavuş. Bu aramanın bittiğini belirtiyordu. Şimdi bize "sıra açıl" diyecek, bizi de aradıktan sonra koğuşa sokacaklardı. Biz üstümüzdekileri çıkardık. Çünkü ararlarken külot hariç bütün eşyalarımızı çıkartmak zorundaydık. Askerler eşyaları elleriyle tek tek yoklarlar, sonra giyinir koğuşa gitmek için sıraya girerdik. Koğuşa gitmek için koşar adım koridordan geçerdik. Tam koğuşun önünde bir duraksama olurdu. İlk gelen yukarıda anlattığım manzarayı görünce irkilir ve her seferinde bunu yapanların gelmişini geçmişini bir kalaydan geçirirdi. Fakat bunu da sessiz yapmak zorundaydı. Genellikle her insan benzer tepkilerde bulunurdu. Kimi bu tepkiyi küfürle açığa vurur, kim, bravo iyi yapmışsınız, derdi. Herkes içinden küfür ederdi eminim. O manzara karşısında zıvanadan çıkmayacak insan yoktur. Bir kez sussa, ikinci kez, üçüncü kez... Sonunda patlamak zorunda kalır. İsa bile olsa fark etmez. Koğuşa gelenler eşyaları toplayarak geçer, ranzanın kenarına oturur. Birkaç kişi eşya yığınının içine dalar, eline alıp kaldırır ve "Bu kimin?" diye sorar. Kömür toplamaya çıkmış çocuklar gibi, eğilmiş yığın içinden eşyalarını bulmaya çalışanlar kafalarını şöyle bir yukarı kaldırır, kendinin olmadığını anlayınca yeniden hummalı işinin başına döner. O yığın arasında eşyalarını bulma mücadelesi verirken de sürekli bir şeyler mırıldanır durursun. Artık kimin geçmişine ne okuduğunu kimse bilemez. Toplarken tanıdığı insanların eşyalarını, balığa çıkıp da büyük balık yakalamış balıkçı gibi havalı bir şekilde dostuna fırlatır.

İnsanlar eşyalarını topladıktan sonra sıra parçalanıp yırtılmış yatakları yapmaya başlar. Yatakların pamukları, çaputları toparlandıktan sonra, dikilmeye başlanır. Tabi herkes iğne iplik arar, iğnesi olup ipliği bulamayan, sinirli bir şekilde bağırır: "Bu ipi kim aldıysa versin şunu kardeşim…" Karşıdaki de zaten streslidir ondan geri kalmaz kızgınlıkta, al diye atar. İnsanlar burunlarından solur o süre boyunca. Askerle kapışamamanın verdiği baskı, yatakların yırtılması insanın sinir sistemini altüst eder. İnsanlar birbirlerini istemese de incitebilir. Ama kısa süreliğine. Sonra kalpler şenlendirilir, kırgınlık kalmaz. Yataklar yapılırken ortalık öylesine tozar ki, insanın o tozu yutup verem olmaması büyük şanstır. Ağzımız burnumuz tıkanır tozdan.

İnsanların belki de en çok sinirlendiği olaylardan birisi bu tip aramalardır. Eskiden bu tip aramaları sırf gıcık olsun diye üst üste yaparlarmış. Yani tam yatakları toplayıp üzerine oturacağınız sırada, kapı gürültüyle açılır insanlar dışarı çıkarılır ve yeniden yırtılırmış yataklar. Öylesine uygulamalar olmuş.

İşte cezaevinde bu uygulamaların sıklaştığı anlardan bir uygulama örneği amaç insanları yıldırmak.

İtirafçılık Dayatması

Son zamanlarda hoparlörden itiraf yasasının nimetleri anlatılmaya başlandı. Komik geliyordu bize. Tam filmin en heyecanlı yerine konulan reklam gibiydi sanki. Onca baskının ortasında itirafçılığın ne kadar hoş olduğu anlatılıyordu. İdare malını özendirmeye çalışanlar gibi... Hemen her gün, birkaç kez tekrarladılar. Tabi reklamlar bitince korku filmini yeniden başlatıyorlardı. İnsanları yıldırmak, yok etmek, silmek, silikleştirmek için bir yığın politika izlediler. Şimdi buna KDV olarak itiraf yasası eklenince ortaya şu manzara çıkıyordu. Özgürlük(!) istiyorsan ruhunu şeytana satmalısın. Evet tıpkı Dr. Mefisto'nun ruhunu satması gibi. Bizim de arkadaşlarımızı, kişiliğimizi satmamızı istiyorlardı. Yapılan bütün baskılar bu amaca yönelmişti.

İnsanlar bu baskıların getirdiği ortamdan bir kurtuluş yolu aradılar. Bu idarenin gösterdiği kurtuluş değildi elbette. İnsanlar birbirlerine daha anlayışlı, daha hoşgörülü, daha dostça sarıldılar. Bu bataklıkta zincirleme olarak el ele tutmuş insanlar gibiydik. Hiç kimse elini tuttuğu insanın o pis bataklığın karanlık çamurlarında yitmesini istemiyordu. Bu nedenle eller birbirine daha sıkı kenetlenmişti. Hiç kimse arkadaşını terk etmeyecekti, biz birlikte gelmiş, birlikte acı çekmiştik, çekiyorduk. O hâlde birlikte kurtulmalıydık. Dışarı ayrı bir yerdi, orada kim ne yaparsa kendi sorunuydu. Ama burada hiç kimsenin boğulmaması gerekirdi. Evet, kurtuluşumuz da birlikte olacaktı. Sonuçta bir iki insan hariç o bataklıktan insanlık değerlerini koruyarak çıktık. İhanet etmedik kendimize, düşüncelerimize, arkadaşlarımıza, dostlarımıza. Bu konuda idare, devlet iflas etmiş biz kazanmıştık.

Cezaevinde bir itirafçı koğuşu açılacağını duyduk. İtiraf yasasından yararlanacakları oraya koyacaklarmış ve onlara birçok olanaklar verilecekmiş. Bu söylentiler aldı yürüdü. 6. Koğuş denilen yeri itirafçılar için ayırdıkları doğrulandı. Demek idare bir koğuşu dolduracak kadar itirafçı bulacağından emindi.

Bizler bu arada yine eğlenceler düzenliyor, şarkılar söylüyor, tiyatrolar yapıyoruz. Bayramlar bu tür şeyleri yapmamızda bir araç oluyordu doğrusu. Koğuşumuza yeni yeni insanlar geliyordu. Onların çok çabuk şekilde cezaevinin baskıcı koşullarına direnecek hâle gelmelerine çalışıyorduk. Emniyetten gelenlerin morali bozuk oluyordu, o moral bozukluğunun, yılgınlığın cezaevinde de devam etmesi, insanın olumsuz noktalara kayma ihtimali çok fazladır. Bu nedenle itici davranmak ya da gereksiz bir zamanda bir geçmiş tartışması yapmak... Bunlar yeni gelen insanı etkileyebilirdi. Bu yüzden bizler yeni gelen insanlara emniyeti unutup, kendini geleceğe hazırlaması, hatalarını aşmak için ayakta kalması gerektiği anlayışını kazandırmaya çalıştık ve bunda başarılı olduk bence.

O baskı döneminde yapılan bir tiyatroyu anlatmak istiyorum. Çünkü çok özel bir anlamı vardı.

Koğuşta birtakım hazırlıklar yapıldı. Tiyatro oynanacaktı, oyun o dönemin en popüler konusu olan itirafçılık üzerineydi. İtirafçılığın özendirildiği bir dönemden geçiyorduk, bizim idare reklamının yanında günlük boyalı basın da çokça reklam yapıyordu. Yok estetik ameliyatla değişik yapılıyormuş, yeni kimlik, yeni yüz, yeni yaşam sağlanacakmış sözleri gazetelerin her sayfasında... Bu kadar yoğun ilgi konusu olan bir şeyin tiyatrosunu yapmak da bize nasipmiş.

Koğuşa çaprazlama bir perde çektik, mazgaldan görülmemeye dikkat ediyorduk. Ranzanın ucu mazgalın geniş açısını daraltıyordu. Yankilerin de görmemesi için perde çektik. Biz ne kadar perde çekersek çekelim bir iki yanki oyunu izlemek için üst ranzaya çıkar, oyunu izler, güler, eğlenirdi. Bu durum diğer arkadaşlarınca hoş karşılanmazdı, oyunu izleyene kızarlardı fakat her seferinde birileri çıkar oyunu izlerdi.

Oyunu sahneye koyacak arkadaşlar gayet ciddi çalışmışlar konu zaten yabancı olmadıkları bir konu: bir devrimcinin kısacık yaşamı.

Bir genç devrimci oluyor, yasa dışı çalışmalara giriyor ve yakalanıyor, cezaevine atılıyor. Cezaevinde yoğun baskılar yaşanıyor. İtirafçılık özendiriliyor, o devrimci baskılara dayanamayıp itirafçı oluyor. Şimdi bu sahne çok ilginç.

İtirafçıyı ameliyata alıyorlar, erkeklik organını kesip, onu kadın yapacaklar. Doktor rolünde oynayan arkadaş çok ciddi, büyük adam havalarında gezen bir tip. Ameliyata geldiğinde şöyle bir şey söylüyor "Şimdi seni öyle değiştireceğim ki, annen bile tanıyamayacak." Mübarek bir karakter oyuncusu gibi oynuyor. İtirafçı rolündeki arkadaşı ameliyata yatırdılar, birkaç dakika sonra doktor, ağır bir operasyondan çıkmış gibi, elinde bir bez parçasını sevinçle tutuyor. İtirafçı erkeklik organını kaybetmiş, yeni hayatına merhaba diyor, bacaklarını açıp millete sallıyor. Bizi soğuktan korusun diye içlik giyerdik. O arkadaş da ten renginde bir içlik giymişti, gerekli şekiller de o içliğin üzerine çizilmişti. Sahne ve oyun bitti, gerçekten gülmekten yerlere yıkıldık. Tabi bu işe yankiler bozuluyorlar.

Bu tiyatro oyununda bir süre geçmişti, sanki haftalar demek daha doğru olur.

Bir gün koğuştan apar topar çıkarıldık, büyük hava boşluğunda toplandık. Oraya çöktürdüler bizi, kafalarımızı önümüze eğdirdiler. Konuşmak, hareket etmek yasak. Etrafımız askerlerle dolu. Yüzbaşı itirafçılık genelgesini yeniden okudu. Sonra, sırayla yerimizden kalkıp binbaşının olduğu masaya çağrıldık. İnsanlar ön sıralardan gitmeye başladı. Nereye gidiyorlardı, anlayamıyorduk. Hiç ses seda çıkmıyordu. Dövülselerdi cop ve bağırma sesleri gelirdi en azından. Ortalıkta sadece bir koşma sesi duyuluyordu. Sonra derin bir sessizlik... Arkadaşlarımızın tek tek gidişlerini, kafamızı kaldırmamız yasaklandığı için göz ucuyla izleyebiliyordum. Yanımda oyunda itirafçıyı ameliyat eden doktor rolündeki arkadaş, onun yanında Mustafa var. Onlara bir şeyler sormaya çalıştım fakat olmadı. Sıra giderek bize doğru geliyor. Mustafa gitti, birkaç dakika sonra doktor da gitti. Sıra bendeydi, yerimden kalktım, binbaşının olduğu yere geldim. Binbaşı eliyle sus işareti yapıyordu, hani şu hastanelerdeki hemşirenin yaptığı gibi. Gerçi onlar gibi sevimli değildi. Masanın üzerindeki bir kâğıdı gösterdi. Kâğıtta aklımda kaldığı kadarıyla şöyle yazıyordu: "Ben koğuşumdan memnun değilim. Beni koğuşumdan alın." Kâğıdın diğer yanında da "Ben koğuşumdan memnunum." Bu iki yerden birine parmak basarak nereyi seçtiğinizi belirtmeniz gerekiyor. "Ben koğuşumdan memnun değilim." yazan yerin altında parmak izleri fazla... Bana hangisini gösteriyorsun deyince, "Ben koğuşumdan memnunum." yazan yeri gösterdim. Koğuşa gitmeye hazırlanıyordum ki yakamdan tutup "memnun olmayanların" gitmesi gereken yere doğru iteklediler. Ben geri dönmeye çalıştıkça da zorla o yöne götürdüler. Ben bir süre sonra bütün insanlara öyle yapıldığının anladım. Sanki kimse koğuşundan memnun değilmiş gibi göstermek için o yöne götürüyorlarmış. Boş bir yer vardı, oraya geldiğimde bütün insanları orada görünce içim rahatladı. Buradaydım, arkadaşlarımın yanındaydım. Hemen onların yanına çöktüm, elimle yanımdaki arkadaşın omuzuna vurdum. Ben geldim der gibiydim sanki... Biraz sonra koğuşun hepsi geldi ve bizi tekrar 4. koğuşa yolladılar. İçeri girer girmez herkes birbirini aradı gözleriyle. Mustafa çok telaşlıydı, doktoru arıyordu. Tuvalete, banyoya her yere baktık yoktu. Evet tiyatromuzun doktoru da itirafçılığı seçti.

Faşistler de kendi arkadaşlarına bakıyordu giden var mı diye, onlardan itirafçı olan yoktu.

O an neler düşündüm, neler yaşadım bunları anlatmak zor. O gitmişti, bizden biriydi. Gitmemesi için elimizden geleni yapmıştık fakat insanın yüreği çürümeye görsün, mutlaka bir yolunu bulup giderdi. Bizim koğuştan çıkmıştı itirafçı, hem de o koğuşa birlikte geldiğim insanlardan biriydi. Onun kişiliğini ve yaşamını anlatmak istemiyorum.

Fakat o itirafçı koğuşta yaptığımız tiyatro çalışmalarını idareye ispiyon etmiş. Koğuştan arkadaşımızı tecrite aldırdı. Kendi oynadığı rolü de anlatmıştır herhâlde. Binbaşı daha da saldırganlaştı bizim koğuşa karşı.

İtirafçı, pişmanlıktan vazgeçti, itiraflarını geri aldı kısa bir süre sonra. Fakat neye yaradı ki, ruhunu, arkadaşlarını satmıştı bir kez. İnsanlara idam cezası aldırdı. Sonra devrimcilerin yanına geldi, özür diledi. Devrimciler büyük insanlar, kendi ipini çeken birinin özür dilemesi, "Yanlış yaptım, sizinle kalayım." demesi onu yanlarına almaya yetmişti. Tekrar geri gelmişti ama onca şeyi kırdıktan sonra. Buna rağmen ona karşı olumsuz anlamda bir ayrımcılık hiç yapılmadı. Doğrusu da buydu.

Mamak'ta itirafçılık rağbet görmedi, göremezdi. İnsanlar kendilerini, kişiliklerini korudular. Gelecekte büyük iddialarla çıkarlar ya da çıkmazlar. Bence bu önemli değil, önemli olan insan gibi çıktılar dışarıya, insan gibi dağıldılar cezaevinden.

Evet, işte hazin bir itirafçılık ve tiyatro öyküsü.

İtirafçılık yasasından yaralanmak isteyen beş kişi çıktı Devrimci Yol'dan, ikisi geri aldı itirafını... Mamak'ta toplam itirafçı sayısı hiçbir zaman on olmadı, birçoğu pişman olmaktan pişmanlık duydu. Bu konuda Mamak diğer cezaevlerine benzemedi. Olumlu bir yanımız buydu bizim.

Urfa'dan Mustafa Amca Geldi

Koğuşa yeni insanlar geliyordu, bunlardan ikisi Kürt kökenliydi. Urfa'dan, Mardin'den getirilmişlerdi. Biz havalandırmadayken koğuşa bırakmışlar, geldiğimizde ranzada oturan iki kişi gördük. Onlar da gariban gariban bize bakıyorlardı. Tanıştık, birinin adı Mustafa Mencütek, diğerinin adı Übeydullah Kaplan... DDKD (Devrimci Doğu Kültür Dernekleri) davasından yakalanmışlar. Mustafa Mencütek yaşça büyüktü. Mustafa amca diye hitap edecektim, zaman zaman da Mencütek. Koğuşa her yeni gelenin başına ne gelmişse onların başına da aynı şeyler geldi. İnsanlar toplandı, sorular, sorular... Mencütek'in konuşması bana çok hoş geldi, kendi Kürt aksanıyla Türkçe konuşuyordu. Onunla aramızda bir sıcaklık doğdu, ona bazı kitaplar okuyacaktım, birlikte ders çalışacaktık, tabi bunlar süreç içinde gerçekleşti. Ben bu süreci bütünüyle anlatmaktansa belli, çarpıcı şeyleri anlatacağım.

Mencütek çiftçilik yapan ama çok şey bilen bir insandı. Sorduğum zaman "Vallah ben bilmirem, anlamirem." derdi. Bazen efkârlanır yattığımız ranzadan dışarı gökyüzüne bakar Kürtçe ezgiler mırıldanırdı. Ne kadar güzel söylerdi. Belki anlamını bilmiyordum ama onun dalıp gitmesi, coşkunca söylemesi beni sarardı. Ben de onunla birlikte köylerini, Kürdistan dağlarını dolaşırdım. Anılarını anlatırken oranın dağlarını, sularını, insanlarını anlatırdı... Ve bana "Sen dağda yaşayamazsın lo. Ayağına çamur toplanır yürüyemezsin, iki günde anneni özlersin loo." der, gülerdi. O dağlarda aylarca gezmiş. Beni şehirli "çikolata çocuğu" gibi görüyordu. Evet, türküleri güzeldi. Kürtçeyi öğrenme isteği duydum fakat öğrenemedim. Birkaç kelime öğrenmiştim, "Dayê ez bırçime–anne ben açım–", tabi Kürtçe yazılışı başka, ben söylenişini yazıyorum. Onu her gördüğümde "Çawani bavê nın" diyordum, o da "Ez başım" derdi. Ondan çok şey öğreniyordum, ben de ona kendimden bir şeyler vermek istedim. Ona kitap okumayı teklif ettim, birlikte tarih kitapları okuduk, siyasal düşüncenin gelişimini öğrendik, daha sonra da İngilizce çalıştık. Çok çalışkan, cin gibi zekâsı olan biriydi. İlkokulu zor bitirmiş ama okumayı, kitabı çok seviyordu. Demek onun yaşadığı yerde ne zeki insanlar keşfedilmeden yaşayıp gidiyordu.

Birlikte ders yapmamız onu bana iyice yaklaştırmıştı, bana hocam diyor, yere göğe koymuyor, yemeyip yedirmek istiyordu. Birlikte yemek yediğimizde şöyle bir olay yaşadım; idare süt vermişti, sabah süt dağıtıldı. Bir kâseden iki kişi içiyorduk. Başladık yemek yemeye, ben sütü bir fırt çekip bırakıyorum, sıra ona gelince oldukça gürültülü bir biçimde bir fırt da o çekiyor. Bir süre sonra aslında sütü içmeyip, sadece ses çıkardığını anladım. Bunu anlayınca müthiş bir fırça attım, "Ya yemeğini yersin, ya da kendime başka ortak bulurum." dedim. O korkmuştu, sanki suçüstü yakalanmış, mahzun çocuk gibi derdini anlatmaya çalışıyordu. "Hocam sen yemek az yiyorsun." diyordu. Yine de anlaştık, herkes yemeğini yiyecek, kimseye vermeyecekti.

Arada bir beni gıcık ettiği de olurdu. Ben mercimek ve nohudu sevmem çünkü idare bu yemekleri çok kötü yapardı. Bu yemekler geldiğinde Mencütek sanki kuzu kızartma gelmiş gibi büyük bir sevinçle yer, bana da "hocam yesene." derdi. Gel de illet olma. Adamdaki zevke bak.

Bazen de ders yüzünden tartışırdık. Ben ona Türkçe gramer öğretmeye çalışıyorum, o bana "Sen beni asimile ediyorsun, ben Kürdüm." derdi. Anladık birader Kürt'sün de biraz lisan bilmek de ayıp değil ya.

Ailesi açık görüşe gelecekmiş. Köyden gelenler bizde kalsınlar, görüş günü de ziyaret edip geri dönene kadar evde kalırlar dedim, adres verdim. O da ailesine haber yollamış.

Görüş günü geldi. Açık görüştü, çıktık. Aileler masalara oturmuş, başında askerler duruyor. Bizim görüşçülerle Mustafa amcanın görüşçüleri yan yana gelmişler. Yan masada başları rengârenk bezlerle bağlanmış, alınlarının tam ortasında dövme yapılmış, üzerlerinde Kürt giysileriyle biri çok yaşlı iki kadınla genç bir erkek vardı. Sürekli bana bakıyorlardı. Mencütek, onlara benden mektuplarında bahsetmiş, "hocam" diye anlatmış, selamlarımı yazmıştı. Kadın, genç olanı beni pek "hoca"ya benzetememişti herhâlde, hayretle bakıyordu.

Annem onların üç gündür evde kaldıklarını ve Türkçe bilmedikleri için hiçbir şey konuşmadıklarını anlattı. Sadece el işaretleriyle yemek, su gibi zorunlu şeyleri anlatabilmişler birbirlerine. Ama her şeye rağmen çok iyi bir ilişki olmuş. Hayatta konuşmaktan öte şeyler de var. Yaklaşım, davranış, bakış, gülüş, karşılama, ağırlama... Kendileri de üç gün boyunca yaptıklarına gülmüştür sanırım. İçlerinde Türkçe bilen genç erkekmiş, onun aracılığıyla konuşmalar olmuş. Bizimkiler de onları çok sevmişler. Annem onların gelirken peynir getirdiklerini, arkadaşıma bir daha böyle yapmamaları gerektiğini anlatmamı söyledi. Misafirin kendisini getirmesi yeterliydi, bir de masrafa girmelerini istemiyordu. Bunları konuştuk.

Zaman bitti. Ben yerimden fırlayıp o masaya gittim ve ellerini öptüm yaşlı kadının. Yaşlı olanı Mencütek'in annesi, diğeri ise ablasıymış, erkek olan ise küçük kardeş. Yaşlı kadın öyle sıcak, öyle dostça sarıldı ki çok etkilendim. Bana sürekli bir şeyler söyledi, ne dedi bir türlü anlayamıyordum. Sadece "Anne iyiyiz." diyebildim. Onun da beni anlamadığını o an düşünemiyordum doğrusu. Ablası da aynı sıcak tepkileri göstermişti.

Çok uzun yıllar sonra Ceyhan cezaevinde tekrar karşılaştım onlarla. Öylesine mutlu oldular ki... Ben de onlar da etkilendik, sarmaş dolaş olduk. Yaşlı kadın sürekli yüzümü, gözümü öpüp durdu. Ablası ise bu küçük çocuk kocaman adam olmuş yaşlanmış diyordu. Öyle iyi insanlardı ki... Böylesine bağlılık oluyordu, bu insanlara kendinizi sevdirdiğinizde, sizi kolay kolay bırakmıyorlardı anlaşılan.

Mamak'a Televizyon Gelmiş

Mamak'ta yeni, belki de ilk yıllarda hiç kimsenin hayalinden bile geçiremeyeceği şeyler oluyordu. 1984 yılından itibaren sopa, nazari ders adı altında okutulan Atatürkçülük ders kitapları kalkmıştı. Türkiye'deki diğer cezaevlerinde olan şey burada yoktu. İlk yıllarda koğuşun içinde yaptırılan eğitim de terk edilmişti. Bunları idare kendi inisiyatifi doğrultusunda veriyordu. Gerçi yapılan eylemlerin payını unutmak ayıp olur. Ama Mamak'taki idare siz direnip aldınız demektense, ben verdim demeyi her zaman uygun görmüştür. Türkiye'deki gelişmeler olumlu oldukça, diğer cezaevlerindeki uygulamaların bir kısmı Mamak'ta da uygulanmaya başlıyordu. Görece rahatlık olmasına rağmen, yine de değişik bir baskı hâkimdi.

"Televizyon getirmek serbest, aranızda para toplayıp alın." dediklerinde bütün insanlar şaşırmıştı. Her kafadan bir ses, bir yorum çıkıyordu. Televizyon Mamak'ta ha. Öylesine alışılmadık şeylerdi ki bunlar. İnsanlar ister istemez inanmıyordu, inanamıyordu. Fakat idare ciddi ciddi televizyonunun serbest olduğunu tek tek koğuşlara ilan etti.

Koğuşta bir heyecan, bir heyecan... Kimileri "Bunlar bu işi bize yine zehir ederler." diyordu. Her neyse koğuşlar tek tük televizyon almaya başladılar. Siyah beyaz 37 ekran televizyon getirttik bizde. Birkaç koğuş hariç hep böyle oldu. Tecritlerde yatan arkadaşlar da bu gelişmeyi ilgiyle izliyorlar, kendilerine bu hakkın kullandırılıp kullandırılmayacağını merak ediyorlardı. Televizyon gelmeden önce duvarlara bir takım kablolar çektiler. Merkezi bir hattan elektrik gelecekti. Televizyonları koyacak dolaplar aldık... Televizyon büyük bir olaydı, kapalı, dört duvarlık dünyamızı dış dünyaya açıyordu.

Televizyonun geldiği ilk gün büyük bir heyecan vardı. Elektriğe taktık, oynamaya başladı. Neler vardı anımsamıyorum. İlk gün akşam sayımına kadar ve sayım sonrasında izledik. Fakat ikinci gün birtakım kurallar konuldu. Sayım koridora gelince kapatılacaktı. Televizyon tam olarak idarenin denetimindeydi. Çünkü şarteli indirdiğinde televizyona gelen elektrik kesiliyordu. Elektriğin gelişini gidişini kontrol etmeleri bizim sinirlerimiz üzerinde etkili oyunlar oynamalarını sağladı.

Birkaç gün sonra televizyonun 7 ila 9 arasında, cumartesi ve pazar günleri ise öğleden sonra açılacağını bildirdiler. 7 ile 9 arasında çizgi filmler, haberler vardı, bazen de dizi film. Buna rağmen insanları başına topluyordu televizyon. Kolay değildi yıllarca medeniyetten, insanlıktan uzak ortamda tutulmuştuk.

Televizyonun gelmesi epey ayar bozdu. "Eskiden yoktu hayıflanmıyorduk, şimdi var dünya kupasını izleyemiyoruz." derlerdi. İdare insanlarla dalga geçiyor, bizleri adeta çizgi filme mahkûm ediyordu.

Kelebek filmi oynayacaktı, saat geldi çattı fakat idare televizyonu açmıyor, nöbetçi subayın gıcıklığı bu uygulamayı iyice çekilmez hâle getiriyor. İnsanların sinir harbinde yıpranması idarenin son dönem programıydı. Televizyonu da bu doğrultuda kullanıyordu. Koğuşta homurdanmalar başladı. Subaya küfürün bini bir para. Gardiyan çağrılıyor, subayın televizyon açmayı unuttuğu söyleniyor. Aslında unutma falan yok, resmen açmıyor. İnsanların ondan açmasını istemelerini bekliyordu, eminim. Çünkü bu tiplerin kişiliği, elindeki küçük yetkiyi, olanağı başkaları üzerinde baskı, hava atma aracı olarak kullanmaya elverişliydi. Başgardiyanla birlikte haber yollandığı hâlde televizyonu açmadılar ve yemek dağıtımından sonraya ertelediler, filmin başını kaçırttıktan sonra açtılar. Elbette insanların kendi kendisini yemesi, sinir nöbeti geçirmesi yanına kâr kaldı.

Şu olay türünden onlarcasını yaşayacaktık. Televizyon bize yeni bir dünya getirmişti ama idare de onu ağzımızdan burnumuzdan getiriyordu. İdare açısından işler böyleyken bir de faşistlerle olan çatışmalar vardı.

Yaşam felsefeleri, alışkanlıkları, hareketleri birbirinden tamamen farklı iki insan grubunun aynı yerde yaşamalarının zorluğu birçok alanda kendini gösteriyordu zaten. Şimdi buna televizyon da eklendi. Televizyon programları konusunda da faşistlerle aramızda sık sık sorun çıkıyordu. İlk getiren onlar olduğu için açıp kapama gibi işleri de onlar yapıyordu. Devrimciler televizyona ellerini sürmezlerdi. Faşistlerin olan hiçbir şeye karışmazdık, onlar da bizim bir şeyimize ellerini sürmezlerdi. Televizyon bozuldu diye yolladılar ve bir daha getirmediler. Bizimkiler, kendimiz televizyon alalım dediler fakat bir girişimde de bulunulmuyordu. 5. koğuşta, 1. koğuşta, 7. koğuşta arkadaşlar renkli televizyon almışlar, 2. koğuş da almayı düşünüyormuş. Bunları getirten de solcular. Renkli televizyona geçişi devrimciler sağladı anlayacağınız.

Ben Zafer'e "Bir renkli televizyon alalım. Sen ve ben girişimde bulunalım, bir iki ortak daha bulur, alırız. Yoksa milleti toplayacaksın, alalım mı almayalım mı, tartışması yapacaksın, gerekli, gereksiz laflarla karşılaşacaksın. Sonuçta alacaksak, biz alalım birimize kalır." dedim. Zafer de, "Madem istiyorsun alalım be, renklenelim." deyince işe koyulduk. Onun ailesi, benim ailem, Hayyam'ın ailesi televizyon almak için bir araya geldiler. Fakat hemen hemen bütün taksitleri Zafer'in ailesi ödedi.

Artık her şeyi renkli izliyorduk. 7-9 arası olması da umurumuzda değildi. Çünkü kafayı takınca insanın stresi artıyordu. Bir kısım arkadaş "Boşu boşuna bu kadar parayı verdiniz." deyip duruyordu. Biz de "Eğer televizyon saatleri uzatılacaksa, ilk önce burada bir televizyon olması gerek, sonra bunun kavgasını veririz." diyorduk. Dünya kupası hızla gelip geçti. Bazı koğuşlar faşistlerle anlaşıp kaçak olarak izlemişler. Bizim koğuşta faşistlerle böyle bir anlaşma yapmak istemedik. Zaten zaman zaman dini programlar yüzünden gıcıklaşma oluyordu. Onlar cuma günü yayınlanan din programını istiyorlardı. Bence öyle dini programı çok sevdiklerinden değildi bu. Bir iki şef faşistin baskılaması ve komünistler karşısında dini savunarak kimliklerini, ayrıcalıklarını ortaya koyma çabasıydı. Onlar böylesi gösterilere ihtiyaç duyarlardı.

İlk tartışmalar "Duvardaki Kan" adlı dizide çıktı. Faşistler Ermenilere yönelik bu provakatif filmi ısrarla istiyorlardı. Bizler ikinci programdaki klasik romanlardan dizi hâline getirilmiş filmleri izlemek istiyorduk. Bu konuda onların gıcık tavrına biz de aynı şekilde cevap verdik. Sonuçta iki yol çıktı, ya televizyonu hiç açmayacaktık ya da bir o, bir bu açılacaktı. Birinci sonuç ne bizce ne de faşistlerce istenen bir sonuçtu. İkincisi daha makuldü bu şartlarda. İki farklı kültürün çatışmasıydı bu. Onlar ve biz iki farklı sistematiğe sahiptik. Onlar da kendilerini koruma ve ispat etme amacıyla namaza, Kur'an'a ve dini yayınlara çok önem verdiklerini gösterme çabası içindeydiler. Fakat pop müzik çıktığında da gözlerini alamıyorlardı.

İdare dışarıya açılan pencere diye düşündüğümüz televizyonu uzunca bir süre siyaha boyamış, karartmıştı. Yine kendi mantığı ve yöntemiyle baskı yapıyordu. 1985-86 dönemi bu tür şeylerin baskı aracı olacağı yıllardı.

Tecritlerde kalan arkadaşlar televizyondan yoksundular, onlara televizyonda olup bitenleri anlatıyorduk, kimileri reklamların nasıl olduğunu merak ediyordu, kimileri sanat programını, baleyi, müziği dinleyip dinlemediğimizi. Kimileri de bize gıptayla bakıyordu. Mahkemeye her gidişte mutlaka tecritlerdeki insanlarla ve diğer koğuşlarla televizyon konuşması olurdu. Bu bile televizyonun bizim yaşamımızdaki etkisini ve değerini anlatmaya yeter sanırım...

Birçok kez şu espri yapılırdı. Evdesiniz, ev halkı televizyon seyredecek, bütün insanların merakla severek izlediği program saatinde televizyonu açmayacaksınız. 7 ile 9 arası açacaksınız ve saat 9 oldu mu çıt kapatacaksınız. İnsanların tepkisi ne olurdu? Ya da tam filmin heyecanlı yerinde çıt kapatacaksınız, insanlar ne yapardı? Herhâlde size iyi bir sopa atarlardı. İşte hevesini kursağında bırakmak diye buna denirdi herhâlde...

1987'den sonra kaçak elektrik çekilerek gece sessizce açmaya başladık. Yasaktı. Yasak olmasına rağmen, daha sonra alenen açıldı. Sonuçta idare 1988'de serbest bıraktı. O süreci zamanla yansıtırım.

Avrupa'dan Heyet Gelecekmiş

Cezaevine Avrupa'dan milletvekillerinin geleceği dedikodusu dolaşıyordu. Zaman zaman Avrupa Parlamentosuna bağlı İnsan Hakları İzleme Komitesi'nden kişiler gelir, cezaevini denetlerdi(!). Ne zaman cezaevinde ve emniyette işkence yapıldığı lafları artsa, Avrupa'dan bu yönde baskılar olurdu. Cezaevi yetkilileri o günlerde yemeklerin miktarını ve kalitesini artırır, bir temizlik furyası başlatılırdı. Hani bir yeri teftişe çıkan paşalar, ziyaret edeceği yerin temiz ve düzenli olmasını ister ya, onun gibi bir şey. Göstermelik birtakım işler ayarlanır, onlara aslında Mamak zindanının ne kadar şirin bir yer olduğu anlatılmaya çalışılır. Adamların karşısında tutuklular saatlerce hazrolda bekletilir, çevrede elleri coplu askerler doludur, tutukluların yüzleri hiç gülmez, konuşmazlar. Öyle manken gibi dururlar. Ee müşterilere Mamak vitrini hoş görünmeli. Fakat idare o vitrindeki insanların birer ceset gibi sararmış ve ürkek olduklarının hiç farkında değildir. Bunu Avrupalı anlamaz mı? Hadi Türk yetkililer alışık, normal buluyorlar, Avrupalı parlamenterler sormazlar mı? Bu insanlar neden konuşmuyor, hareket etmiyorlar diye. Her şeyin bir mizansen olduğu onlarca da malum aslında, onlar kendilerine düşen rolü hakkıyla oynamak istiyorlar.

Bir gün öğleden sonra cezaevine heyet geldi. İncelemelerde bulunuyor, bazı koğuşları ziyaret edip konuşacakmış. Bize koğuşu düzenli ve temiz tutmamızı söylediler. Bir saat sonra kapı açıldı ve bizi havalandırmaya çıkardılar. Biz havalandırmada sıraya geçmiş, esas duruşta bekliyoruz. Koğuşta bir yığın insan, idare koğuşun içini gösteriyor heyete, insan düşünmez mi buradaki insan sayısı ile buradaki hava ve oksijen miktarı çok uyumsuz. Bu koğuşta normal olarak 15 kişi kalması gerekirken, 50 kişi kalmak zorunda. Tabi içeride oksijenden çok karbondioksit var ve içeri ekşi kokuyor... Uluslararası standartlarda bir kişinin yaşaması için gerekli oksijen ve yer miktarının çok altındaydı bizim tutulduğumuz koğuşlar. İşte o koğuşları büyük bir övünçle gösteriyor olmalıydılar. Her şey makyaj yapılmış çirkin insana benziyordu. Televizyon, kitaplar aksesuardan bazılarıydı...

Havalandırmada beklerken arkamızdan birtakım sesler geldi. Anlaşılan yabancı ziyaretçileri havalandırmaya çıkarmışlardı. Bizleri gösteriyorlardı, saçlar sıfır numara, üstümüzde korkuluklara bile giydirilemeyecek durumda olan paçavralar, öylece bekletiliyoruz. Sesler iyice yaklaştı, artık yanımızdaydılar. Bizlerle konuşmak istiyorlardı. Fakat kendi seçecekleri insanla konuşmak istiyorlardı, idarenin seçeceği insanlar konuşmak istemiyorlardı. Bu bile kafalarındaki yargıyı göstermeye yetiyordu aslında. Gösterdikleri insanın ismi alındı, daha sonra çağırıp konuşacaklardı idarenin odalarının birinde. Bizi tekrar koğuşa aldılar, birkaç arkadaş kapının hemen arkasından dışarıyı dinlemeye, ne olup bittiğini anlamaya çalışıyorduk. Birden kapının mazgalı açıldı, bir çift göz bize gülerek baktı. İngilizce bir şeyler söyledi anlayamadık. Sırrı Süreya Önder diyerek bağırıyordu ki, o anda çat mazgal kapatıldı. Demek ki ziyaretçilerden biri gizlice mazgalı açmış, Mamak'ta gerçekten neler olup bittiğini içerdekilere soracak. Fakat enselendi zavallı parlamenter, bilmiyor muydu burada yöneticiler kurt gibidir.

O dönem kadın arkadaşların durumu kötüydü, sürekli baskıya, işkenceye uğruyorlardı. Gerçi her dönem eziyet gördüler, teslim olmadılar. Direniş onların genel çizgisiydi. Bu yüzden her fırsatta eziyet ediyorlardı. İşte yine eziyet dönemi yaşıyorlardı. Bu yüzden parlamenterlerin onları görmesini, konuşmasını istiyorduk. Sırrı da, "Women prisoners, women prisoners," yani "kadın mahkûmlar, kadın mahkûmlar" diyerek onların dikkatini çekmek istedi. Belki merak edip onları da sorarlar ve konuşmak isterlerdi. Fakat idare izin vermezdi herhâlde. Kadınlar düzenlenen vitrinin gerçek yüzünü net bir şekilde açığa çıkarırlardı. Daha önce bizim yattığımız tuvaletsiz ve soğuk C Blok hücrelerinde tutuluyorlardı.

Avrupalı parlamenterler, incelemelerde bulunup ayrılmışlardı. Ne zaman böyle bir ziyaret olsa, sonrası bizim için hayırlı olmazdı. İdare baskıları artırır, insanlara orayı iyice çekilmez kılardı. Çünkü heyete olumsuz şeyler söylenirdi. İdare de acısını tutuklulardan çıkarırdı.

Bir gün kel binbaşı bizim koğuşun sayımı yapıldıktan sonra, "Sadece solcular sayıma çıkacak." dedi... Biz telaşlandık, nedenini bilmiyorduk. Solcuların tümü sayıma tekrar çıktı. Binbaşı şöyle konuşuyordu "Heyet geldiğinde kim mazgaldan 'women prisoners' dedi, çıksın öne. Yoksa hepinizi koridorda çiğnetirim." Daha sözü yeni bitmişti ki koridorda tok bir ses çınladı: "Ben dedim." Sesin sahibini hepimiz tanıyorduk. Koğuşumuzun en güzel türkülerini söyleyen Sırrı Süreyya Önder'di. Zayıf, çelimsiz bir çocuktu ama yiğitti. Kel binbaşı gözlerini iyice açıp, konuşmaya başladı: "Hadi, büyük cesaret gösterdin, korkuyor musun. Aslında hepinizin inkâr etmesini bekliyordum." Evet, bizim olayı kabul etmeyeceğimizi ve bunun üzerine hepimizi döveceğini düşünmüş olmalıydı. Fakat Sırrı onu şaşırtmıştı.

Kafese gittiklerinde, "Ben seni hiç sevmem aslında ama açıkça söylediğin için seni bağışlıyorum." demiş. Bu kel binbaşıdan beklenecek bir davranış değildi. Belki de o gün keyfi yerindeydi.

İşte cezaevine gelen heyetlerin ardından bunlar olurdu. Heyetle konuşanlar sayımlarda bazen tek tek binbaşı tarafından tokatlanırdı. Heyete cezaevlerinin kötü olduğu söylenince bunun idareye söylenmeyeceği sanılırdı. Kel binbaşı nasıl oluyorsa heyete kimin ne dediğini bilir, gelir o sözcüklerden bazılarını yüksek sesle söyler ve söyleyeni tokatlardı. İnsanlar heyete gidip konuşmak istemezdi. Çünkü nasılsa heyet gidince biz idare ile baş başa kalacaktık. Onlar kâğıtlarına bir şeyler yazıp dosyaya koyacaktı, ya biz... Bu yüzden cezaevine heyetin gelmesinden hoşlanmazdım.

Dostluklara ve Arkadaşlıklara Dair

İki insan ne kadar yakın, ne kadar dost olursa olsun zaman zaman anlaşmazlıklar yaşıyor, tartışmalar yapıyor. Bazen bu tartışmalar kırıcı da oluyor. İnsanlar bazen küçücük şeylerle başlayan tartışmalar sonunda küsebiliyor. Küsmek çocukça bir davranış ama yine de insanlar zaman zaman küsebiliyor. Bir ilişkide elbette sorun olması istenmez ama ortada sorun var diye de dostluk bitmez. Yani dostların ilişkileri mükemmel değildir. Zamanın ve ortamın yarattığı bazı şeylerden etkilenir ve çatışabilirler. Belki de dostlukların sağlamlığını sınamak için bu gereklidir.

Ben çok sevdiğim arkadaşlarla her konuda anlaştığımı söyleyemem. İlişkilerimde de hep olumluluk yoktur. Fakat yıllar geçtikçe şöyle bir sonuca ulaştım. Her konuda aynı düşünmek zorunda değiliz, her şeyi anlaşarak yapmak zorunda değiliz. Tavır ve düşüncelerdeki ayrılıkları, farklılıkları hazmetmek ve olgunca karşılamak gerekir. Arkadaşla uyuşmak demek onun gibi düşünmek demek değildir, farklılığa rağmen bir arada kalmak olgunca karşılık vermektir bence. Bu açıdan arkadaşlarımla her konuda uyuştuğumu iddia edemem. Elimizden geldiğince, fikri olarak bir birimize etki etmeye çalışırız. Birbirimizi ikna edemezsek herkes kendi düşüncesini savunur, korur. Burada anlatacağım olayı da az önce yazdığım görüşümün ışığında değerlendirmek gerek.

Zafer'le birkaç konuda farklı tavır gösterdik. Yani belki de çok küçük, sıradan şeyleri kişilik sorunu yaptık ve ders çalışmaya ara verdik. Onun böylesi bir çiğlik yapması bende tepkiye yol açtı. Ortada ne olduğunu bilmiyorum, bir şeylere kızmış olmalı ki dersleri aksatıyor, soğuk davranıyordu. Bir keresinde derse çağırmadı. Ben gidip sorduğumda da artık kendisi yapacağını ima eden bir şeyler mırıldandı. O sözcükler beni çok üzmüştü. O insana onca emek vermiştim, şimdi çok saçma bir davranış sergiliyordu. Madem öyle istiyordu, bundan sonra onunla ders yapmayacaktım. Derse gitmedim. Derse gitmeyince normal olarak konuşmaya da gitmiyordum. Gayet ciddi bir şekilde ilişkilerimi bütün alanlarda geri çekiyordum. Günlük yaşamda giderek uzaklaşmak benim için en doğru olanıydı. Artık konuşmuyorduk. O da ben de bunu gurur meselesi yaptık sanıyorum. Düşün bir, her şeyi paylaşan, her şeyi konuşan ve sürekli yan yana olan iki insan. O kadar sıcak ve hesapsız bir ilişki, güzel bir dostluk birdenbire ortadan kalkıyor. İnsan büyük bir boşluk duyuyor, sanıyorum o da aynı şeyleri hissedip yaşıyordu. Zaman geçtikçe ben tavrımı katılaştırdım, artık hiç mi hiç ilgilenmiyordum. Fakat bu durumdan hiç kimsenin haberi yoktu, ne yanındaki insanlar ne de aileler. Aileler birlikte gelip gidiyor, selam yolluyorlardı. Yani dostluğumuz aileleri de birleştirmiş dost yapmıştı. Buna rağmen biz iki koca bebek, burada küsçülük oynuyorduk ve bunu kimsenin bilmesini de istemiyorduk. Çünkü koğuşta gıptayla, imrenilerek bakılan bir dostluk kurmuştuk. Şimdi çıkıp nasıl "Biz küstük ama nedeni de şu an aklımızda değil." diyebilirdik ki?

Ben sürekli kitap okuyor, ders çalışıyordum. Zaferlerin olduğu yere çağrılıyordum ara sıra. Orada arkadaşlar türkü söylerdi, eskiden gidip dinlerdim fakat şimdi işim var diye gitmiyordum. Sebebini anlamasınlar diye de kitabı bahane ediyordum. Onlar da Zafer'e, "Sen çağır gelir." dediklerinde, "Bırakın çocuğu, kitap okusun." derdi. Ben bunların hepsini duyardım çünkü gerçekte onlarla ilgileniyordum.

Zaman ilerlemiş, ilişkiler kopmuştu. Sadece ayak havlusunu ortak kullanıyorduk, onun dışında yan yana gelmemeye çalışıyorduk. Bu durumu Ömer anlamıştı. Ömer, Zafer'in yanında kalan, ona çok bağlı bir insandı. Onunla konuşmuş olmalı, bana da gelip işi anladığını, kendi deyimiyle "ayıktığını", bu işin yanlış olduğunu söyledi. İşe bak, gayri meşru bir yolun adamı devrimcilere, toplumu değiştireceklere arkadaşlık raconundan söz ediyor, onları eğitiyordu. Ben inkâr ettim, "Yok, küs değiliz." dedim, inanmadı. "O zaman gel, onun yanına gidelim." dedi. "İşim var." dedim, "Peki, o senin yanına gelsin." dedi. "Olmaz yahu işim var diyorum." deyip yine reddettim. Sanırım Zafer'le konuşup anlaşmalı gelmişti. Birazdan Zafer de çıkıp geldi yanıma. Üç aydır ilk kez yan yana geliyorduk ve konuşacak bir şey bulamıyordum. Zafer "Nasılsın?" diyor, "Eh iyilik, sen nasılsın?" diyorum. O da "Eh iyilik." diyor, sonra susuyoruz. Ömer birden kızdı "Konuşun lan, adamı illet etmeyin." dedi ve çekti gitti. Biz birbirimize bakıp durduk. Sonra Zafer yavaş yavaş konuşmaya başladı. İlk kez birinin ayağına gittiğini, değerimi bildiğini, aslında saçmalık yaptığımızı anlattı. Ben de aşağı yukarı aynı şeyleri söyledim ve barış çubuğunu yaktık. Saatlerce sürecek konuşmanın ilk adımını atmıştık. Konuşmadığımız süre içinde ne kadar birikmiş dedikodu varsa heyecanla anlattık, güldük, eğlendik, şakalaştık. Yaptığımız çocukluğa gülüyordu o, bana ablasının selamını söylememiş çünkü yanıma gelmek istemiyormuş. Ya da başka bir komikliğimizi anlatıp güldük.

Zafer'le üç ay konuşmadan öylece durduk ve şimdi o üç ayla dalga geçiyorduk ve bu ikimize de ders olmuştu. Saatlerce süren konuşmayı Ömer kesti, "Yahu ne adamlarsınız, üç ay konuşmadınız, şimdi de ayrılmıyorsunuz. Yarın da var, yarın konuşursunuz, hadi yatın artık." Bu kırgınlık birçok şeyi gösterdi. Dostluğumuzun kolay kolay yıkılmayacağını, aslında bazı yanlışlar yapsak da iyi arkadaş olduğumuzu kanıtladı.

Kırgınlık tamir edilse bile, yürekte bir çizik bırakıyor, bunu inkâr etmemek gerekir. Eskisinden daha iyi olabilirsiniz ama yaşanan o olumsuzluk artık size dostluğun bir anısı olarak kalır. Zafer'le küslük dönemi de bende böylesi bir iz bıraktı, küslükten sonra daha iyi olduk ama o çizik kaldı.

Mektup Dağıtımı Büyük Bir Ayindir

Mektup yazmak, mektup almak insanda birçok duyguyu bir araya getiren olaylardan bir tanesidir. Koğuşta "mektupçular" denilen insanlar vardır. Her posta gelişinde mutlaka onlara birkaç mektup çıkar. Kimi insanlar imrenerek bakar onlara, ne kadar çok sevenleri var, diye.

Mamak'ta mektup haftada bir dağıtılır, her gün verilmez. Bu yüzden mektup dağıtma günleri çok özel bir heyecandır aslında. Mektuplar gecikince hemen koğuş sorumlusu başçavuş bulunup çağrılır, mektuplar sorulur. Her koğuş sorumlusu başçavuş, o koğuşa gelen mektupları okur ve dağıtır. Genellikle sayımlardan sonra dağıtılır mektup. Her insanın içinde beklenti vardır. Başçavuş elinde mektupları sallaya sallaya gelir, kıdemliyi çağırır ve mektupları teslim eder. Koğuşa gelen mektuplar sahiplerince sabırsızlıkla beklenir. Kimileri mektubu dağıtacak olanın başına arılar üşüşürken kimi insan da ilgilenmiyor pozunda durur, kulağı mektupçuda, tetikte bekler. Herkes şu ya da bu şekilde mektupların dağılmasını izler. Mektubu gelenler hızla mektubunu alıp uzaklaşır, kenara bir yere çekilir, bu dünyadan uçup gider. Yazanın, anlatılan yerlerin içindedir. Özel bir atmosferdir o. Mektubunu okumak için çekilenlerin sessizliği koğuşu korkunç bir sessizliğe boğar. Mektubu gelmeyenler samimi olduklarına laf atar, "Sıradayım cürüm." der. Bana yok mu, yine mi satıldık diyenler olur. Aslında bütün koğuş mektubun yarattığı ortam içindedir.

Mektuplar vardır, sevgililerden, nişanlılardan gelir. Mektuplar vardır, anadan, babadan, abladan, kardeşten gelir. Mektuplar vardır, dosttan, arkadaştan gelir. Mektuplar vardır, kara haber doludur. Mektuplar vardır, insanı sevinçten uçurur, içini hüzünle doldurur. Mektuplar dünyayı kucak kucak, satır satır, cümle cümle taşır içeriye. Mutlu eder, mutsuz eder, ağlatır, güldürür. Sağcısı, solcusu mektup ortamından etkilenir, insanca bir duygu oluşur, herkes kendince yaşar hüznünü, sevincini.

Mektuplar vardır dostlarla paylaşılır, üzerine arkadaşla saatlerce konuşulur. Tekrar tekrar okunur, yorumlanır. Yakın insanlar bazen mektuplarını birbirine verir. Artık onlar içli dışlıdır, ortak dertleri, ortak sevinçleri vardır. Mektuplar çok, çok anlamlıdır.

Mektuplar Mamak'a ayrılık haberleri taşıdı, ölüm haberleri taşıdı, doğum haberleri taşıdı, düğün haberleri taşıdı. Ve bunları asıl sahiplerinin dışında en az bir çift göz, bir çift el daha tuttu. Mektuplar yabancı parmak izlerini taşıdı, var kaldıkları sürece taşıdı, taşıyor, taşıyacak. Görülmüştür damgası mektupları lekeledi. İki insana ait olan dünyaya hançer gibi girdi, yürekleri kanattı.

Her mektup geldiğinde heyecan duyar, "Acaba bana var mı?" diye sormaktan kendimi alamam. Adım okununca, "Şundan mı, yok yok bundan da olabilir." diye içimden isimler tutarım. Mektubu yakın arkadaşım getirir, adamı gıcık edene kadar da vermez. Yahu kutsal bir şeyle dalga geçilir mi? Artık mektubun önemine göre, karşılık ister. Hele sevgiliden gelen mektuplarsa senden koparabileceği her şeyi koparır. Ve işte böyle, sevgiliden gelen mektubun içeride başına neler gelir neler.

Gözler ve kulaklar mektubu dağıtanın üzerindedir. O da bunu bilir, işin tadını çıkarır.

Zafer'e her postada mektup çıkardı. Mektuplar mazgaldan uzatılır uzatılmaz yerinden fırlar, kendine gelecek mektupları almak için acele eder. Adı okundukça sevinçle gözleri fırlar ve nazik bir el hareketiyle mektuplarını alır. Arkadaşlar ona şöyle bağırır, "Zafer yine mektupları balyalamışsın. Posta Zafer'e çalışmış." O da sevinçle ve havayla "Sevenimiz çok." der. Mektuplarını alır almaz yatağına oturur, kimden geldiğine teker teker bakar. En anlamlı şahıstan, genellikle de Suna'dan gelenle başlar. Mektubu gelmemişse de gıcık olma sırası ona gelmiştir.

O dönem ben pek mektup beklemezdim çünkü yazmıyordum ve bana yazacak insan sayısı da sınırlıydı. Bu nedenle fazlaca bir mektup heyecanı yaşamadım. Bu yüzden Zafer, "İstiyorsan sana birkaç mektup yazdırayım." diye kafa bulurdu. Nedense o dönem benim de içimden yazmak gelmiyordu. Çünkü yazmak için insanın kafa dengi insanlar bulması gerekiyor. Zevkle yazacak dostlar gerekiyor. O yüzden ben seyrek olarak yazardım. Ama mektupçu sayılmazdım.

Mektup her dönem, her yerde güzeldir, güzel kalacaktır. Her insan süreci kendi durumuyla uyumlu yaşayacaktır. Bazı mektuplar tezgâh konusu olacaktır. Bu kadar önem verilen, üstüne düşülen şey üzerine tezgâhın olmaması imkânsızdır doğrusu. Şimdi çok ciddi bir mektup tezgâhı anlatacağım.

Koğuşta, gayri meşru işlerle uğraşan ama Devrimci Kurtuluş davasından gelen bir arkadaş vardı. Dışarıdaki yaşamında kumarbazlık yapmış, esrar içmiş bir kişiymiş. Devrimcilere yardım ettiği için tutuklamışlar. İsmi Ömer. Ömer'in Zafer'e olan bağlılığını zaman zaman yazmıştım. Ömer Kırıkkaleli. Delikanlılık zamanlarından kalma keskin hareketleri var. Çokça argo konuşan bir tip. Esrar içtiği zamanlarda göğsüne jiletle izler yapmış. Dediğine göre bütün psikopatlar kendini kesermiş. Ömer, dışarıdan tanıdığı bir kızla mektuplaşıyor. Bizim koğuşun cin fikirlileri Zafer Koç, Sırrı Süreyya Önder ve Ali arkadaş, birlikte Ömer'e bir mektup tezgâhı kuruyorlar. Kızın yazısını taklit ederek mektupla ilanı aşk ediyorlar, daha önceki zarfların birinin içine koyup mektup dağıtıcısına veriyorlar. Bizim uyanıklar mektubu kendileri getirmiyor, uyanabilir diye. Ömer mektubu dağıtanın elinden alıyor. Yani Ömer oltayı yutuyor. Hep kurnaz olmakla, hayatın tozlu yollarından, feleğin çemberinden geçmekle övünen Ömer tezgâha düşmüş oluyor artık.

Ömer, mektubu tekrar tekrar okuyor. Gözlerine inanamıyor ve kimseye de bir şey söylemiyor. Bizim uyanıklar "Ne o bir haber mi var?" dedikçe "Yok bir şey." diyor. Ömer mektubu, tezgâhı hazırlayan üçüncü kişiye anlatıyor çünkü ondan hiç mi hiç kuşkulanmıyor, akıl istiyor. Neyse, böyle aşk sözleri dolu birkaç mektup gidip geliyor. Artık Ömer işi ciddiye bindirecek. İşin ciddiye kaydığını anlayan arkadaşlar tezgâh attıklarını açıklamak için üçüncü şahsı seçmişler. Üçüncü kişi Ömer'e mektupları kendilerinin yazdığını açıklayınca Ömer inanmamış. "Gidin be, beni mi kandırıyorsunuz, ben onun yazısını tanımam mı?" diyerek bir de hava atıyor. Arkadaşlar ısrarla anlatmışlar, zar zor kafasına bir şeyler dank etmiş. Ondan sonra da üçüne de köpürmüş, onlara kızmış ama küsmemiş. "Ahım olsun, benim de adım Ömer'se, sizden acısını alırım." demiş ama intikamını alamadan gitti.

Mamak'ta zaman zaman böylesi sahte mektuplar yazılır ve mektup bekleyene verilirdi. Alanın yutması için yazı taklidi çok iyi yapılır. Birinin sevgilisinin yazısını taklit edebilirseniz, o tezgâhı yememesi mümkün değildir. Kandırmacalar da oranın cilvesi işte.

Mamak'ta arada belli şeyler bahane olur, ortak komün dağılırdı. Bazen bu dağılmalara siyasi, ciddi gerekçeler de gösterilirdi. Ve her ayrılıkta çirkin şeyler yaşanırdı. Bu anlattığım komün dağılımında da bazı çirkinlikler oldu. Fakat insanların genel olarak olgun olması çirkinliğin yayılmasını önledi. Artık Zafer'le, Mustafa amcayla kalmıyorduk. Herkes kendi başına bir komün olmuştu. Farklı sol gruplar tek tük bir arada kalıyordu.

İnsan arkadaşlarından ayrı olsa da onlardan farklı bir şey yemek istemiyor. Örneğin Zafer, Mustafa amca, ki bunlar yakın arkadaşlarım olduğu için belirtiyorum, yoksa diğer insanlar için de geçerli aynı duygu. Onların yanında bir elma yemek benim anlayışıma tersti, elma yemek istiyorsam beş altı tane daha getirir yanımdakilere dağıtırdım. Devrimci Yolcuların durumu nispeten iyi sayılırdı. Aynı şeyi onlar da yapıyordu. Aşağıda vereceğim birkaç örnek, ne demek istediğimi açıkça anlatacaktır sanırım.

Sabah kahvaltısı için bizim arkadaşlara ayrılan yere oturdum, o gün peynir, zeytin gibi şeyler hazırlamıştık. Zafer ilerideki masada yemek yiyordu. Biraz sonra yerinden kalktı, avucunun içindeki şeyi önüme bıraktı, gitti. Bıraktığı şey kocaman bir salam dilimiydi. Demek ki, kendi salam yerken benim yiyememem onu da rahatsız ediyordu. Bunun için yediği her şeyden mutlaka bana da vermeye çalışırdı. Bu durum aslında hem sevindirici hem üzücüydü. Sizi çok seven bir arkadaşınız olduğunu görüyorsunuz. Öte yandan da aynı komünü paylaştığınız insanların yemediği bir şeyi bir dostunuz da verse yemeniz güç oluyor. Karmaşık bir duygu. Almaktansa vermek daha rahattı. Bu tip şeyleri ben de yapardım. Bir muzu, bir elmayı, bir bardak sütü götürür ona verirdim.

İkinci olarak, gece süt ve bisküvi yenecekti, ben onlar yesin diye uzaklaştım fakat onlar bana da getirmişti. Benim süt almamam onları çok üzdü.

Bazen de, diyelim, Mencütek hemen yanı başımızda olurdu. Ben meyve yerken sırtını döner, benim rahatsız olmamı istemezdi. Ben ona da bir tabak getirirdim ya da benim tabağımdan ikimiz yerdik. Yok, Kürt inadı tutar, yemezse zorla yedirirdim.

Evet, yukarıdaki örnekleri çoğaltabiliriz. Ayrı şeyler yemekten rahatsız oluyorduk fakat bir araya da gelemiyorduk. Çok özel şeyler yaşanmıştır yoksa. Hep birlikte yemiş içmişken birkaç çiğ insanın tavrı bozmuştur bütün güzellikleri. Bence ilginç bir anıydı...

1986 yılının en iyi anılarından biri de Güler'den bir kart almam oldu. Sanıyorum yeni yıl kartıydı. Çok güzel bir karttı, yazısı değişmemişti. Kartta anımsadığım kadarıyla, çok iyi bir insan, arkadaş olduğum yazılıydı, yeni yılımı kutluyordu. Bir de şiir yazılmıştı kartın ön yüzüne. Sanırım şiir şöyleydi: "Eylülün Eylül olduğu unutulmaz,/kalır izleri bir yerlerde." Yıllar önce yazılmış iki dize, yanlış da anımsamış olabilirim. Bende böyle bir anlam bırakmıştı. Güzel bir olaydı. Beni sevindirmişti, uzun zamandır ilk kez yazısını görmüştüm.

Cezaevi, Kantin ve Diğerleri

Cezaevinde kantinle ilgili sorun çıktığı için kel binbaşı kantinciyi değiştirecekti. Kantinci subaylar kantindeki malları çok pahalı satıyorlardı. Bir hafta önce aldığınız şeyi bir hafta sonra aynı fiyattan alamazdınız. Çok açık kazık atılıyordu doğrusu. En pahalı mal fiyatına, kalitesi en düşük malı almak zorundaydık. Seçme şansımız yoktu, piyasada satılmayan, elde kalmış ne varsa idare toplar, bize satardı. Bu durum birçok soruna yol açıyordu.

Koğuşlardaki kantinci de değişecekti. Biz sırada beklerken kel binbaşı seçmeye başladı. Gözlüklü birini görünce, beni hesaptan anlar diye düşünmüş olacak ki beni kantinci olarak seçti. Hayatta en kıl kaptığım bir iştir. Ben hesap işine gelecek adam mıyım, şu kelin yaptığına bakın. Kabul etmemek suç sayılıyor, biz de kabul ettik. Fakat ben göstermelik olayım dedim, imzayı atayım gerisini eski kantinciler yapsın. Fakat eski kantinci de fırsat bekliyormuş, kabul etmedi, başıma kaldı belalı iş.

Allahtan dış kantincilik yapıyordum, gelen malı alanlara paylaştırıp paraları hesaplıyor ve topluyordum. Eskiden bu iş çok avantajlıymış. Kantinciden büyük paralar alırlarmış, daha doğrusu idarenin bize attığı kazığın boyutunu küçültmeye çalışırlarmış. Bu işte uzman arkadaşlar vardı fakat ben fazla uğraşmadım... Kantin deyince akla iki isim gelir: Hüseyin ve Mehmet Üresin.

4. koğuşta insanlar vardı, ilginç insanlar. İlkin Ömer'in hikayesini tamamlayayım. Ömer dışarıdaki yaşamında silahlı soygun, kumar, esrar gibi binbir türlü işe karışmış. Konuşmayı çok seven biri. Çok konuştuğu için de olayları abartır. Bir konuyu değişik zamanlarda anlatır, anlattığı ortama göre de eklemeler, çıkarmalar yapardı. Sırrı ve Zafer, onun bütün hayat hikâyesini ezbere bilirdi. Bu yüzden anlatımları arasında çelişki olunca hafif bir öksürmeyle ona itiraz ederlerdi. Ömer, "Ecicik abarttım." der, ballandıra ballandıra devam ederdi. Hırsızlık, kumar, gasp maceralarıyla

başına topladığı insanları saatlerce tutardı. Öylesine anlatma yeteneği vardı. Bir yerde anlatırken dinlediğinizi bir başka yerde, yeniden usanmadan dinleyebilirdiniz.

Bir gün arkadaşlar onun anlattığı olayları ve zamanı karşılaştırınca mevcut yaşından fazla olduğunu gördüler. Ömer her seferinde beş yıl İstanbul'da kaldım, bilmem şu kadar yıl şurada kaldım der, anlatırdı. Bu yılların toplamı yaşını aşıyordu. Bu kendisine söylenince de, "Kesinlikle çarpıtılıyor arkadaş." derdi.

Birtakım siyasi kitaplar okuyorum der, hava atardı. Örneğin "objektif", "subjektif" gibi kavramları ezberler, yerli yersiz kullanırdı. Bunu da eğlenerek yapardı.

Ömer, her oturuşunda kendinin hayat tecrübesi olduğunu, bizlerin ise birer "cik cik" olduğumuzu söylerdi. Konuşmalarında, "Yakacaksın tek kâğıtlıyı." kelimeleri eksik olmazdı. Bu tek kağıtlı esrarın bir sarış biçimiymiş. Bana, "Sen hiç içki içmemişsin, ana kuzusun." derdi. Kendi dünyadaki her şeyi yaşamış, bilmişti ya. Bize hava atıyor aklınca.

Çok uzman olduğu bir konuda yine işletmişlerdi onu. Bu Zafer'den yediği ikinci tezgâhtı.

Zafer, revire çıkıp migren ağrıları yüzünden ilaç istemişti. Doktor kuvvetli bir ağrı kesici vermiş, Zafer ilacı içince hemen uyuyor. Bakıyor bu ilaç insanı sürekli uyuşuk tutuyor, bir iki gün sonra vazgeçiyor. Kafası ağrıyanlardan bir ikisine de o ilacı veriyor, onlar da horul horul uyuyor. Tabi bu durumu hepimiz öğrendik. Ömer de duydu. Kendisi eski hapçı ya, Zafer'e yalvar yakar oluyor fakat Zafer, "Vermem, tuvalete atacağım." diyor. Ömer peşini bırakmıyor. Bunun üzerine Zafer, ona uyku ilacı diye bir vitamin ilacı veriyor. Bizim Ömer ilacı almadan önce pijamalarını giyip, yatağını açıyor deliksiz uyuyacak. Kendini hazırlamış, bekliyor.

Hap konusunda o kadar konuşuyordu ki ilacı içiyor ve gözlerini kapıyor. Biz Zafer'le, hemen bir yatak ötesinde sohbet ediyoruz, yan gözlerle de Ömer'i izliyoruz. O bizim onu izlediğimizin farkında değil, uykusunun gelmesini bekliyor.

Yarım saat oldu Ömer kıvranıyor, bir türlü uyku yok, gelmiyor. Bir saat oldu, uyku yok. Gözlerini kırpıştırıyor, kalktı, tuvalete gitti, geldi, yattı. Yatarken Zafer alaylı bir tonda "Ne o yahu, bu ilaç seni pek etkilemedi, kim aldıysa on beş dakikada uyutuyordu." dedi. Ömer'in bam teline basmıştı Zafer. "Sorma be kardeş, bizim vücut alışkın ya, bir tane kâr etmedi anlaşılan." dedi. Zafer bir supradin, yani vitamin ilacı daha verdi, Ömer gözünü kırpmadan duruyor. Sonunda biz pes ettik. Zafer, "Evladım, hani sen haptan anlardın. Sen nasıl hapçıymışsın vitamin ilacını içtin." deyince, "Yemezler, biz kırk yıllık kullanıcıyız, kim diyor ona vitamin hapı diye." demesin mi?" diye yanıt verdi. Bozuntuya vermemeye çalışıyor aklınca.

Sonunda zarfa düştüğünü kabul etti ve tuvalete sigara içmeye gitti. Zavallı uyanık.

Ömer koğuşumuza renk katan bir simaydı. Gayri meşru bir hayattan gelen bir halk insanıydı. Devrimcilerin yanında kalması onun için bir şanstı.

Azmi Babanın Müteahhit ile İmtihanı

Azmi baba vardı bir de. Azmi baba, yaşamını et kesip satarak kazanan emekli bir işçiymiş, silahtan getirilmiş. Emekli olunca emekli parasını bankere yatırmış, o meşhur bankerlik dönemlerinde... Parayı kaptırmış, sermayeyi kediye yüklemiş anlayacağın. Yine akıllanmamış.

Kıyıda köşede üç beş kuruşu varmış, onunla bir arazi almak istemiş, bir tanıdık vasıtasıyla emlak işlerine bakan birine gitmiş. Emlakçı ona iyi bir arazi olduğunu fakat biraz Ankara'nın dışında kaldığını söylemiş. Azmi baba, sevinmiş Ankara gelişiyor, alacağım arazi de gelişme yönünde diye. Bastırmış kaparoyu... Beklemiş yeni arsasını görmeye gitmek için. Gel zaman git zaman Azmi babanın sabrı taşmış, isyan etmiş emlakçıya. Emlakçı bakmış kurtuluş yok, atlamışlar bir taksiye, düşmüşler yola. Ankara'dan çıkıp Natoyolu'nu geçmişler, evler bitmeye başlamış. Azmi baba sormuş "Nerede bizim arazi?" diye. Emlakçı "Merak etme, az sonra varacağız." demiş, basmış gaza. Fakat git Allah git yol bitmez. İn cin yok, öyle bir yere gelmişler ki Ankara'dan çok Elmadağ'a yakın. Buralarda adamı kurt yer. Araba hâlâ gidiyormuş, bir müddet sonra durmuşlar, arabadan inmişler. Etraf hep taş, kaya dolu bir araziye gelmişler. Her tarafı taş olan arazinin en taşsız yerini gösterip "İşte senin arazi." demiş. Azmi baba içinden "Allah'ım nerelerden yer almışım." der dururmuş. Azmi baba kandırıldığını anlayınca araziyi elden çıkarmak, kaparoyu geri almak istemiş ama emlakçıyı tekrar bulana aşk olsun. Azmi baba tapuya gidiyor, yeri soruyor. Tapuda, o arazinin ortak mülkiyet olduğunu öğreniyor, yani o arazide kendisi gibi birçok insanın hissesi varmış. Azmi babayı kandırmışlar. Azmi baba bu hikâyeyi koğuştaki her insana en az bir kere anlatmıştır. Herkes "meşhur taşsız tarla" hikâyesini bilir, taşsız tarla der gülerdi.

Azmi baba öyle bir adamdı ki, başından geçmeyen olay kalmamış. Yine bir müteahhitte para vermiş, ev yaptırmak istiyor. Müteahhit peşin parayı alıp kaybolmuş. Azmi baba müteahhiti buluyor, "Ne oldu bizim ev." diyor, müteahhit, "Temel atıyoruz, biraz para lazım." deyip yine bir miktar para alıyor. Temeller eşiliyor fakat müteahhit yine kayıp. Azmi emmi yine arar bulur. Müteahhit yine biraz para koparır, tekrar ortadan kaybolur. Bu kez aramayla da bulunmaz. Bu yüzden kahvehaneye gider, orada otururken birisi bana yevmiye ver senin müteahhidi bulayım der... Azmi baba adama para vermiş, cebine sigarasını koymuş, yollamış. Adam birkaç gün sonra "Buldum." diyerek çıkıp gelmiş. Azmi babayı apartmanların olduğu mahalleye götürmüş ve en üst kattaki bir daireyi gösterip "İşte burada." demiş. Azmi baba adama para vermiş ve hırsla apartmanın son katına çıkmış, zili çalmış ve kapıya bir kadın çıkmış. Azmi baba müteahhidi sormuş, orada o isimde biri oturmuyormuş. Azmi baba ısrar etmiş. Sonunda kadın bağırıp kovalamış Azmi babayı.

Azmi babayı hem müteahhit hem de detektif kazıklamış.

Arkadaşlar "Yahu iş yapmayınca müteahhite niye para veriyorsun?" diye sorduklarında verdiği cevap da evlere şenlikti: "Onu daha fazla borçlandırmak için."

Azmi babanın anlattığı dönemde Türkiye'de korkunç bir bankerlik furyası vardı, sonunda bankerler halktan aldıkları paralarla tek tek kayıplara karışmıştı. İnsanlar iyice kurnaz olmuş, para kazanmanın yolunu saf vatandaşları kandırmakta bulmuştu. Bu memlekette saf insanlar oldukça elbette birileri uyanık rolünü oynayacaktı. O dönem acaba kaç Azmi babanın canı yanmıştı? İşte Azmi baba dışarının içeriye bir yansımasıydı. Azmi baba onca kandırılmışlık karşısında güvensizlik doluydu, kimseye güvenmediğini söyler, herkes para için her şeyi yapar derdi. Belli ki canı çok yanmıştı.

Azmi babaya bayram günü bir merasim düzenledik, koğuşumuzun en yaşlısıydı. Şekerleri ona verdik, bir köşe kurduk, yastıkları yerleştirdik azmi babayı başköşeye oturttuk. Sonra sıraya girip elini sırayla tek tek öptük o da bizim yanaklarımızdan öpüp şeker dağıttı, bayramımızı kutladı. Azmi baba o gün yaşananlardan mutluluk gözyaşı döktü, "Ben evlatlarımdan bu hürmeti görmedim." dedi.

Azmi baba birkaç ay sonra tahliye oldu. Her bayramda bize kart attı ve koğuşta geçirdiği o güzel bayramı unutmadığını her defasında yazdı. Azmi baba bize dışarıyı verdi, biz de ona dışarıda eksik olan çıkarsız sevgiyi verdik.

Ethem Özbakır adında biri de geldi, gitti, bizim koğuşta hiç mi hiç sevilmedi, güzel anı bırakmadı. Ethem eskiden EGO'da genel müdürmüş, CHP'nin has adamlarından. Bunu sıkıyönetim tutuklamış Mamak'a göndermiş, ne talihsiziz ki onu tanımak zorunda kaldık. Bazı insanlar kendisine "Ethem Bey(!)" diye hitap etti. Koğuşa geldi yedirdik, içirdik, temizledik, yatacak yer verdik. Kendisi geçmişte binlerce belediye işçisini, şoförünü yönetmiş. Bu arada belediyede devrimcileri de ispiyon etmiş. Fakat biz yine de insan olduğu için yardımcı olduk Mamak koşullarına alışsın diye. Ona gösterilen ilgiyi hak etmediğini kısa süre sonra anladık. Ethem birkaç gün sonra tahliye oldu. Giderken koğuşa bir miktar para bıraktı. Kafese gidince emanetten para çekip daha fazla yollayacağını söylemişti. İnandık... Öpüştü, çıktı gitti. Biraz sonra başçavuş kıdemliyi çağırdı, "Tahliye olanın sizde parası varmış, istiyor." dedi. Hepimiz şok olmuştuk doğrusu. Kendisi zorla para bırakmıştı. Biz kimseden para istememiştik şimdiye kadar. Başçavuş bile Ethem'e küfür ediyor, "Bu ne biçim insan!" deyip duruyordu. Ethem'e bıraktığı parayı yolladık. İçimizden küfürün bini bir para. "Ah ulan," diyorduk, "keşke tahliyen gecikse de koğuşa geri gelsen, bak bakalım sana kim yemek verecek, kimle konuşacaksın, kim sigara verecek, çay verecek." Zaman zaman tahliyeler gecikirdi, keşke onunki de gecikse ve koğuşa geri gelseydi.

Parası var alır diyebilirsin fakat Mamak'ta bazen para işe yaramaz, her istediğini her an alamazsın. Tabi Ethem geri gelmedi, tahliye oldu arkasından bir sürü küfürle. Şimdi belki etkin bir SHP'lidir ve belediyede görevlidir. Az iş yapmamış, EGO genel müdürü olmuş ama adam olmamış.

Görüşlerden ilginç birkaç kesit aktarmak istiyorum:

Zafer ve ben genellikle son görüşe çıkıyorduk, bunun nedeni Zafer'in kadın bir cürümü vardı, Zafer'in ailesi ile onun ailesi aynı anda görüşe geliyordu ve Zafer, kadın cürümünü koridorda görebiliyor birkaç kelime konuşabiliyorlardı. Son görüşler eksik olduğu için kadın tutuklu arkadaşlarla birlikte çıkıyorduk. Bizimkiler de Zafer'in ailesiyle birlikte gelmeye başlayınca doğal olarak ben de kadın arkadaşlarla karşılaşıyordum.

Kadınların durumu bizden çok daha iyiydi. Onların yıllarca süren direnişleri sonucu idareyi takmıyor, kendilerine göre davranıyorlardı. Biz görüşe çıkınca, görüş yerine sokulmadan bir önceki yerde yüzümüzü duvara dönük beklerken onlar gayet neşeli, rahat gelip bize laf atabiliyorlar, konuşmaya çalışıyorlardı. Bizler onlara yanıt verdiğimizde, arkamızdan askerler tekme ile girişiyorlardı. Hemen hemen her hafta böyle sorunlar oluyordu. Gerçekten can sıkıcı bir durumdu, kadın arkadaşların yanında sopa yiyoruz, üstelik fazla da tepki gösteremiyoruz.

Yine bir hafta görüşten çıkıp geliyordum, iki kadın arkadaşla koridorda karşılaştık, onlar selem verdi. Ben de doğal olarak selam verdim, biraz öteye gitmiştim ki askerler saldırdı. Böylesine kötü koşullar oluyordu. İnsan arkadaşına selam verdi diye dövülebiliyordu.

Yine Mamak mantığını yansıtan bir olay: Hastalanıp doktora gidenlere verilen ilaçlar ya da revirden verilen ilaçlar tutuklunun yanına verilmezdi. Koğuşun tam karşısında ağaçtan yapılmış arı kovanı gibi özel bölmeleri olan ağaç bir ilaçlık vardı. O tahta raflarda her bir bölme için ayrı numaralar vardı, 1'den 32'ye kadar. Her koğuşun ayrıdır. Hasta arkadaşa verilen ilaçları revirci ya da ilaççı denilen asker gelir, sizin söylediğiniz bir numaraya yerleştirir ilacınızı. Faşistlerin bölümleri ayrıdır. İlaççı sabah, öğlen ve akşam mazgaldan "hapçılar ya da ilaç içecekler" der, onu duyan bir kişi de aynı sözleri yineler ilaç kullanan insanlar kapı önünde sıraya girer, ilacının numarasını söyler ve ilacını alır. Revirci asker ilk zamanlar ilacın yutulduğunu görmek için hapı kapının önünde içirirdi, daha sonra bu uygulama gevşedi. Başkasının hapını durduk yerde içecek değildik ya. Gel de sen bunu askere anlat. Bu ilaç dağıtımı yüzünden çok kavga gürültü çıkmıştır. Adamlar sanki bizim sağlığımızı bizden çok düşünüyorlar, ilaçları hastanın yanına vermiyorlar. Niçin mi? Fazla ilaç alıp intihar etmeyelim diye. Ya bu devlet böyle dayaktan adamın canını çıkarır, gözüne damlatacağı damlayı vermez, gözü yerine başka yerine damlatır diye.

Askerle birçok kez ilaç yüzünden çıkan tartışmalarda öyle komik şeyler olurdu ki sizin kaç ilaç alacağınıza o karar verir, ilacı fazla kullanmayın diye parayla aldırttığınız ilacı sizden korur. Tedaviniz için gerekli şeyi zorla alamazsınız. Diyelim gece yarısı lazım oldu ara ki ilaççı gelsin.

Zaman zaman bazı meraklı askerler ilaçları karıştırır, hoşuna giden tat ve renkteki ilaçları leblebi şekeri gibi kütür kütür yerlerdi, şurupları içerlerdi. Hasta mısın, sağlığına yarar mı yaramaz mı onun için pek sorun değil. Sıkıntıdan ne yapacağını bilemez. İlaçtan anlayanlar baş ağrısına gelen ağrı kesicileri 'hiç'ederler... Yani Mamak'ta hasta olmak bir dert, ilaç kullanmak ayrı bir dertti.

Örneğin kafası ağrıyan insan kapıya gider "24'ten iki aspirin verir misin?" derdi, asker bir tane verirdi. Neymiş ikisi fazla, be adam parayı sen mi verdin dersiniz başlar atışma. Ya da arkadaşının yerine ilaç almak istersiniz vermez, ilacın sahibi gelsin der. Laf anlamaz ki. Bu yüzden millet havalandırmaya girip çıkarken en gerekli olan ilaçlardan birkaç paket çaktırmadan alırdı. Herhâlde kendi malını çalan ilk insan oluyorduk. Tabi bu uygulamalar zamanla gevşedi fakat hiçbir zaman ilaçları koğuşa vermediler.

Koğuşumuzda nefes darlığı çeken bir arkadaş vardı. İçeride zaman zaman soluk alamıyordu. Gerçekten sağlam olan bizler bile rahatsız oluyorken onun sık sık bunalması çok doğal değil miydi? Arkadaş sıkıntılı anlara düştüğü anda yanında bir sprey benzeri bir alet taşırdı. Onu ağzına doğru sokar fıslatırdı. Ebatları spreyden küçük ama nefesini açmak için kullandığı bir ilaçtı anlaşılan. Bu ilacın şişesinin ağzında bir mandal vardı, mandala basınca içerideki ilaç ağız yoluyla nefes borularından ciğere kadar ulaşıyordu. Bu ilaçlar çok pahalıydı ve Almanya'dan getirtiliyormuş. Arkadaş bu ilacı yanında taşımak zorundaydı yoksa gece yarısı askeri nereden bulacaksın. Kapıdaki laf anlamazın biri olur ve adam göz göre göre öbür tarafa gidebilirdi. Yani öylesine hayat memat meselesi.

Tutturdular yanında ilaç saklayamazsın diye. Arkadaş dilekçe verdi, durumunu anlattı ve sonunda bir şişe yanında kalacaktı. Sonuçta buna razı oldu arkadaş. Bitince yedek alabilecekti.

Bir gün ilacını istedi, asker verdi, arkadaş ağzına götürdü ve mandala bastı fakat ilaç fıslamadı. Boştu, çocuk birkaç kez daha denedi, tüp boşalmıştı. Bu mümkün değildi, daha yeni gelmişti. Boş tüplerle karışmış olmasındı... Bir arkadaşın o ilaçları askerlerin boşalttığını söylemesi tuzu biberi oldu. Arkadaşın anlattığına göre iki asker şişeyi ellerine almış, bakıyorlarmış. İçlerinden biri mandala dokununca fıs diye ses çıkarıp şişeden de gaz gibi şeyler çıkınca başlamışlar oynamaya, sanki silahın tetiğine dokunur gibi, birbirlerine ateş eder gibi tutup fıslatıyorlarmış. Anlaşılan kovboyculuk oynamışlar, tabi olan arkadaşın ilacına oluyor. Ne bilecek allahın hanzosu, o ilacın hayati bir işlevi olduğunu. Tutmuş silah gibi kullanıyor. Arkadaş dilekçe yazdı ama yanıt alamadı. Türk silahlı kuvvetlerinin bir erinin işi yoktu da oyuncak gibi ilaçla mı oynayacaktı, mümkün mü efendim. İşte böyle kimi için hayat kurtaran şey kimi için oyun olur.

Bazen ilaç dağıtan gıcık biri olur, kapıya gelir, "ilaç" der, millet gelmeden basar gider. Tabi ilaç içecekler onu geri çağırınca aklınca bozuk atmaya çalışır, başlar kavga. Her dönem ilaççılarla ilaç alanların sorunları yaşanmıştır.

Mamak'a Gazetenin Gelmesi

Yaşamımızda çok önemli olan gazetenin Mamak'ta ne hâle sokulduğu, bir başka Mamak gerçeğidir.

Gazeteler aslolarak, insanlara haberleri taze, bayatlamadan ulaştırma işlevini taşır. İnsanları olaylar konusunda bilgilendirir, yönlendirir. Dışarıdaki insan gözünü açıp kalktığında kapının altından atılan gazeteleri alır ve şöyle bir göz atar ülkede ne olup bittiğine. Ya da kahvaltı yaparken bir yandan da gazeteyi okumaya çalışır. Gazeteler sabahın köründe okuyucuya ulaştırılır. Ya Mamak'ta?

Mamak'ta her şey tutukluya baskı unsuru yapılmak için kullanıldı. Mektup, televizyon, hava, yemek elbette gazete de bundan payına düşeni fazlasıyla yerine getirecekti. Mamak'ta ilk yıllar gazete okumaya bile zaman bırakılmıyordu ve zaten sınırlı sayıda geliyordu. Zaman bırakılan dönemlerde de okumak için izin almanız gerekirdi. Her şeyde olan gelişme onda da oldu. Bir zaman sonra gazete, kitap okunmasına karışılmadı.

Mamak'ta gazete, dışarıda olduğu gibi erkenden gelir fakat tutuklulara dağıtılmaz, idarede bekletilir. Önce subaylar okur, sonra gardiyanlar, bazen çavuşlar, askerler. Tabi zaman öğleden sonra 2 ile 3 olur bazen geç saatlere sarkar. Yani bize gelene kadar gazetenin gazeteliği kalmaz. Sonra gazete dağıtımıyla uğraşan asker aldığı listeye göre koğuşlara dağıtım yapar. Nihayet gazete koğuşa gelir, sonra yankilerin gazeteleri ve bizim gazeteler ayrılır ve nihayet okuyucuya ulaşır, bazen de ulaşamaz.

Gazeteler verilirken bazı insanlar kapının ağzında bekler ve ilk gazeteleri alıp bir köşede okumaya başlar. Gazeteler grup grup okunur. Eğer 4 gazete alıyorsak iki üst ranzaya iki alt ranzaya veririz. Ya da üzerlerine 1, 2, 3, 4 numara yazarız. Her koğuşun gazetecisi vardır. Gazetecinin elinde haftalık gazete dağıtımını gösteren çizelgesi vardır. Örneğin Pazartesi 1 numara Cumhuriyet alırsa, Salı günü Milliyet, Çarşamba günü Hürriyet alır. Böylece dolaşımı sağlar. Her numara bir gün önce okuduğu gazeteyi almaz. Eğer bu karışırsa bazen tartışmalar olur. Bir grup "Cumhuriyet bizim grubun gazetesi" der, öbürü "Dün sizindi, bugün bizim." olur. Kişiler yeterince olgunluk göstermezse kırıcı olur ve birbirinin moralini bozarlar. Küçücük bir olay insanın durumunu belirler. Birçok devrimci arkadaş gazete yüzünden kırıcı davranmıştır doğrusu. Birçok arkadaş da özveride bulunup sessizce karşılamıştır. Yine bu da o insanların kişisel olgunluklarına, gelişmişliklerine bağlıdır.

Gazeteyi bazen bir kişi yüksek sesle okur, bazen de tek tek okunur. İnsanlar gazeteleri dışarıya açılan bir pencere olarak görür, bu anlamda çok önemlidir.

Koğuşun İç İşleri

Her koğuşta bir kıdemli bir de kıdemli yardımcısı olur. Bunlar idare ile ilişkileri düzenler. Biri sağcı biri solcu olur. Her koğuşta bir dış kantinci olur, bu dış kantinci koğuşta yaşayan insanların kantinden haftalık alacaklarını bir listeyle idareden ister. Gelen malları listelere göre sahiplerine dağıtır, topladığı paraları da idarenin kantincisine verir. Kantine subay ve sorumlu asker bakar. Ayrıca dış kantincinin dışında iç kantinci denilen insanlar vardır. Biri solcu biri sağcıdır ve gruplarının ihtiyaçlarının listesini yapıp dış kantinciye verir. İç kantinci koğuşun içindeki her malın nasıl ve ne zaman yeneceğine karar verir, koğuştakilerin anası babası olur. Bir dönem sonra iç ve dış kantinci aynı insan oldu. Her koğuşun bir çaycısı vardır, o dışarıya sağ ve solcuların çay istemlerini bildirir. İdarenin çaycı askeri çayları listeye göre getirir. Bir de iç çaycılar olur, solcu ve sağcı çaycılar kendi çaylarını genel çaycıdan alır. Solcu çaycı hem de genel çaycılık yapar, kalınan bloka göre ekmekçi de olur. Her siyasi grubun ekmekçisi ayrıdır. Her koğuşta bir sigaracı bulunur, sigara içenlere, genel komünün koyduğu limit kadar sigara verir, bu belli sayıda filtreli belli sayıda filtresizdir, günlük, haftalık dağıtım yapar. Her koğuşta iğne, iplik, kâğıt, pul, yapıştırıcı gibi şeylerin kullanımını organize eden bir de kırtasiyeci bulunur.

Yukarıda sayılan şeyler koğuşların durumuna göre biçimlenir. Her siyasi grup kendi içinde bunları uygular. Sağcıların ayrı bir yaşamı vardır, solcuların ayrı. Hiçbir ortak nokta yoktur.

Koğuş yaşamında bütün insanların sözü geçerlidir, yaşam ortaklaşa belirlenir. Bu konuyu genel değerlendirme yaparken açacağım.

Siyasal Tarih Eğitimi ve Estetik Çalışması

4. koğuştaki günlerim bence olumlu geçti. Bütünüyle olgun olduğumuzu söyleyemem, yine de sorunlarımızı çözmeye çalıştık. Orada bol bol kitap okuma olanağım oldu. Yasin benim çalışmam için siyasal tarih üzerine bir program hazırlamıştı. Aslında o programı eski koğuşta hep beraber yapmaya çalışmıştık. Koğuş dağıtılınca ben 4. koğuşta tek başıma o programı yürütmek istedim. Oldukça kapsamlı ve güzel bir konuydu. Tarihin belli aşamaları başlıklar altında sınıflanmış, 12 Eylül 1980'e kadar getirilmişti.

İlk ders tarih nedir? Materyalist tarih anlayışı nedir? Bu konular üzerine araştırmalar yaptım. Her konunun kaynak kitapları bellidir. Listeler daha önceden çıkarılmıştır.

Çalışma şöyle oluyordu: Konuyu hazırlamak isteyenler sorumluluk alırlar ve o konunun geçtiği belirlenen kitapları alıp okurlar. O kitaplardaki ilgili sayfa numaraları diğer okuyuculara verilir. Onların da konu hakkında bilgi sahibi olması sağlanır. Çalışma için verilen süre bir aysa bir ay sonra toplanılır, konuyu hazırlayan biri kısaca sunum yapar. Ardından diğer insanlar o konuya ilişkin çalışmaları sürecinde kafalarında hazırladıkları soruları açar, tartışırlar. Çalışmanın canlı geçmesi katılıma bağlıdır. Katılım da çalışmayı zevkle yapmaya bağlıdır. Bazı konular çok zevkli geçerken bazıları da sıkıcı olur. Brifing ya da seminer gibi, tek kişi anlatıp, diğerleri dinlerse, bunun anlamı olmaz. İnsanlar soru sormalı, tartışmalıdır.

İşte böylesi bir çalışma ortamından ayrılmış, şimdi tek başına kendimi eğitmeye uğraşıyordum. Bütün konuların kaynak kitaplarını getirtmiştim. 2. konu 1789 Fransız İhtilali, İngiliz İhtilali ve Alman İhtilali. Yani Avrupa ihtilallerinin oluşum sürecini araştıracaktım. 3. konu Avrupa'da işçi hareketleri ve ütopik sosyalistlerin gelişimine ilişkindi. 4. konu 1. Dünya Savaşı öncesi ve sonrası Avrupa... Konular böyle art arda diziliyordu. Belli bir yerden sonra Osmanlıya kayılıp oradan Cumhuriyet tarihine geçiliyordu. Bu çalışma insana çok zengin bir tarih bilgisi verirken, bugünü anlamasına da yardımcı oluyor.

Tarih çalışmasının dışında, koğuştaki insanlarla birlikte estetik çalışmaya başladık. Estetik ve sanat benim için çok yabancı konulardı. Belki de birçok insan gibi dudak büktüğüm konulardı. Sanatla pek ilgilenmezdik ya, estetik çalışmaya başlayınca yanıldığımı çok çabuk anladım.

Estetik ve sanat çalışması yaşama bakışta artı bir boyut getiriyordu, zenginleştiriyordu. Marksizmin hiç de benim anladığım gibi dar bir şey olmadığını estetik okurken daha iyi anladım. Diyalektiğin dört maddeden ibaret olmadığını yine orada anlamaya başlamıştım. Biraz geç ama hiç olmamasından iyidir. Kendimin geliştiğine yürekten inanıyordum. Evet kaba bir devrimci ajitasyondan geçerek bilinçlenmenin, devrimciliğin, Marksizm-Leninizmin geniş boyutlarını öğrenmeye başladım. Dışarıdaki pratiğimiz okumamıza olanak tanımıyordu mazereti benim için geçerli değil. Okumak araştırmak bir anlayış sorunu. İnsan cephede bile kendini eğitirken ben kendimi niye yetiştirememiştim. Bunun nedeni okuma alışkanlığımın olmamasıydı. Toplum olarak da okumayı, kitabı pek seven bir toplum değildik. Kitabı suç unsuru gibi televizyonda yakalananların önüne koyup anarşistler, teröristler yakalandı, örgütsel yayınlar ele geçirildi denilen bir ülkede; kitabın toplatıldığı, yakıldığı bir coğrafyada okuma işi de elbette çok dar bir grupla sınırlı kalır. Evet, bir devrimci kültürel olarak zengin, gelişkin olmalı, temsil ettiği gelecek insanın pırıltısını taşımalı. Feodal aile eğitimini aşmalı, çok yönlü, çok boyutlu olmalıydı.

Estetik kimilerine göre güzelliğin bilimiydi. Estetikte güzellik bir kategoridir. Tıpkı yücelik gibi, çirkinlik gibi. Estetikle ilgili okumasını birçok arkadaşıma önerdim, hatta bazılarını zorladım. Okuduğum ve beğendiğim şeyleri arkadaşlarımın da okumasını isterim. O güzelliği onlarla paylaşmak benim için harika bir duygudur.

Estetik çalışmamız öylesine canlı oluyordu ki, bazen işin iyice sulandırıldığı da oluyordu doğrusu. Her şeye rağmen çok canlı ve insanların ilgisini çeken bir tartışma ortamı oluyordu.

Bir keresinde Kurtuluşçu bir arkadaş estetik okurken Marx'ın bir sözünün geçtiğini söyleyip, "Bu günümüze uyarlandığında şu sonuç çıkıyor." dedi. Önce Marx'ın sözünü söyledi: "Birinci yenilgiler trajiktir, aynı nedenlerle olan ikinci yenilgiler komiktir." Aklımda pek kalmadı, sanırım böyle bir şeydi. Bu sözü, "1971 THKP-C yenilgisi için trajik, 1980 Devrimci Yol yenilgisi ise komiktir." diye uyarladı. Elbette ben bu görüşe katılmıyordum. Hararetli ve biraz da yüksek sesli bir tartışma başladı. Arkadaş okuduğu bir çift sözü bile yanlış yorumluyordu. Söylenen söz yaşanan dönemin yorumuydu. Şimdi tutup birbirinden farklı pratikleri aynılaştırmak saçma bir mantıktı, kaba bir indirgemecilik yapıyordu. Tartışmamız saatlerce sürdü, fakat anlaşmak, ikna etmek/olmak mümkün değildi. Bütün tartışmalar sağırlar diyaloğuna dönüşür, kimse kimseyi dinlemez, kendini dinletmek için üst perdeden konuşulur. İşte bizim de böylesi tutumlarımız oluyordu.

Estetik çalışmasını dağıttık herkes kendi başına okumaya başladı. İnsan okudukça daha öğrenmesi gereken birçok şey olduğunun ayrımına varıyor. Okumak insanın dünyasında, davranışlarında etkili değişimlere yol açıyor. Bunu kendi üzerimde gördüm.

Havalandırmada Bir Gün

Havalandırmadan ilginç iki kesit yazayım. Yine eğitim yapıyoruz… Yürüyüş bitti, beden eğitimi hareketi yapmak için bekliyoruz. Çavuş hareketleri yaptırıyor fakat her hareketi uzattıkça uzatıyor, işkence hâline sokuyor. Yaptığı işin farkında ve tadını çıkarıyor. Şınav çekmek için uzandığımızda sayıları yavaş yavaş sayıyor, herkesin nizami yapması için sıraların arasında dolaşıp, ayağıyla insanların sırtına, bacaklarına vuruyor. Açlık grevinden sonra ta buralara kadar gerilemiştik. İdare saldırdıkça susuyor, pısıyor, geriliyorduk. Artık binbaşının dışında çavuşlar bile tokat atmaya başlamıştı. Buna karşı çıkış yapmıyor, yapamıyorduk. Neden? Evet, nedenini bulmak gerekir. Fakat kolaya kaçmadan, topu kimseye atmadan. Birileri önderlik etmedi, ben de yapamadım demek bence yanlış ve anlamsız olur. Kimse yapmıyorsa bile ben neden tek başıma gerekli çıkışı yapamadım? Evet neden? Bunun yanıtı çok zor, sadece korku demek yanlış olur. Birçok faktörün bir araya getirilmesi gerekiyor. Bunu da ileride tartışacağım.

Çavuş şınavı çektirmeye devam ediyor, 20'yi geçmiştik ki Zafer kalktı, "çekmiyorum" dedi. Çavuş onun yanına gitti, bir şeyler konuştular, itiştiler fakat Zafer yine de şınav çekmedi. Çavuş oradan döndükten sonra bir iki şınav daha çektirdi kaldırdı. Fiyakası bozulmuştu.

Yine bir havalandırmada şınav çekiyoruz. 20 oldu Zafer kalktı, ardından ben kalktım, çavuş bizi görmemiş gibi şınava devam ediyordu. İnsanların büyük bölümü şınavı çekmeden öylece duruyorlar fakat ayağa da kalkmıyorlar. Öylece durmak da şınav çekmemekti ama ayağa kalkmak isyan olur diye düşünüyor olmalılar. 25'e, 30'a kadar öyle durdular. Çavuş onları kaldırdı ve bizi de subayın yanına yolladı. Subay "Neden şınav çekmiyorsun, belin mi sakat evladım?" dedi. Ben de, her zaman Mamak'ta karşı çıkmaktansa lafı dolandırma taktiğini uygulardık, onu uyguladım. "Şınav çekiyorum fakat çok fazla çektiriyorlar. Bu kadarı insana işkencedir, sporu işkenceye çeviriyor." dedim. Subay kulağımın memesini parmaklarıyla sıktı, sesine de babacan bir hava vererek, "Evladım kurallara uy emi." diye beni yolladı. Karşı çıkmayıp çalıyı dolaştıkça başımıza böylesi çok hadise gelecekti.

Yine bir hava saati ama bu kez dinlenme zamanı. Konuşmak yine yasak fakat birbirimize gizlice laf atıyoruz. Aynı koğuşun insanıyız, yan yana yatıyoruz havalandırmaya çıkınca birbirimizi hiç tanımıyormuş gibi olmamız isteniyor. Biz yine havada kendi dilimizce konuşuyoruz.

Havalandırmada volta alanının çevresinde insanlar koşar, spor yaparlar. Bizim bir arkadaşla yankilerden biri yarışıyorlar. İkisi de birbirini geçmek için uğraşıyor. Eğer öne geçen bizim arkadaş olursa gelir, faşizme karşı mücadele ettim diye hava atar. Mesele en önde koşmak. Faşist de ön sırayı bırakmak istemiyor arkadaş, olimpiyatlara hazırlanan atlet gibi bıraksan saatlerce koşacak, manda gibi ciğer var. İki son model araba gibi piste çıkmış yarışıyorlar. Doğrusu gülerdim o duruma. Ne işin var git başka bir tempoda koş dediğimde de bizimki, "Hocam ayrı koşuyorum yanından geçerken gıcık veriyor, geçmeye çalışıyorum önümü kapatıyor." diyordu. Demek yanki de oyun arıyordu, sanki uzun yolda yalnız iki şoförün bir diğerine yol vermemesi gibi. Sonra da gelsin kapışma. Birkaç yarış koşusundan sonra arkadaşa ona uymamasını söyledik, "Sen bırak o istediği gibi yapsın." dedik. Herhâlde bizim çocuk bize kızmıştır, faşiste kaptırdı diye birinciliği.

A Bloka B Bloktan yeni insanlar gelmişti. Akşam sayımına çıktık, hemen yanımda Dev-Sol davasından yargılanan biri vardı. Biz yerimizde sayarken asker gelip onun ayaklarına tekme attı. O da yerinde saymayı bırakıp onunla konuştu. Bu karşı çıkışa çok sinirlenen asker tokat atmaya kalktı, çocuk elini tuttu. Bunun üzerine diğer askerler de saldırdı, hep birlikte vurmaya başladılar. Çocuğun gözlüğü yere düştü. Ben sadece eğilip gözlüğü aldım. İnsanın yanında arkadaşının ağzı burnu kırılıyor, o sadece durup bakmakla yetiniyorsa ortada yıkılmış, çürümüş bir şeyler olmalı. Evet, hiç kimse sahip çıkmadı, çıkamadı. Çocuk beş altı askerle tek başına uğraştı, tokat yedi durdu. Ne olmuştu bize? Neden sahip çıkamıyorduk arkadaşımıza? Daha iki sene önce ölüm orucuna giden, daha iki sene önce arkadaşını vermemek için direnen, slogan atan biz değil miydik, ben değil miydim, ne olmuştu bana böyle? Neden bu suskunluk, umursamazlık, ne değişmişti? Ne değişmişti, keşke B Bloktan gelmeseydim. Ne olmuştu bana böyle? İçimde öylesine sıkıntı, öylesine bir boşluk vardı ki. Devrimci bir insan arkadaşına sahip çıkardı diyordum ama çıkamadım, çıkan olmadı. Belli ki bizler bir şeyleri yitirmiştik orada. Bunlar çürümenin, yozlaşmanın, yabancılaşmanın ta kendisiydi, başka bir şey değil.

Koğuşta komünler ayrı olmasına rağmen, devrimcilerin arasındaki ilişki genelde iyiydi, dostça sürüyordu. Maddi konularda birbirimize yardımcı olmaya çalışıyorduk. Beni kantinci yapmıştı idare. Bu yüzden zorunlu olarak bazı şeylere karışmak durumundaydım. Bizim komün oldukça iyiydi, sayımız az, paramız yeterliydi. Fakat bazı grupların durumu sıkıntılıydı. Buna rağmen alışverişlerinde hiç ölçülü olmazdı birisi, parası varmışcasına sucuk, salam gibi "lüks" şeyler isterdi. "Yahu bizim paramız olduğu hâlde biz bunları almak istemiyoruz." derdim fakat laf anlatamazdım. Aldığı şeylerin parasını toplamaya gittiğimde, "Ya paramız yok, Devrimci Yolcuların parası vardır, borç versenize." derdi. Biz de verirdik. Adamın umurunda değildi ki. Bir gün, "Madem sizin paranızı da biz veriyoruz, o zaman niye ayrı kalıyorsunuz ki?" Tabi bunları ciddi ciddi söylemek olmaz. O ortam bunu esprili şekilde söylemeye izin veriyordu. Arkadaşlar da bunu onları incitmek için söylemediğimi bilirlerdi. Sadece ortada olan çarpıklığı hicvederdim.

1986'yı bitirip 1987'ye girecektik. Yeni bir yıl geliyordu... Biz eskisi gibi bir yılbaşı programı düzenleyemedik. Televizyon bütün kültürel şeyleri sıfıra indirmişti. İnsanlar az da olsa televizyonu izliyordu. Yılbaşı programı izlenecekti. Gece onda yatmak zorunluluğundan dolayı kimse program izleyemedi, hevesimiz kursağımızda kaldı. İşte yeni bir yıla daha stresle girdik.

Eskiden bayramlarda, yeni yıl kutlamalarında dayak olmaz ve özel (!) yemek verirlerdi. O baskı koşullarında birkaç gün dayak yememek en iyi hediyeydi doğrusu. Ama askerler alışmıştı ya dövmeye, bayramdan hiç hoşlanmazlardı eminim. Bayramın çabucak geçmesini isterlerdi, gözlerinde aynı saldırganlık pırıltısı bize bakarlardı. İşte eski bayramlar, yılbaşılar...

Tecrit, Hücre, Tabutluk

Tecritlerin koğuşa alınması Mamak'taki en büyük değişiklikler arasında sayılmalı bence.

Tecrit ile tabutluk aynı şey değildir. Tabutluklar aşağıda, yerin altındadır. İlk zamanlarda tuvaletsiz, ışıksız, karanlık bir yerlerdi. Sonradan tuvalet yaptılar. Tabutluk hücrelerine atılmalar doktor raporuyla olur, en fazla 15 gün kalınırdı. Tabutluk sağlıksız ve pistir. Modernize(!) edilmeden önce tuvaletinizi ördek ya da tenekeye yapardınız.

İlkin tecritleri anlatayım, daha sonra da tabutluğu anlatırım. A Blokta tecride genellikle "sorumlu", "azılı" dedikleri ya da kendilerine göre haklarında ispiyon, istihbarat aldıkları kişileri koyarlardı. 52 tecrit hücresi vardı. Bunların genişliği 2 metre, boyu ise 3 metredir. Tecridin kapısı parmaklıklıdır, içerisi bütünüyle görünür, iki metre ilerde tuvalet vardır ve tuvaletin kapısı yoktur. Yani boyun bir metresi tuvalet ve lavabodur. Tuvaletinizi yaparken elinizi dışarıdan görebilirler. Tecritlerde alt üst şeklinde bir ranza bulunurdu. Ranza da enin bir metresini kaplardı. Yani ortada kalan boş alan aslında 1 metreye 2 metreydi.

Yıllarca o tecritlerde yatan arkadaşlarımız oldu. Tecridin gediklileri 5.5 ile 6.5 yıl arasında yattılar o hücrelerde. Tecrit hücreleri onlardan çok şey alıp götürdü, yıprandılar. Gerçekten kolay değildir. Biz koğuşta birbirimize destek olduk, onlar yalnız başlarına çektiler korkularını, sevinçlerini, acılarını. Cezaevindeki gevşemeler kuşkusuz onlara da yansıdı. Yine de bir kümese tıkılıp kalmaktansa koğuş ortamında kalmak, orada dayak yemek daha iyidir. Koğuşta kalmak her şeye rağmen tecritte kalıp yıpranmaktan çok daha iyidir. Tecritte 12 Eylül sonrası ilk yıllarda genellikle 2 devrimci 2 faşist birlikte kalıyor, altlı üstlü ve ortaya serilen iki yer yatağında yatıyorlardı. Bazen tecritte 5 kişi kaldığı da oldu. Fakat 1984 açlık grevi sonrasında bir devrimci, bir faşist kalınmaya başlandı.

Güya mevcut azaltılarak koşullar iyileştirilmişti ama diğer yandan daha derin bir yanlızlaştırma oluşturulmuştu. Düşünsenize dışarda ölümüne çatıştığın insanla aynı havayı soluyorsun, onunla insani ilişkinin çok sınırlı olacağı aşikar. Koğuşlarda belli yerler parsellenmişti, tecritte bu zordur. Küçük kümeste insan nefes alsa öbürünce duyulurdu. Bu birlikte yaşamak insanlarımız üzerinde psikolojik gerilimlere yol açıyor, sık sık kavgalar çıkıyordu.

Tecritteki insanın diğer bir tecritteki insanla konuşması yasaktır, bir şey alıp veremezler. Tecrit hücreleri 7-10-9 hücreden oluşacak şekilde bölümlendirilmiştir. Altı bölüm vardır.Bunların üçü önde üçü de arkadadır. Ön ve arka bölümler birbirleriyle sırt sırta simetriktir. Her hücrenin numarası vardır. Koridorlarda askerler dolaşır, sürekli içeriyi denetler, canı sıkıldıkça dayak atar, huzursuzluk yaratır.

Tecritte yıllarca konuşmak, gülmek, izinsiz ekmek yemek, su içmek, sigara içmek yasaklanmıştır. İnsanlar yine de haberleşmenin yolunu bulmuş, askerin görmediği zamanlarda bir hücreden diğerine elden ele gazete geçirmişler, duvardan duvara satranç oynamışlar. Tecritlerin insanları etkilediğine, insanları yalnızlaştırdığına inanıyorum. İşte yıllarca orada yaşayan arkadaşların komik ve ilginç öyküleri.

Bizim arkadaş alt ranzada yatıyor. Üstte faşist kesintisiz öksürüp duruyormuş, bir süre sonra bizimki rahatsız olmuş. Öksürdükçe bizimki yanıt vermiş, öksürdükçe bizimki yanıt vermiş. Bizimki arkasının kesilmeyeceğini anlayınca yataktan fırlayıp yakasına yapışmış, "Lan sen gıcığına mı öksürüyorsun, kes." demiş. Yanki korkmuş, gıcığına yapmadığını anlatmış, bizimki de sakinlemiş.

Bizimkiler mahkemeye gidip geç geldiklerinde, idare gelen yemekler faşiste aldırılmaz koridorun yanına bırakılıp gidilirmiş. Mahkemeden geldiklerinde yemekler soğumuş, çayları buz gibi olurmuş. Bazı yankilerin bu durumlarda yardımcı olduğu rivayet olunur.

Birçok arkadaş yankilerle sınırlı bir şekilde ilişkilerini yürütmüş, yankiler daha fazla konuşmak yanlısı olmuşlar. O baskı koşullarında bir de konuşmadan durmak bazılarının kendi kendine, bazılarının da lambalarla konuşmasına kadar varmış. Yani o baskılarda insanlar anlatılamaz zor anlar yaşamış.

Ben tecritte yaşamadım. Fakat daha sonra tecride savunma çalışması yapmaya gittiğimde, buralarda yaşamanın kolay olmadığına inancım iyice arttı. Buz gibi soğuk duvarların arasında yalnız kalmak kolay olmasa gerek. O koşullarda yaşayanlara karşı garip bir duygu gelişiyor insanda. İyi ya da kötü, nasıl tavır almış olursa olsun, bu önemli değil. Önemli olan oradan hainliğe geçmemiş olmak. Bu bile yeterli değil miydi? Çok zor yıllar yaşanmış. Mamak gerçekliği orada değişik boyutlarda yaşanmış. İnsan olmanın onurunu korumuşlar, ayakta kalmışlar.

Hayyam, Seyit, Cemal Akın, Yalçın, Mehmet Ali Yılmaz ve yaşayan tüm arkadaşlar tecritlerinin dünyasını anlatmalı. Bir tecritle diğer tecridi yalnızca kuru bir duvar ayırsa da iki ayrı tecritte yaşam arasında yıldızlar kadar farklı duygular, korkular, sevinçler, zaferler, teslimiyetler vardır. Her hücre ayrı bir dünya, ayrı bir macera olmuş. Bu yüzden Mamak hakkında ne yazılırsa yazılsın hep bir şeyler eksik kalacaktır.

Tecritlerin çilesi tecrittekilerin koğuşlara alınmasıyla son buldu. Normal koşullarda tecritler yasal olarak tutuklulara için kullanılamazdı. Tecrit hücreleri normalde hücre cezası alanların yatması gereken yerlerdi. Fakat Mamak'ta yıllarca insanlar tecritte tutuldu. Hücre cezası alanlar ise "Burada düşmanımı bile tutmam." denilecek yerlerde tutuldular. Milletvekilleri, gazeteciler Mamak'ta tecridin insanların tutulduğu normal yer olduğunu öğrendiler. Bir de yer altındaki ceza hücrelerini görünce nutukları tutuldu. Hücrelerin yıkılması, tecritlerin boşaltılması istendi. Tecritlerin koğuşlara geçmesi uzun sürdü. İdare tecritlere koğuş adı verdi fakat kendileri bile günlük dilde tecrit diyorlardı. Çünkü koğuş lafına kendileri de alışamadılar. Alt kattaki tabutluklar yıkıldı genişletildi. Ama yine de kalınmaz, berbat yerlerdi. Tecrittekileri normal koğuşlara aldılar. Yıllarca tek tek yaşamış insanlar bir araya gelince birçok sorun yaşadılar doğal olarak. Hepsi kendi kafasına, istemine göre yaşamını biçimlendirmişti, her şeye tek başına karar vermişti. Artık toplu yaşamın kuralları vardı, ona uyacaklardı. Başta acemilikler yaşamışlar. Her birey alışkanlıklarını terk etmemekte direniyormuş. Düşün yıllarca tek yaşayarak alışkanlık kazanmış birinin başka birilerine uymaya çalışırken neler yaşayacağını. Her biri ayrı dünyalardan gelmiş gibiydi. Ortak davanın insanları olmaları onların alışmalarını hızlandırdı, kaynaştırdı.

Tecrit Kapandı Ama Saldırılar Devam etti

Artık tecrit devri kapanmıştı. Fakat idare yine saldırgan davranıyordu. Ne zaman cezaevinde olumlu bir gelişme olsa, o gelişmeyi kendinin verdiğini kafamıza vura vura anlatmaya çalışırdı. Bu tecritlerin koğuşlara dağıtılmasında da böyle oldu. Artık yeni bir baskı malzemesi vardı "Sizi yeniden tecride doldururum ha, dediklerime uyun." Bir yandan baskıyı artırır, bir yandan da yukarıdaki ikazını hissettirirdi. Biz yine sinerdik, sinerdik... İdare üstümüze üstümüze gelirdi, verilen şeyi burnumuzdan getirircesine bindirir, biz bir şey yapamazdık. Tecritleri yeniden doldurması bizim için olumlu bir şey olmazdı. Bu durumu korumak için her şeye boyun eğdik durduk. Kimine göre koğuş avantajdı. Buna ben de katılıyorum. Maalesef fiyatı, bedeli çok ağır bir avantaj. Bunda da kimseye kızmak, kimseyi suçlamak doğru değil. Her birey, neden sustum, neden boyun eğdim diye kendini yargılamalı vicdanında.

Altıncı koğuşta kavga oldu. Aslında faşistlerin planlı bir saldırısıydı. Tecritleri 5. ve 6. koğuşlara dağıtmışlardı. 6. koğuşun faşistleri bir saldırı planlıyorlar, bunun için en uygun saat olan sabah çorbasından sonraki zamanı seçiyorlar. Bütün insanlar çorbalarını içtikten sonra sayıma kadar yatarlar. Ayakta birkaç kişi kalır. 6. koğuşta da

A Blok 2. Koğuş

A Blok 3. Koğuş

durum böyleymiş. Seyit Kocakuşak tuvalet bölümündeymiş, faşistlerden de birkaç kişi varmış o esnada. Seyit'in kafasına karavana ile vurmuşlar. Amaçları Seyit'i döverek öldürmek. Faşistlerin büyük başları ondan gıcık kapmışlar. Bu yüzden onu öldürmeye kalkıyorlar. Bu saldırıdan önce koğuşların ayrılacağı söylentisi dolaşıyordu. Demek ki koğuşlar ayrılmadan, onu harcayacaklardı. Faşistler oldukça da iyi plan kurmuşlar. Bereket tuvaletten yetişen arkadaş kurtarıyor ve koğuşta kavga patlıyor. Uzun süre sesler geldi, idare sonradan müdahale etti. Aslında olay çok ciddi. Faşistler giderayak kendi canlarını çok yakmış biri olarak düşündükleri bir insanı planlı bir şekilde öldürmek istediler. İdare bu işe göz yumdu, basit bir kavga havası verdi. O kavgadan sonra bütün koğuşlarda bir gerilim yaşandı. Her iki taraf da tetikte bekliyordu, küçük bir patırtı koğuşların birbirine girmesine yeterdi. Gerilim son haddine varmıştı ki idare koğuşları ayırdı. Faşistlerle devrimciler ilk kez 1979'da ayrılmış, 12 Eylül darbe sürecinde birleştirilmişti. Sonra yine 22 Ocak 1987'de koğuşlar tekrar ayrıldı. Yani koğuşlar kavgalarla birleşti, kavgalarla ayrıldı. Artık yeni bir dönem başlayacaktı.

6. koğuşun kavgası üzerine biz de herhangi bir kavga, saldırı ihtimaline yönelik olarak önlemler aldık. Bekledik, bekleyiş sinir harbi içinde oldu. Ve bir gün kapılardan eşyaların hazırlanmasını, koğuşların ayrılacağını duyduk. Önce devrimcilerin isimleri okunuyordu. İkinci gruba sağcıları tümüyle çıkardılar. Koğuştan grup grup ayrılacaktık. Biz Devrimci Yol davasına çıkanlar iki koğuşa toplandık. Toplu davanın dışındakiler, diğer sol gruplar ayrı bir koğuşa toplandılar. Koğuşta yoğun bir hüzün vardı, birbirimizden ayrılıyorduk. Bir yandan da faşistlerden kurtulmanın büyük sevinci vardı. Bizce büyük ve anlamlıydı bu.

Zafer'le ve diğer dostlarla vedalaştım. Zafer televizyonu bizim almamızı istedi. Ben onda kalsın dedim. Bu konuşmaları yanımızdaki yüzbaşı duymuş, aklınca küçümsemiş, "Ne dostlukmuş bu." demişti. Ben televizyon sende kalsın dedim, koğuşa bıraktım.

Yüzbaşı "Oradan al, o koğuşa sağcılar gelecek." deyince, Zafer gideceği yere götürsün diye koridora bıraktık. Benim o televizyonda payım yoktu, Zafer'e düğün armağanı olsun istedim. Sarmaş dolaş olup ayrıldık ve yeni yerime Devrimci Yolculara ait olan yeni koğuşa sevinç ve hüzünle gittim.

1987 Ocak Ayı: Faşistsiz Bir Dünyaya Merhaba

Yıllarca faşistlerle bir arada tutulmak korkunç bir şey, bunu onların olmadığı bir koğuşta daha iyi anlıyor insan. 5. koğuşun kapısından girdiğimde herkes ayaktaydı. Gruplar hâlinde birbiriyle konuşuyor, gülüyordu arkadaşlar. Ortalık dağınıktı. Yeni yerleşeceğimiz için yatakları düzenlemek, askıları tamir etmek gerekecekti. Her koğuşun insanları ayrılırken eşyalarını toplamış gitmişti. Koğuştaki hemen herkesle şu veya bu koğuşta birlikte kalmıştık. Birlikte kalmadıklarımla da mahkemeye gide gele tanışmıştım. Yani hiç kimse birbirine yabancı değildi. Herkes birbirini az çok tanıyor, biliyordu.

İnsanın ilk hissettiği şey geçmişte yaşananları arkada bırakıp, olumsuzluklardan kurtulup yeni bir yaşama başlayacağı duygusuydu. Ve onun kadar etkili olan duygu ise güvendi. Faşistler yok, arkadaşların arasında değişik bir huzur duyuyor insan.

5. koğuşta pek fazla kalmadık, bizi 6. koğuşa naklettiler. O koğuşu da badana, temizlik, adam ettik. 6. koğuş diğer koğuşlara nazaran çok küçük bir koğuştu.

Oturup, bundan sonraki yaşamımızı nasıl düzenleyeceğimize dair tartıştık, konuştuk, ortak yaşamın herkes için geçerli olacak kurallarını tespit ettik. Yeni yaşamımızı düzenledik. Böylece çıkacak sorunları en alt düzeye indirmeyi planlamıştık.

İnsanlar yeni bir yere giderken, yıllarca oluşmuş imajlarını da elbet birlikte götürüyor. İnsanlar yıllarca aynı cezaevinde olunduğu için herkes birbiri hakkında birçok şeyi duymuş oluyor. Kimin geveze, kimin hiç konuşmayı sevmeyen, kimin bencil, kimin kolektif duyarlılığı yüksek, kimin keskin, kimin orta yolcu, kimin idare-i maslahatçı olduğunu öğreniyor. Yani belli yargılar oluşmuş oluyor zaten. Yeni bir başlangıç yaparken insanlar yine de eski davranışlarını ön plana çıkarmamaya çalışıyor. Bir araya gelmenin o olumlu havasıyla, ilk başlarda her şey çok güzel yürüyor. Aslında bu biz değiliz, geçici bir dönemsel bir durum. Sorun çıkmıyor, herkes her işe koşuyor, alabildiğine hoşgörülü. Yardımlaşma falan... Yani çok mükemmel şeyler oluyor. Hani halkımızın bir deyimi var, "cicim ayları..." İşte biz de cicim ayları yaşıyorduk. Asıl gerçeğimiz elbette sonra ortaya çıkacaktı. Eksikliklerimizi ne kadar örtebilirdik ki? O bizim bir parçamızdı. Gerçekten bazı şeyler içselleştirmeden sürekli öyleymiş gibi davranılamazdı, davranılamadı da.

Zaman geçtikçe küçük şeyler sorun olmaya başladı. Spor yapanlar arasında su sorunu, oturanlar arasında gürültü sorunu... Yani yokluğu çekilen şeyler sorun oluyordu. Maddi yaşamımız çok çevriliydi, yaşamımız kümes gibi yere sıkıştırılmıştı. Elbette böylesine küçük bir yerde bu kadar çok insanın yaşaması da sorun olacaktı. Önemli olan, sorunları sağlıklı bir yaklaşımla çözmekti. Biz sorunlarımızı zaman zaman sağlıklı çözdük, zaman zaman sağlıksız yaklaşımlar sergileyenler oldu. Zira biz mükemmel değildik, mükemmellik oyunu da uzun süre oynanamazdı. Biz eksikliklerimizle, sorunlarımızla buradaydık, ona göre de yaşamalıydık. Ne olduğumuzdan fazla havalara girmeliydik ne de durumumuzu haddinden fazla kötü görmeliydik. Biz yenilmiş bir hareketin yenilmiş insanlarıydık. Önümüzdeki süreçte ne olacağımızın hesabını elbette içimizde yapacaktık. Her birey kendi içinde "Kaplan ve maymun" savaşını kaçınılmaz olarak yaşayacaktı. İşte bu süreç bence koğuşların ayrılmasıyla başlamış oldu. Ondan önce spordan başını alamıyordu insanlar. 1982-1984 sürecinde faşistler ve psikolojik saldırılar yüzünden sağlıklı bir düşünce ve araştırma ortamını ender buluyorduk. İşte kafamda, içimde birçok şeyin yaşandığı zamanlardı o zamanlar. İlişkilerim, eğitimim hep daha iyi, daha gelişkin, çok boyutlu, araştıran, soran, tartışan insan olmaya yönelmişti. Falanca benden daha iyi bilir, onun dediği mutlak doğrudur anlayışı bana göre değildi. Ben doğruyu araştırmalı, bulmalıydım. Kişilere göre doğruyu belirleyemezdim.

Faşistlerle aynı koğuşlarda kalırken yoğun stres altındaydık. Hep tetikte, uyanık olmalıydık. Mutfaktan bir gürültü geldiğinde ranzamızdan atlayıp oraya çabucak bakardık. Ne olur ne olmazdı, arkadaşımıza saldırıp, dövebilirlerdi. Her an herhangi bir şey yüzünden kavga çıkabilirdi. Yaşama bakışları, yaşam tarzları, felseferi, eğlenceleri, konuşmaları hatta konularıyla birbiriyle farklı iki dünyaydık.

Onlar bilerek koğuşun ortasında namaz kılar, yüksek sesle Kur'an okurlardı. Bu bile insanı zaman zaman çileden çıkarırdı. Onlar namazı yüksek sesle kılmaya başlayınca, birtakım insanlar da yüksek sesle konuşmaya başlardı. Tabi ki bir gerilim doğardı. Ya da koğuşun tam ortasına seccadeyi serip yolu kesiyorlar, insanların tuvalete gidip gelişlerini engelliyorlardı. Geçerken namaz kılana çarpınca da başlıyordu kavga. İnsanlar sinirlenince elbette çarpıyordu. Faşistler yolu iyice kapamak için dışarı sarkıyor, sorun çıkarmak için namazı kullanıyorlardı. Birkaç kez arkadaşlar taburelerine tekme attı. Bu yüzden taburenin konacağı çizgi belirlendi. Yine de bir iki faşist çizgiyi geçirmek için uğraşırdı. Namaz kılarken önlerine tabure koyarlardı ki, bu dinen namazın bozulmasını engelliyordu. Fakat bunlar yolu iyice sıkıştırır onlara alan açardı. Bu koğuşa hâkim olma savaşı da sayılırdı. Yani her an kavga ihtimali insanı strese sokar, beklersiniz. Şimdi koğuşlar ayrılınca alan müthiş genişledi. İnsan zaten küçük olan yeri iyice küçültüyormuş, bunun farkını faşistlerden ayrılınca anladım. Bir adayı görünmez bir çizgiyle ikiye bölün. Siz bu çizginin öbür tarafına hiç geçmiyorsunuz, yani yaşamınızı ne kadar dar bir alana sokuyorsunuz. Bu bile insanın yaşamını etkiliyor. Bunu yıllar sonra anlıyorduk tabi.

Yeni Koğuşta Eğitim

Koğuşta bazı arkadaşlar, birtakım konuların araştırılması, tartışılması için bir çalışma önerdiler. Konular çok çeşitliydi. Ekonomi, tarih, felsefe, estetik ve sanat tarihi gibi başlıklar altında çalışmalar yapılacaktı. İsteyen istediği bir ya da iki derse katılabilirdi. Gruplar kendi içlerinde derslerin canlı olması için tartışmalar yaptılar. Kendi belirledikleri yöntemlerle derslere başladılar. Kimi grupta bir kişi okuyor, diğerleri dinliyordu. Kimi grupta herkes daha önceden belirlenmiş konuyu okuyor geliyor ve tartışmaya açıyordu. Kimi gruplar da konulu seminer biçiminde oluyordu. Klasik bir eğitim çalışması havası oluşuyordu.

Çalışmalar bir süre düzenli yürüdü fakat sonra aksamalar başladı. Derse ilgi giderek azalıyordu. Bazen şu tür espriler bile oluyordu. "Yemekten sonra felsefe var, gidip şekerleme yapayım." Yani artık bu çalışmalar insanları cezbetmiyordu. Tıkanmıştı. Eski stil çalışma anlayışıyla gitmiyordu. Bazıları, her insanın kendi ihtiyaç duyduğu konuda tek başına okuyabileceğini, araştırabileceğini, böylesinin daha verimli olacağını savundu. Okumak, araştırmak istemeyen de bu işin içine sürüklenmeyecekti. Bence de doğru çözüm buydu. İnsan birincil derecede kendi eğitiminden sorumlu olmalıydı. İhtiyaç duyduğu her konuyu araştırmasının önü açılmalıydı. Gruplar dağıldı, ben bir arkadaşla tekrar estetik okumaya başladım. Zaten yarım kalmıştı. Ayrıca siyasal tarih çalışmaya da devam ediyordum.

Bunun yanı sıra yeni bir şey öğrenmek için araştırıyordum ki koğuşta bilgisayar bilen bir arkadaşın, Ertuğrul Ak'ın ders vereceğini duydum ve bilgisayar derslerine girdim. Uzunca bir süre çalıştım. Doğrusu zorlanmadım dersem yalan olur. "Algoritma" vesaire bana yabancıydı. Daha sonra programcılık üzerine çalıştık. Biz "Fortran 4" çalıştık, başkaları "basic" çalıştılar. Fortran 4 çalışanların diğer dilleri çabucak öğreneceğini söylüyordu arkadaşlar.

Bilgisayarın programlanması özel bir çalışmaydı. Kullanmak sorun değildi, yüksekokullarda programcılık öğretiliyordu. Gerçi bizimki araba olmadan şoförlük öğrenmeye benziyordu. Ortada bilgisayar yoktu ama biz onun hakkında birçok şey öğreniyorduk.

Beyin, yeni bir öğrenme alanı bulunca o alandaki bilgileri sünger gibi çekiyordu. Çünkü yeni bir alandı. Sürekli tarih ve İngilizce öğrenmekten dolayı verim azalmıştı. Yeni alanda da belli bir doyum sağlayana kadar bilgiler zevkle öğreniliyordu. Bilgisayarın genel notları sayesinde ben de bir iki çaylağa ders verecektim, bunlardan biri de Hüseyin'di.

Yine, Yeniden Televizyon

Koğuşların ayrılmış olması televizyon konusunda bizi rahatlattı. İdare hâlâ inadım inat diyor 7-9 televizyon programını değiştirmiyordu. 7-9 arasında haberlerin dışında izleyecek doğru dürüst hiçbir şey yoktu. Ya "He man" ya "Şirinler" izlemek zorundayız ya da "Evliya Çelebi'nin Seyahatleri"." Ki bu programların tümü de küçüklere yönelikti. Koca koca insanların çizgi film izlemesi herhâlde ayıp olurdu normalde. Fakat bizler tam bir Orta Çağ karanlığından çıktığımız için bir süre 7-9 arasındaki hemen her şeyi izledik. Gerçi televizyon açık olsa ne olacaktı ki bütün işimiz televizyon izlemek olamazdı herhâlde. Belli bir doyum oluşunca bırakırdık ve programları seçerdik. İleride de programları seçerek izleyecektik zaten. Bazen sıkıntı bile verecekti televizyon. Her neyse 1987 yılında televizyon izlemek yine idarenin kontrolündeydi. Bütün insanlar neyle uğraşıyordu, Mamak idaresi neyle uğraşıyordu? Bu televizyona bir çare bulmalıydık. Madem onlar açmıyordu biz de kaçak çalıştıracaktık. Her koğuş kendince bir yöntem bulmuştu. Bizim uzman(!) arkadaşlar da kabloya toplu iğne batırarak, yeni bir fiş girişi yaptılar. Artık biz de televizyonu dilediğimiz anda açabilirdik. İdareye ayıp olacak değildi, onlar zorlamıştı bizi bu tür yöntemlere başvurmaya.

Artık kafamızın estiği zaman açıyorduk ama 9'dan sonra televizyonun sesini dışardan duyulmasın diye kısıyorduk. Mazgalın açılmasından önce televizyon kapatılıyor, herkes yat durumunda tam siper oluyordu. Koğuşlar ayrılınca askerlerin bizimle konuşmasını engellemek, bir şeyler alıp vermesini kesmek için mazgallara özel kapak yaptılar, kilitlediler. Böylece gariban nöbetçi içeriyi öyle eskisi gibi dikizleyemiyordu. Bu bize hem avantaj hem de dezavantaj getirmişti. Mazgal kapalı olunca hava akımı olmuyor, sigara dumanı zor dağılıyordu. Pencerelere de sineklik gibi, tel örgü çektiler. Tam bir kümes olmuştu. Bu yüzden nöbetçi subay içeriyi kontrol etmek isteyince mazgalın kilidini açmak zorundaydı. O açılana kadar, biz Üsküdar'ı geçiyorduk.

Televizyon izlerken çok sessiz oluyorduk çünkü en küçük bir seste televizyondaki konuşmaları duyamıyorduk. Bu da insanı strese sokuyordu. Bu yüzden televizyon izleyenler gürültü yapana yan gözle "hıyar" der gibi bir bakış atarlardı. İnsan müthiş oluyor, televizyon öyle kısık ki, zaten zor duyuyoruz, kapıdan duyulmasın diye de sesini açmıyoruz. Bu konuyu daha net anlatmak için birkaç televizyon macerası anlatayım.

Yine kaçak televizyon seyrediyoruz. "Baba" diye bir dizi film var, kulak kesilmiş diziyi izliyoruz. Bir iki arkadaş izlemiyor, onlardan biri okumak için gazeteyi almış sayfayı açtı. Normalde hiç dikkatimizi çekmeyecek gazete hışırtısı, o an kafamıza inmiş bir balyoz gibi etki yapıyordu ve biz konuşmaları kaçırıyorduk. Bir böyle, iki böyle. Ters ters bakıyoruz, yok, sonra tek tük arkadaşın ikaz sesleri... Yok, aldırmıyor. Sonunda biri patladı, "Yahu görmüyor musun televizyon izliyoruz, yapma şu gürültüyü." Gerçekten de insan az duyunca, bütün enerjisini duymak için harcıyor, en küçük sesi bile alıyor.

Bir seferinde maç izliyoruz, tabi kaçak olarak. Bir grup insan bir takımı destekliyor, öbür grup diğer takımı. Maç çok zevkli, heyecanlı fakat biz fazla coşamıyoruz. Gece ondan sonra ses çok yankı yapıyor. Goller atılıyor, televizyonda tribün seyircileri coşuyor, bizim tuttuğumuz takım gol atıyor biz sevinç naraları atamıyoruz. Elimde havluyu sallıyorum, ses yerine işaretle sevincimizi aktarıyoruz birbirimize. Ses fazla çıksa mazgal açılır, subay bakar.

Yine bir maç izlerken subay havalandırmadan koğuşta bütün insanların kafasının bir yöne, dikkatlice baktığını görünce şüpheleniyor. Sessizce gelip mazgalı açmaya çalışıyor fakat bizim televizyon nöbetçileri hızlı davranıp televizyonun düğmesini bir anda kapayıp ortadan yok oluyor. Her televizyon açılışında mazgal baskınına karşı en yakında oturan düğmeyi kapatmakla sorumlu olurdu. Subay mazgaldan kıdemliye, "Siz bir yere bakıyorsunuz, gerçekten bir şey demeyeceğim, söyle televizyon mu izliyorsunuz." deyince kıdemli gayet pişkin, "Televizyon açık mı komutanım?" diyor. Subay kızgın ama belli etmiyor mazgalı kapatıp gidiyor.

Yine televizyon izliyoruz, birden mazgal açıldı, arkadaş da televizyonu kapattı. Fakat televizyonun tam karşısında beş altı oturak yan yana dizilmiş duruyor. Subay "Oturaklarda oturanlar nerede?" diye sorunca kıdemli "Herkes yatıyor komutanım." diyor fakat subayın yutmadığı açık. İdare aslında saçma bir noktada durduğunun farkında, televizyonu yasaklamak da bu işe zemin hazırlıyor. Ortada un var, şeker var, tuz var, yağ var elbette biz bundan helva yapacağız. Şimdi televizyonu verip elektrik vermezsen kaçak alırız. Gece de elektrik kesemezler, cezaevinin kuralı bu... Oturakların öyle durması aslında çok açık bir işaretti.

Bazen başka bir koğuşun televizyonunun sesi gelir, bir an havada çınlar ve yiterdi. Herhâlde sesi açık unuttular ya da yanlışlıkla ses düğmesini fazlaca açtılar diye düşünürdük.

Bir keresinde de televizyonun düğmesini kapamakla sorumlu arkadaş, mazgalın açıldığını duyunca, düğmeyi kapayacağına bırakıp kaçıyor. Bereket bir başkası müdahale etti, kapattık. Daha sonra da o arkadaşla dalga geçtik. Eminim sen dışarıda polisi görünce silah, kimlik ne varsa bırakıp kaçıyordun derdik, o da iyice kızardı.

İşte kaçak televizyon maceraları... Başka koğuşa gidene kadar böyle şeyleri hep yaşayacaktık.

Yazın spor yapan insan çoktu, bu yüzden duş yapma sıraları oluşurdu. Hele bir de altıncı koğuşa su gelmesi güç olunca susuzluk iyice artardı. Diğer koğuşlar normalde su alırken, tazyik olmayınca bizim musluklara su ulaşamazdı. Diğer koğuşlara haber yollar, suyu kapatmalarını isterdik. Kapatırlarsa su gelirdi ama yine de yeterli değildi. Suyun az olması, sporcunun çok olması arkadaşlar arasında bazı sorunlara neden oluyordu. İnsanlar bazen olgunca çözüm yerine yanlış olduğu kendilerince de bilinen davranışlar sergiler, su yüzünden kalpler kırılırdı. Yoldaş iki insanın basit bir şeyi olgunca çözememeleri ayrı bir üzüntü kaynağıydı. Ama bu durum başka ülkelerde de yaşanmış, okuduğum birçok romanda, özellikle Yunanistan'daki kamplarda kalan insanların, devrimcilerin aralarında da bir lokma ekmeğin, bir bardak fazla suyun sorun olduğu yazılır. Ölüme birlikte gidecek kadar cesur Yunan devrimcilerinin Haydari kamplarında, her an ölümü bekleyen devrimcilerin de bu tip sorunlar yaşadığını okumuştum. Bu bağlamda sorun insanın yaşadığı şartlarla çevrili ve insanlar bazen bencil olabiliyorlar. Bu da o şartlarda normaldi belki de bilemiyorum.

Yeni bir etkinlik: Erol Kartal eskiden folklor çalışmış, bazı arkadaşlar kendilerini çalıştırmasını rica etmiş ondan. Bir folklor ekibi kurulacağını duyunca ben de katılmak istedim. Çünkü pek oyun bilmezdim. Dışarıdayken, düğünlerde hep, oyna diye ısrar ederlerdi, bilmediğimden oynayamazdım.. Erol bildiği birkaç oyunu bize öğretecekti. Cesaretle katıldım.

Folklor çalışmalarını mutfakta yapıyorduk. Yaklaşık bir saatlik bir çalışmaydı. Figürleri sayıyla yapardık. Bir, iki, üç, dört, hop diyerek adımları sayar, iki kişi, bazen tek çalışırdık. İyi yaptığımıza inanana kadar o figürü çalışırdık. Çok yorucu oluyordu, yine de sabırla çalışıp birkaç oyun öğrendik. Artık çalışma daha zevkli hâle geldi. Figür yerine oyunları oynuyoruz. Üzerimize aynı renk eşofmanları da giyince adeta Artvin folklor ekibi olduk. Bayramda gösteri yapacaktık ama maalesef cezaevi şartları yeniden sıkma dönemine girmişti, ekibi dağıttı. Bu politika kaba ama etkileyiciydi. Sık ve gevşet.

Erzincan cezaevinden kaçanlar olmuş sanırım. Bu yüzden cezaevinde bir gerilim başladı. Geldiler bütün koğuşu altüst ettiler, ranzaları yerinden oynattılar, kitapları yerlere attılar, eşyaları çantalardan çıkarıp, talan ettiler. Eskiden de gıcık oluyorduk fakat şimdi hepsi devrimci olan bir koğuşun bunlara ses çıkarmaması yanlış oluyordu.

Biz dışarıda hazır olda duruyorduk, askerler coplarıyla ellerimize vurup, elleri bacaklara yapıştırmamızı istiyordu. Tokatlar atılıyordu, kafaların tavana kadar kaldırılması isteniyordu. Bu insanın çok zoruna gidiyordu doğrusu. Yine de topluca karşı çıkış olmuyordu. Tek tük insanların karşı çıkışları oluyor, onları da daha fazla tokatla susturmaya çalışıyorlardı. Bir arkadaş sinir krizi geçirdi, onu içeri taşıdılar. Hüseyin'in sesi geliyordu, benim pek samimiyetim yoktu o sıralar. Fakat o tek başına karşı çıkmıştı, beni etkilemişti doğrusu bu tavrı. İnsanlar terör karşısında susmayı tercih etmişti, ben de. Birçok insan bir şey yapamamanın stresini yaşar, bacakları zangır zangır titrerdi. Bu korku değildi, bu aciz duruma düşmüş bir insanın kendine karşı bir tepkisiydi bence. Cezaevinde bu tür uygulamaların hâlen sürüyor olması insanları bir şeylerin yapılması yönünde itti, konuşuldu... Konuşuldu... Konuşuldu.

İdare televizyon konusunda esneklik göstermeyince bazı koğuşlar açıktan elektrik alıp televizyonu açıktan kullanmaya başlamışlar. Biz gizli çalıştırıyorduk hâlâ. İdare o koğuşun televizyonunu alıyor. Sanıyorum 4. koğuştu. Bunun üzerine biz de ya açıktan yapacaktık ya da televizyonu eve yollayacaktık. Bunu belirlemek için tartışma açıldı. Kimi insanlar vermemeyi, açmayı öneriyordu yani "direnelim" deniyordu. Kimi insanlar "protesto" için yollayalım diyordu. "Hiç olmazsa Mamak'ta televizyon var diyemezler." fikrini savunuyordu.

Tartışmalar boyunca ileri keskin, belki de yapamayacağımız ama o an inandığımız birçok şey söyledik durduk. Televizyonu açmayacak yollayacaktık. İdare zorlasa da almayacaktık. Televizyonu dışarı çıkardık. Akşam yemeğinde subay "Televizyonu içeri alın." dedi. Sonuçta televizyon içeri geri geldi. Bu tavır arkadaşlar arasında tartışmalara yol açtı. Daha bir gün önce çok keskin konuşmuştuk fakat konuştuklarımıza uygun davranamamıştık. Böyle olunca da tepkiyi birbirimize yönelttik. Aslında tepki idareye gösterilmeliydi olmadı, beceremedik. Bu tip tartışmalar oldukça insanların bir kısmı birbirine yaklaşıyor, kim kimin ne dediğini, neyi istediğini açıkça anlıyor. İlişkiler bozuluyor, ilişkiler kuruluyordu. Bu süreç bence çok önemlidir. İnsanlar kafalarında birçok şeyi sorgulayacak, yolunu çizecek, birilerinden umudu kesecek, Godot'yu bekler gibi bir yerlerden gelecek kurtarıcılara el açıp beklemeyecekti. Mevcut durumumuzu açıkça anlıyordum artık. Biz olduğumuzdan fazla görünmemeliydik. Aldığımız yük, sırtlandığımız dava çok büyük ve sorumluluk duyulması gereken bir davaydı. Bedeli ağırdı, "beceremedik" demek yetmiyor, yetmez. Tekrar başlamak için insanın birçok şeyi gerçekten iyice düşünmesi gerekliydi. Sorun işkence, hapishane değil, sorun o büyük davayı yürütecek, geleceği kuracak insanlar olmalı, ona göre yaşamalıydık... Yaşadık mı?

Birçok şey tartışıldı, sorular soruldu, kendimizce yanıtlar verdik. Dürüst, dostça bir atmosferde ne, kim olduğumuzu konuştuk. Bence o olgunluk bugün hiçbir yerde yaşanmıyor, yaşanmayacak. O tartışmalarda insanlar samimice konuştu. Doğru olanı anlamaya çalıştık, en azından ben anlamaya çalıştım ve o tartışmalardan yararlandım. Bu tür sohbetler, tartışmalar ilerleyen yıllarda da olacaktı. Yine hepsi aynı olgunlukta. Evet, biz bir şeyleri tartışacak kadar olgunlaşmıştık. Şu tabu, bu tabu diye konuları kapatmaktansa cesurca konuştuk. Kırk adam, kırk ayrı şey söylesek de yine bir arada kaldık, yaşadık. Benden farklı bir şey söylüyor diye kimse kimseye hor bakmadı, onu öylece kabul etti. Çok olgundu tartışmalar.

Bizde bunlar olurken baskılar da sürüyordu. Bu sırada bizi ikinci koğuşa taşıdılar. Yeni bir yere topluca göç edecektik. İdare belli bir zaman diliminde koğuşların yerini değiştiriyordu. Kendince önlem alıyordu anlaşılan.

Direnenler de Var Bu Havalarda

İkinci koğuşa taşınmıştık. Artık taşına taşına yerleşmede uzmanlaşmıştık. Eskisi gibi sıkıntıya girmeden yerleşiyorduk. Çünkü herkes eski düzene göre yatağını tespit ediyordu. Bu büyük kolaylık sağlıyordu.

Cezaevlerinde yaygın bir direniş vardı. Bizim cezaevinde de birtakım insanlar açlık grevi başlatmıştı, bizler o açlık grevine katılmadık. Daha sonra 4 arkadaş –ki bunlar diğer sol gruplara mensuptu–, elbiseyi çıkartılar. Tek tip elbise giymemeye karar vermişlerdi. Tavır aldılar. İdare onları dövmedi ama bütün yaşamsal haklarını kısıtladı. Görüşme yasak, havalandırma yasaktı. O direnişçiler içinde Zafer de vardı.

Arkadaşının birçok şeyden mahrum olması insanı etkiliyor. Siz rahatça dolaşıyorsunuz, o küçücük bir hücrede öylece oturuyor. Görüşme yapamıyor, siz ailenizle konuşuyorsunuz. Ailenizle ondan söz ederken, içinizden de neden ben onların yanında değilim, diye soruyorsunuz kendi kendinize. Zafer'in eşi de benim arkadaşımdı, onun benim hakkımda neler düşündüğünü merak ederdim. Acaba biz direniş yapmıyoruz diye bana kızıyor muydu? Yoksa dostluğumuz bitecek miydi? Birçok çelişkiyi içinde taşıyor insan.

Cezaevini gazeteciler gezmiş. Mamak'ın ne menem bir yer olduğunu görmek istemişler. Gazeteciler çok ürkmüşler anlaşılan, yazılarında Mamak'tan hep ürpertiyle söz ettiler. Tabutlukların modern(!) hâlini gören ANAP milletvekili "Buraya Lenin'i sokmam." dedi. Gazetelerde boy boy hücrelerin resimleri çıktı. Demek oraya "Lenin'i bile koymazlarmış." Peki, o hücrelerin o hâle getirilmeden önceki hâlinde kimler yaşadı biliyor musunuz? Pırıl pırıl, genç kızlar, genç erkekler çürütüldü. Birçoğu hastalandı oralarda.

Cezaevlerinde direnişler yaygınlaşmıştı. Bizler de neden direniş yapamadığımızı tartıştık. İnsanlar çeşitli görüşler getirdiler. Bir grup arkadaş, "Her şeye rağmen direniş yapmak gerekir, biz yapacağız." diye ortaya çıktı. Bunun üzerine tek tek ya da gruplar hâlinde konuşmalar oldu. Bizim açımızdan böyle bir çıkış radikaldi. Her şeyi göze alıp tavır almak, belki de birbirine uzak insan grupları olmayı doğuracaktı. Ve yepyeni birçok sorunu tartışmak zorunda kalacaktık. O tartışma süreçlerinde yeni insanlarla dostluklar kuruluyordu. Özellikle eylemi savunan insanlara sempatiyle bakıyordum. Tartışmalar diğer koğuşlara da yansıtıldı. Oralarda da çok hararetli tartışmalar yaşanmış. Gelinen noktada radikal çıkış yapacak arkadaşlar kendilerince nedenler göstererek vazgeçtiklerini, sonuçlarının çok daha ağır olacağını söylediler ve ikna olduk dediler.

Diyarbakır cezaevinde bir insanın ölmesiyle açlık grevi sona erdi ve elbise olayı kaldırıldı, idare tek tipi kaldırıyordu. Nice canlara, nice sakatlanmalara neden olan bu mavi kefen sanki hiçbir şey olmamış gibi silinip gitti. Onlarca insanı sakat bıraktı. Bu elbise cezaevlerinde karşı koyuşlara, direnişlere neden olmuştu, binlerce devrimci elbiseye karşı direnmişti. Tek tip elbise üzerine destanlar yazılmıştı. Unutulmayacaktı... Şimdi çekip gidiyordu, gönderiliyordu.

Elbisenin kaldırılmasından sonra Zaferleri hücrelerden çıkardılar. Bizim koğuşa geleceklerini duyunca hem sevindim hem de utandım. O direnmişti şimdi yüzüne hiçbir şey olmamış gibi nasıl bakacaktım? Acaba şakayla da olsa bazı şeyleri ima edince üzülmeyecek miydim?

Heyecanlı bir bekleyiş başladı. Eşyalar geldi, diğer arkadaşlar girdi içeri, sonunda Zafer de gelmişti. Hemen gözleriyle beni aradı ve bulunca da "Can kardeşim," diyerek sarıldı. Başta ben tedirgindim acaba o eski samimiyetimizi bulacak mıyız diye. Ama onun daha başından candan davranması beni öylesine mutlu etti ki. Ben de ona sıkıca sarıldım, yanı başımda yatan bir arkadaşa rica ettim, yerini geçici olarak Zafer'e verdi. Yine yan yanaydık. O gidene kadar da yataklarda yan yana kalacaktık. Çok mutluydum doğrusu. Eski bir dostumu yeniden kazanmıştım.

Zafer Koç'a bizimle aynı komünde kalıp kalmayacağını sorduğumda, "Elbette birlikte kalacağız, bir lokma ekmeği paylaşamayacak mıyız?" dedi. "Peki, öbür arkadaşlar ne diyor, onlar kalmazlar mı, bir sorsan." demiştim. Zafer onlarla yarım saat konuştu ve sonuçta o iki arkadaşın bizimle kalmayacağını ama kendisinin kalacağını söyledi. Gerçekten çok ilginç bir olaydır. O insanlarla direniş yaşadı, onlarla kalacağım deseydi kimse bir şey söyleyemezdi. Fakat o bizimle kaldı. Dostluğumuz bunda etkili oldu sanırım. Yine aynı tabaktan yemek yiyecektik...

Direniş üzerine konuştuk. "Katılmadığım için beni suçluyor musun?" dediğimde, "Hayır, sen katılmadıysan kendince nedenlerin vardır, ben inandığım için yaptım. Bu dostluğumuzu bozamaz." dedi. Beni çok sevindirdi. Böylesine olgundu. Kendi yaptığı direnişi başkalarına karşı kullanmıyor, direnişi saygı duyulmanın bir malzemesi yapmıyordu. Bu onu daha da saygın kılıyordu benim gözümde. Çünkü çok insan bilirim, en küçük bir şeyi tutar, kahramanlık olarak caka satardı.

Zafer, 15 gün sonra Merkez Kapalıya sevk oldu. Yine geride hüzün kaldı. Bundan sonra onunla hep mektuplaştım...

GÖRÜLMÜŞTÜR
AYDIN
E - Tipi Ceza ve Tevkifevi

2

16. 8.1988

Canım Kardeşim fikret,

Mektubunu aldıktan birkaç saat sonra büyük bir istek
le oturdum başına masamın! Aslında, sana yazmak istediğim o
kadar çok mevzu var ki, henüz, nereden başlıyacağıma karar
verebilmiş değilim. Ya allah...!

Buralardan başlıyalım istersen, biliyorsun daha
önce muşadiyede kalıyordum, şimdi koğuştayım. Koğuş dediy-
sem sizin oralardaki gibi değil. İki katlı alt, yemekhane olarak
kullanılıyor, üst, yatakhane. Anlıyacağın biraz dublex. Günboyu
havalandırma açık. Hergün olmasa bile gün aşırı futbol oynuyo-
rum, pinponda da fena sayılmam. Tv izlemeyi pek sevmi-
yorum. Arada bir video filmi koyuyorlar. Çoğu gaspage filim-
ler. Radyo, teyp yok. Yeterince kitap ve dergi var. Sağlığımı
sorarsan gayet iyiyim. Herhangi bir rahatsızlığım yok. Buranın ha-
vası suyu yaradı bana. Bir hayli kilo aldım. Hava dedim de, si-
zin oralar nasıl bilmem ama burada rüzgar bile saç kurutma
makinasından çıkan sıcak hava gibi esiyor. Bir de sivrileri var ki
sineksavarlarla bile başa çıkabilmek güç. Neyse buradaki
olumsuzlukları daha fazla sıralarsam, buraya gelme niyetini kaç
bilirim. Gerçi düşünceni bilmiyorum ama içimde senin de buraya
gelme gibi niyetin olduğu gibi bir his var. Ali'de burada birlikte
kalıyoruz. Bir ara hepimizi korkutmuştu ama şimdi oldukça iyi.
Tek şikayeti gittikçe şişen göbeğinden. O göbeği eritebilmek için
hergün sabahın köründe spor yapıyor. Bizim de beş arkadaş
var burada hep beraber kalıyoruz. Anlıyacağın moralimiz
ve durumumuz iyi. Tek sıkıntımız sizlerden uzak olmak.

iddia olmaktan öte gidemeyecek. Bilmem hiç fotoğrafım var mı sende. Pala bıyıklarım bana ayrı bir hava verdi. Sıra, bana göndereceğiniz resme gelince filmin bitmesini kendi açımdan talihsizlik addediyorum. En kısa zamanda yollarsan sevinirim. Anlayabildiğin kadarıyla, bayramda kitlelerle kucaklaşmış işim. Benim halimde senden farklı değildi. Annem, ablalarım, abim, yeğenler, Suna. Toplam dokuz kişiyle görüştüm. Dört gün boyunca sabahtan akşama kadar birlikte olduk. Yine de doğru dürüst görüşemedik sayıyorum kendimi. Suna'dan fırça bile yedim. Ne kadar ilgisizsin diye. Hangi biriyle ilgilenecektim kardeşim şaşırdım kaldım. Tek tek gelir insan. Bu arada aile pozları vermeyi de ihmal etmedik. Resimlerin hepsini ona yolladım. Yanımda olsaydı gönderirdim.

Buradaki arkadaşlarla görüşebilme imkanı oluyor. Ben gezmeyi pek sevmediğim için genellikle masamın başında kitaplara dalmış bir vaziyette yazıyorum. Sana kötü bir haber vereyim. İngilizce çalışmaya bile vakit ayıramıyorum. Zaman o kadar kısa ve okuyacak o kadar çok kitap var ki, bazılarının İngilizce çalıştırmam için yaptıkları teklifleri bile ret etmek zorunda kaldım. Ali Yüksellerin kulaklarını çınlatıyoruz sık sık. Tanıdıkların tümü iyiler. Coşku arasıra ziyaretime geliyor. Arada bir Haydar'la bile karşılaşıyoruz.

A - BLOK
GÖRÜLDÜ

Suna birkaç gün önce Lale ablamla birlikte ziyaretime geldi. Sana yazdığını ve resim yolladığını söylüyordu. Sende ona yazarsan iyi olur. Mektubunda belirttiğin kaygıları anlamsız görüyorum. Sıla'dan uzaklaşsakta Suna'dan pek uzaklaşmadık, fırsat buldukça geliyor. Bu arada Mızo'yla seyrekte olsa yazışıyoruz. Sema'dan da ayrı düştük. Tüm sevdiklerimizden ayrı düştük.

Mektubumu bir fıkrayla noktalamak istiyordum ama yer kalmadı. Milliyet'te, Melih Aşık'ın köşesinde çıkmıştı. Zeki Müren anlatmış. Okuduğumda çok gülmüştüm. Okumadıysan bir dahaki mektubunda yaz. Aslında yazacağım o kadar çok şey var ki. Neyse bi yanı da öbür mektuba kalsın. Nesime söyle biz bu ara yazamıyoruz. Sitem edeceğine yazsın. Kendine iyi bak. Arkadaşlara selam ve sevgiler. Zafer

Elbise tartışmaları olurken 3. koğuştan iki arkadaş, biraz geç de olsa çıkardılar. Bence zamanlama yanlıştı. Zaten idarenin bugün yarın tek tip elbiseleri toplatması bekleniyordu. Yine de bir şeyleri aşmak noktasında çıkışları etkileyici oldu...

Televizyon 11'e kadar serbest oldu, 7-9'u protesto etmek için biz televizyonu eve yollamıştık. Şimdi tekrar getirmiştik ve artık açıktan kaçak olarak izliyorduk. İdare kaçak izlediğimizi anladı, kapatın dedi, biz kapatmadık. Daha sonra bütünüyle serbest bıraktılar.

Didar Abla Ölürken Benim Hüseyin Adında Bir Dostum Oluyor

Didar Şensoy'un* öldürülmesi üzerine cezaevinde zaten bir hoşnutsuzluk vardı, açlık grevi yapılmasını savunan arkadaşlar oldu. Bir arkadaş ısrarla Didar Şensoy için açlık grevi önerdi, bir kısım arkadaş geçiştirmeye çalıştı. Sonuçta 3. koğuşun sembolik olarak açlık grevi yapacağını, 5 kişinin katılacağını söylediler. Bizim koğuştan da 5 kişi katıldı. Daha bir gün önce hiçbir şey demeyenlerin bunu kabul etmeleri garibime gitti.

Hüseyin ve ben ilk kez o süreçte yakın olmaya başladık. Her tartışmada radikal çıkışları, önceden de onunla ilgili birçok olumlu şey duymam Hüseyin'e yakınlık hissetmemi sağlamıştı. Beş günlük açlık grevine birlikte katıldık. Böylece yeni bir dost ediniyordum.

Hüseyin, birçok şeyden dolayı görüş cezası almıştı, uzun bir zamandır görüş yapamıyordu. Hüseyin çok ilginç bir tipti. Daha önce onu anlatanlar çok sinirli bir "Denizli horozu" olduğunu söylemişlerdi. Keçi gibi inatçı biriymiş. Hüseyin insanlara hiçbir zaman haksızlık yapmaz, eşit davranırdı. Aldığı görevi bütünüyle adil ve gerçekçi bir şekilde yerine getirirdi.

Bazı insanlar elindeki en küçük yetkiyi kendine göre yontar. Bazı insanlar sorumluluk duyduğu şeyin gereklerini harfiyen

---

* İstanbul Metris cezaevinde MLSPB davasından yatan Hasan Şensoy'un ablası olan Didar Şensoy, tutuklu aileleri mücadelesinin önde gelenlerinden ve İHD'nin kurucularındandı.

uygular. Hüseyin ikinci tiptendi. Dışarıdaki yaşamında hareketin parası diye toplanan paralardan 5 kuruşunu gidip lokantada, köftecide, tatlıcıda harcamazmış. O kuru ekmekle peynir yermiş. Bu bir sorumluluk, idealdir Hüseyin gibi pırlanta insanlarımızda. Her olayı kendine dert edinmesi, bence onun yıpranmasına yol açtı. Arkadaşlarının sorumsuzca gösterdikleri davranışlar onu hep üzdü, "Bir devrimci böyle yapar mı?" dedi, durdu. Yani kafasına böyle şeyleri takar, her şeyi kendine dert edinirdi.

Amacım onu burada anlatmak değil. Bazı insanlar vardır ki, Mamak tarihidir. Bence Hüseyin onlardan bir tanesidir. Mamak'ta, özellikle A Blokta birçok şeyi yaşamış insandır. Dayaklar, eziyetler, sayımlar, havada eğitim, kantincilik hep onun yaşamının bir parçası olmuştur. Burada baştan beri anlatılanlardan içinde olduklarını en uç noktada yaşamıştır. O aksi, inatçı alabildiğine duygusal ve bağlı bir insan. Onu tanımak için onun iç dünyasına girmek gerekir. O da çok zordur. İnsanları uzun yıllar yanına pek yaklaştırmamış, hiç kimseyle özel yaşamını paylaşmamış biri. Dertlerini, sevinçlerini hep içinde saklamış. Onun bir sevgilisi olduğunu yıllar sonra öğrendi en yakın dostları. Öylesine kapalı biri.

Kimseye torpil yapmadığı, kimseye yağ çekmediği için, herkesin kusurlarını yüzlerine söylediği, dobra dobur olduğu için, ona bazıları için için kızardı ama açıktan kimse bir şey diyemezdi. O yıllarca bütün insanlara "analık" yaptı. Kantincilik bir tür annelikti. En zor dönemlerde, ekonomik bunalımlardan çıkışı kurtaracak insan diye hep o görüldü. Zamanı geldi, sofraya 7 zeytin koydu diye kavga etti insanlar onunla. Zamanı geldi "kıyak" yaptı. İnsanlar bunları hep kendileri için yaptığını bilirlerdi yine de ona çatmayı zevk hâline getirmişlerdi.

Evet, Hüseyin'i eylem tartışmaları sürecinde tanıdım. Ondan çok şey öğrendim. Çıkarsız, karşılıksız fedakârlığı, sevgiyi, dürüstlüğü, bağlılığı, dostluğu... Ne verebildim? Yeterli mi? Bence yetersiz. Evet onun bana yaptıkları karşısında yaptığım birçok yanlışa rağmen dost kaldı. Onu tanımak benim için onurdur, sevinçtir. İyi bir arkadaş büyük bir zenginliktir diyorum.

2. koğuşta insanlar birçok tartışmayı yoğun bir şekilde yaşadılar. İnsanlar geleceklerini, geçmişlerini tartıştılar kendi içlerinde. İnsanlar cezaevlerinde yaşananları, kendi yaşadıkları anı tartıştılar.

Mamak Devrimci Yolculara Kalırken Hâl ve Gidiş

1988 yılında olumlu ve olumsuz birçok şey bir arada yaşanacaktı. Havalandırmada konuşmak hâla yasaktı, bir süre sonra çözüldü, serbest oldu. Sayımda marş söylenmiyordu, İstiklal marşı kalkmıştı, yavaş yavaş sorunlar da kalkıyordu. Saç ve bıyık sorunu da bir süre sonra çözülecekti. Mahkemesi karara bağlanıp ceza almış olanlar da sevk edilince geride sadece Devrimci Yolcular kalmıştı. Biz iki koğuşta kalıyorduk. Mahkeme devam ediyordu...

Bizi 1. koğuşa taşıdılar, artık oradan gidecektik başka cezaevlerine. Hemen hemen bütün koğuşlarda yatmış oldum böylece. Yeni yerimiz yemekhanenin bitişiğindeydi. Bu yüzden koğuşun içi öyle pis kokardı ki... Hele de yanık yağ, şeker kokusu. İnsanı mahvediyordu.

1. koğuştayken B Bloktan birkaç arkadaş geldi. Böylece B Blok tarihe karışmıştı artık. B blokta askerî suçlular kalıyordu artık. Oradan artanları A Blokta birkaç koğuşa getirmişlerdi. Artık burası bizim için son duraktı...

Atilla Kılıç ile de bu koğuşta tanıştık. Oldukça kararlı bir devrimci izlenimi veriyordu insana. Tipik bir Devrimci Yol militanıydı. Karakteri sert, katı yapılıydı. Duygularını açığa vurmaktan hoşlanmazdı. Pek ender gülen bir insandı. Katı görünümüne rağmen bence arkadaş olunduğu takdirde çok bağlı, duygusal bir insan çıkacaktı. Keçi kadar inatçı ve "asi" havalı bir tipti. Yaşamını devrimciliğe adamıştı. Annesi Medine ana hepimizin anası olmuştu tıpkı Anakız Şahin, Cennet Cihan, İsmet Pektemir, Perihan Akçam analarımız

1. Mustafa Gümüş 2. Erol Kartal 3. Tevfik Güneş 4. Ertuğrul Ak 5. Levent Saçılanateş 6. Melih Pekdemir 7. Mehmet Üresin 8. Ömer Tunca 9. M. Ali Yılmaz 10. Fikret Doğan 11. Mustafa Yalgın 12. İbrahim Aslan 13. Mustafa Kantaş 14. Nasuh Mitap 15. Fatih Mehmet Şahin 16. İsmail Tümay 17. Nevzat Cömert 18. Ahmet Gökalp 19. Abdullah Evcil 20. İsmail Şahiner 21. Oğuzhan Müftüoğlu 22. Metin Şahin 23. Necmettin Özdemir 24. Kasım Sezer 25. Baha Çetintaş 26. Hasan Yorulmaz 27. Sadettin Kahraman 28. Mahmut Memduh Uyan 29. Yılmaz Ergül 30. Ali Başpınar 31. Selçuk Yıldırım 32. Muharrem Akça 33. Ali Alfatlı 34. Mehmet Acar 35. Nesimi Aydın 36. Abdullah Şengörenoğlu 37. Mustafa Aslan 38. Levent Yakış 39. Cemal Akın 40. O. Mehmet Katlandur 41. Mustafa Önçler 42. Özgür Şahin 43. Bülent Forta 44. Naci Zaman 45. Abdullah Bulduk 46. Ali Can 47. Engin Höke 48. Hüseyin Cihan 49. Atilla Kılıç 50. Yaşar Kambur 51. Yusuf Yıldırım 52. Nevzat Solmaz 53. Özgür Ovacık 54. Seyit Kocakuşak

gibi. Analarımız bizim gurur kaynağımızdı hep. Atilla, Nevzat, Nuri, Tevfik, Yalçın, Hüseyin, Hayyam, Yusuf, Şükrü... Bu insanlarla karşılaşmış olmaktan, onları tanımaktan mutlu olmuşumdur..

Birinci koğuşta da 2. koğuş benzeri birçok şeyi tartıştık. Özellikle Eskişehir Cezaevinin Aydın'a sürgünü sırasında eyleme hangi aşamada katılacağımız, açlık grevinin süresinin ne kadar olacağı konusunda tartıştık. Kimi insanlar geçmişte söylediklerinden vazgeçmiş, çok ayrı telden çalmaya başlamışlardı. Kimileri de işin boyutlarını abartmış, ölüme gitmeyi öneriyordu. Gerçek olan şeyse bizim yapacaklarımızın boyutunun çok da büyük olmayacağıydı. Çapımız, yapmak istediğimiz ya da genelin yapabileceği belliydi. Bunun bilinmesi bazılarının fazladan atıp tutmasına neden oluyordu. Bir arkadaş, "İnsanlar tokken açlık grevinin süresini uzatır ama açken başka oluyor." derdi. Ne kadar doğrudur, bilinmez ama herkes için geçerli değildir, bunu biliyorum. Her şart altında yapılması gerekeni savunmuş insanlar da vardı. Fakat bu yeterli değildi. Söyleneni hayata geçiremedikten sonra, farklı bir şeyler söylemişsin ne fayda. Sonunda sen de aynı şeyleri yapıyorsun, esasta farkın yok. Bu yüzden, "Ben direniş önerdim, kabul edilmedi." sözü sığınılacak bir liman değildir. "Başkaları yapmadı, ben de yapmadım." doğru bir mantık değildir. "Önderler yoktu, ondan yapmadım." doğru bir mantık değildir.

İnsan doğru bildiği, inandığı bir şeyi yapmalıymış, yapmalıdır. Mazeret aramak doğru olmaz, kimseyi suçlamamak gerek. Herkes kendine dönmeli. Mamak'ta yaşayan her fert, "Ben üstüme düşeni yaptım mı? Her şeye rağmen, tek başıma da olsam üzerime düşeni yapabildim mi?" diye kendine sormalı ve vicdanen yanıt vermelidir. Kimse kimseye laf atmadan kendi iç hesabını yapmalıdır. Yaşananlar acıdır fakat gerçektir. Bir dönemin büyük insanları Mamak'ta posa hâline getirildiler, getirilmeye çalışıldılar. Yitirilenler ancak coşkulu bir şekilde mücadeleye başlama azmiyle kazanılacaktır. İlk adım ise kendine dürüst olmaktır. Unutmak, çarpıtmak değil. "Hafızayı beşer nisyan ile maluldür."

Karara tepki Sekiz yıl süren ana Dev-Yol davasında karar açıklandı. 7 kişi idam cezasına çarptırıldı, 38 kişiye de müebbet hapis cezası verildi. Sanıklar kararı dinlerken sakindi, ancak açıklamadan sonra sloganlar patladı. (Fotoğraf: Bülent HİÇYILMAZ)

Dev-Yol davasında karara eylemli protesto

7 idam, 39 müebbet

● Sekiz yıl süren Dev-Yol davası dün sonuçlandı. Sanıklardan Atilla Kılıç, Ertuğrul Ak, Tevfik Güneş, Erol Kartal, Memduh Uyan, Kemal Özer ve Saadettin Kahraman hakkında idam kararı verildi. 39 sanık ömürboyu hapse mahkûm edilirken 478 sanık da 2 ila 20 yıl arasında hapis cezası aldı. 164 sanık beraat etti

● Kararın açıklanmasından sonra sanıklar, "Kahrolsun faşizm", "Cuntacı katiller hesap versin" diye bağırdılar. Protestoya sanık yakınları da katıldı. Duruşma salonuna alınmayan bazı dinleyiciler, Ankara - Samsun yolunu bir süre trafiğe kapattılar

HABERİ 7. SAYFADA

20 temmuz 1988 Milliyet

Toplu Tahliyeler Olurken

Mahkeme çok sayıda insanı tahliye etmişti. Koğuş onlar gidene kadar sarmaş dolaş sigara dumanı oldu. Gidenler, arkada kalanlara sözler verdiler, fısıldaştılar, eskilerden dem vurdular. Gidecekler artık sabırsızlanıyorlardı. Karmaşık duygularla dolular. Artık yıllardır çektikleri zulüm bitiyor özgürlüğe adım atıyorlardı.

Şimdi yaşanan toplu tahliye havasını vermeye çalışacağım.

Arkadaşların büyük bölümü tahliye beklentisine girdiler ya da sokuldular. İnsanlar ikili söyleşilerde, tahliye olanlarla kendi durumunu kıyaslıyor ve kendi durumunun gidenden daha hafif olduğu sonucunu çıkarıyorlardı. Bir kısım insanlar –ki onların ölümlü olaylardan isnatları yoktu, genelde azmettirmeden suçlanıyorlardı–

tamamen başka telden çalıyorlardı. Kendileri için 168. madde hesabı yapıp 20 yıl ceza biçiyorlardı. Herkesin bir hesabı vardı yani. Kimi kendini davanın 146. maddeden değil, 168'den açılması gerektiğine inandırmıştı ve çevresine de bu havayı yayıyordu. Yani öyle bir olay ki herkes gidecek, geriye sadece birkaç kişi kalacakmış. Yok 25 tahliye olacakmış. Mış, mış, mış... Bütün söylentiler insanların ayaklarının yerden kesilmesine neden oluyordu. Hapishanede beklentiye girmek kadar tehlikeli bir şey de yoktur.

Tam anımsamıyorum, karardan 6-7 ay kadar önce toplu bir daha tahliye oldu. Tahliye olanların isimleri okundu. Büyük bir kargaşa yaşandı. Sevinç, hüzün, çığlık, ağlama... Ortalık galeyana geldi, koğuşlarda yine bir patırtı, konuşma kesif bir sigara dumanı. Kimi insan seviniyor, aynı zamanda kendi tahliye olamadı diye de için için üzülüyor. Gidenden daha iyi durumda olduğuna, hukuki olarak gidenlerden kendisinin farklı olmadığına inanıyor, onu hesaplıyor. Bunlar herkesin iç hesabıdır, dolayısıyla ancak kendileri doğrular ya da reddeder. Benim gözlemim bu. Tahliyecilerle öpüştük, sarıldık sonra grup grup kenarlara oturuldu. Gidenler dışarıda ne yapacaklarını, şu an ne durumda olduklarını anlatmaya çalışıyorlar, "Biri çıkana kadar şunu yaparım, bunu yaparım diyordum fakat şu an öyle garip bir durumdayım ki. Siz burada kalıyorsunuz üzülüyorum, ben özgürüm buna çok seviniyorum, kafamda her şey dönüyor dönüyor." Ben hep, "Şu an ne durumdasın?" diye sorardım, merak ederdim tahliye olanın psikolojisini. Aldığım yanıtlarda ortak nokta şu dört kelimeyle özetlenebilir: Bilemiyorum, garip bir boşluk, sevinç, keder...

Tahliyeciler yakınlarına sözler verirler ama sözler dışarıda genellikle unutulur. Zaten bilirler, daha önce gidenler de söz vermiş ve çoğunlukla tutmamışlardır. İnsan içeride her şey için söz verebilir fakat hayat dışarıda farklı akar. Çıkan bir de bakar ki verdiği sözlerin hiç birini tutmamış. Kimi arkadaşının evine hiç uğramamış, kimi de elinden gelen her şeyi yapmış. Böylesine garip bir durumdur söz vermek. En iyisi söz vermemek. Ama içerdeki insanın en büyük edimidir söz vermek çünkü o an başka bir şey yapamaz. Benim de sözlerim var, umarım tutarım. Tutacağım.

Tahliyeciler gidince koğuşta korkunç bir sessizlik oldu. Mahkeme çok yorucu olur, insanı taş taşımış gibi perişan eder. Bir de tahliye eklenince, insanlar yataklarına uzanır yarı uyur, yarı uyanık dalar gider. Tahliyeyi düşünür, onun yerinde olmayı diler. Kafese, oradan da dışarıya çıkışı yazar zihninde, dalar dalar gider. Ölü bir sessizlik hâkimdir koğuşa. Gidememenin verdiği sessizlik, azalmanın verdiği sessizlik, yorgunluğun verdiği sessizlik. Ta ki yemek için kapı açılana kadar yatar uyur insanlar. Sonra biraz yemek, sonra sessizlik. Birkaç insan bozar bu ölüm sessizliğini ve insanlar tekrar canlanır.

Koğuşumuzda Düğün Var

Cezaevinde ne olduysa, bu ara art arda düğün yapılıyor. Sanki düşman çatlatırcasına, çiftler birbirlerine sevgilerini sunuyor. Hem de insanların bizi unutmaya çalıştığı, bırakıp kaçmaya çalıştığı zamanlarda. Bu evlilikler bence çok anlamlı. Sisteme, bizi ezenlere, hor görenlere bir nevi meydan okuma. Bravo bu çocuklara, insanlara sevginin ne olduğunu gösteriyorlar.

Benim anlatacağım evlilik, karardan bir hafta önce yapılan ve yaşamımda önem vereceğim iki değerli insanın evliliği. Bu iki güzel insan birbirlerini yıllarca yürekten sevmişler, aşklarını eylülün, o karanlık, donduran ihanet havalarında kalplerini, yaşamlarını ısıtacak bir ateş olarak kullanmışlar. İkisinin de yaşamları zorluluklar, acılar içinde geçmiş ve büyük aşklarını her şeye rağmen mutlu şekle sokmuşlar.

Karardan önce evleneceklerdi. Subaylar, gardiyanlar, belki yakınları bir anlam veremiyordu bu evliliğe. İdamdan yargılanan biriyle evlenmek akla, mantığa sığar mıydı? Onlara göre dışarıda canlı yaşam vardı, ne diye hapishane kapısında çürütecekti kendini. Ama onların yürekleri hissetmiyor, onların gözü görmüyordu ki aşk, sevda, dürüstlük, inanç bu dünyada güzel insanlarca taşınıyordu. İki güzel insan her şeye, topluma, aileye, yanlışa meydan okuyorlardı.

Hüseyin genelde iç dünyasını açmazdı. Bunu anlayan tanıyan, onunla sorunlarını paylaşan insan olma onuruna eriştim. Hüseyin iyi bir devrimciydi, cezaevi yaşamında hep saygıyla anıldı. Hüseyin'in bu yönünün dışında iç dünyasını tanımak ona olan sevgiyi daha da artırır. Onun değerini anlamak için birlikte hayatın içinde olmanız yeterlidir. Birçok haksızlıkla, yanlışla karşılaşsa da sevdiği insanı kolay bırakmayan biridir. Yeter ki gönülden sevsin, inansın.

Fikret Doğan, Ertuğrul Ak, Ömer Tunca, Nevzat Cömert

Hüseyin'in bir sevgilisi olduğunu bilen ender insanlardandım. Evleneceğini duyan insanlar şok oldular. Hüseyin tanımadığımız bir kadınla evleniyordu, kız Denizli'den gelecekti. Hüseyin onu bana o kadar çok anlattı ki, daha görmeden, konuşmadan sevmiştim. Sanki çocukluktan tanır olmuştum. Gözümde köylü kızı imajı oluşmuştu, kızı gerçekten tanımayı, ona yakın olmayı ben de istiyordum. Sonunda o iyi insanı da tanıma onuruna eriştim. Ne mutlu bana ki böyle dostlara sahibim.

Hüseyin kâğıtları doldururken oldukça telaşlıydı. Havalandırmadayken kâğıtları dolduruyordu, karardan önce bitirmek için acele ediyordu. İşlemler için elinden gelen her şeyi yapıyordu. Hemşerisi Engin Höke ona yardımcı oldu, ne de olsa ondan tecrübeliydi bu işte. Kağıtlar, formaliteler, imzalar atıldı. Hüseyin'de bir heyecan, bir heyecan, çocuk yürümüyor, uçuyordu.

Evlilik için hazırlıklar yapıldı, pastalar, limonatalar yapıldı. İki koğuş havalandırmaya çıkmıştık, bir yandan Hüseyin'in pastasını yiyor, bir taraftan da konuşuyorduk. Hüseyin ve Engin Höke iyi dosttular. Engin devrimcilik yaptığı yerlerde efsane olarak anlatılan ve idam cezası almış bir arkadaşımızdı. Çok komikti ve dost canlısıydı. Hüseyin'i çok severdi. Düğünden önce, sanırım ona taktik(!) veriyordu. Engin ondan önce evlenmişti ya, tecrübeli sayılırdı. Hüseyin koğuşa gitti hazırlanmak için.

Damatlık elbise bulmak için amma da çabalamıştık. Bir türlü beğenmiyordu arkadaşlar. Kot pantolon, spor giyim oluyor diye karşı çıkıyorlar, efendim, evlilik törenine uymaz, diyorlar. Zavallı Hüseyin tartışmalara göre birini giyiyor, öbürünü çıkarıyordu. Koğuş bir türlü ortak elbise seçemiyordu. Bir takım giydi, yazlık kahverengi, millet isyan etti. Neymiş? Bekçi elbisesi gibiymiş, oluyor muymuş? Çocuk ortada donla duruyor, bana bakıyor. Ben de pek yardımcı olurum ya, bu işlerde! Benim bu tutarsızlığım onu kızdırdı herhâlde. Her neyse biz Hüseyin'e koğuştan elbise bulamadık. 3. koğuşa haber yolladık, orada da takım elbiseler sergilendi. Hüseyin sonunda Mahmut Memduh Uyan'ın yazlık siyah pantolonu ve kareli ceketini beğendi. Mahmut çok vakur, sakin, oldukça mesafeli görünürdü. Sıcak gülümsemesi ve sevgisini yakınlaştıkça anlayabilirdiniz. Hep bir umudun yeşermesi için içimizde sakladığımız tohum gibiydi. Mahmut'un elbisesinde karar kıldık, zor olmuştu ama sonunda damat elbisesi de bulunmuştu.

Hüseyin koğuşa gitti, koğuştan kafese alınmış, kafeste bekletilmiş. Kafes yüzlerce anı, acı, dayak, tokat dolu. Hüseyin orada kaldıkça geçmişe gitmiş, gelmiş. Orada durmak onu stres etmiştir buna eminim.

Nikâha gidiyor Hüseyin. Gelin hanım çok nefis bir hâldeymiş. Nikâha belediye başkanı geliyor, eski parlamenter ve yazar katılıyor. Nikâhta bol bol fotoğraf çekiyor gazete. Nikah işlemi tamamlanınca Hüseyin kalkıyor misafirlerle tokalaşıyor ve koğuşa geliyor. Gelini öpmeyi unutmuş. Artık dönüp dönüp onu konuşuyoruz. "Yeter oğlum, burada beni öpecek değilsiniz ya." demek geçiyordu içinden, eminim.

Koğuşa biraz geç getirdiler, epey merak etmiştik. Subaya sorduk, yoksa evlenenler tahliye mi oluyor, gibi espriler yaptık. Kapı açılmadan önce gazete kâğıdından konfeti yapmıştım, damat içeri girerken kafasına boşalttık. Arkadaşlar sıraya girdi, tebrik ettiler. Ben ölmeyen slovları çalıyordum, çok güzel bir parçaydı, düğün gününün armağanı olacaktı. İnsanlar saatlerce anlattırdılar, akşam oldu artık yatacağız. Hüseyin hâlâ şaşkın ama mutlu. Yatağını ben açtım, aramıza da çanta dizip "Ne olur ne olmaz." diye de bir espri yapmıştım. Biz bunları yaşarken acaba gelin hanım ne hâldeydi? Kim bilir? Yatakta biraz sessizce uzandık, biraz konuştuk ve yattık. "Hüseyin artık çocuklarla arkadaşlık etme, sen evlisin." diyordu bir arkadaş. Aklı sıra bana da laf atıyordu.

Çok güzeldi, çok anlamlıydı. Mamak'ta o şartlarda ancak böyle olurdu. Tek eksik gidip gelini kutlayamamak, tek eksik birlikte bir dans edememek. Söz verdim, ileride bu düğünü tekrarlayacaktık.

Bir Açık Görüş Heyecanı

Süheyla ile önce mektuplarla tanıştık. Hüseyin anlattı, onu daha iyi tanımam, anlamam için. Ona yazmam için beni yüreklendirdi. Süheyla'yı mektuplarında anlamaya, ona samimi, dürüst olmaya çalışıyordum. Kafamda bir tip canlanmıştı artık. Herhalde o da ne menem bir şey olduğumu düşünmüştür. Çünkü kendimi açıkça, samimice ortaya koymaya çalışmıştım. Kafamda saf bir köylü kızı vardı. Sonra bir açık görüşte ilk kez yüz yüze gelecektik Süheyla ile.

Açık görüşü bekliyoruz. Hüseyin de, ben de müthiş heyecanlıyız, acaba aynı sırada çıkacak mıyız? Çıkamazsak Süheyla'yı görme, nasılsın deme olanağı olmayacak. Aylarca yazılı olarak tanıştık, şimdi ses ve görüntü olarak da tanışacaktık. Volta atıyor, dolaşıyoruz, Hüseyin'le. Heyecanımı yatıştırmaya çalışıyorum. İsimlerimiz okundu, Hüseyin'in annesi de Süheyla ile gelmişti. Ben hemen gidip onlara merhaba dedim. Süheyla karşımda duruyordu, öylece hiç hareket etmeden, biraz ürkekçe, biraz mesafeli gibi.

Bakıyordum ama ne o konuşuyor ne de ben konuşabiliyordum. Bizimkiler onu çok sevmişti. Bir iki kelime konuştuk sanırım. Parmağının birindeki tırnak çalışırken kırılmış, kararmıştı. Her halde canı çok yanmıştır. Süheyla'yı görmüş ve hoşlanmıştım. Kafamdaki tip ile ileride tanıyacağım tip arasında dağlar kadar fark olacaktı. Süheyla çok akıllı, olgun, mantıklı, zeki, insani yönleri ağır bir kadınmış. Süheyla inatçı keçi gibi, Nuh dedi mi peygamber demeyen, sevmediği insana zor gülen biriymiş. Bereket benden ilk görüşte hoşlanmamazlık etmedi, yoksa kendimi zor sevdirirdim.

Görüştük, tanıştık fakat zaman çok çabuk geçti hiçbir şey anlayamadık. Onu tanımanın sevinciyle koğuşa geldim. Hüseyin ile bol bol Süheyla hakkında dedikodu yaptık. Gözlemlerimi ona anlattım. Birlikte çok güzel bir görüş yapmanın heyecanını duyduk.

Bizim Karar Verildi, Uzun Yol Göründü

Karardan sonra cezaevine döndük. İnsanlar artık sonlarını biliyorlardı. 7 idam çıkmıştı, idamlıkların 5'i bizim koğuştaydı. Mahkemede dakikalarca slogan atmıştık. 3 kişi tahliye olmuştu, onlar da 3. koğuştandı, bizim koğuşta tahliye olan kimse yoktu. Sanki kararı verilen biz değildik, sanki idamları, müebbetleri bizler almamıştık.

Koğuş tekmil geri gelmişti. Nerede kalmıştık der gibi yaşama devam. Belki de koğuştan kimsenin gitmemesi bize hiçbir şeyin değişmediği imajını veriyordu. Karar umurunda değildi milletin. Arkadaşlar maç teklif ettiler. İdamlıklara karşı müebbetlikler, tamam dedik. Kıran kırana bir maç oldu, sonuçta idamlıklar kazandı. İdamlıklar yapılan her maçı zaten alıyordu. Koğuşun en hızlısı onlardı. Atilla Kılıç, Ertuğrul Ak, Tevfik Güneş, Erol Kartal, Sadettin Kahraman... Bunlar bizim koğuşta koca, bin küsur kişilik davanın yükünü alan arkadaşlardı.

Karardan sonra artık nereye gideceğimiz faslı başladı. Herkes birileriyle birlikte gitmek istiyor, gideceği insanlarla teması arttırıyordu. Yaşam beklenti içinde gelip geçti, olumlu, olumsuz birçok şeyi de o arada yaşadık.

Mamak Cezaevi ise kapatılmaya hazırlanıyordu. Depoda kalmış, unutulmuş eşyaları almak için birkaç arkadaş gitti. Döndüklerinde birçok çanta, valiz, eşya ile geldiler. Benim aklımda kalan, iz bırakan rahmetli Erdal Eren'in çantası oldu. Yanlış anımsamıyorsam, petrol mavisi ya da ona yakın bir çanta. İçinde birkaç parça eşya. Ailesine ulaştırılması için bir kaç arkadaş çaba gösterecekti. Mamak son yolcularını göndermeye hazırdı da peki biz ne hâldeydik? Öncelikli mesele kim kiminle nereye gidecekti. Önümüzde duran seçenekleri bizim istememiz kadar önemli bir şey de arkadaşların bizim de gelmemizi isteyecek olmalarıydı. Kimileri Bursa Cezaevini seçti, çok sevdiğim Nevzat Cömert, Atilla Kılıç gibi. Benim tercihimi etkileyen Hüseyin olmuştu. O da sanırım Engin Höke'nin yanında gitmek istedi. Yani kim kime daha yakınsa birlikte gitmek istiyordu. Ben, Mahmut, Hüseyin, Ertuğrul, Seyit, Tevfik ve Kartal'ın olduğu yere gitmek istedim. Böylece Ceyhan cezaevini seçtim. Herkesin bir planı varmış meğer.

İlkin Bursa'ya gidecekleri alıp götürdüler. Bir zaman sonra bizi de aldılar. Mamak'a elveda demiştik. O süreci uzun uzun anlatmaya gerek görmedim. Mamak'ta 6 kişi kalmıştı, onlar ek davaydı bir süre sonra onları da merkeze götürmüşler.

Son Deyiş

Mamak macerasını A Blokun geçmişini anlatarak kapayacağım, belki atladığım birçok şey vardır. Hafızamda geri dönüp toplamak, olayları sıraya koymak oldukça zor oldu. Hüseyin'le zaman zaman konuşarak toparladım. Eksiklikler benim eksikliklerimdir. Amaç bir sürecin ortaya konmasıydı. Elimden geldiğince kendi yaşamımı anlattım. Bazı şeyleri elbette yazmadım, yazmak istemedim, bazılarının yazılmasının anlamı da yoktu. Olumluluk, olumsuzluk bizim bir parçamızdı. Biz mükemmel değildik fakat kötü de değildik. Geçmişte yaşananlara lanet etmiyorum, geçmişime sahip çıkıyorum. Önemli olan eleştirmektir, eleştiri küfre, ihanete varmadıkça bence yapılmalı. Eleştiri ortamı kalkarsa insan gerçek düşüncelerini söylemez, bu da topluluğun zararınadır. Yeter ki küfür, inkâr olmasın.

Mamak'ı anlattım demek çok güç. Mamak'ı kocaman bir tablo olarak düşünmek gerek. O tabloyu oluşturan en büyük dilimler A, B, C, D bloklardır. O dilimin içindeki her bir blokun içinde o dilimi bütünleyen parçalar, koğuşlar, hatta tecrit hücreleri vardır. Eğer bütün resmi görmek istiyorsanız o dört bloktaki koğuşlarda, tecritlerde yaşamış insanları görmeli, dinlemelisiniz. Ayrıca her blokun, her koğuşun üç ayrı dönemini yaşamış olmak gerekecek. Yani özetle, Mamak'ı bir bütün olarak anlatmak çok zordur. Hep bir şeylerin eksikliğini duyuyor insan. Mamak özel bir kamptı. Tıpkı Haydari gibi, tıpkı Diyarbakır gibi... Olumluluklarını ve olumsuzluklarıyla Türk siyasi hayatında yerini alacaktır. Ve yine tarih en doğru şekilde yargılayacaktır o süreci. Ben o sürecin içinde bir damla olarak yaşadıklarımı, dilim döndüğünce yazmaya çalıştım.

Burada yapılanların çoğu benim kişisel gözlem ve değerlendirmemdir. Diğer insanlar aynı olayları farklı şekilde gözlemleyip değerlendirebilirler. Buna bir şey diyemem. Eleştirileri de bu anın bir parçası olarak tarihte yerini alır. Doğru olan hangisidir, buna yaşayanlar ve tarih karar verecek.

"Not: Ceyhan Cezaevi'nde son aylarda sürekli yazmaya çalıştım. Bütün günleri yazarak geçirdim. Haftalar, aylar boyu yazdım. Parmaklarım nasır tuttu. Anımsamadığım, karıştırdığım şeyler olabilir. Bunlar için okuyanlardan özür dilerim. Fikret."